D1696345

Platon verstehen

Platon verstehen

Themen und Perspektiven

Herausgegeben
von
Marcel van Ackeren

Wissenschaftliche Buchgesellschaft

Einbandgestaltung: Peter Lohse, Büttelborn
Einbandbild: Platon, Hermenbüste, Rom;
picture-alliance/akg-images

Die Deutsche Bibliothek verzeichnet diese Publikation
in der Deutschen Nationalbibliografie;
detaillierte bibliografische Daten sind im Internet über
http://dnb.ddb.de abrufbar.

Das Werk ist in allen seinen Teilen urheberrechtlich geschützt.
Jede Verwertung ist ohne Zustimmung des Verlages unzulässig.
Das gilt insbesondere für Vervielfältigungen,
Übersetzungen, Mikroverfilmungen und die Einspeicherung in
und Verarbeitung durch elektronische Systeme.

© 2004 by Wissenschaftliche Buchgesellschaft, Darmstadt
Gedruckt auf säurefreiem und alterungsbeständigem Papier
Printed in Germany

Besuchen Sie uns im Internet: www.wbg-darmstadt.de

ISBN 3-534-17442-9

Inhalt

Einleitung 7

Ernst Heitsch
Frömmigkeit als Hilfe
Bemerkungen zum *Euthyphron* 11

Dirk Cürsgen
Platons *Euthydem*
Zum Verhältnis von Dialog, Logik und königlicher Kunst 22

Edward C. Halper
Dialog und Argument in Platons *Protagoras* 39

Michael Erler
„Sokrates in der Höhle"
Argumente als Affekttherapie im *Gorgias* und im *Phaidon* 57

Orrin F. Summerell
Der Wollfaden der Liebe
Anmerkungen zu einem Motiv in Platons *Symposion* 69

Marcel van Ackeren
Die Unterscheidung von Wissen und Meinung
in *Politeia* V und ihre praktische Bedeutung 92

Benedikt Strobel
Attribute der Formen und die Form des Guten
Gerasimos Santas über die metaphysische Theorie
des Guten in Platons *Politeia* 111

Bernd Effe
Platon und die Päderastie
Phaidros 256b-d und die platonische Eros-Theorie 135

Dorothea Frede
Dialektik in Platons Spätdialogen 147

Christoph Horn
„Niemand handelt freiwillig schlecht"
Moralischer Intellektualismus in Platons *Nomoi?* 168

Jan Szaif
Die Alêtheia in Platons Tugendlehre 183

Martin F. Meyer
Platon als Erfinder und Kritiker der Rhetorik 210

Jörg Hardy
Was wissen Sokrates und seine Gesprächspartner?
Überlegungen zu perfektem und menschlichem Wissen bei Platon 236

Jens Halfwassen
Platons Metaphysik des Einen 263

Literaturverzeichnis 279

Namenregister 301

Sachregister 307

Die Autorinnen und Autoren 313

Einleitung

Das Interesse an Platon ist offenbar ungebremst und das ist gut so. Der vorliegende Band macht es sich nicht zur Aufgabe, den „ganzen Platon" darzustellen. Vielmehr soll auf die Vielfältigkeit des platonischen Denkens hingewiesen werden. Es ist eine Sache, festzustellen (vgl. Kobusch/Mojsisch 1996, 1), dass jede Generation ein neues und eigenes Platon-Verständnis braucht, das in Abgrenzung zur vorherigen Forschung zu entwickeln ist (vgl. Smith 1992 und van Ackeren 2003b, 199f.). Es ist aber etwas ganz anderes, daran zu erinnern, dass jedes Platon-Bild nur ein Mosaik aus verschiedenen Platon-Interpretationen sein kann. Diese Beobachtung ist umso wichtiger als es nicht die „Platon-Bilder", sondern die „Platon-Schulen" sind, die den Blick auf Platon verengen. Hier soll dem Wunsch nach einem möglichst umfassenden und facettenreichen Platon-Bild Rechnung getragen werden: Ein stetig zu vertiefendes Platon-Verständnis kann nur durch die Kooperation verschiedener Herangehensweisen und Zugänge erreicht werden. Es darf angenommen werden, dass ein solches Platon-Verständnis eine Bezugnahme zu aktuellen philosophischen Debatten ermöglicht.

Dieser Band ist der Darstellung verschiedener Forschungsperspektiven gewidmet. Vorgelegt wird daher weder ein einheitliches Platon-Verständnis, noch konnten alle wichtigen Interpretationsansätze Berücksichtigung finden. Ein solches methodisches Anliegen ist nicht ganz neu (vgl. Kobusch/Mojsisch 1996), hat aber nicht den gebührenden Nachhall gefunden. Erstens ermöglicht nur die Auseinandersetzung mit anderen Platonbildern ein Verständnis des eigenen, und zweitens kann so hoffentlich verhindert werden, dass aus der Exegese Platons eine Exegese der Platon-Schulen und Platon-Literatur wird (vgl. Rehn 1982, 5). Präsentiert werden Beiträge, die sich einzelnen Dialogen widmen, aber auch solche, die wichtige Themenfelder des platonischen Denkens dialogübergreifend in den Blick nehmen.

Im *Euthyphron* wird die Frage, was Frömmigkeit sei, behandelt. In seinem Beitrag geht E. Heitsch der dort gegebenen Bestimmung der Frömmigkeit als Hilfe für die Götter nach, wobei die im Dialog ungeklärte Frage, bei welchem Werk die frommen Menschen den Göttern den nun helfen, im Zentrum der Interpretation steht. Schließlich, so E. Heitsch, kann im Rekurs auf die *Apologie* die Tätigkeit des Sokrates als genau solche Hilfe für die Götter gefasst werden: Sokrates hilft dem Gott, in dem er zur menschlichen Bescheidenheit und dem Bewusstsein für die eigene menschliche Unvollkommenheit mahnt.

In seinem Beitrag zum *Euthydem* untersucht Dirk Cürsgen die innere Einheit und die sachlichen Zusammenhänge dieses Frühdialogs, auch im Hinblick auf seine Bedeutung für die spätere platonische Philosophie. Im Vordergrund stehen dabei die zentralen Aspekte des sophistischen und sokratischen Logos, der Suche nach dem wirklich Guten und nach einer universalen, für das Gelingen des menschlichen Lebens entscheidenden königlichen Kunst. Platon zeichnet mit diesem unterschätzten Frühwerk seiner späteren Philosophie den einheitlichen Horizont ihrer verschiedenen Themen vor.

Bei den platonischen Dialogen handelt es sich um Texte, in denen die argumentativen Aspekte in einen dramatischen Kontext eingebunden sind. Das Verhältnis von Drama und Argument untersucht E. Halper in seinem Beitrag anhand des *Protagoras*, genauer dem Umstand, dass sowohl Sokrates als Protagoras mit ihren Reden über die Tugend eine Gemeinschaft konstituieren. Er kann zeigen, dass das Interagieren der dramatischen Charaktere einen eigenständigen argumentativen Wert hat, der mit den expliziten argumentativen Thesen übereinstimmt, weil beide zum selben nicht ausgesprochenen Ergebnis führen.

Sokrates' Bemühen, seine Gesprächspartner von Illusionen zu befreien, stößt oft auf Widerstand. Dies hat, wie M. Erler untersucht, seine Ursache nicht zuletzt in der mangelnden Bereitschaft, sich die Resultate rationaler Argumente trotz innerer Widerstände zueigen zu machen. Als Quelle dieses Widerstandes wird seit der *Politeia* ein irrationaler Seelenteil ausgemacht. Doch schon in den früheren Dialogen *Gorgias* und *Phaidon* deutet Platon mit Hilfe von Bildern die Existenz eines Elementes im Menschen an, das es mittels von Argumenten nicht nur zu überzeugen, sondern zu therapieren gilt.

Im Zentrum des *Symposions* steht Platons Liebeslehre mitsamt ihrer erkenntnistheoretischen Implikationen. Der Bedeutung der Liebe für die Platonische Philosophie geht O. F. Summerell anhand des Wollfaden-Gleichnisses nach, in dem Sokrates die Vermittlung der Weisheit mit der Hinüberleitung des Wassers von einem vollen in einen leeren Becher durch einen Wollfaden vergleicht. Dabei wird zunächst die lange Tradition der von der Antike bis in die Moderne reichenden Deutungen und Missdeutungen des Gleichnisses untersucht, um dann schließlich zu zeigen, dass Philosophie bei Platon eine Selbstreflexion impliziert, die in einem erotischen Spannungsverhältnis von Leere und Fülle besteht. Im Hinblick darauf kann nicht nur das menschliche Dasein, sondern alles Werden so verstanden werden.

Die für die Platonische Philosophie bedeutsame Unterscheidung von Wissen und Meinen wird im fünften Buch der *Politeia* ausführlich erörtert. M. van Ackeren zeigt zunächst, dass die Unterscheidung eine Reihe von praktischen Aspekten aufweist. Die Berücksichtung dieser Momente führt dann dazu, eine bestimmte - nämlich dogmatische - Variante der so genannten klassischen oder orthodoxen Interpretation zu kritisieren, der zufolge weder raum-zeitliche Dinge noch der ethische Status von Handlungen gewusst werden kann. Es wird für eine Version der orthodoxen Interpretation argumentiert, die der Fundierung der epistemischen Unterscheidung durch die Zwei-Welten-Lehre *und* den praktischen Momenten Rechnung trägt.

Die Idee des Guten ist in der *Politeia* der höchste Lehrgegenstand, dies gerade weil ihr umfangreiche Erklärungsfunktionen zugesprochen werden. In seinem Beitrag untersucht B. Strobel, wie die Idee des Guten welche Attribute der Ideen erklären kann. Die Untersuchung konzentriert sich dabei zunächst auf die Darstellung und Kritik der besonders einflussreichen Interpretation von G. Santas, um dann u.a. die These zu vertreten, dass die Idee des Guten die essentiellen proper attributes der Ideen erklärt und dass diese Attribute mathematische Charakteristiken sind.

In vielen Dialogen entfaltet Platon eine Eros-Konzeption in Form einer entsexualisierten päderastischen Liebe. Im *Phaidros* findet sich jedoch, so B. Effe, eine Passage, die Homoerotik samt körperlich-sexuellen Aspekten verständnisvoll akzeptiert. Analysiert wird nicht nur das problematische Verhältnis dieser Passage zu Platons kritischer Einstellung gegenüber der körperlichen Päderastie. Es wird auch der Relation zwischen Theorie und Leben nachgegangen, insofern die Bedeutung der Päderastie in der griechischen Gesellschaft und ebenso biographische Momente für die Interpretation fruchtbar gemacht werden.

Die Entwicklung der Platonischen Dialektik ist eine schwierige Frage. Dies gilt für die späten Dialoge in besonderem Maße, denn dort findet sich eine Zweiteilung des Ideenbegriffes, der D. Frede nachgeht. Neben den aus den mittleren Dialogen bekannten „paradigmatischen" Ideen, finden sich nun auch die so genannten Gemeinbegriffe, die als „formale" Ideen fungieren. Neben der Bedeutung des jeweiligen Ideentyps wird generell ihre Unterscheidbarkeit und besonders das problematisches Verhältnis dieser Ideentypen zueinander untersucht. Die Zweiteilung des Ideenbegriffs wird auf die Einsicht Platons zurückgeführt, dass die formalen Beziehungen zwischen den paradigmatischen Ideen genauer untersucht werden müssen, um die Anwendbarkeit der dialektischen Methode zu gewährleisten.

Platon hält in seinem letzten Werk, den *Nomoi*, explizit an seiner älteren Überzeugung fest, wonach niemand freiwillig schlecht ist und niemand freiwillig Unrecht tut. Da sich die *Nomoi* jedoch mit den Grundlagen der Strafrechtstheorie auseinandersetzen, muss er mit dem Problem zurecht kommen, dass in juridischen Kontexten das Strafmaß mit dem Grad an Vorsätzlichkeit, welcher eine Handlung begleitet, verbunden ist. Ch. Horn untersucht die Frage, wie Platon mit dem Konflikt zwischen dem moralischen Intellektualismus und einer Theorie der gerechten Strafzumessung zurecht kommt. Es stellt sich heraus, dass sich absurde Konsequenzen ergäben, wollte man Platon eine vollständige Preisgabe seines älteren Intellektualismus unterstellen.

Alêtheia (ἀλήθεια) meint bei Platon nicht nur etwas, das erkannt werden kann oder die Übereinstimmung von Urteilen und Aussagen mit der Wirklichkeit, sondern ist auch eine grundlegende natürliche Disposition, die für die Entfaltung und Entwicklung der Tugend wesentlich ist. Diese Bedeutung von ἀλήθεια behandelt J. Szaif vornehmlich im Rahmen zweier zentraler Passagen aus der *Politeia*. Als Wahrheitsliebe leitet die ἀλήθεια die anderen Tugend-Anlagen und steht in enger Verbindung mit dem Maß-Gedanken, was auch ihre psychagogische Funktion erklärt.

Der Beitrag von M.F. Meyer zeigt, dass Platon selbst den Titel „Rhetorik" (rhetorike techne) in die zu seiner Zeit aktuelle Diskussion eingebracht hat. Meyer untersucht Platons Erfindung der Rhetorik, die es Platon einerseits ermöglichte, die unter diesem Titel firmierenden Redelehren einer präzisen philosophischen Kritik zu unterwerfen, und ihm andererseits die Möglichkeit gab, seine eigene Vision einer philosophischen Rhetorik pointiert zu formulieren. Der Bedeutung dieses ambivalenten Begriffsverhältnisses geht Meyer vom Frühwerk bis hin zum *Sophistes* nach.

J. Hardy untersucht in seinem Beitrag, auf welche Weise sich Sokrates und seine Gesprächspartner dem perfekten Ideenwissen, auf das die Dialektik zielt, in Platons Dialogen annähern. Diese Annäherung ist deshalb möglich, weil Sokrates und seine Gesprächspartner über eine bestimmte Form des Ideenwissens verfügen, das (i) wahre Meinungen über einzelne Instanzen von Ideen – die man in einem weiteren Sinne mit Sokrates als Wissen bezeichnen darf –, (ii) eine Theorie der formalen Eigenschaften der Ideen (iii) und einen entsprechenden Begriff perfekten Wissens einschließt, an dem die hypothetischen Ideenbestimmungen gemessen werden.

Mit Blick auf die *Ungeschriebene Lehre* und vor allem der in ihrem Zentrum stehenden Prinzipientheorie zeigt J. Halfwassen, dass nicht Plotin, sondern vielmehr bereits Platon Begründer der henologischen Tradition und einer negativen Theologie ist. Diese ungeschriebene Prinzipientheorie erlaubt eine integrative Interpretation der Platonischen Philosophie, insofern die verschiedenen Dialoge durch sie fundiert werden. So kann gezeigt werden, dass Platons Philosophie das Paradigma einer konsequenten Metaphysik des Einen ist, in deren Zentrum u.a. Begriffe wie „das Unbedingte", „der Urgrund", „das Eine selbst" stehen. Diese werden bereits bei Platon als seins- und daher auch denk- und erkenntnistranszendent gedacht und beschrieben.

Nach einem Diktum von K. Gaiser hat jeder den Platon, den er verdient. Wenn die vorliegende Sammlung bewirken kann, diesen Satz nicht als Ruhekissen aufzufassen, sondern als Aufforderung, die Vielfältigkeit des platonischen Denkens immer wieder neu zu entdecken, wäre schon etwas erreicht.

Marcel van Ackeren

ERNST HEITSCH

Frömmigkeit als Hilfe
Bemerkungen zum *Euthyphron*

Im *Euthyphron*[1] führt die Erörterung der Frage, was Frömmigkeit[2] sei, u.a. zu der Behauptung, die Götter ließen sich bei ihrer Tätigkeit von den Menschen helfen (13e11: Εἰπὲ δὴ πρὸς Διὸς τί ποτέ ἐστιν ἐκεῖνο τὸ πάγκαλον ἔργον ὃ οἱ θεοὶ ἀπεργάζονται ἡμῖν ὑπηρέταις χρώμενοι;). Doch als dann gefragt wird, welche Tätigkeiten das denn seien, bei denen ihnen die Menschen hülfen, gelingt es Euthyphron und Sokrates nicht, die „vielen schönen Werke" der Götter (13e14: πολλὰ καὶ καλά) dadurch zu präzisieren, dass sie die Hauptsache oder die Summe all dessen, was die Götter bewirken und wofür sie menschliche Hilfe in Anspruch nehmen (14a9: Τί δὲ δὴ τῶν πολλῶν καὶ καλῶν ἃ οἱ θεοὶ ἀπεργάζονται; τί τὸ κεφάλαιόν ἐστι τῆς ἐργασίας;), näher bestimmten. Und so bleibt denn auch unklar, worin denn nun eigentlich die Menschen, sofern sie fromm sind, als Diener der Götter diesen helfen. Klar scheint nur, dass für Sokrates gerade in *dieser* Hilfe die im Dialog gesuchte und nicht gefundene Frömmigkeit besteht. Und genau so wenig wie die Gesprächspartner haben bisher, wenn ich recht sehe, die Inter-

---

[1] Literatur: Allen 1970; Bonitz 1868, 227-242; Burnet 1924; Erler 1987, 145-169; Friedländer 1964, 75-84; Geach 1966; Guthrie 1975, 101-124; Kahn 1992, 245-248; von Kutschera 2002, 119-129; McPherran 1985 und 1991; Morgan 1990, 7-31; Rabinowitz 1958 (berechtigte Kritik daran bei Guthrie 1975, 122 n. 1); Strauss 1996-97; Susemihl 1855, 114-127; Taylor 1982; Versényi 1982; Vlastos 1991, 157-178 („Socratic Piety". Zu diesem bedeutenden Buch der genannte Beitrag von Kahn); Weiss 1986 und 1994. Von den genannten Autoren neigen besonders McPherran und Vlastos dazu, manche Texte Platons nicht als Konzeptionen ihres Autors, sondern als Berichte über historisches Geschehen zu verstehen.

[2] Der Text spricht fast durchweg von τὸ ὅσιον, drei- oder viermal auch ὁσιότης (14c3.d1.e7; vielleicht 5d4). Wenn man, wie ich oben im Text, von Frömmigkeit spricht, ist daran zu denken, dass das griechische Wort, anders als das deutsche, keine Gesinnung, sondern Handlungen meint. So schon im frühesten Beleg, und das hält sich durch: „Nach göttlichem Recht gehört es sich nicht (= es ist nicht fromm), über erschlagene Männer zu jubeln" (οὐχ ὁσίη κταμένοισιν ἐπ' ἀνδράσιν εὐξετάασθαι) heißt es in der Odyssee (22,412).

preten eine einstimmige Antwort auf die Frage gegeben.[3] – Ich skizziere zunächst den Kontext.

Nach ersten und unbefriedigenden Versuchen, die Frage zu beantworten, was das Fromme oder die Frömmigkeit eigentlich ist, einigen sich die Partner darauf, Frömmigkeit sei ein Teil der Gerechtigkeit (12d2: μόριον γὰρ τοῦ δικαίου τὸ ὅσιον). Jetzt gilt es, diesen Teil genauer zu charakterisieren. Zu diesem Zweck lässt Platon Sokrates erst an einem Beispiel zeigen, wie eine solche Bestimmung auszusehen habe, und Euthyphron dann folgende Antwort geben: „Mir scheint jener Teil der Gerechtigkeit Gottesfurcht und Frömmigkeit zu sein, der mit dem Dienst für die Götter zu tun hat, was aber mit dem Dienst für die Menschen zu tun hat, scheint mir der andere Teil der Gerechtigkeit zu sein." (12e6).[4]

Damit hat Platon im Rahmen des Versuchs, Frömmigkeit zu bestimmen, die beiden Partner einen bedeutenden Schritt voran machen lassen: Frömmigkeit ist Dienst. Zu klären bleibt allerdings, was hier mit dem griechischen Wort θεραπεία, das ich mit Dienst wiedergegeben habe, eigentlich gemeint ist. Das Wort bedeutet ja nicht nur Dienst, Bedienen, sondern auch Sorge und Behandlung. Offensichtlich steht es, wie genauere Überlegung zeigt, um Dienstleistungen *für* oder Sorge *um* die Götter anders als in scheinbar vergleichbaren Fällen.[5] Um das zu verdeutlichen, lässt Platon Sokrates sich am

---

[3] Eine kritische Übersicht gibt Allen 1970, 6-9. Er selbst meint, eine Antwort auf die Frage, was Frömmigkeit sei, oder eine Anregung für den Leser, eine solche Antwort selbst zu finden, sei im Dialog nicht beabsichtigt. Er beruft sich dafür auf George Grote, der geurteilt hatte: „In no part of the Platonic writings do we find any tenable definition of the Holy and the Unholy, such as is here demanded of Euthyphro. The talent of Socrates consists in exposing bad definitions, not in providing good ones" (Grote 1865, 322-23). Kutschera favorisiert die Deutung, das wunderschöne Werk (τὸ πάγκαλον ἔργον), bei dessen Realisierung die Menschen, sofern sie fromm sind, den Göttern helfen, sei die Gerechtigkeit: „Gott dienen heißt, sich um Gerechtigkeit unter den Menschen kümmern" (127). Ähnlich Vlastos 1992, 176: „Piety is doing god's work to benefit human beings".

[4] 12e6: Τοῦτο τοίνυν ἔμοιγε δοκεῖ, ὦ Σώκρατες, τὸ μέρος τοῦ δικαίου εἶναι εὐσεβές τε καὶ ὅσιον, τὸ περὶ τὴν τῶν θεῶν θεραπείαν, τὸ δὲ περὶ τὴν τῶν ἀνθρώπων τὸ λοιπὸν εἶναι τοῦ δικαίου μέρος. Eine solche Bestimmung entspricht so ziemlich dem gemeinen Sprachgebrauch, wie U. von Wilamowitz 1962, 77 bemerkt hat: "Καὶ μὴν ὅ γε σώφρων τὰ προσήκοντα πράττοι ἂν καὶ περὶ θεοὺς καὶ περὶ ἀνθρώπους· οὐ γὰρ ἂν σωφρονοῖ τὰ μὴ προσήκοντα πράττων; — ' Ἀνάγκη ταῦτ' εἶναι οὕτω. – Καὶ μὴν περὶ μὲν ἀνθρώπους τὰ προσήκοντα πράττων δίκαι' ἂν πράττοι, περὶ δὲ θεοὺς ὅσια." (Gorg. 507ab). Ferner Crit. 54bc, Lach. 199de. Siehe Dover 1974a, 247-248.

[5] 13a1: τὴν γὰρ θεραπείαν οὔπω συνίημι ἥντινα ὀνομάζεις. οὐ γὰρ που

Sprachgebrauch orientieren. So spreche man davon, dass die zuständigen Experten z.b. für Pferde, Hunde oder Rinder sorgen (θεραπεύειν), und in jedem der genannten Fälle habe die Sorge dasselbe Ziel: Beabsichtigt sei, wie Sokrates sagt, etwas Gutes und ein Nutzen für den, dem die Sorge gilt; und so lasse sich denn auch durchaus beobachten – Sokrates appelliert an die Erfahrung seines Partners: „ὥσπερ ὁρᾷς δὴ ὅτι οἱ ἵπποι ὑπὸ τῆς ἱππικῆς θεραπευόμενοι ὠφελοῦνται καὶ βελτίους γίγνονται –, dass Pferde, Hunde oder Rinder durch die ihnen gewidmete θεραπεία besser würden." (13b9-10) Doch soll das nun auch für die Götter gelten? Frömmigkeit also, verstanden als Sorge, Behandlung, Dienst an den Göttern, bringt ihnen Nutzen und macht sie besser? „Und du würdest dich zu der Behauptung verstehen, dass du dann, wenn du etwas Frommes tust, dadurch einen der Götter besser machst?"[6] Und als Euthyphron das mit Entschiedenheit ablehnt, erklärt Sokrates, er habe diese Reaktion natürlich erwartet und gerade deshalb gefragt, was er, Euthyphron, mit der Sorge für oder dem Dienst an den Göttern denn eigentlich meine (13c12: τούτου δὴ ἕνεκα καὶ ἀνηρόμην τίνα ποτὲ λέγοις τὴν θεραπείαν τῶν θεῶν;). Und als er jetzt nachfragt, *welcher* Dienst denn nun Frömmigkeit sei, ist Euthyphron, so will es der Autor, um eine Antwort denn auch nicht verlegen: „Derjenige, den die Sklaven ihren Herren leisten" (13d6: Ἥνπερ οἱ δοῦλοι τοὺς δεσπότας θεραπεύουσιν). Womit nun in der Tat vieles und Entscheidendes, doch noch nicht alles geklärt ist.

In den Beispielen, mit denen Sokrates vorher operiert hatte, handeln die Experten zum Wohle der auf sie angewiesenen Tiere auf Grund ihrer Kenntnisse. Sie besitzen ein besonderes Wissen, eine τέχνη,[7] die sie nach eigenem Ermessen einsetzen. Ein Sklave aber – und als einen Sklaven der Götter hat Euthyphron den Menschen definiert – bestimmt seine Tätigkeit nicht selbst, ist abhängig von seinem Herrn. Wenn er handelt, handelt er im Auftrag oder auf Weisung; und diesen Auftrag gibt ihm sein Herr, der auch – und das ist entscheidend – den eigentlichen Zweck bestimmt, der mit der Erfüllung des Auftrags erreicht werden soll. Insofern hat das Tun des Sklaven immer nur dienende Funktion. Und Platon lässt Sokrates die von Euthyphron gegebene

---

λέγεις γε, οἷαίπερ καὶ αἱ περὶ τὰ ἄλλα θεραπεῖαί εἰσιν, τοιαύτην καὶ περὶ θεούς.

[6] 13c6: Ἦ οὖν καὶ ἡ ὁσιότης θεραπεία οὖσα θεῶν ὠφελία τέ ἐστι θεῶν καὶ βελτίους τοὺς θεοὺς ποιεῖ; καὶ σὺ τοῦτο συγχωρήσαις ἄν, ὡς ἐπειδάν τι ὅσιον ποιῇς, βελτίω τινὰ τῶν θεῶν ἀπεργάζῃ;

[7] Ihre spezifische Kompetenz wird im Text verbal als ἐπίστασθαι „wissen, sich verstehen auf" (13a5.9) bezeichnet. Zu ἱππική (13a7), κυνηγετική (13a12), βοηλατική (13b2) ist also ἐπιστήμη oder τέχνη zu ergänzen, die Platon in den frühen Schriften, anders als später, weitgehend synonym verwendet.

Auskunft denn auch genau in diesem Sinne interpretieren: „Ich verstehe. Frömmigkeit wäre, wie es scheint, eine Art dienende Hilfe für die Götter" (138: Μανθάνω· ὑπηρετική τις ἄν, ὡς ἔοικεν, εἴη θεοῖς).[8]

Zur Erläuterung des zwischen Göttern und ihren Sklaven bestehenden Verhältnisses verweist Sokrates jetzt auf angeblich vergleichbare Fälle. Auch der Arzt hat Gehilfen, die ihm bei seiner Tätigkeit zur Hand gehen. Doch so unterschiedlich deren Dienstleistungen sein mögen, bestimmt sind sie letzten Endes alle durch den Zweck, den der Arzt mit seiner Tätigkeit verfolgt, die Gesundheit des Patienten. Oder wie Platon die Gesprächspartner definieren lässt: Die dem Arzt gewidmete Dienstleistung ist eine Dienstleistung zur Herstellung von Gesundheit (ἡ ἰατροῖς ὑπηρετικὴ θεραπεία τυγχάνει οὖσα ὑπηρετικὴ θεραπεία εἰς ὑγιείας ἀπεργασίαν).[9] Und dasselbe gilt für andere Gehilfen: Die dem Schiffbauer gewidmete Dienstleistung ist eine Dienstleistung zur Herstellung von Schiffen; die dem Baumeister gewidmete eine zur Herstellung von Häusern. Mit diesen drei Beispielen scheint das Verhältnis, das Platon offenbar im Auge hat, hinreichend geklärt zu sein; ist es doch mit dem Leser geradezu eingeübt: Dienstleistungen anderer, die jemand für seine Tätigkeit in Anspruch nimmt, sind grundsätzlich bestimmt durch jenen letzten Zweck, den derjenige, der sich helfen lässt, mit seiner Tätigkeit verfolgt. Wenn daher – nach Euthyphron, dem Sokrates unter dem Vorbehalt zugestimmt hatte, dass noch eine Kleinigkeit geklärt werde[10] – Frömmigkeit eine Dienstleistung ist, die die Menschen als Sklaven den Göttern als ihren Herren erbringen, dann muss auch hier, so scheint es, eben dieses Verhältnis vorliegen. Welches also ist dann der letzte Zweck, den die Götter bei ihren Tätigkeiten verfolgen und für dessen Erreichen sie die Dienstleistungen der Menschen in Anspruch nehmen? Oder in Platons Formulierung: „Zur Herstellung welchen Werkes wäre die den Göttern gewidmete Dienstleistung eine Dienstleistung?" (13e6: ἡ δὲ θεοῖς ὑπηρετικὴ εἰς τίνος

[8] Es geht um die Beantwortung der Frage, welche θεῶν θεραπεία (13d5) Frömmigkeit sei. Die Antwort lautet: „Nicht eine, die die Götter besser macht, sondern eine, die ihnen bei der Verwirklichung ihrer Absichten dient." Also ist zu ὑπηρετική (13d8.10.11, e1.2.6.7.) θεραπεία, nicht aber, wie einige (z.B. Burnet 1924, 136, Rabinowitz 1958, 111, Weiss 1994, 269-70 und von Arnim 1914, 149) gemeint haben, ἐπιστήμη oder τέχνη zu ergänzen: Die Schwierigkeiten, die eine Lesung ὑπηρετική τέχνη bietet, werden besonders deutlich bei Weiss, die schließlich meint, „ὑπηρετική is, ironically, a τέχνη that is not a τέχνη." Richtig u.a. die Übersetzungen von Schleiermacher und Gustav Schneider.

[9] So würde die vollständige Antwort Euthyphrons auf die von Sokrates in 13d10-12 gestellte Frage lauten.

[10] 12e10: Καὶ καλῶς γέ μοι, ὦ Εὐθύφρων, φαίνῃ λέγειν, ἀλλὰ σμικροῦ τινος ἔτι ἐνδεής εἰμι.

ἔργου ἀπεργασίαν ὑπηρετικὴ ἂν εἴη;). Und diese Frage wird in der Wiederholung so variiert: „Sag also, bei Zeus, was eigentlich ist jenes vortreffliche Werk, das die Götter erstellen, indem sie uns als Helfer benutzen?" (13e11: Εἰπὲ δὴ πρὸς Διὸς τί ποτέ ἐστιν ἐκεῖνο τὸ πάγκαλον ἔργον ὃ οἱ θεοὶ ἀπεργάζονται ἡμῖν ὑπηρέταις χρώμενοι;).

Platon führt die Fortsetzung des Gespräches jetzt so, dass ein weiteres Mal erkennbar wird, worauf er es hier, wie es scheint, abgesehen hat. In diesem Sinne lässt er Euthyphron antworten: „Viele schöne Werke" (13e14: Πολλὰ καὶ καλά, ὦ Σώκρατες) und lässt ihn damit zugleich sein Missverstehen zum Ausdruck bringen. Denn die vorher gegebenen Beispiele der Tätigkeiten von Arzt, Schiffbauer und Baumeister waren ja so angelegt, dass eigentlich schon klar sein musste, dass es bei diesen Tätigkeiten immer um einen *letzten* Zweck ging. Und auch bei der Tätigkeit der Götter hatte der Autor Sokrates von *dem* Werk (13e7: τίνος ἔργου, e11: ἐκεῖνο τὸ πάγκαλον ἔργον) sprechen lassen, für dessen Erstellung sie die Unterstützung der Menschen in Anspruch nehmen. Dadurch also, dass der Autor seinen Euthyphron genau diese Intention nicht verstehen und ihn statt dessen eine unangemessene Antwort geben lässt, verschafft er Sokrates die Möglichkeit, den entscheidenden Punkt abermals zur Sprache zu bringen. Indem Sokrates dafür wieder auf Beispiele zurückgreift, erinnert er seinen Gesprächspartner daran, dass auch andere Akteure, etwa militärische Befehlshaber oder Landwirte, viele schöne Erfolge haben können, doch all ihre Tätigkeit letzten Ende einem einzigen Ziel unterordnen, eben der Gewinnung des Sieges oder der Erzeugung von Nahrung (14a1–8). Und das Entsprechende soll nun nach Sokrates auch für die Götter gelten. Dass auch sie, wie Euthyphron gesagt hatte, viel Schönes hervorbringen, gibt er natürlich ohne weiteres zu. Aber auch ihre Tätigkeit ist von einem gleichsam zentralen Anliegen bestimmt. Was also ist das Wesentliche ihres Tuns, für dessen Verwirklichung sie sich von den Menschen helfen lassen? Und nun, so scheint es, sollte Euthyphron die Intention der Frage wirklich nicht mehr missverstehen können. Und das tut er auch nicht. Doch einer klaren Antwort entzieht er sich abermals. Denn die Antwort, die Platon ihn stattdessen geben lässt, lautet (14a11–b7):

> Schon vorhin habe ich dir gesagt, Sokrates, es sei eine zu große Aufgabe, genau zu lernen, wie sich das alles verhält. Das jedoch sage ich dir ohne weitere Umstände: wenn einer es versteht, den Göttern Angenehmes zu reden und zu tun in Gebet und Opfer, so sind das fromme Werke, und solche Handlungen sichern die einzelnen Familien und die Gesamtheit eines Staates. Das Gegenteil aber des den Göttern Angenehmen ist gottlos/frevelhaft und Ursache von allem Umsturz und aller Zerstörung.

Sehen wir einmal davon ab, dass Euthyphron damit auf eine längst fragwürdig gemachte Auskunft zurückkommt und dass nun wieder zu erörtern

wäre, ob etwas den Göttern gefällt, weil es fromm ist, oder ob etwas fromm
ist, weil es den Göttern gefällt – sehen wir also davon ab, dass Euthyphron im
Verlauf der Diskussion offenbar keine wirklichen Fortschritte gemacht hat, so
kann seine Antwort immerhin vor die Frage stellen, ob er vielleicht doch
Recht hat? Ist die Parallele, die Sokrates zwischen den Tätigkeiten von Göttern, Ärzten, Schiffbauern und Baumeistern hergestellt hatte, der Sache nach
denn richtig und überzeugend? Will der Autor mit der Hartnäckigkeit, mit
der er Euthyphron einer Antwort in Sokrates' Sinne ausweichen lässt, dem
Leser etwa nur signalisieren, dass Sokrates mit seiner Frage nach *dem* zentralen Werk, bei dem sich die Götter helfen lassen, auf einem Holzweg ist? Will
Platon also den Leser zu der Einsicht bringen, dass es ein solches letztes Ziel,
wie es die drei irdischen Berufe, die genannt sind, allerdings haben, für die
Götter gerade *nicht* gibt? Der Zweifel mag in der Tat nahe liegen, berechtigt
aber ist er, jedenfalls in dieser Form, m.E. nicht. Und das aus zwei Gründen.
Der bisherige Gesprächsverlauf, in dem erst allmählich und Schritt für Schritt
deutlich wird, dass die Frage nach dem κεφάλαιον, nach der Summe oder
der Hauptsache göttlichen Tuns nicht eine zufällige Formulierung ist, die angesichts der einleitenden Beispiele nahe liegen mochte, sondern zunächst
einmal beim Wort genommen werden will und also wirklich nach *dem* Werk,
dem letzten Zweck göttlicher Tätigkeit fragt – dieser Gesprächsverlauf ist
vom Autor viel zu geschickt angelegt, als dass die Annahme plausibel wäre,
der ganze Aufwand, den der Autor hier treibt, diene letzten Endes doch nur
dazu, zu zeigen, dass die von Sokrates verfolgte Intention, der sich sein Partner so hartnäckig entzieht, eine einzige Illusion ist. Und der zweite Grund
liegt in der Antwort, mit der Platon Sokrates jetzt auf Euthyphron reagieren
lässt. Er lässt ihn sagen (14b8-c3):

> Wirklich, Euthyphron, wenn du gewollt hättest, so hättest du mir mit
> viel weniger Worten die Hauptsache dessen, wonach ich gefragt habe,
> nennen können. Doch du hast das nicht getan, denn du bist nicht be-
> reit, mich zu belehren. Das ist völlig klar. Denn auch jetzt, als du vor
> der Antwort standest, hast du dich abgewandt; und wenn du sie mir
> gegeben hättest, hätte ich bereits hinreichend von dir gelernt, was
> Frömmigkeit ist.

In dieser Kritik sind drei Punkte wichtig. Ohne eine klare Antwort zu geben, hat Euthyphron viel zu viel Worte gemacht, wo angesichts der eindeutigen Frage wenige Worte ausgereicht hätten. Diese Antwort gibt es also, und
Euthyphron war nahe davor. Er hätte nur die Hauptsache dessen, was hier zur
Debatte steht (τὸ κεφάλαιον ὧν ἠρώτων), nennen müssen. Wäre diese
Antwort gegeben, hätte Sokrates gewusst, was Frömmigkeit ist. Und damit
ist nun in der Tat, wie ich denke, der letzte notwendige Argumentations-
schritt zwar nicht getan, aber doch angedeutet, der nichts anderes wäre als ein
Resümee der bisherigen Überlegungen: „Frömmigkeit ist jene Handlung,

mit der ein Mensch die Götter bei der Verwirklichung ihres wichtigsten An-
liegens unterstützt." Das ist nun allerdings nur eine abstrakte Bestimmung
der Frömmigkeit. Die Ausfüllung dieses formalen Rahmens bleibt Sache des
Lesers. Gibt der Text dafür konkrete Hinweise? Oder ist der Leser auf seine allgemeinen Platonkenntnisse angewiesen? Im Rahmen des *Euthyphron* ließe sich
an die Worte denken: „Alles Gute, das wir haben, stammt von den Göttern"
(15a1: οὐδὲν γὰρ ἡμῖν ἐστιν ἀγαθὸν ὅτι ἂν μὴ ἐκεῖνοι δῶσιν). Doch
wenn Friedländer unter Hinweis auf eben diese Aussage die von Sokrates gestellte Frage aufgreift, was denn nun die Summe des vielen Schönen sei, das
die Götter wirken und wir als ihre Helfer mit ihnen, und dann meint, wir ah-
nen, „dass der platonische Sokrates darauf die Antwort hätte: „das Gute"; wir
wissen aber auch, wie hoch ihm dieses Gute steht, und dass es vor Euthyphron nicht ausgesprochen werden könnte, ohne missverstanden oder entweiht
zu werden," (Friedländer 1964, 81-82) so scheint mir das – einmal abgesehen
von der geheimnistuerischen Erbaulichkeit – ein durch nichts gerechtfertigter
Vorgriff auf spätere Überlegungen Platons zu sein, der zudem nichts erklärt.
Denn ist es denkbar, Platon habe andeuten wollen, die gesuchte Frömmigkeit
bestehe darin, dass der Mensch den Göttern bei der Erstellung oder Verwirklichung (13d11.e1.7, 14a6: ἀπεργασίαν) des Guten als der Summe ihrer Werke helfe? Ich denke, die Frage stellen, heißt sie verneinen. Ihre Bejahung auch
nur zu erwägen, wäre offenbar vermessen. Das Gute ist für Platon kein denk-
bares Produkt, an dessen Erzeugung der Mensch beteiligt wäre, sondern jener
metaphysische Faktor, der seinerseits erst Sein, Erkenntnis und Leben ermöglicht. Friedländers Überlegungen können aber zeigen, wohin kommt,
wer an einem bestimmten Punkt die Eigenart der vom Autor hier konzipier-
ten Gesprächsführung nicht beachtet. Denn in der Tat, die richtige Fassung
der Frage nach der Frömmigkeit lautet, wie ich denke, nicht: „Für die Erstellung *welchen Werkes* nehmen die Götter menschliche Hilfe in Anspruch?",
sondern einfacher: „*Wofür* nehmen sie menschliche Hilfe in Anspruch?"

Mit anderen Worten: Der Autor hat Sokrates abermals eine gute Antwort
Euthyphrons (13d6) aufgreifen und in eine falsche Richtung entwickeln lassen. Er hatte das schon einmal getan dort, wo er Euthyphron die Antwort
hatte geben lassen, Frömmigkeit sei jener Teil der Gerechtigkeit, der mit dem
Dienst für die Götter zu tun habe (12e6-9). Dort hatte er dann zur Klärung
des neu eingeführten Begriffs θεραπεία Fälle genannt, wo der Dienst diejenigen, denen er gilt, besser macht. Das aber kann, wie beide Gesprächspartner überzeugt sind, für die Götter natürlich nicht gelten. Welcher Art aber ist
dann der Dienst, den Menschen den Göttern leisten? Euthyphrons Antwort
darauf war – gerade auch im Sinne Platons[11] – wiederum vorzüglich: „Ich

---

[11] Die Menschen sind Sklaven ihrer Herren, der Götter (Phaidr. 273e8-274a2).

meine einen Dienst, wie ihn Sklaven ihren Herren leisten" (13d6). Und auch mit der Erläuterung, die Platons Sokrates der so bestimmten ϑεῶν ϑεραπεία durch das Wort ὑπηρερικη ("untergeordnet") zuteil werden lässt, sind die Überlegungen noch auf dem richtigen Weg. Doch als er dann daran geht, diesen den Göttern gewidmeten Dienst genauer zu erklären, nennt er als scheinbar vergleichbare Fälle – offenbar mit Absicht – nur solche, durch die die Gedanken in eine falsche Richtung gelenkt werden. Denn sicher, für Ärzte, Schiffbauer, Architekten lässt sich durchaus ein für ihre Tätigkeiten zentrales Werk nennen, an dessen Erstellung alle, die ihnen helfen, mitwirken. Doch deshalb ist keineswegs entschieden, dass etwa *alle* Dienstleistungen, die Sklaven ihren Herren erbringen können, der Mitwirkung an der Erstellung eines gemeinsamen Werkes dienen.[12] Es gibt auch Aufträge an Sklaven, mit denen der Herr etwas anderes beabsichtigt als das Hervorbringen eines Werkes – es sei denn, man wollte dem Ausdruck "Werk" (ἔργον) eine so allgemeine Bedeutung geben, dass *jedes* Tun letzten Endes auf ein Werk zielt. Jedenfalls aber auf die Frage, was denn nun die *Werke* der Götter oder gar deren Summe oder Hauptsache, ihr κεφάλαιον sei, an deren Erstellung die Menschen, sofern sie fromm sind, mitwirken, kann es aus einsichtigen Gründen – solange nämlich gilt, dass *alles* Gute für die Menschen von den Göttern

Und Sokrates selbst versteht sich in besonderer Weise als Apollons Diener: "οἱ κύκνοι ... τοῦ Ἀπόλλωνος ὄντες ... ἐγὼ δὲ καὶ αὐτὸς ἡγοῦμαι ὁμόδουλός τε εἶναι τῶν κύκνων καὶ ἱερὸς τοῦ αὐτοῦ ϑεοῦ, καὶ οὐ χεῖρον ἐκείνων τὴν μαντικὴν ἔχειν παρὰ τοῦ δεσπότου." (Phaid. 85b).

[12] Die Selbstverständlichkeit, mit der Platons Sokrates hier die Dienste, die Sklaven ihren Herren leisten, ausschließlich als Mithilfe bei der Erstellung von *Werken* im Sinne von Produkten deutet, ist offenbar so suggestiv, dass die Richtigkeit dieser Deutung bisher nicht in Frage gestellt worden ist. Dabei hätte die Formulierung ἐκεῖνο τὸ πάγκαλον ἔργον (13e11) durchaus stutzig machen können. Denn πάγκαλος hat, worauf schon Burnet 1924, 137 und Guthrie 1975, 122 n. 1. hingewiesen haben, bei Platon leicht einen ironisch distanzierenden Klang (wie hier im *Euthyphron* etwa 7a2: Παγκάλως ... ἀπεκρίνω. εἰ μέντοι ἀληϑῶς, τοῦτο οὔπω οἶδα – "Wunderschön hast du geantwortet. Ob jedoch richtig, das weiß ich noch nicht"); und so auch hier: "Sag also, bei Zeus, was ist nun jenes wunderschöne Werk, das die Götter mit unserer Hilfe erstellen?" – Und auch die Veränderung der Formulierung τὸ κεφάλαιον τῆς ἀπεργασίας (14a6.10: "die Hauptsache der Produktion") zu τὸ κεφάλαιον ὧν ἠρώτων (13b9: "die Hauptsache dessen, wonach ich fragte"), die Rabinowitz 1958, 110 n. 1 beobachtet hat (diese Beobachtung dann aber in den Dienst einer wenig glücklichen Gesamtinterpretation stellt), lässt sich als Hinweis darauf verstehen, dass der Autor seinen Sokrates hier weniger an das zentrale Werk, an dessen Erstellung die Sklaven mitwirken, sondern schon eher an die zentralen *Aufgaben* denken lässt, die Sklaven gestellt werden oder gestellt werden können.

stammt – eine Antwort, die nicht vermessen wäre, nicht geben. Deshalb aber gibt es doch eine Antwort auf die Frage, *wofür* Götter menschliche Hilfe in Anspruch nehmen. Denn es gibt Weisungen der Götter, denen der Fromme zu entsprechen sucht; es gibt Handlungen und Verhaltensweisen, in denen der Fromme den Willen der Götter erfüllt. Und es gibt eine zentrale Weisung, die gleichsam die Summe aller göttlichen Forderungen an die Menschen ist, jene nämlich, deren Verbreitung unter den Menschen und deren Erfüllung Sokrates zu seiner Lebensaufgabe gemacht hat.

Wenn Sokrates seine Mitmenschen in Gespräche verwickelte und ihnen klar machte, dass sie außerstande sind, jene Überzeugungen angemessen zu rechtfertigen, auf die sie ihre bisherige Lebensführung gegründet hatten, und wenn er ihnen auf diese Weise zu zeigen suchte, dass sie in den für Menschen lebenswichtigen Fragen kein Wissen haben, obwohl sie alle doch glaubten, sie wüssten, weshalb sie so lebten, wie sie leben, dann, so schildert ihn die *Apologie*, handelte er damit nicht nur im Sinne, sondern auch im Auftrag des Gottes von Delphi.[13] Von Apollon wusste ein jeder, dass seine entscheidende Mahnung an die Menschen lautete: „Erkenne dich (dass du ein Mensch, kein Gott bist *sc.*)." Nun lässt Platon allerdings in der *Apologie* Sokrates sich auf diese delphische Maxime *nicht* ausdrücklich berufen,[14] wohl aber lässt er ihn wiederholt zum Ausdruck bringen, dass er dann, wenn er der für ihn typischen Tätigkeit nachgeht, im Sinne dieser Maxime *handelt*. Und sie ist nun in der Tat für den Platonischen Sokrates das κεφάλαιον aller Weisungen, die die Götter den Menschen als ihren Sklaven geben. Und dem entspricht denn auch seine Überzeugung, dass der Mensch, „was das Wissen angeht, in Wahrheit nichts wert ist" (23b3: ἔγνωκεν ὅτι οὐδενὸς ἄξιός ἐστι τῇ ἀληθείᾳ πρὸς σοφίαν). Diese Einsicht, die ihm Apollon vermittelt und bestätigt hat, unter den Menschen zu verbreiten, darin sieht er seine Aufgabe. Was er im Sinne dieser Aufgabe tut, tut er im Sinne des delphischen Gottes (22a4, 23b5: κατὰ τὸν θεόν); in dessen Auftrag (28e4: τοῦ θεοῦ τάττοντος, 33c5: ἐμοὶ δὲ τοῦτο προστέτακται ὑπὸ τοῦ θεοῦ πράττειν) und auf

[13] Die Möglichkeit, die Frage nach der Frömmigkeit mit Hilfe der *Apologie* zu beantworten, haben von einem anderen Ansatz aus – nach Heidel 1900, McPherran 1985 und Taylor 1982, 113 – auch Erler 1987, 163-165 und Vlastos 1991, 173 gesehen: Erler denkt dabei jedoch nicht an die delphische Mahnung, in deren Dienst Sokrates sich gestellt hätte, sondern meint unter Hinweis auf Apol. 29e-30b, „der Dienst für Gott solle darin bestehen, andere Menschen gut zu machen" (164), und die Erfüllung dieser Aufgabe sei dem Dialektiker möglich mit Hilfe der vor allem in der *Politeia* und im *Phaidros* entwickelten Lehren; und auch Vlastos scheint mir die *kritische* Funktion der von Sokrates gelebten Frömmigkeit zu unterschätzen (dazu auch oben Anm. 3).

[14] Auf diese Merkwürdigkeit hat de Strycker 1994, 63 n. 14 zu Recht hingewiesen (dazu auch Heitsch 2002, 198).

seine Weisung (30a5: ταῦτα γὰρ κελεύει ὁ θεός) handelt er; Sokrates ist dem Gott gehorsam (29d3: πείσομαι τῷ θεῷ) und sieht in seiner eigenen Tätigkeit einen dem Gott gewidmeten Dienst (23c1: τὴν τοῦ θεοῦ λατρείαν, 30a7: τὴν ἐμὴν τῷ θεῷ ὑπηρεσίαν),[15] zu dem Apollon ihn den Athenern geschickt hat (30e2-6, 31a7-b5); und Platon lässt Sokrates sogar sagen, dass er mit seinem immer erneuerten Nachweis, dass die Menschen nicht wissen, was sie zu wissen meinen, „dem Gott helfe" (23b7: τῷ θεῷ βοηθῶν)[16] bei dem Bemühen, ihnen für die eigene Schwäche die Augen zu öffnen.

Ich denke, wenn der Sokrates der *Apologie* im Sinne Apollons handelt, den göttlichen Auftrag erfüllt und *dem Gott dabei hilft*, sein wichtigstes Anliegen, die Mahnung nämlich zu Bescheidenheit und zur Erkenntnis menschlicher Defizienz auf Erden zur Geltung zu bringen, dann zeigt er – nach Platon – in *diesem* Dienst, was Frömmigkeit ist. Die im *Euthyphron* gestellte Frage und die dort nur ansatzweise entwickelte Antwort verweisen auf den von Platon in der *Apologie* dargestellten Sokrates, der im Leben durch seine Tätigkeit und im Sterben durch sein Verhalten gezeigt hat, was es heißt, fromm zu sein, und verweisen damit auf die von Sokrates im Namen des Gottes von Delphi vertretene Sache. Nun ist das fiktive Datum des im *Euthyphron* geschilderten Gesprächs, das Sokrates mit dem Seher Euthyphron führt, ein Tag in der Zeit zwischen der Einreichung der Klage gegen Sokrates und der Gerichtsverhandlung. Zu glauben, der Autor selbst habe eine Beziehung zwischen seinen beiden allein schon durch die Situation verbundenen Texten, die zudem in denselben Jahren entstanden sind,[17] *nicht* gesehen und schon gar

---

[15] Dazu auch oben Anm. 11.

[16] Den Ausdruck „dem Gott helfen" als Bezeichnung dessen, was Sokrates für den Gott von Delphi tut, entnimmt Platon, wie Skard 1945 gesehen hat, dem alten Eid der delphischen Amphiktyonie vom Jahr 590, mit dem sich die Mitglieder verpflichten, Übergriffe auf das dem Gott geweihte Land zu verhindern: „καὶ ἐπὶ τούτοις ὅρκον ὤμοσαν ἰσχυρὸν μήτ' αὐτοὶ τὴν ἱερὰν γῆν ἐργάσεσθαι μήτ' ἄλλῳ ἐπιτρέψειν ἀλλὰ βοηθήσειν τῷ θεῷ καὶ τῇ γῇ τῇ ἱερᾷ καὶ χειρὶ καὶ ποδὶ καὶ πάσῃ δυνάμει". (Bengtson 1975, Nr. 104) Die sakrale Wendung τῷ θεῷ βοηθεῖν findet sich dann, z.T. variiert (τιμωρεῖν), bei Sophokles, Thukydides, Xenophon, Aischines und Demosthenes. Die attische Gerichtssprache hat danach den Ausdruck „den Gesetzen/dem Recht helfen (τοῖς νόμοις/τῷ δκαίῳ βοηθεῖν)" gebildet, und auch die bei Platon, Isokrates und den *Dissoi Logoi* (VS 90, 3,1) belegte Wendung τῷ λογῷ βοηθεῖν steht in dieser Tradition. Charakteristisch für die verbreitete Redeweise ist, dass der Helfende über Möglichkeiten verfügt, die dem Mächtigeren und Vorgeordneten, doch der Hilfe Bedürftigen – sei das ein Gott, das Recht oder ein Text – aus konstitutiven Gründen fehlen. Dazu auch Heitsch 2002, 91-92.

[17] Die m.E. richtige Datierung der *Apologie* in die Zeit des *Menon*, also etwa um

nicht beabsichtigt, wäre ja wohl abwegig. Die Vermutung, dass er für Leser geschrieben hat, die in der Lage sind, sich die im *Euthyphron* erörterte, doch nur mit einer allgemeinen Formel beantwortete und letztlich offen gebliebene Frage mit Hilfe der *Apologie* im Sinne Apollons und seiner von Sokrates vertretenen Mahnung selbst zu beantworten, halte ich daher für plausibel.

385, basiert entscheidend auf einer vorzüglichen Beobachtung von de Strycker 1994, 19 und 282-83, die durch weitere Beobachtungen bestätigt werden kann. Dazu Appendix I „Datierung" meines *Apologie*-Kommentars, Heitsch 2002, 177-180. Der *Euthyphron* aber ist geschrieben nach dem *Gorgias*, nach der ersten sizilischen Reise, also in den achtziger Jahren.

Platons *Euthydem*
Zum Verhältnis von Dialog, Logik und königlicher Kunst

Trotz der Tatsache, dass der *Euthydem* viele der Fragen behandelt, die gemeinhin zu den zentralen Anliegen Platons zählen – Lernen, Wissen, Verhältnis von Sein und Nichtsein, Aussagbarkeit und Bedingungen des Logos, Wesen der Negation, Identität und Differenz oder Einheit und Vielheit von Erscheinungen –, wird dieser Dialog immer noch als früher oder sokratischer vernachlässigt. Dagegen will der folgende Beitrag deutlich machen, wie grundlegend die Stellung des *Euthydem* in Platons Werk ist und wie weitgehend er schon dem mittleren und späten Platon vorausgreift, den Boden für dieses Denken bereitet.[1]

Bereits der Rahmen weist dabei einige Besonderheiten auf bzw. zeichnet den Grundcharakter des Gesprächs vor: Ungeachtet seiner komischen und zum Teil absurd anmutenden Partien bildet der Dialog eine ernsthafte Situation (vgl. auch die Erwähnung des sokratischen Daimonions, 272e), wofür schon die Person des Kriton steht, der grundsätzlich nur in gewichtigen Kontexten auftritt; nur im *Euthydem* redet Sokrates fortgesetzt mit zwei Personen, und nur hier hat das Gespräch durchgehend eine sehr große Zahl von Zuhörern – was zur Unruhe gerade dieses Dialogs nicht unerheblich beiträgt (vgl. Hirzel 1895, 209) –, was darauf hindeutet, dass das Ganze für die Menge sowohl interessant als auch halbwegs verständlich ist, ja geradezu ein „Höhlengespräch" abgibt (271a-b). Für die pragmatische Dimension ist es von Bedeutung zu untersuchen, wie unterschiedlich Sokrates zu Kriton,[2] Kleinias

---

[1] Die Nähe des *Euthydem* zu verschiedenen anderen Dialogen ist in der Forschung immer wieder beobachtet und ausgelegt worden, die Nähe zum *Kriton* von Strauss 1970, 1-20, zum *Menon* von Keulen 1971, 25-35, 49-56, 75 oder Hawtrey 1981, 141, 149, 155 f., zum *Parmenides* von Sprague 1967, 91-98 oder zum *Phaidros* von Szlezák 1980, 75-89; zum *Sophistes* neuerdings von Sprague 2000, 6-19; Kahn 2000, 89-91; Marcos de Pinotti 2000, 144-153. Entsprechend schwankend sind auch die chronologischen Datierungen des Dialogs: (a) transitionaler und vor-mittlerer Dialog (zwischen *Gorgias* und *Menon*), Vlastos 1985, 1, 16; Kahn 1981b, 305-309; Kahn 2000, 89-91, 94-96. (b) Stellung nach dem *Menon*: Chance 1992, 5; Hawtrey 1981, 10; Hildebrandt 1959, 396; Wilamowitz 1919, 308. (c) Einordnung als Spätwerk: Gifford 1905, 32 (nach dem *Phaidros*); Natorp 1921, 119-122 (Appendix zum *Theaitet*); Pfleiderer 1896, 276, 318-320, 330-333 (nach dem *Sophistes* und vor dem *Politikos*).

[2] Zu den Dialogpassagen Sokrates – Kriton vgl. Kato 2000, 123-132.

und den (zweitklassigen) Sophisten redet, denn wichtig ist nicht nur, was gesagt wird, sondern auch wann und von wem. Die Verfallsform der Sophistik ist im *Euthydem* besonders ausgeprägt dargestellt, einerseits im Hinblick auf ihren agonalen Charakter (271c-272c: ἐν ὅπλοις σοφώ, παμμάχω, μάχεσθαι, παγκρατιασταί), andererseits bezüglich ihres scheinbar allwissenden und alles könnenden Wesens (271c6, 287c10: πάσσοφος), das es den Brüdern ermöglicht, über alles zu reden, aber eben nur der Form nach, nicht durch inhaltliche Sachkompetenz gestützt. In der Waffenkunst und im Rechtsstreit, jedoch auch in einer neuen παγκρατιαστικῇ τέχνη (272a5 als hapax legomenon), durch die sie im Logos alles, was gesagt werden kann, sei es wahr oder falsch, widerlegen können, vermögen die Sophisten alles (272a-b). Der rein abwehrende, negative Zug dieser Kunst zeigt sich später darin, dass die Sophisten selbst nie etwas behaupten, sondern nur Behauptetes destruieren können. Im Kontrast zur Dialektik ist diese Eristik[3] sogar von alten Leuten und in kurzer Zeit vollständig erlernbar (272b; vgl. Resp. 537d, 540a), weshalb auch Sokrates sie noch erlernen will. Das Neueste und Höchste gleichwohl, was die Sophisten nun vor allem Genannten noch zu vermögen vorgeben, besteht in der schnellen Lehrbarkeit der Tugend (273 d), was Sokrates dazu veranlasst, sie als Götter zu bezeichnen (273e); ein ambivalentes Lob, weil mit Göttern im eigentlichen Sinne kein Logos möglich ist. Sokrates will diese glückselig machende, königliche Weisheit – wie alle Anwesenden – von den Sophisten lernen (274a-d). Dabei legt Sokrates Wert darauf, dass es zur selben Technik gehört, zu zeigen und zu vermögen: a) denjenigen die Tugend zu lehren, der schon glaubt, dass sie lehrbar ist, b) denjenigen die Tugend zu lehren, der noch nicht glaubt, dass sie lehrbar ist, c) sich selbst als Person zu erweisen, die die Tugend lehren kann; eine Technik und Wissenschaft soll also zur Philosophie und zur Sorge um die Tugend hinwenden (προτρέπειν). Tugend und Philosophie überhaupt zu erstreben, davon sollen die Sophisten Kleinias überzeugen, womit das Gespräch seinen Fortgang in Gestalt einer sophistischen ἐπίδειξις nimmt (274a7-9; 275a4-7).

Schon die ersten beiden Fragen der Sophisten führen ins Zentrum des Dialogs, zum Problem des Wissens und des Tugenderwerbs (275d-277c) sowie ihres Verhältnisses, das die Sophisten zunächst auf das Lernen zuspitzen. Ihre Fragen: „Welche Menschen lernen, die Klugen oder die Dummen?" und „Was lernen die Lernenden, was sie wissen oder was sie nicht wissen?" spiegeln einerseits bereits die wesentlichen Elemente ihrer Methode wider,

---

[3] Die Eristik arbeitet nur mit den Namen, die Dialektik mit den Formen (Resp. 454a). Erst der *Sophistes* vermag beide Ebenen wieder vollständig zu verbinden. (Vgl. auch Aristoteles, SE 171b35. [Zum Rekurs der SE auf den *Euthydem* vgl. Düring 1966, 83 f.; Keulen 1971, 18-22; Chance 1992, 8-13. – Zum Bezug zu den *Dissoi Logoi* vgl. Sprague 1962, 25 f.])

spitzen andererseits aber das Wissensproblem zu einer zwiefältigen Fundamentalaporie zu: Die erste Frage hebt nämlich das Wissen von der subjektiven Seite aus auf, die zweite von der objektiven Seite her, ohne dass die Aporie sich freilich von der Sache her zeigte, denn die sophistische Fragetechnik erlaubt keine (zeitlichen) Übergänge, kein Drittes zwischen Wissen und Unwissenheit, setzt Teilgebiete – etwa die γράμματα – als das Ganze, um grundsätzliche Fragen zu lösen (womit Wissen in einer Hinsicht neben der Unwissenheit in einer anderen unmöglich wird) und arbeitet mit der Mehrsinnigkeit und -deutigkeit der verwendeten Begriffe. Durch die Alternativfragen und Exklusivdisjunktionen der Sophisten, die nur einfache Antworten (Ja oder Nein) gestatten, wird ihr Logos vorhersehbar (προλέγω; 275e5) und unausweichlich (ἄφυκτα; 276e6; vgl. Keulen 1971, 69–76). Offene Fragen, z.B. „Was ist Lernen?", werden nicht gestellt, so dass, egal welche Antwort man geben mag, die Aporie sich einstellen muss. Dabei vertreten die Sophisten schon bei der Behandlung der ersten Frage widersprüchliche Positionen, ohne dass deshalb die Einzelpositionen in sich einen Widerspruch enthielten. Nimmt man These und Antithese zusammen, so ist nichts wahr, nimmt man sie getrennt für sich, so sind beide wahr (zum Problem vgl. Men. 80d-e).

Gegen die unsachliche, ergebnislose, mechanische, gewaltsame und spielerische Hermetik ihrer eristischen Antilogik und ihres Scheinwissens – die die Sophisten gleichwohl als ihre Tugend und deren Anwendungskompetenz verstehen, wie ihr zufriedenes Schweigen bis 283c zeigt – greift Sokrates selbst ein: Mit dem Korybantenmotiv (277d-e) verweist er auf die Fruchtlosigkeit sowohl der sophistischen Kälte als auch des Rausches, die der von außen kommenden Einweihung bedürfen, im Gegensatz zum echten Dialog, und er hebt die Notwendigkeit hervor, den richtigen Wortgebrauch zu erlernen, weil ein Wort sich auf Gegensätzliches beziehen kann (277e-278a), deutet also auf den einfachsten und bekanntesten Trick der Sophisten hin. Wenn er zudem das Spiel hier als Verlust des Gegenstandsbezuges kennzeichnet und πράγματα gegen ὀνόματα abgrenzt (278b), dann wird klar, dass echtes Wissen in Abgrenzung dazu auch das wirkliche Verhältnis beider begreift und in sich umfasst, d.h. das Wissen davon ist ein notwendiges Element des Wissens überhaupt. Jedenfalls führt Sokrates im Anschluss einen ersten protreptischen Dialog mit Kleinias, der den Sophisten als Exempel dienen soll, um ihr gegebenes Versprechen einzulösen, was Sokrates fast im Befehlston von ihnen verlangt (278c-e). Dabei wird sich dessen ungeachtet zeigen, dass hinter dem Spiel der Sophisten kein Ernst steht, dass gar nichts mehr in dessen Hintergrund steht, weil die Sophisten nichts zurückzuhalten haben (vgl. Szlezák 1980, 75-89).

Sokrates geht mit Kleinias davon aus, dass alle Menschen das εὖ πράττειν wollen, im Doppelsinn des Gut-Handelns und des Glücklichseins, und zwar, indem sie viel Gutes erlangen wollen (279a3); dabei stellt sich natürlich die

Frage, was denn ein Gut sei. Anders als die Sophisten hebt Sokrates also mit einer einfachen Frage an und gibt Kleinias sogar die ersten Antworten vor, wenn er die traditionellen Güter, wie Reichtum, Gesundheit, leibliche Schönheit, Geburt, Macht, Ansehen, aber auch die Tugenden Besonnenheit, Gerechtigkeit, Tapferkeit und Weisheit nennt (dieselben wie in der *Politeia*, aber hier mit der Überordnung der Weisheit, nicht der Gerechtigkeit; 279a-c). Mit der zuletzt und einzeln genannten Weisheit soll auch die Vollständigkeit der Reihe, sofern sie alle Güter umfasst, festgestellt werden, aber Sokrates bringt noch die εὐτυχία als größtes Gut ins Spiel, um sie jedoch sogleich mit der Weisheit zu identifizieren (279c-d): Jeder kompetente Sachverständige habe und erlange nämlich in seinem Fach- und Handlungsgebiet *durch* die σοφία die εὐτυχία, die auch jeder Mensch deshalb bei ihm suche, d.h. die Weisheit bewirke in allen Feldern die Eutychie – auf spezifische Weise in jedem Sachgebiet als bestimmtes Besorgungs-, Handlungs- und Beherrschungswissen und darum universal. Als solche genommen ist die Weisheit, das Wissen, in jedem Erkennen und Handeln irrtumsfrei und trifft immer die Wahrheit (279d-280a). Die Weisheit beherrscht ein Sachgebiet und eine Seinsregion und vermittelt deren spezifisches Gut nicht nur dem, der diese Weisheit hat, selbst, sondern auch allen anderen Menschen; jede bestimmte Weisheit bewirkt somit eine spezifische εὐτυχία, die Weisheit insgesamt die εὐτυχία insgesamt, weshalb sie die Vielheit auch auf ein einheitliches Prinzip zurückführt. Der Schritt von der Weisheit in einem Gebiet zur Weisheit überhaupt erweist diese als autark und hinreichend zum „guten Glück", wenn sie „anwesend" ist (280b).

Der Begriff der εὐτυχία (vgl. Bonitz 1886, 96-97) erfährt im Dialog eine Bedeutungsverschiebung, die aus seiner Verbindung mit der σοφία resultiert: steht er zunächst noch für das „gute Glück", das zufällige, aber faktisch objektive Zuteilwerden eines Gutes (v.a. der traditionellen Güter), so wandelt er sich, über die Zwischenstufe des bereits subjekthaften, obzwar nicht durch eine subjektive Leistung begründeten „Treffens des Richtigen", zur Fähigkeit des Einzelnen, das Richtige zu treffen – und zwar mittels seiner Einsicht. Die Subjektabhängigkeit der εὐτυχία tritt also als bestimmendes Moment hervor, weil die Weisheit als ihr Grund von einem Gut unter anderen zum zentralen Gut aufsteigt. Diesem Prozess entspricht die Verinnerlichung der εὐτυχία, da sie vom Grund des Gutes zur Folge intelligenten Handelns wird, das im Inneren fundiert ist. Die εὐτυχία wird mit der εὐδαιμονία, dem εὖ πράττειν und der σοφία gleichgestellt, deren Gebrauch jedoch erst die vielen Einzelfaktoren und -elemente des Lebens zu einer maßbestimmten, relational gegeneinander geordneten Einheit zusammenfügt. Der Besitz, das Haben eines Gutes reichen zum Glück und Nutzen nicht hin, sondern diese ergeben

sich erst aus dem Gebrauch (κτῆσις – χρῆσις[4]), wobei Sokrates vom Haben
über das Gebrauchen zum guten Gebrauch als Ziel des vernunftgeleiteten
Handelns voranschreitet (280b-281e). Erst im Gebrauch, der gut oder
schlecht sein kann, werden die Güter bivalent, während ihr Brachliegen im
Nichtgebrauch indifferent bleibt. Es ist aber allein die Wissenschaft, die rechten Gebrauch und Glück bewirken kann, weil sie das spezifische Gebrauchswissen für die Dinge und Güter eines (technischen) Sachbereichs und zuletzt
für alle Dinge und Güter im Ganzen darstellt. Mit jeder τέχνη erwirbt man
zugleich   eine   σοφία,   deren   höchste   und   universale   Form   die
„Lebenstechnik" des im Gebrauch handelnden Menschen ist, der dabei alle
Güter und Dinge seines Lebenshorizontes gegeneinander abmisst und in eine
verträgliche, nutzbringende Einheit zusammenführt, die als Glück zu bezeichnen ist. Insofern ist die Weisheit dem Besitz und dem bloßen Haben natürlich übergeordnet, was Sokrates am Beispiel des Vorrangs des vernunftvol-
len Besitzarmen vor dem vielbesitzenden Vernunftarmen festhält; das Wissen
vermag die Dinge, unabhängig von ihrer Quantität, optimal auszunutzen und
zu gebrauchen sowie Mängel weitestmöglich zu kompensieren, während die
Unwissenheit um so mehr verderben kann, je mehr ihr Träger besitzt. Die
Schritte der Logik des Handelns, die Sokrates skizziert, führen also vom Erwerb zum Haben, von da zum Gebrauch und schließlich zum guten Gebrauch (279e1, 280a8), dessen Resultat das Glück ist. Nicht die Dinge selbst
können deshalb Güter oder Übel sein, sondern allein ihr Gebrauch, der
durch die Seele erfolgt und erst wirklich das Äußere (die Dinge und das Handeln) mit dem Inneren (der Seele und dem Glück) vermittelt, denn die Güter
bleiben statisch, wohingegen ihr Gebrauch dynamisch ist.
       Die Differenz zu den Sophisten zeigt sich bereits beim Erwerb der er-
strebten Weisheit: In der sokratischen Dialektik gewinnt der Mensch das
Wissen langsam, kontinuierlich, sukzessiv und nur als überhaupt dazu begab-
te Seele, im Gegensatz zur mechanischen, übergangslosen, schnellen und
pseudouniversalen sophistisch-eristischen σοφία.[5] Die Kontrastbeziehung zur

---

[4] Zum Einfluss dieses Begriffspaares auf das aristotelische Dynamis-Energeia-
Schema vgl. Düring 1966, 236.
[5] Betrachtet man diesen Prozess im Lichte der Anamnesislehre, so wird der Erwerb des Wissens zum Wiedererwerb, in welchem Vorgang jedoch das Gesuchte
schon präsent ist und bereits gebraucht wird. Kleinias' Verhalten in der Diskussion
der königlichen Kunst verweist später auf diese zirkuläre Deutung der Schritte der
Handlungslogik, in der die Weisheit als Ziel bereits den Anfang im Sinne des Aprio-
rismus ermöglicht. – Die Anamnesis muss auf Verborgenes, Unbewusstes und Poten-
tielles zurückgreifen, das sich nur langsam ans Licht heben lässt, aber um so stärker
verinnerlicht und wirklich gelernt und gewusst wird; Keulen 1971, 32-34 spricht zu
Recht im Anschluss an Stenzel von einer „Metaphysik des Lernens".

Sophistik äußert sich überdies darin, dass Sokrates und die Sophisten beide z.B. die Sinn- und Bedeutungsformen von Begriffen klären wollen, nur mit unterschiedlichen Zwecken, d.h. Sokrates, um Verwechslungen zu vermeiden, die Sophisten gerade mit der Absicht, mit derartigen Verwechslungen im Gespräch zu siegen; der *Gebrauch* ist also ein entgegengesetzter. Der Gebrauch des Logos insgesamt kann je nach Zweck Gegensätzliches intendieren und bewirken (vgl. auch die ὀνόματα, die sich jeweils auf Gegensätzliches beziehen können; 277e-278a), und der *Euthydem* entwickelt die äußersten Pole dieses Antagonismus im Durchdringungsverhältnis der Wechselfolge von eristischen und sokratisch-protreptischen Passagen. Die sophistische Aporie im Gefüge von Logos, Wissen und Handeln zeigt sich besonders fundamental, wenn die Unmöglichkeit des ἀντιλέγειν aufgewiesen werden soll, womit der Logos aufgehoben wird, die Sophisten sich jedoch zugleich in einen performativen Selbstwiderspruch verstricken, den Gegensatz von Vollzug und sachlichem Gehalt des Redeaktes, von Praxis und Aussage. Das Wissen vom Guten und Schlechten, vom Nutzbringenden und Überflüssigen, steht als solches jenseits der Differenz von gut und schlecht, ist ausschließlich gut und *gegensatzlos*, weil im „transzendentalen" Bereich keine Gegensätze mehr existieren, und deshalb kann auch der Gebrauch echten, unser Selbst konstituierenden Wissens nie schädlich sein. Der Logos *ist* aber im Grunde nichts anderes als das Wissen in allen seinen Formen und der Gebrauch des Wissens in allen seinen Formen, die in sich hierarchisch strukturiert sind und auf ein höchstes Wissen und dessen Gebrauch hin zulaufen. Nur Mängelformen des Wissens können dabei passiv missbraucht werden *und* den Missbrauch des Logos aktiv intendieren.

Bevor die Sophisten wieder zum Zuge kommen, resümiert Sokrates, dass jeder Mensch nach der Weisheit streben müsse – und zwar vor allem anderen; über die Lehrbarkeit der Weisheit – womit der Bogen zur Eingangsfrage des Lernens geschlossen wird – und ihren Status als Bedingung des Glücks ist man sich einig. Nur deshalb sind die Menschen im Logos verbunden, weil ohne das Lernen der Logos keinen Sinn mehr hätte. (Sokrates unterscheidet dabei nicht zwischen der Lehrbarkeit von Sätzen und der σοφία schlechthin.) An die Sophisten ergeht die Aufforderung zu zeigen, ob alles Wissen oder nur bestimmtes Wissen notwendig ist, um weise zu sein, woran Sokrates freilich später selbst anschließen muss (282a-e).

Auch die Sophisten gehen im nächsten Abschnitt (283c-285d) auf grundsätzliche, an den Eleatismus anknüpfende Positionen zurück. Anhand der Polysemie von Werden und Nichtsein setzen sie X-Werden und Werden schlechthin gleich, um zu demonstrieren, dass derjenige, der das Werden will, eigentlich das Vergehen will, hier besonders den Untergang des Geliebten (vgl. die Lysias-Rede im *Phaidros*), wogegen Ktesippos einschreitet. Diesem wiederum halten die Sophisten entgegen, es sei überhaupt unmöglich, zu lügen und Falsches zu sagen: Das ψεύδεσθαι sei das Aussagen des Gegenstandes, nicht sein Nichtaussagen. Dabei wird nur das ausgesprochen, was ist, und kein anderes Seiendes als das Pragma wird zum Gegenstand der Rede, d.h. es geht nur um ein bestimmtes Seiendes, abgegrenzt von allem anderen Seienden. Wer sagt, was ist, spricht Wahres aus (hierzu gehört auch die Behauptung, es gebe keine Lüge), weshalb es somit unmöglich ist, das auszusagen, was nicht ist; mit dem Nichtseienden ist nichts zu machen (πρᾶξις), daher auch nicht mit dem Reden. Sprechen (als Handeln) bedeutet also immer und notwendig, Wahres und Seiendes auszusagen. Der Gegenstand der Rede bestimmt deshalb die Eigenschaft und den Inhalt derselben. – Die Einheit und der Zusammenhang des Dialogs bleiben gleichwohl selbst in den sophistischen Abschweifungen in dem Sinne gewahrt, dass sie im Grunde auf dieselben Fragen und Probleme eingehen, die auch für Platon im Zentrum stehen,[6] denn Logos und Praxis, Wahrheit und Falschheit, Sein und Nichtsein sind Grundthemen noch der späten Dialoge. Mit ihren Thesen destruieren die Sophisten die Bedingungen des Logos im sokratischen Sinne, weil es ihnen entsprechend nicht mehr möglich wäre, mit dem Logos zu handeln, einen Menschen zu etwas zu machen, Tugend und Wissen suchen, erwerben und aporetisch verfehlen zu können (285a-b), denn die Unmöglichkeit des ψεῦδος zerstört jeden Prozess und jede Bewegung zugunsten statischer Identität.

Noch einen Schritt weitergehend leugnen die Sophisten – die nie selbst etwas behaupten, sondern nur (getrennt) negativ auf Behauptetes eingehen – die Möglichkeit des Widerspruchs[7] (ἀντιλέγειν), womit jeder Logos als Dialog aufgehoben würde (285d-288d). Damit erfolgt, wie gesagt, ein performativer Selbstwiderspruch, der den Vollzug bzw. die Existenz des Redeaktes in einen Widerspruch zu dessen sachlichem Gehalt stellt, die Praxis und die Bedingungen des Vollzugs des Logos überhaupt in Konflikt mit der Logik der Urteilsform bringt. Dabei stellen die Sophisten selbst auf Zweiwertigkeit hin angelegte Fragen – was bereits sinnlos ist, weil dann auch derjenige nicht zu widerlegen ist, der behauptet, es gäbe Widerlegung, oder der überhaupt etwas behauptet. Was die Sophisten tun, belegt damit eigentlich, dass das, was sie tun, gar nicht möglich sein kann. Die einwertige Logik macht jede Aussage und jeden Satz – unter Auflösung der Urteilsform („S ist P") – zu einem Namen und eineindeutig; die Glieder des Widerspruchssatzes werden zu unab-

---

[6] Vgl. dazu Keulen 1971, 36, 59. – Platon zeigt in sophistischer Aussageform die unausweichliche Präsenz seiner eigenen, von der Sache der Philosophie her gebotenen Fragen.

[7] Ob hier konkret Antisthenes (vgl. Krämer 1959, 511; Hawtrey 1981, 24 f., 105 f.) oder die Protagoras-Schule (vgl. Keulen, 82-90) gemeint ist, kann letztlich offen bleiben.

hängigen Namen, womit eo ipso Falschheit unmöglich wird. Die vollständige Identität und die vollständige Differenz von Aussagen unterbinden jedwe-
den Widerspruch, womit dem Logos als Miteinanderreden nur noch drei
Möglichkeiten bleiben, in denen allen jedoch kein Widerspruch mehr vorliegen kann (286a-b):

a) A: „X ist F". – B: „X ist F."
b) A: „Y ist G". – B: „Z ist H."
c) A: „X ist F". – B: „X ist nicht F."

Im ersten Fall werden vollständig identische Namen genannt, womit der
Logos endet. Im zweiten Fall werden vollständig differente Namen genannt,
und über den Gegenstand „X ist F" wird geschwiegen, womit der Logos endet; denn *beide* Dialogpartner reden über völlig Verschiedenes. Im dritten Fall
schweigt B zu dem Gegenstand mit dem Namen „X ist F", d.h. *einer* der Gesprächspartner redet über etwas völlig anderes, womit der Logos ebenfalls endet. Die einwertige Logik hebt den Logos somit als vernünftige Einheit und
als Zusammenhang von sachbezogenen Handlungsformen auf, obwohl die
Sophisten selbst mit ihren Alternativfragen (implizit) den Satz vom ausge-
schlossenen Dritten und den Widerspruchssatz anwenden – und zwar auf der
Ebene der Form und der Handlung des Logos, während sie inhaltlich die
zweiwertige Logik leugnen. Der Satz vom Widerspruch und der vom ausge-
schlossenen Dritten ermöglichen freilich überhaupt erst die Beziehung von
Logosgehalten und -akten (durch die Sprecher) unter- und miteinander.
Die Folgen dieser Leugnung der Möglichkeit der Falschheit und des Widerspruchs für die vorangegangenen und noch ausstehenden Ausführungen
und Anliegen des Sokrates liegen auf der Hand: Gibt es keine Falschheit und
keine Möglichkeit des Irrtums, so kollabiert der Logos als Suche nach der
wissenschaftlichen Wahrheit und dem Grund guten Handelns bzw. des besten Lebens. Jede Suche wird hinfällig, weil auf keiner Stufe und in keinem
Akt des suchenden Denkens mehr Irrtum möglich ist; der Erwerb des Wissens wird obsolet, und jeder falsche Gebrauch von Gütern ist ausgeschlossen,
da der Gegensatz als „Raum" von Denken und Handeln wegbricht und mit
ihm jeder kontinuierliche Fortschritt, jede Entwicklung und jeder Übergang
vom Falschen zum Wahren, vom Schlechteren zum Besseren und Geordneten, woran zugleich die gemeinsame Wurzel von Logik und Ethik ersichtlich
wird. Die Widerlegung der einwertigen Logik ist für die Sokratische Absicht
und ihren Logos also eine unabdingbare Notwendigkeit. Sokrates muss im
Logos die Bedingung des Logos herstellen und begründen, damit Sprechakte
und -gehalte einander entsprechen können. Werden Form und Bedingung
des Dialogs nicht anerkannt und logisch grundgelegt, so kann man über keine Sache, geschweige denn über die Gesamtheit der Gegenstände, weder mit
sich selbst noch mit anderen reden, weil Fortschritt und Selbstkorrektur des

Logos wegfallen. Eine zweiwertige Logik bedeutet die minimale, aber universale Bedingung sachhaltigen Redens und Denkens; ihre Rechtfertigung hier kann als *Bedingung und Ursprung der platonischen Dialektik* angesehen werden.

In 286c wird der rein auf den Inhalt des Logos bezogene Satz: „Man kann nicht Falsches reden" dahingehend radikalisiert, dass entweder gesprochen wird – und wenn gesprochen wird, fällt das Gesprochene immer notwendig mit dem Wahren zusammen – oder dass nicht mehr gesprochen wird. Die zweite Alternative setzt somit den formalen Vollzug zum Inhalt hinzu und schließt sowohl das wahrscheinliche Sprechen als auch Fragen, Bitten oder Befehle als Möglichkeiten des Logos aus. Indem dieser Grundsatz aber nun *alle* (anderen) Sätze umstößt, negiert er zugleich sich selbst und wird im Kontext anderer Sätze, in einem echten Logos, zum Selbstwiderspruch. Sokrates zieht daraus die Konsequenzen, indem er *vom Bereich der Sprache zu dem der Erkenntnis übergeht*. Auf diesem Fundament kann es dann keine falsche Meinung mehr, kein fehlerhaftes Vermuten, keine Unwissenheit (als eine homogene Form der Seelenverfassung), keine unwissenden Menschen (als der Singularfälle derartiger Seelenverfasstheiten), kein Lernen und keinen Elenchos mehr geben. Nur Wissen, wahres Reden oder Nichtreden bleiben übrig, aber alle Mangelformen des (Satz-)Wissens und innerseelischer Haltungsweisen hinter propositionalen Erkenntnissen oder Übergänge zwischen Wissensformen und Haltungen werden unmöglich (vgl. Krat. 385b-c, 386d; Tht. 187d ff.; Soph. 240e ff.). Jedes gegenständliche Satzwissen kann aber – schon durch das Setzen des Negators vor den Satz – falsch werden, so dass nur das (dialektische) Gebrauchswissen irrtumsfrei und unaufhebbar bleibt, d.h. das Wissen von den Bedingungen und Gründen des Logos sowie seiner praktischen Vollziehbarkeit. Der Logos erweist sich als das Gebrauchswissen von allem schlechthin im Hinblick auf die ganze Seele des Menschen, von objektiven Gehalten, subjektiven Zuständen, Typen von Redeakten (Bitte, Befehl, Frage, Wunsch), Modifikationen der Rede (Ernst, Spiel), geplanten oder echten Aporien, methodischen Mitteln usw. Durch ihre Leugnung fundamentaler Prinzipien ermöglichen die Sophisten Sokrates die Rechtfertigung der Philosophie selbst im Vollzug des Kampfes zwischen ihr und der Eristik um die Seele eines begabten Menschen. Die beiden Teile des Gesprächs von Sokrates mit Kleinias sind nichts anderes als ein „Schnellkursus" über Bedingungen, Bereich, Möglichkeiten, Ziele und Grenzen wahrer Philosophie, in dem nahezu alle Anliegen des Sokrates zur Sprache kommen.

Die Sophisten bilden die perverse Entartungsform des wahren Logos, was sich auch daran zeigt, wie sie die Zweiheit[8] hier gebrauchen: durch Euthy-

---

[8] Zur dialogtechnischen und sachlichen Bedeutung der Zweizahl der Sophisten sowie ihrer Differenzierung untereinander vgl. Hüffmeier 2000, 27-34; Chance

dems Eingreifen wird der (Selbst-)Widerspruch des Dionysodoros in dieser Frage vermieden und überdeckt. Die Zweiheit, die im Sprechen, Denken und Handeln den Horizont des Logos schlechthin abgibt, wird hier als Versteck missbraucht,[9] wenn Euthydem von Sokrates den Erweis der prinzipiellen Möglichkeit der Widerlegung fordert, und dies entgegen der These seines Bruders von der Unmöglichkeit des Widerspruchs sowie des Nachweises seiner Möglichkeit. Sokrates überträgt aber die These des Dionysodoros nun *vom Erkennen auf das Handeln* (286e–287a), wie er vorher von der Sprache zum Erkennen bereits übergegangen war. Wer nämlich handelt, kann dann sein Ziel auch nicht mehr verfehlen, d.h. Handeln ist wie Sprechen und Denken zumindest implizit zweiwertig und ihnen überhaupt analog verfasst. Wenn das Handeln aber unfehlbar ist, wozu soll dann noch die Tugend gelehrt werden, wie die Brüder es doch wollen? Sokrates greift somit auf frühere Thesen und Prämissen des Gesprächs zurück und verlangt derart die (zeitliche[10]) Einheit und Stimmigkeit des Dialogs – wie auch allen Sprechens, Handelns, Denkens und des menschlichen Lebens insgesamt –, die die Sophisten natürlich nicht wollen (vgl. das Proteus-Motiv 288b). Sie intendieren dagegen den Zerfall des Logos in pseudologische, schon in sich, aber besonders miteinander unstimmige Partikel. Demgegenüber setzt Sokrates die Bedingung des Gesprächs und des menschlichen Seins im Logos gegen seine Opponenten durch: Dionysodoros' Vorwurf, Sokrates wisse mit dem gegenwärtig Gesagten als solchem nichts anzufangen, impliziert den Aspekt der Brauchbarkeit des Gesagten, durch dessen Anwendung Dionysodoros sich selbst widerlegt, weshalb er in die Umkehrung von Antworter- und Fragerrolle flieht (287b-d). Sokrates widerlegt die Sophisten durch eine reductio ad absurdum, weil zumindest ein Widerspruch begangen wurde. Wenn Sokrates laut Dionysodoros die Behauptung, es gebe kein Widerlegen, nicht zu gebrauchen weiß, dann sagt dieser für Sokrates, letzterer könne sie nicht widerlegen; wenn der Sophist dies sagt, dann gibt es Widerlegung, wenn jedoch Sokrates sich irrt

1992, 132, 165. – Dorion 2000, 35-50 befürwortet die Zuordnung der Brüder zur megarischen Schule, was jedoch – entgegen Dorion – eine gleichzeitige Kennzeichnung als Sophisten nicht ausschließt: vgl. Prantl 1855, 14-25, 33.

[9] Vgl. die diesbezügliche Nähe zum *Sophistes* in den Motiven der Jagd, der Dialektik und der Verbergung hinter dem Nichtsein. Die Brüder benutzen die Bewegungslosigkeit der einwertigen Logik, um mit den Phänomenen falscher Ruhe, Identität und Differenz zu arbeiten.

[10] Zu den Anwendungsaspekten der Zeit im Dialog vgl. Mesch 2000, 55-58. Die Sophisten zielen auf die Überwindung der Zeit in der Zeit durch temporale Fragmentierungen isolierter Gegenwarten; der Philosoph intendiert ebenfalls diese Transzendierung, jedoch mittels der erinnernden Vergegenwärtigung des immer schon Gewussten.

und Falsches meint, so ist er doch auch nicht zu widerlegen, weil es keine
Widerlegung gibt. Ein Drittes fehlt in diesem Argument.

Den Wechsel zum zweiten Kleinias-Gespräch bewerkstelligt Sokrates erneut durch das Motiv von Ernst und Spiel (288b-d). Beide zeigen sich dabei
als Gebrauchsformen des Logos, die in sich wahr oder falsch sein können, jedoch nicht gegeneinander. – Über die Mitte des Dialogs hin erstreckt sich im
Euthydem zugleich dessen thematisches Zentrum, die Frage nach der höchsten Wissenschaft und der königlichen Kunst (288d-293a). In Anknüpfung an
275a hält Sokrates die Notwendigkeit der Suche nach der Weisheit fest; Philosophie wird als κτῆσις ἐπιστήμης bestimmt, aber offen blieb bisher, welches Wissen genau das richtige ist. Sokrates unterscheidet ein Wissen, das in
sich selbst unmittelbar nützlich ist (ὀνήσει; 288e), und Wissen, das dies nicht
ist. Der Nutzen eines Dinges oder Könnens (ὄφελος) verwirklicht sich allerdings erst und allein im Gebrauch, d.h. jeder Erwerb, Besitz und jedes Wissen werden erst durch die Fähigkeit, sie als und für sich selbst praktisch gebrauchen zu können, nützlich. Theoretisches Wissen von den Dingen als solchen oder bloße *Fähigkeiten* erhalten ihren Sinn somit erst von der *Wirklichkeit* des Gebrauchs durch und für den Menschen (vgl. den späteren Primat
der Energeia vor der Dynamis bei Aristoteles). Jede Wissenschaft zielt auf ihren Gebrauch als Ziel und letzte Realität ihrer selbst ab, von denen her sie ihr
Maß und ihre Grenzen, ihr eigentliches Wesen erhält; der Gebrauch ist also
fast so etwas, wie die Hypothesis, die man zugrunde legen muss, um das Wesen und den Wert sowie die Struktur einer Technik oder Wissenschaft (und
letztlich aller Techniken) erforschen und festlegen zu können. Jedenfalls müssen Hervorbringungswissen und Gebrauchswissen vom Hervorgebrachten als
leitendem Ziel in der höchsten Wissenschaft zusammenfallen, wodurch zugleich Prozess und Zweck dieser Wissenschaft in eins gehen müssen (288d-
289b). Das von Sokrates angeführte Beispiel des eventuellen Nutzens der
Unsterblichkeit belegt, wie fundamental diese Ansicht für das menschliche
Sein und seine Qualität ist. Eine reine, vollkommen nutzenfreie theoretische
Erkenntnis bedeutet Platon an dieser Stelle nur sehr wenig, weil die Güte einer Sache, eines Könnens oder Wissens nur aus einem genetisch-kontinuier-
lichen Prozess von Erwerb (Herstellung) und Gebrauch (für sich und im
Ganzen allen Wissens und Könnens) resultiert.

Die Suche nach der höchsten Wissenschaft macht zunächst halt bei der
λογοποιεῖν τέχνη, die in einer fast spielerischen Dihairese als Beschwörungs-
kunst für Menschen in einer Ansammlung (289e-290a) – die Nähe zum Tun
der Sophisten ist offensichtlich – festgelegt wird. Diese Kunst wird jedoch
von Kleinias zurückgewiesen, weil das Verfertigen und das Halten von Reden zwei verschiedene, unabhängige Kompetenzen darstellen (289d-290a –
vgl. die Rede des Lysias im *Phaidros*). Die Kriegskunst wird sodann ebenfalls
nicht für die gesuchte, glückselig machende Erkenntnis befunden. Kleinias

bestimmt sie nämlich als Teil der Jagdkunst, die Menschen jagt und fängt –
auch dies ein Tun, das mit dem der Sophisten konvergiert und im *Sophistes*
explizit in diesem Sinne namhaft gemacht wird –, sie daraufhin jedoch den
Politikern zur Verwendung anvertrauen muss. Die Jagd bringt nichts hervor,
sondern findet vielmehr etwas wieder (290b-d), wobei Kleinias sie mit der
Mathematik und der Messkunst in deren Relation zur Dialektik analog setzt,
d.h. die Ergebnisse und Objekte dieser Wissenschaften werden der Dialektik,
die dabei auf eine Stufe mit der Staatskunst gestellt wird, zum Gebrauch
übergeben. An dieser Stelle bleibt unklar, ob die Dialektik nur Einsichten anderer Wissenschaften verarbeiten oder – mit oder ohne Gebrauch der Erkenntnisse anderer Wissenschaften – auch selbst eigene Einsichten hervorbringen kann. Sie ist jedenfalls hier weit von ihrer Stellung in der *Politeia* oder
im *Sophistes* entfernt bzw. wird dergestalt stilisiert. Kleinias scheint gleichwohl die von ihm gesuchte Kunst bereits zu gebrauchen, worauf Kritons Reaktion hindeutet, der sich über Kleinias' Fähigkeit wundert, plötzlich, selb-
ständig und ohne Fragekette das Richtige zu treffen (290e-291a); entweder
hat er bereits früher bei Sokrates vom Gesuchten gehört oder die Kraft der
Dialektik wird spontan in seiner Seele erweckt oder sein Fortschritt ist nur
zeitweilig und oberflächlich. Denn trotz allem übersieht er, dass es sehr gut
möglich ist, dass dieselbe Person, d.h. die Seele als übergängige Einheit, den
Erwerb, das Hervorbringen und den Gebrauch einer Sache beherrschen, also
zwei oder mehr Künste und Wissenschaften in sich vereinigen kann – ein
Faktum, das bereits darauf hindeutet, dass es die gesuchte Wissenschaft zumindest gibt –, was die königliche Kunst als solche natürlich nicht berührt,
weil sie von sich her den Gebrauch alles vom Menschen Erworbenen, sei es
gefunden oder hervorgebracht, umfassen soll (290d). Das Wissen vom und
die Kompetenz zum Vollzug des „Erwerbs" der Entitäten eines Wirklich-
keitsbereichs, mag er praktisch handwerklich oder theoretisch epistemisch
verfasst sein und verfügbar gemacht werden, müssen hier zusammengehen
mit dem Wissen von der Brauchbarkeit und dem Nutzen des Erworbenen,
die sich nun aber allein im Ganzen des menschlichen Lebens und der
menschlichen Gemeinschaft erfüllen können, denn kein Wissen oder Können ist ohne Bezug auf die gesamte Gattung, in der sich ein Nutzen erst herstellen kann; selbst die Kunst, Gold zu gebrauchen, ist noch in ihrer eigen-
nützigsten Intention an die Notwendigkeit anderer Menschen und ihrer
Kompetenzen gebunden. Auf der fundamentalsten Ebene bedeutet das Gebrauchswissen nichts anderes mehr als das *Wissen vom Gebrauch des Wissens*,
sofern man es hat.

So ist es kein Zufall, dass die Dialogpartner die königliche Kunst[11] zunächst in der Politik suchen. Schon in 290c-d waren Dialektik und Staatskunst diejenigen Wissenschaften, die das ihnen von anderen zentralen Kompetenzen Übergebene allein gebrauchen können und ihm einen Nutzen vermitteln. Die königliche Kunst ist zwar im *Euthydem* nicht selbst Dialektik und Politik, aber es ist nicht ausgeschlossen, dass sie bereits eine inbegriffliche Einheit und identische Kompetenz abgibt, die beide letztgültig und in letzter Instanz integriert. In der *Politeia* fallen im Ideal des Philosophenkönigs Dialektik und Staatskunst zusammen, und die Webkunst im *Politikos* setzt ebenfalls den Einheitsnexus beider Kompetenzen voraus (so schon Shorey 1933, 164). Die königliche Kunst ist nicht die Dialektik, aber diese ist dennoch ihr Kern; sofern die höchste Kunst zuletzt alles beherrschen können soll – und der Vollzug dieser Universalität erfolgt in der menschlichen Gemeinschaft des Staates, in der alle spezifischen Einzel- und Bereichsvermögen vereinigt, koordiniert und ausgeglichen werden –, muss sie ein Wissen vom Gebrauch aller Künste und Wissenschaften, von ihrem Beitrag zur Güte des Ganzen (im Staat, im Einzelleben und in der komplexen Gesamtheit des Wissens) und vom hinreichenden Maß ihrer Verwirklichung und Ausübung sein. Die βασιλικὴ τέχνη bewerkstelligt also den maßbestimmten, relationalen Einheits- und Koexistenzzusammenhang aller Einzelkompetenzen in Theorie und Praxis. Sie bringt diejenige Erkenntnis hervor, mittels derer alle bestimmten technischen und wissenschaftlichen Kenntnisse, besonders das Gebrauchswissen der Techniken, in ein Ganzes eingeordnet werden, das allem Einzelnen Maß und Grenze setzt und dadurch selbst gut wird im Sinne der Tauglichkeit zu seinem dauerhaften Existenz- und Essenzvollzug, in dem Einzelnes und Ganzes stabil ausgeglichen sind. Es handelt sich somit um das Wissen und die koordinierte Einheit des Gebrauchs allen Gebrauchswissens im Hinblick auf das Ganze. Platon unterscheidet zwischen dem spezifischen, wesensgemäßen und wesensimmanenten Gebrauch einer Kompetenz und ihrem Beitrag zum und Brauchbarkeitsgrad im Ganzen; die *Einzel*kompetenz wird zum *Teil eines Ganzen*, weshalb ihre Güte auf beiden Ebenen neu und anders zu bestimmen ist. Obwohl die Bestimmung der Leistung der königlichen Kunst im *Euthydem* aporetisch verläuft (291b-293a), wäre sie sehr wohl im Sinne des Aretebegriffs im *Gorgias* (Kosmos und Taxis) oder des Gerechtigkeitskonzepts der *Politeia* positiv auslegbar, und dies sogar in der Richtung, die im *Euthydem* aufgegeben wird, als Verwirklichung der Güte aller Bürger, sofern sie im Staat existieren und koordiniert werden müssen.

---

[11] Vgl. dazu Chance 1992, 124-127; Krämer 1959, 155-158 und 222. Krämer identifiziert die politische mit der königlichen Kunst als Seelenwissenschaft im *Politikos* unter Rückgriff auf den *Euthydem*.

Auffällig an dem Abschnitt über die königliche Kunst ist zunächst die Tatsache, dass Sokrates sie auf der Ebene des Rahmengesprächs mit Kriton reproduziert, nicht – wie den Weg hin zu diesem Thema – im direkten Referat des Dialogs mit Kleinias. Zuerst wird die königliche Kunst (hinter der die Eudaimonie vermutet wird; 291b) mit der Staatskunst identifiziert (ἔδοξε), die die Ursache allen richtigen Handelns im Staat sowie der Nützlichkeit aller Dinge in dieser Perspektive sein soll (291c-d). Damit wird zwar der grundlegende Gedanke etabliert, dass die Ursache richtigen Handelns mit dem ontologisch-epistemologischen Grund der Brauchbarkeit und Nützlichkeit aller Dinge auf deren bestimmte Weise konvergiert, d.h. gutes Handeln und Brauchbarmachen der Dinge für spezielle (Handlungs-)Zwecke haben einen Grund, aber von der Dialektik ist keine Rede mehr, was letztlich verantwortlich für die Aporie ist. Die königliche Kunst soll alles beherrschen, muss aber ein bestimmtes Werk besitzen, das sie abgrenzbar macht; was für ein Gutes und einen Nutzen bewirkt sie also? Als Gut wurde bereits dasjenige festgelegt, was eine Erkenntnis ist, die Nutzen und Glück verschafft (292a-b). Die gesuchte Kunst macht nun nicht alle Menschen zu allem tauglich und verleiht nicht alle Erkenntnis (292c) – ein Gegenentwurf zum sophistischen Universalwissen und -können – , sondern sie muss ein bestimmtes τί ἔστιν und τί χρησόμεται aufweisen (292d). Besteht sie jedoch darin, Menschen gut zu machen (was ein Hervorbringen wäre), so gerät man in die Aporie eines infiniten Regresses (292d-e), denn dies wirft die Frage auf, *wozu* die gut Gewordenen wiederum selbst gut und nützlich sein sollen. Man muss wissen, was (mit dem Guten) gewusst wird, um zeigen zu können, warum und inwiefern das Wissen das Gute ist. Letzteres bewirkt das Gute, weil es weiß, was das Gute ist, aber die Art, wie es das Gute verwirklicht – als maß- und proportionsbestimmter Gebrauch alles Einzelnen im relationalen Abwägen des Einzelnen gegeneinander sowie seiner Synthese in einer stabilen Einheit –, hat keinen anderen Gehalt als das Gute selbst bzw. als was dieses gewusst wird. Das Gute wird als dasselbe (und nur in einem identischen Wissen) gewusst, und zwar so, wie es auch wirkt und tätig ist. Das Wissen ist das Gute, sofern es das Gute weiß, und das bedeutet, sofern es weiß, wie und was das Gute (be-)wirkt. Das Wissen vom Guten ist die Wirksamkeit desselben im Bereich des Seelischen, d.h. dort, wo Entitäten denken und von ihrem Denken bestimmt sind, während das Gute selbst auch noch im Nichtseelischen wirksam ist.

Das Problem besteht hier einerseits darin, dass unklar bleibt, was das Gute selbst ist, was mit dem Guten gewusst wird, was es folglich kann und vermag, worin ja erst die Basis bestünde, um bestimmte konkrete Formen der Güte entwickeln, abgrenzen und wieder verbinden zu können – ein Projekt, dem sich die *Politeia* dann in der Idee des Guten zuwendet; andererseits wird deshalb auch nicht erwogen, ob die königliche Kunst nicht ein intrinsisches Gut sein könnte, dessen Kraft allein in der Vereinheitlichung und Koordination konkreterer Vermögen und Güter zu suchen wäre. Gerade der Hinweis darauf, sie mache ihre Anwender gut, deutet direkt auf die *Politeia* hin: Die Idee des Guten leistet nichts anderes als die formale Ermöglichung und Aufrechterhaltung des spezifischen Seins und der Güte aller Dinge in der relationalen Einheit ihres Vorliegens, das es eben immer erst zu ordnen gilt; und auch die – dialektisch fundierte, absteigende – Wirkungsrichtung des Philosophenkönigs in der Erziehung hat keinen anderen Zweck als die *Reproduktion* guter Bürger in drei Klassen.

An dieser Stelle taucht außerdem die Frage auf, worin eigentlich noch die Einheit des *Euthydem* als Dialog besteht. Sokrates mit seinem zunehmenden Ernst und der Bitte um Rettung (293a) entfernt sich immer weiter von den Sophisten mit ihrem wachsenden Unernst. Platon wahrt Einheit und Zusammenhang des Gesprächs, indem er zeigt, dass die Sache von Philosophie und Sophistik dieselbe ist und bleibt, womit er wiederum dem *Sophistes* vorgreift: Die Sophisten tun nämlich in pervertierter und entstellter Form genau das, was wahre Philosophen ebenfalls leisten, d.h. ihre Ziele und Mittel sind verschieden, aber die Themen bleiben identisch. Deshalb enthalten so viele der folgenden Sophismen Sachfragen, die auch Sokrates zutiefst am Herzen liegen, worauf nur noch am Rande einzugehen sein wird. Ebenso gibt es philosophische und sophistische Aporien, die zu differenzieren sind. Platon demonstriert im gesamten Dialog, wie ähnlich philosophische Dialektik und ihr Gegenteil einander scheinen können und wie verwechselbar sie sind, aber nur das philosophische Wissen umschließt zugleich sein Gegenteil, weiß das Scheinwissen, das Nichtwissen und die Formen des Wissens, was konkret erst im *Sophistes* klar wird, während der *Euthydem* die Nähe, den Kontrast und den sachfundierten Grund dieser Nähe zeigt und andeutet (vgl. Robinson 1953, 84-88; Chance 1992, 19).

Betrachtet man die noch ausstehenden Themen und Sophismen (vgl. dazu Keulen 1971, 42-60) auch nur summarisch, so leuchtet doch unmittelbar ein, dass mit ihnen die sokratischen Anliegen berührt werden. Dazu zählen:

1) Fragen des Wissens: a) Wer etwas weiß, weiß alles, weil er wissend ist, wobei es kein μεταξύ zwischen Wissen und Nichtwissen gibt (vgl. Hartmann 1909, 336-339). b) Das Wissen bildet einen ein- und zweistelligen Prädikator, wird als Eigenschaft und Qualität aufgefasst (293b-d). c) Es gibt ein identisches Organ des Wissens und zwar in der Seele (295a-296d). d) Ein Wissen um sprachlich mögliche, aber falsche, widersprüchliche Sätze wird konstruiert (296d-e; vgl. dazu Rappe 2000, 282-304).
2) die Bedingungen des Logos: a) Die Sophisten werden mit der Hydra verglichen, die das Gespräch durch immer neue, leerlaufende, sachlich unzusam-

menhängende Thesen zerstört, wogegen Sokrates als Herakles arbeiten muss (296e-297d). b) Das Unterbinden von Gegenfragen, Nachfragen, Differenzierungen von genauen Hinsichten, Zusätzen und relationalen Bestimmungen sowie Rückgriffen auf frühere Dialogpartien.
3) der Nutzen von Gütern (299a-e) und ihres Besitzes (299c-e).
4) die Frage nach den Ideen[12] (hier des Schönen, im Kontext der möglichen Verhältnisweisen von Subjekt und Prädikat, und des ἕτερόν, womit erneut auf den *Sophistes* vorausgewiesen wird; 300e-301c).
5) das Tun des Seinigen als Gerechtigkeit (301c-d; vgl. Resp. 443c-d).
6) das Schammotiv (303b-304 b; vgl. Gorg. 461b5; 482e3; 487b2-3; 489a2; 489b7).

Die Themen der meisten Argumente sind ernst und werden auch von Sokrates und Kleinias behandelt, wobei es jedoch zu entgegengesetzten Resultaten und Verläufen wie bei den Sophisten kommt. Diese verfertigen den Gesprächsverlauf vorneweg, nur um im Kampf zu siegen und universal alle möglichen Logoi widerlegen zu können, so dass es niemals zu gültiger, allgemeiner und dauerhafter Erkenntnis kommen kann. Mögliche Erkenntnisse sind nichts anderes mehr als die Zahl der möglichen kontingenten Siege eines Individuums im agonalen ἀντιλέγειν mit seinen typischen Verfahrensweisen (vgl. Prantl 1855, 11-13, 17-19). Wenn Sokrates beim Ideenabschnitt zuletzt zu einer These gelangt, die die Sophisten widerlegt, aber die Antithese seiner Ausgangsthese ist, so zeigt dies, dass er die Ideenlehre mit ungeeigneten Gesprächspartnern gar nicht erst zu erörtern bereit ist. Der sophistische Logos kann jederzeit enden, weil er kein Ziel hat; sein Kern ist ein willkürlicher Sprachgebrauch, der leicht und schnell zu erlernen oder besser nachzuahmen ist (302b2; 303e8), wie Ktesippos zeigt (vgl. dazu zu negativ Chance 1992, 174 f.; Jackson 1990, 381-385). Die Sprache wird zu etwas bloß Individuellem ohne kongruenzfähige Gegenstände, d.h. der Logos identifiziert sich nie mit dem, was ist, weil über jede Sache zwei gegensätzliche Logoi möglich sind. Die Wörter sind selbst Dinge, der Logos ist ihre Häufung ohne Sachbezug; Sein, Denken und Sprechen bilden keinen wesenhaften Zusammenhang. Deshalb hält Sokrates die Ideenlehre zurück und rät den Sophisten in seinem ironischen Enkomion, unter sich und Gleichgesinnten zu bleiben, wo sie keinen Schaden tun. Aber sie bedürfen der Öffentlichkeit geradezu, weil sie den Logos bei sich selbst und anderen nur töten können und stets neues Publikum brauchen. Jede Art des Logos, sein sachgemäßer und sein unsachgemäßer Gebrauch, sucht nach seines gleichen, nach ihm ähnlichen Menschen. Sokrates muss also seinen Logos von dem der Sophisten abgrenzen,

[12] Vgl. dazu Shorey 1903, 31; Sprague 1962, 25-30; Sprague 1967, 91-98; Szlezák 1980, 83; Hawtrey 1981, 175; Mohr 1984, 296-300; Narcy 1984, 87-91; Jackson 1990, 388-393; Chance 1992, 176-183.

ihrer Verwechselbarkeit wehren und ihre Dualität klar hervorheben (die Brüder pervertieren die sokratische Kooperation nur), was aber nur im praktischen Vollzug des Logos geschehen kann, der gleichzeitig mit Lernen, Erziehen und Übergehen zusammenfällt: Alle drei sind methodisch gebundene Wege vom Nichtsein zum Sein, auf denen das (falsch verstandene) Nichtsein – wie im *Sophistes* – als ständige Bedrohung wirkt. Das Einsehen der Wirklichkeit des Mangels, das Wissen des Nichtwissens bannt diese Bedrohung, wenn man es als notwendigen Anfang des Übergangs aus dem gewussten Nichtsein bzw. dem nichtseienden Wissen zum wahren Wissen begreift; das μεταξύ[13] ist aber das, was die Sophisten in allen seinen Formen leugnen. Es sind die Notwendigkeit und der Problemgehalt des vermittelnden Übergangs, verbunden mit der μέθεξις (306a), die Platon im *Euthydem* zum ersten Mal vollständig aufgehen. Die logisch-axiologische Anwendung dieses Konzepts im Schlussgespräch mit Kriton nimmt die Redenschreiber in die (minderwertige) Mitte zwischen Philosophen und Staatsmännern (305c-306c), und das den Dialog zyklisch einschließende Problem der paideia (271b; 274a-e; 306d-307a) lässt sich als Inbegriff des menschlichen Übergängigseins schlechthin verstehen, weil hier Wissen, Tugend und gutes Handeln zusammen erst erworben werden müssen. Der Kampf mit den Sophisten ist also nicht eitel und nichtswürdig (304c-305b),[14] sondern sachlich notwendig und eine unumgängliche Handlung des sokratischen Logos; am vollen Kontrast zeigt sich das eigene Wesen des echten Dialogs am deutlichsten, wird dieser sich über sich selbst erst klar. Es kann deshalb auch keine Rede davon sein, dass Sokrates den Dialog im Ganzen und Kleinias im Besonderen an die Sophisten verliert (Jackson 1990, 394 f.), denn die Sache der Philosophie als Bestimmung des Menschseins bleibt in voller Gültigkeit bestehen gegen jedwede Entartungsform (307a-c).

---

[13] Als grundsätzliche seelenbezogene Formen des μεταξύ lassen sich bei Platon dynamische Vorgänge des Übergangs zwischen Wissen und Nichtwissen – wie Lernen, Erinnern oder Vergessen –von statischen Strukturen des Dazwischenseins, wie etwa die Meinung, unterscheiden, die dazu neigt in sich zu verharren, die Platon aber soweit als möglich in Wissen zu überführen trachtet. Die Leugnung und Verschleierung von Übergängen und Mitten aller Art bei den Sophisten weist bereits auf eine geradezu ideologische Haltung hin.

[14] Zur abschließenden Rahmenpartie und den möglichen Bestimmungen des dort genannten anonymen Zuhörers vgl. Ries 1959, 40-46, der sich für Isokrates ausspricht, Chance 1992, 274 (Fußnote 14) und Heitsch 2000, 392-405. – Zum dort geäußerten Verständnis der Philosophie als Übel vgl. Gorg. 484 c ff.

EDWARD C. HALPER

Dialog und Argument in Platons *Protagoras*

Es war einmal, vor langer, langer Zeit, an der Graduate School so, dass wir Studenten sehr ernst und streng über das Übel einer literarischen Lesart von Platon belehrt wurden: Interpretationen, die nicht auf klaren und expliziten textuellen Ansprüchen beruhten, riskieren zu Phantastereien zu verkommen, die man weder beweisen noch widerlegen könne.[1] Diese schlimmen Zeiten, in denen solche Interpretationen vorherrschten, seien durch die Bemühungen von tapferen Akademikern überwunden worden, die, indem sie die strengsten Evidenz-Maßstäbe verlangten, sich auf die platonischen Texte in wissenschaftlicher Weise konzentrierten. Diejenigen, die, wie ich, zu einer holistischen Interpretation neigten, wurden gezwungen, kleinere Textstellen sehr genau anzuschauen – was, glaube ich, zu unserem Vorteil war. Es hat immer solche gegeben, die sich für alternative Textinterpretationen klar und deutlich ausgesprochen haben. Einige von ihnen haben eigene Anhänger gewonnen. Aber erst vor eineinhalb Jahrzehnten hat die wissenschaftliche Opposition sich zu einer Bewegung zusammengeschlossen, die die dramatischen Szenen eines Dialoges, die Charakterzüge von Sokrates und seinen Gesprächspartnern sowie die dramatische Struktur betonten.[2]

Unterschiede zwischen den beiden Lagern sind in der Tat vorhanden, aber meiner Ansicht nach ist der Unterschied zwischen einer genauen Analyse eines Arguments und einer eher literarischen Analyse eine falsche Dichotomie.[3] Jede Diskussion des Dramas wäre unvollständig ohne eine Behand-

---

[1] Der Forschungsstil, den ich hier beschreibe, wurde von Richard Robinson (vgl. Robinson 1953, 1-6), eingeführt, und wurde durch die umfangreiche Arbeit von Gregory Vlastos kraftvoll und einflussreich vertreten, z.B. in Vlastos 1979, vii-lvi. Eine detaillierte Besprechung des *Protagoras* in diesem Stil ist Taylor 1976.

[2] Diese Bewegung, in ihrer (meiner Meinung nach) extremen Form, streitet ab, dass Platon überhaupt irgendwelche Lehren vertritt. Siehe etwa Press 1993, darin vor allem, Press' „Vorrede" und Beitrag, „Principles of Dramatic and Non-Dramatic Plato Interpretation," (Press 1993, 107-127). Siehe. auch Hart/Tejera 1997. Forscher dieser Richtung betonen öfter eine holistische Methode bei einzelnen Dialogen, und sie zollen dem literarischen Charakter (z.B. Blondell 2002) oder der Dialogform besondere Anerkennung (z.B. Stokes 1986).

[3] Die Idee, dass die Form der platonischen Dialoge ihren Inhalt spiegelt, wurde bekannterweise vor langer Zeit von Schleiermacher vertreten (vgl. Schleiermacher 1973, 37-38), er beruft sich auf diese Verbindung zwischen Form und Inhalt als eine

lung des zentralen Arguments. Darüber hinaus gibt es so viele mögliche Interpretationen von jeder dramatischen Handlung, dass wir ohne einen argumentativen Zusammenhang unfähig wären, unter ihnen auszuwählen. Was die Argumente anbelangt, kann ich mich nicht an ein einziges erinnern, das ohne implizite Annahmen oder Folgerungen alleine bestehen kann. Es liegt auf der Hand, dass man nach plausiblen Annahmen in dem Drama Ausschau hält. In einer oft zitierten Stelle aus dem *Laches* verkündigt Nikias (187e-188a):

> Du scheinst gar nicht zu wissen, dass wer der Rede des Sokrates nahe genug kommt und sich mit ihm einlässt ins Gespräch, unvermeidlich, wenn er auch von etwas ganz anderem zuerst angefangen hat, zu reden, von diesem so lange ohne Ruhe herumgeführt wird, bis er ihn da hat, dass er Rede stehen muss über sich selbst, auf welche Weise er jetzt lebt und auf welche er das vorige Leben gelebt hat; wenn ihm aber Sokrates da hat, dass er ihn dann gewiss nicht eher herauslässt, bis er dies alles gut und gründlich untersucht hat.

Gründlich untersucht werden diejenigen Ansichten, die das Leben des Gesprächspartners gestalten; Sokrates' Argumente stellen diese Ansichten auf die Probe, indem er zeigt, dass sie zu Widersprüchen führen. Die dramatische Handlung liefert dem Leser einen kleinen Blick in das Leben des Gesprächspartners, wo er manchmal auf diese Ansichten aufmerksam werden kann. Wir dürfen also auf die dramatische Handlung schauen, um implizite Argumentsprämissen aufzudecken.

Diese Untersuchung will zeigen, dass in den Dialogen Drama und Argument Hand in Hand zusammenarbeiten. Meine Version dieser Einheitsthese unterscheidet sich von einigen anderen, weil ich betone, dass auch für das Verständnis des Dramas das Argumentative im Dialog vorrangig ist.[4] Mit dem

---

Voraussetzung für die Kunst. Eine neuere aber sehr unterschiedliche Anwendung dieser Idee liefert Kahn 1996, 40-42: Kahn behauptet, dass 10 der Dialoge einen „mannigfaltigen Ausdruck einer einzigen philosophischen Ansicht" bilden; sieben davon bereiten den Weg für das *Symposium* und den *Phaidon* vor, die dann in der *Politeia* kulminieren. Dass diese Interpretationen zur selben breiteren Familie wie zu der von mir angeführten Methode gehören, zeigt, dass das bloße Ablehnen des Unterschiedes zwischen literarischen und analytischen Methoden nicht automatisch auf meine Methode hinausläuft.

[4] Miller beginnt seine sehr interessante Untersuchung des *Parmenides* mit einer Diskussion darüber, wie die erste dramatische Szene die Voraussetzungen für das folgende Argument schafft und uns bei der Interpretation dessen behilflich ist (vgl. Miller 1986, 15-36). Eine andere Forscherin, die, so könnte behauptet werden, das dramatische Detail verwendet, um das Argument besser zu verstehen, ist Ronna Burger (vgl. Burger 1984). – Es wird manchmal behauptet, dass, weil Sokrates im Dialog sei-

Protagoras als eine Art Beweistext behaupte ich, dass die dramatische Struktur und das Interagieren der Dialogpartner eine Art philosophisches Argument darstellen, das mit expliziteren philosophischen Argumenten parallel läuft, sie bereichert oder ihnen manchmal widerspricht. Aber beide führen, wenigstens in diesem Fall, zu demselben unausgesprochenen Ergebnis.

1.

Der beste Ausgangspunkt ist wohl die große Rede von Protagoras. Der junge Hippokrates ist bestrebt, in Athen an sozialer Bedeutung zu gewinnen und um Schüler von Protagoras zu werden, nimmt er die Unterstützung von Sokrates in Anspruch. Sokrates nutzt diese Gelegenheit und fordert Protagoras auf zu erklären, was Hippokrates von seinem Unterricht gewinnen kann. Als Protagoras behauptet, er mache Hippokrates durch die Staatskunst zu einem guten Staatsbürger, trägt Sokrates zwei Argumente vor, die zeigen sollen, warum die Tugend nicht unterrichtet werden kann: (1) Da die Athener jedem Staatsbürger erlauben, in der Versammlung über das Wohl der Stadt zu reden (nur gut ausgebildete Experten dürfen über technische Sachen reden), müssen sie davon ausgehen, dass die Fähigkeit, über das Wohl der Stadt zu entscheiden, nicht erlernt werden kann; und (2) die größten Führer Athens waren unfähig, ihre Tugenden weiterzugeben, nicht einmal an ihre eigenen Kinder.

ne Gesprächspartner anredet, er zu ihren Gunsten redet, nämlich um sie zum dialektischen Denken zu motivieren. Daraus folgt, dass die Argumente seine eigenen Meinungen spiegeln und dass sie manchmal hinterhältig sind. Gemäß dieser Ansicht könnte es Einigkeit zwischen Argument und Drama geben (vgl. z.B. Ludlum 1991); aber der Charakter des Gesprächspartners ist der Schlüssel zu dem Drama und zu einem Verständnis davon, wie man die geäußerten Argumente verstehen soll. Es folgt, dass Sokrates eher ein unorthodoxer Lehrer als ein philosophischer Forscher ist. Wäre das letztere der Fall, würde Sokrates dieser Erkenntnis, die er zu besitzen abstreitet, teilhaftig sein und seine Bemühungen, seinen Mitbürgen einzuschärfen, dass sie diesen Fragen nachgehen sollen, kämen einer Aufforderung, sich diese Erkenntnis anzueignen, gleich. Meiner Ansicht nach ist aber der Inhalt von Sokrates' Erkenntnis einfach der Wert der Forschung. Daher sind seine eigene beständige Forschung sowie sein Abstreiten dieser Erkenntnis keine Tricks, um zu provozieren, sondern Zeichen, die in dialektischer Weise auf die menschliche Situation hindeuten. Das heißt, die Ironie, die in der Handlung des Dialogs offenbart wird, spiegelt sich in der Ironie, die dem politischen Inhalt innewohnt. Obwohl ich hier auf dieses Thema nicht näher eingehen kann, wird ein Teil davon in dem ironischen Abschluss, der sich aus dem *Protagoras* ergibt, deutlich.

Protagoras entgegnet diesen Argumenten von Sokrates mit einer Rede, die eine gründliche und überzeugende Antwort und zugleich eine herrliche Darstellung seiner eigenen rhetorischen Fähigkeiten ist. Kurz zusammengefasst, antwortet Protagoras auf das erste Argument mit einem Mythos, dessen Sinn es ist, zu veranschaulichen, dass es die politische Kunst oder die Gerechtigkeit ist, die es den Menschen in einer Polis ermöglicht, zusammenzuleben. Also müssen alle Menschen im Staat zu einem gewissen Grad Gerechtigkeit besitzen und infolgedessen können sie über das Gerechte reden (322d-323a). Bevor die Götter den Menschen die politische Kunst verliehen, waren wir unfähig in friedlicher Kooperation zusammenzuleben. Da die Gerechtigkeit so wichtig ist, weisen Eltern ja tatsächlich unaufhörlich ihre Kinder zurecht, und gleichzeitig unterweisen sie sie über Recht und Unrecht. Aber der Fortschritt eines jeden Kindes hängt sowohl von seiner angeborenen Fähigkeit, als auch von der Qualität seiner Lehrer ab. Deshalb ist die Antwort auf das zweite Argument, dass die Kinder von großen Staatsmännern nicht unbedingt talentierter sind als andere; ebenso wenig wie die Kinder von Musikern bessere Flötisten werden würden als andere, vorausgesetzt, dass alle die gleichen Möglichkeiten haben, um die Kunst zu erlernen. Obwohl jeder in der Polis ein Lehrer der Tugend ist, sind manche fähiger als andere; und Protagoras hält sich für einen von diesen.

2.

Protagoras' Argument könnte kaum klarer oder eindringlicher ausgedrückt werden, aber es lässt einen wichtigen Punkt aus, der noch hinzugefügt werden muss. Dieser Punkt ändert die Wichtigkeit seiner Rede in bedeutsamer Weise: Protagoras erklärt weder, was die politische Kunst ist, noch bezeichnenderweise, was die Tugend ist, die alle Bürger besitzen müssen und die er zu einem hohen Grad besitzt. Wenn wir darauf bestehen, nur das vorauszusetzen und interpretatorisch anzuerkennen, was direkt ausgedrückt wird, dann wissen wir nicht, was er unter dieser Kunst versteht. Dennoch sollte das jedem Leser klar sein: Protagoras ist ein Meister des öffentlichen Redens – das ist die Kunst, die er zur Schau stellt.[5] Das ist die Kunst, die er Hippokrates beibringen will, und es kann nur diese Kunst sein, die er mit der politischen Kunst gleichstellt. Die Frage an den Leser ist also, wie es möglich sein kann, dass die öffentliche Rednerkunst die politische Kunst ist.[6] Obwohl Protagoras

---

[5] Sokrates spricht davon, dass Protagoras eine epideiktische Rede gehalten hat (328d3-4: ἐπιδειξάμενος). Aristoteles verwendet eine Form dieses Worts für eine Art Rhetorik (*Rhet.* 1358b6-8).

[6] Stokes erwähnt den Kontrast zwischen Protagoras' Behauptung, dass er die Ge-

diese Frage nicht stellt, antwortet er in seiner Rede darauf. Ich behaupte nun, dass dies genau die Frage ist, die er in seiner Rede beantworten *soll*. Erinnern Sie sich an seine Behauptung, dass die Menschen sich, bevor sie die politische Kunst von den Göttern erhielten, einander Unrecht antaten. Deshalb konnten sie nicht kooperieren, nicht einmal um ihr gegenseitiges Überleben zu sichern (322b-c). Ein öffentlicher Redner kann bewirken, dass Menschen übereinstimmen können. Diese gegenseitige Übereinstimmung bewirkt Zusammenarbeit und in Folge das Überleben der Menschen. Andererseits hat ein Mensch, der glaubt, ihm wurde Unrecht angetan, eine Gerechtigkeitsvorstellung, nach der er behauptet, das Unrecht nicht verdient zu haben. Ändert man diese Gerechtigkeitsvorstellung, so könnte man sagen, ihm sei überhaupt kein Unrecht geschehen. In der Tat könnte er, mit einer anderen Gerechtigkeitsvorstellung, sogar sein Leiden als Gnade oder als eine Wohltat ansehen. Obwohl es anfänglich als unplausibel erscheint, hat jemand, der Macht über solche Vorstellungen hat, erstaunlich viel Macht über andere. Er kann andere dazu bringen, seine Ansichten anzunehmen, seine Ziele zu billigen, und im Dienste dieser Ziele zu kooperieren.

Es gibt, behauptet Protagoras, ein Ziel, das man unbedingt anstrebt, nämlich das Überleben. Ein Mensch kann nicht alleine überleben und es ist unwahrscheinlich, dass die Menschen zusammenarbeiten werden, außer sie sind sich über das Ziel und seine Wichtigkeit einig. Und da es der öffentliche Redner ist, der diese Einigung sichern kann, ist der öffentliche Redner für die Gemeinschaft absolut notwendig. Seine Kunst, die Überzeugung und die Kooperation zu sichern, heißt mit Recht die politische Kunst. Wiederum ist ein gewisses Maß an gemeinsamen Ansichten für das Bestehen einer Polis notwendig. Die Menschen müssen sich über die Bedeutung des Gesetzes einig werden. Ferner müssen sie das Gesetz akzeptieren, auch wenn sie sich über dessen Einzelheiten streiten. Da die Gerechtigkeit durch die Bedingungen des Gesetzes bestimmt wird, und da die Scham das Resultat eines öffentlichen Zuwiderhandelns gegen die Gerechtigkeit ist, bringt der Mensch, der in Hinsicht auf das Gesetz überzeugt, auch Gerechtigkeit und Scham in die

rechtigkeit unterrichtet, und sein „eigentliches Vermitteln einer Überzeugungsfertigkeit" (Stokes 1986, 226). Er scheint zu glauben, dass Protagoras sich darauf verlässt, dass seine Zuhörerschaft der Gerechtigkeit der Entscheidungen vertraut, die in den politischen und juristischen Prozessen getroffen werden. Stokes' lange Behandlung von Protagoras' Rede zeigt deutlich, wie schwierig es ist, dem Sinn abzugewinnen (vgl. Stokes 1986, 235). Er stellt keine Annahme vor, wie ich sie hier aus dem Drama ableite. Taylor umgeht das Problem, in dem er abstreitet, dass Protagoras behauptet, er unterrichte die Rhetorik: er behauptet, dass „die eigentliche Natur seines Unterrichts sehr obskur ist" (Taylor 1979, 83).

Gemeinschaft. Derjenige Mensch ist der öffentliche Redner, der die Kunst der Rhetorik gemeistert hat.

Kurzum, der öffentliche Redner spielt eine bedeutende Rolle in der Schöpfung und der Erhaltung des Staates. Laut Protagoras soll ein Mensch, der die Fähigkeit besitzt, Überzeugung im ganzen Staat zu sichern, geschätzt werden.[7] Wenn gerecht nur das ist, was das Gesetzt vorschreibt, wird darüber hinaus klar, dass alle Staatsbürger eine Rolle spielen, um ihre Mitbürger zu überzeugen, gerecht zu sein. Ferner bringen die Eltern ihren Kindern die Gerechtigkeit bei, indem sie sie lehren, Regeln zu befolgen.

So kann man Protagoras' Rede verstehen, wenn man die implizite aber dennoch offensichtliche Prämisse hinzufügt, dass die politische Kunst, die er beschreibt, die *rhetorische* Kunst ist, die er im Drama zeigt. Protagoras beschreibt die Rolle der Rhetorik bei der Bildung einer Polis. Sein explizites Argument wird bereichert und verwandelt, indem er seine Tätigkeit als eine Art Prämisse hinzufügt. Das lernen wir durch seinen dramatischen Charakter.[8]

3.

Genauso wie das Einbeziehen von Protagoras als dramatischen Charakter unser Verständnis seiner Rede vertieft, so ermöglicht unser neues Verständnis

---

[7] Vlastos erkennt (a) eine Rolle der Überredung bei der Erzeugung von Ansichten an die Gerechtigkeit und (b) eine Notwendigkeit der politischen Kunst für das menschliche Überleben (vgl. Vlastos 1979, x). Aber er identifiziert die politische Kunst nicht als Überredungskunst und er bringt die beiden Ideen nicht zusammen. Michael Frede weist auf Protagoras' Versprechen an die Anwesenden hin, sie die Überredungskunst zu lehren und auf ihr späteres Versagen, die Tugend unter den Staatsbürgern zu verbreiten (vgl. Frede 1991, xx). Aber er äußert sich nicht über Protagoras' implizite Idee, dass Einstimmigkeit für das Überleben einer Polis äußerst wichtig ist. Kahn (vgl. Kahn 1996, 217) behauptet, dass Protagoras' Rede sich auf soziale Verbesserung konzentriert und dass „die Natur und Ziele einer sophistischen Erziehung gänzlich unerforscht" bleiben. Coby drückt fast genau die gleiche Ansicht aus, aber er fügt hinzu, dass Protagoras absichtlich die Erkenntnis, die er unterrichtet, verbirgt, um den Anschein zu erwecken, dass sie mit der Athener Demokratie vereinbar ist (vgl. Coby 1987, 70).

[8] Die Idee, dass in den Behauptungen, die die platonischen Gesprächspartner machen, und in ihren Argumenten, ihr Charakter gespiegelt wird, ist kaum neu. Thomas A. Szlezák, schreibt über einen Gesprächspartner im *Gorgias*: „Kallikles kann Sokrates' Argumentation nicht verfolgen, …wegen der Unzulänglichkeiten seines Charakters" (Szlezák 1999, 6).

von seinem Argument eine bessere Kenntnis des Dramas. Sobald wir verstehen, dass das Thema der Rede sich damit befasst, wie die Rhetorik eine Polis konstituiert, dürfen wir die dramatische Handlung durch diese Perspektive betrachten. Während er über die Konstitution einer großen Gemeinschaft, der Polis, durch die Rhetorik redet, konstituiert Protagoras selbst – sozusagen durch seine Rede – eine Art (kleine) Polis, nämlich die Gemeinschaft im Haus: Die ganze Gruppe, Sophisten wie Schüler, hört mit gespannter Aufmerksamkeit zu, was schon für sich genommen keine geringe Leistung ist. Zum Schluss der Rede hat er sie nicht nur davon überzeugt, dass er die Wahrheit spricht, sondern auch, dass seine Rede großartig ist und dass er wahrlich ein tugendhafter Mensch ist. So eindeutig ist die totale Niederlage seiner eigenen anfänglichen Argumente, dass Sokrates uncharakteristischerweise nicht einmal versucht, sie zu verteidigen. Der Leser spürt diese Peinlichkeit, als Sokrates das fassungslose Schweigen der Zuhörer mit einer kleinlichen Frage über die Bestandteile der Tugend bricht. Protagoras scheint genau das getan zu haben, was, so behauptet er, die tugendhaftesten Menschen tun: Er hat gemeinsame Überzeugungen in seinen Zuhörern und die Harmonie erzeugt, die das Miteinander ermöglicht.

Die dramatische Nachwirkung von Protagoras' Rede lässt uns einige von den vorhergehenden Details begreifen. Betrachten wir die Szene als Sokrates und Hippokrates Kallias' Haus betreten. Es gibt drei Menschengruppen. Jede Gruppe ist um einen prominenten Sophisten versammelt: Protagoras, Prodikos und Hippias. Protagoras geht umgeben von Schülern im Portikus auf und ab. Wenn Protagoras sich umdreht, teilen sich die Schüler in zwei Gruppen auf. Sie gehen sorgfältig um ihn herum, und dann rücken sie hinter ihm wieder zusammen. Sokrates bezeichnet das als einen schönen Tanz. Sokrates bemerkt den künftigen Tyrannen Charmides unter ihnen, und er beschreibt alle Zuhörer als bezaubert (315b1: κεκηλημένοι). Auf der anderen Seite der Kolonnade sitzt Hippias und beantwortet Fragen über die Astronomie und Physik (315c). In einem leeren Zimmer liegt Prodikos eingewickelt im Bett und er redet mit einer so tiefen Stimme, dass die Töne dem Zimmer nicht entkommen können. Zusammen mit Hippokrates nähert sich Sokrates Protagoras und erklärt ihm, warum sie gekommen sind. Protagoras versichert ihnen, dass er mit ihnen öffentlich reden wird, denn, ungleich anderer Sophisten, die ihre Kunst tarnen, geht er mit seiner Sophisterei offen um und ist so daran interessiert, vor allen Menschen im Haus zu reden (316c-317c-d). Alle versammeln sich um Protagoras und, nach einem Wortwechsel mit Sokrates, hält er die Rede, die ich vorhin besprochen habe. Nach der Rede ist es Sokrates, der bezaubert ist (328d4-5: κεκηλημένος) und die ganze Versammlung offensichtlich auch.

Schon diese Szene – für sich betrachtet – malt ein schönes Bild von der Ankunft eines prominenten Sophisten in Athen. So wird die Szene jedenfalls

meistens interpretiert. Aber wenn man Protagoras' Rede von der hier vorgeschlagenen Perspektive betrachtet, dann sehen wir, dass das Drama die Rede
vorwegnimmt und zur gleichen Zeit sie in Frage stellt. Jeder der drei prominenten Sophisten hat durch seine Rede eine Gemeinschaft um sich versammelt, aber jeder redet über ein anderes Thema. Es scheint ein Beispiel für
Protagoras' Macht zu sein und auch seinem Thema, der Politik und Rhetorik
gemäß, dass, von den drei Sophisten nur er allein fähig ist, seine Anhänger in
koordinierte Bewegung zu setzen. Platon zeigt uns in einer dramatischen
Darstellung, wie die Macht der Rede Menschen in Bewegung setzten kann,
und wie sie sie zur Kooperation bringen kann.

Aber das Bestehen von *drei* Gruppen stört: Wie kann es einen einzige Polis, eine einzige Gemeinschaft geben, wenn es viele Redner gibt und jeder
von ihnen die Gemeinschaft verschieden konstituieren würde? Diese Frage
stellt Protagoras' Darstellung zweifach auf die Probe. Erstens braucht jeder
Staat einen Rhetoriker, der sie konstituiert. Aber wie kann es eine Einheit
der Überzeugungen geben, wenn es eine Mehrzahl von Praktikern dieser
Kunst gibt? Zweitens schlägt Protagoras Ansichten über die Gerechtigkeit
und Politik als die vereinenden, gemeinsamen Ansichten vor. Aber können
nicht auch Überzeugungen über die Natur und die Metaphysik Staaten konstituieren, oder wenigstens die Ansichten, die die Grundlage von Protagoras'
Staat bilden, in Frage stellen? Ich gehe hier davon aus, dass Prodikos' tiefe
Stimme und seine „allwissende und göttliche" Haltung eine dramatische und
auch witzige Art ist, auszudrücken, dass sein Thema die Metaphysik ist. Hippias, wie wir wissen, sprach über die Astronomie (einen Zweig der Mathematik – vgl. Resp. 529c-530c) und die Physik. Wenn gemeinsame Ansichten
über die Metaphysik oder die Mathematik und Physik auch Gemeinschaften
konstituieren könnten, wie die dramatische Darstellung tatsächlich andeutet,
dann könnten diese Gemeinschaften im Widerspruch mit der Gemeinschaft
stehen, die Protagoras durch gemeinsame politische Überzeugungen konstituieren will. Und ferner können solche Ansichten sogar die Autorität von
Gemeinschaften anfechten, die auf anderen Vorstellungen basieren. Oder unterliegen die Metaphysik, die Mathematik und die Physik irgendwie dem politischen Bereich?[9]

---

[9] Vlastos behauptet, dass Platon Protagoras' „ontologischen Subjektivismus" aus-
gelassen habe, weil Sokrates der Held des Dialogs ist, und dass seine Interessen nur
Protagoras' „moralischen Subjektivismus" umfassen (Vlastos 1979, xvi-xvii). Ich glaube nicht, dass Platon ontologische Themen auslassen will; sondern er meint, Protagoras würde sie der Staatspolitik unterordnen. Nach Vlastos stammt Protagoras' „ontologischer Subjektivismus" von diesem „moralischen Subjektivismus" weil er glaubt,
dass die Politik die Meisterkunst ist.

Beide Herausforderungen werden dramatisch beantwortet, indem Protagoras' Rede alle Zuhörer gemeinsam bezaubert. Alle Anwesenden erkennen schweigend seine Überlegenheit als Redner an. Es wird klar, dass eine Vielzahl von Praktikern der Rhetorik keine Uneinigkeit stiften wird, solange ein Redner über die anderen herausragt. Ebenfalls werden die Fragen darüber, ob die Ansichten anderer Disziplinen jene politischen Meinungen, die notwendig für eine Gemeinschaft sind, unterminieren könnten, von einem so herausragenden Talent bedeutungslos gemacht. Hippias and Prodikos werden dramatisch dargestellt, als ob sie die gleiche Tätigkeit wie Protagoras ausüben, nämlich eine Gemeinschaft zu bilden, indem sie eine gemeinsame Überzeugung anstreben. Dieses dramatische Element spiegelt sich darin, dass Protagoras behauptet, dass alle Sophisten eine einzige, uralte Kunst praktizieren, aber die meisten von ihnen als andere Künste tarnen (316c5-317c5). Anscheinend geben Prodikos und Hippias ihre Sophisterei als etwas anderes aus (318d7-e5). Auch sie wollen eine gemeinsame Ansicht erzeugen, um eine Gesellschaft zu schaffen. Ob sie es wissen oder nicht, auch sie verbreiten politische Meinungen und betreiben Politik. In dramatischer Weise überwindet Protagoras die Herausforderungen der anderen Sophisten, indem er die ganze Gruppe dazu bringt, seine Rede anzuhören, und indem er in allen Anwesenden eine gemeinsame Ansicht erzeugt.

Das Drama stellt hier einen wichtigen philosophischen Punkt dar. Ein Teil dessen, was Protagoras zu einem überlegenen Sophisten macht, ist, dass er die Sophisterei als eine im Grunde politische Tätigkeit anerkennt. Andere Sophisten konstituieren Gemeinschaften, aber sie tun es heimlich mit anderen Künsten, was schon bestehende politische Gemeinschaften und auch sie selber und ihre Anhänger bedroht. Oder vielleicht konstituieren diese anderen Sophisten Gemeinschaften, die sich um gewisse Begriffe drehen, aber ohne die selbstbewusste Erkenntnis ihrer Kunst, die Protagoras artikuliert. In jedem Falle gibt es eine Reflexivität im Verständnis der sophistischen Kunst des Protagoras, die seinen sophistischen Kollegen anscheinend fehlt: Er benützt gemeinsame Ansichten über die Gerechtigkeit und die Gemeinschaft, um eine gerechte Gemeinschaft zu konstituieren. Hippias und Prodikos lassen sich diese Reflexivität entgehen, weil sie ihre Ansichten über die Natur oder Worte benützen, um ihre Gemeinschaften zu konstituieren. Darüber hinaus besitzt Protagoras eine Reflexivität, die sie nicht haben können: Seine Darstellung der Rede zeigt in dramatischer Weise den Inhalt der Rede. Infolgedessen kann die Rhetorik (oder die Politik laut Protagoras) auf eine Art und Weise bestehen, wie es der Mathematik und der Metaphysik nicht möglich ist. Obschon viele Künste anderen, überlegenen Künsten untergeordnet sind, ist die Rhetorik keiner anderen Kunst untergeordnet; sie ist autonom. Das unterstützt das Argument, dass die Rhetorik/Politik die Meisterkunst ist, die die anderen Künste beherrscht. Die Überlegenheit der Rhetorik sowie

Protagoras' Meisterschaft dieser Kunst weist auf Protagoras' Überlegenheit gegenüber den anderen Sophisten hin. Er allein begreift, dass die politische Rhetorik das wesentliche Charakteristikum aller Kunstformen und aller Formen der Sophisterei ist.

Es ist behauptet worden, dass im *Protagoras* die Titelfigur nichts von dem Relativismus zeigt, für den er berühmt ist.[10] Das stimmt einfach nicht. Seine Rede lobt die gemeinsamen Überzeugungen, die eine Zusammenarbeit unter den Menschen ermöglichen, ohne ein einziges Mal den *Inhalt* der Überzeugungen zu erklären. Anscheinend ist es nicht so wichtig, *was* die Menschen glauben als, *dass* sie das gleiche glauben, denn das ist es, was einen Staat konstituiert. Die Weisheit von Protagoras hat keinen Inhalt, dennoch umfasst sie alles Wissen. Das sagt Protagoras nicht ausdrücklich. Er kann es nicht.

Die Menschen glauben nur das, was sie als wahr annehmen. Sobald man weiß, dass ein Glaube willkürlich ist, kann man ihn nicht länger für wahr halten. Dies ist der Fall sowohl bei den Zuhörern des Protagoras als auch bei den Bürgern. Sollte Protagoras ihnen erzählen, dass der Inhalt der Gesetze weniger wichtig ist, als dass sie darin übereinstimmen, dann wird es ihnen schwerer fallen, zu glauben, dass jene Gesetze richtig oder sogar wichtig sind. Und er wird seine eigenen Bemühungen, eine gemeinsame Ansicht über das Gesetz zu erzeugen, unterminieren. Der Inhalt der Ansicht muss wenigstens dem *Anschein* nach wahr sein.

Wir können nun die Ungeschicklichkeit von Protagoras' Argument erkennen. Auf der einen Seite verbreitet er eine allgemeine Theorie darüber, wie die Rhetorik durch gemeinsame Ansichten eine Polis konstituiert; auf der anderen Seite schafft er selber mit seinem eigenen Diskurs eine Art Polis, eine Gemeinschaft in dem Haus. Und er bringt den Schülern bei, wie man durch die Rhetorik eine gemeinsame Ansicht schafft. Aus der Perspektive der Theorie ist die Theorie wahr, und alle einzelnen Ansichten, die von einer einzelnen Polis vertreten werden, sind arbiträr. Aber aus der Sicht der Polis müssen die gemeinsamen Ansichten als wahr angesehen werden. Ein Praktiker dieser Kunst muss also außerhalb des Staates stehen, sozusagen, wenn er, von der Theorie her, über die Willkürlichkeit der Gesetze nachdenkt. Aber als Mitglied der Gemeinschaft selber braucht er konkrete Gesetze. Es wird erwartet, dass er sich an die Gesetze hält; und er soll an ihre Wahrhaftigkeit glauben. Wie kann er beide Einstellungen innehaben? Protagoras selbst kann dem Problem mit der gerade erwähnten Reflexivität ausweichen: Er benützt den Glauben an seiner eigenen Theorie, um unter seinen Zuhörern eine Gemeinschaft aufzubauen. Er will, dass seine Zuhörer *glauben*, dass der gemein-

---

[10] Taylor 1979, 100-1 behauptet, dass Protagoras in seiner Rede eine „universelle ethische Wahrheit" verkündet, obwohl Taylor in der Tat anerkennt, dass es auch einen „breiten Grad an Relativismus" gibt.

same Glaube wichtig ist, um eine Gemeinschaft zu konstituieren und dass die Rhetorik wichtig ist, um die gemeinsame Ansicht zu bilden. Aber an die Ansichten und an die Rhetorik zu glauben, heißt nichts Konkretes zu glauben. Und dies untergräbt die konkreten Ansichten, die für eine politische Gemeinschaft notwendig sind – wie die Leben von Protagoras' Zuhörern bezeugen. Dieses Problem würde teilweise verschwinden, wenn der Rhetoriker seine Kunst verwenden würde, um die Menschen nur davon zu überzeugen, was er wirklich glaubt. Aber jeder, der dies verwirklichen will, steht einer größeren Frage, die Protagoras nicht anspricht, gegenüber: Wie kann man nicht nur eine gemeinsame Ansicht, sondern eine wahre Ansicht erzeugen?

4.

Am Schluss von Protagoras' Rede, als die anderen Zuhörer fassungslos schweigen, spricht Sokrates Protagoras eindringlich auf eine „kleine Sache" (328e) an: Ob die Tugend eine oder mehrere sei und wenn mehrere, ob sich die Tugenden qualitativ oder nur quantitativ unterscheiden (329d)? Als Protagoras die Tugend als eine mit vielen qualitativ verschiedenen Teilen identifiziert, versucht Sokrates ihn in ein Argument zu verwickeln, um ihm zu zeigen, dass einzelne Tugendpaare identisch sind und folglich alle Tugenden eine sind. Sokrates fragt, ob die Frömmigkeit gerecht ist oder nicht, ob die Mäßigung und die Weisheit beide im Gegensatz zur törichten Genusssucht stehen und so weiter. Protagoras will in diese Diskussion nicht hineingezogen werden und als er merkt, dass er seine eigenen Unterscheidungen zwischen den Tugenden nicht verteidigen kann, versucht er, die Diskussion zu beenden oder zu ändern. Schließlich schreiten die Zuhörer ein und bestehen darauf, dass Sokrates und Protagoras einen Kompromiss eingehen, damit das Gespräch weitergeht. Sie müssen das einsehen und Protagoras wird die Gelegenheit angeboten, Fragen zu stellen, wenn er verspricht, anschließend auf Sokrates' Fragen zu antworten (338d-e). Nachdem Protagoras Sokrates über Simonides' Gedicht befragt hat, fährt Sokrates mit seinen Fragen fort und schließlich vervollständigt er das Argument für die Einheit der Tugenden.

Diese Argumente von Sokrates, mit denen er Tugendpaare identifizieren will, haben sehr viel Aufmerksamkeit auf sich gezogen. Ich glaube aber, wenn wir diese Argumente innerhalb ihres dramatischen Zusammenhanges betrachten, werden wir sowohl ein besseres Verständnis für ihre Bedeutung als auch für ihre Voraussetzungen haben. Man darf nicht vergessen, dass sie Sokrates' Antwort auf die Idee sind, dass eine Gemeinschaft durch Reden, die gemeinsamen Überzeugungen bewirken, konstituiert wird. Sokrates versucht nicht, das Gegenteil zu behaupten. Das würde implizit genau das bestätigen, was er gerade widerlegen will, nämlich dass diese Angelegenheit durch die

Beurteilung von Zuhörern über konkurrierende Reden entschieden werden soll, als ob sie eine Streitfrage vor einer legislativen Versammlung wäre. Stattdessen betrachtet er die Sache von einer anderen Perspektive aus und versucht, zusammen mit Protagoras, eine dialektische Untersuchung über die Tugend anzustellen. Insofern man diese Untersuchung über die Tugend als Sokrates' Pendant zur Rede von Protagoras über die gestaltende Rolle der Rhetorik versteht, so kann man annehmen, dass Sokrates eine Gemeinschaft auf der Erkenntnis der Tugend und des Guten aufbauen will, oder mangels dieser Erkenntnis auf einer gemeinsamen Untersuchung darüber. Wir finden Unterstützung für diese Folgerung im *Drama*; besonders in Sokrates' Bemühungen, zusammen mit Protagoras der Untersuchung nachzugehen und ferner in der Unwilligkeit der Zuhörer die Untersuchung ins Schwanken geraten zu lassen. Sokrates ist nicht weniger erfolgreich als Protagoras die Zuhörer zu einer Gemeinschaft werden zu lassen. Da, philosophisch gesehen, eine Erkenntnis des Guten oder der Tugend notwendig ist, um ein gutes Leben zu führen und da eine Gemeinschaft offensichtlich so ein Leben ermöglichen soll, müssen entweder einzelne Staatsbürger oder ihr Gesetzesgeber wissen, was das Gute oder was die Tugend ist. Wem diese Erkenntnis fehlt, der soll ihr nachgehen, und es ist besser, ihr zusammen nachzugehen (348c-349a). Genauso wie Protagoras die Macht der *Rhetorik* bei der Bildung einer Gemeinschaft sowohl erklärt wie auch zeigt, so zeigt Sokrates zum selben Zweck die Macht der *Dialektik*.

Wenn man versteht, dass sich Sokrates mit derselben Aufgabe befasst wie Protagoras, wird auch Licht auf seine Fragen über die Einheit der Tugend geworfen. Die Einheit der Tugend tritt natürlich auch in anderen Dialogen auf, aber das ist an sich kein Grund das Thema hier zu behandeln. Protagoras will eine vereinte Gemeinschaft bilden, indem er die Menschen dazu bringt, eine gemeinsame *Meinung* zu haben. Sokrates würde die Menschen mit einer gemeinsamen *Erkenntnis* vereinen. Dies wäre ideal eine Erkenntnis der Tugend, und er kann versichern, dass diejenigen, die eine Tugend kennen, nicht in Konflikt mit denjenigen geraten, die eine andere Tugend kennen. Das schafft er dadurch, dass er beweist, dass alle Tugenden eine sind. In diesem Fall würden diejenigen, die eine Tugend kennen, alle Tugenden kennen und indem sie die Tugend kennen, würden sie tugendhaft sein. Folglich ist die Einheit der Tugend Sokrates' Pendant zu der gemeinsamen Meinung von Protagoras, also zu seiner Einheit der Meinungen.[11] Da Sokrates selber aber die Erkennt-

---

[11] Grube behauptet, dass Protagoras gegen die These von Einheit der Tugend(en) opponiert, weil er seine eigene Erkenntnis von der durch Hippias, Prodikos und anderen Sophisten repräsentierten unterscheidet (218d-e) und ferner davon ausgeht, dass die These von der Einheit der Tugend(en) auch die Einheit der Erkenntnis(se) beinhaltet (vgl. Grube 1933, 203-4). Grube erklärt eigentlich Protagoras' Opposition

nis fehlt, kann er nicht damit rechnen, dass die Erkenntnis der Tugend eine Gemeinschaft konstituieren kann. Es ist jedoch bedeutsam, dass die *gemeinsame Suche* nach der Erkenntnis der Tugend bei der Bildung einer Gemeinschaft diese Erkenntnis ersetzen kann. Denn die Menschen vereinigen sich, um dieses Ziel zu erreichen, wie man hier sieht. Die gemeinsame Suche nach der Tugend kann nur vereinen, wenn alle Tugenden eine sind: Diejenigen, die eine Tugend suchen, geraten sonst in einen Konflikt mit denjenigen, die eine andere Tugend suchen. Deshalb scheint es plausibel zu sein, dass Sokrates nach der Einheit der Tugenden im *Protagoras* sucht. Darüber hinaus ist es bedeutend, dass Sokrates nach der Einheit der Tugend *forscht*, wohingegen Protagoras eine Einheit der Ansichten *schafft*. Protagoras nimmt an, dass der Gesetzesgeber schon eine Ansicht hat, die andere akzeptieren sollen. Sokrates vereint, indem er das mit anderen sucht, was keiner besitzt.[12]

Unsere Sympathien und Erwartungen liegen selbstverständlich bei Sokrates und der Erkenntnis und richten sich gegen die Rhetorik. Was die Dialektik angeht, behält Sokrates gewiss die Oberhand. Aber die dramatische Handlung erzählt eine etwas andere Geschichte. Wir sehen zwei schlagkräftige Denker, die versuchen, ihre eigenen Vorstellungen von der Polis-Bildung zu verwirklichen. Und wir sehen auch, dass es keinem von beiden gelingt. Protagoras, trotz seiner Genialität, kann Sokrates weder überzeugen noch zum Schweigen bringen. Diese Tatsache verweist noch einmal und in noch ernsterer Weise auf das Problem von konkurrierenden Überzeugungsquellen. Auf der anderen Seite kann Sokrates Protagoras nicht dazu bringen, sich mit der Frage nach der Tugend zu befassen. Warum sollte Protagoras die Tugend erforschen, wenn, wie er in seiner Rede behauptet, die Tugend gemacht und nicht gefunden wird, auch wenn er in dieser Beziehung so erfolgreich ist? Ihre Unfähigkeit miteinander zu kooperieren, weist auf die Unzulänglichkeit und die Unvereinbarkeit ihrer beiden Prinzipien hin. Ich will hier nicht behaupten, dass eine dramatische Widerlegung eines Arguments philosophisch adäquat ist. Was wir wirklich durch die Dialogform bekommen, ist ein Sinn dafür, wie diese Prinzipien in der Praxis aussehen. Ferner sehen wir, dass eine Methode, die Einheit schafft, davon abhängt, dass die Gemeinschaftsmitglieder etwas *tun*. Diese Methode kann aber auch durch die Ablehnung der Gemeinschaftsmitglieder, etwas zu unternehmen, sei es zu glauben oder nachzuforschen, vereitelt werden.

---

zur Einheit der Tugend als eine Fortsetzung des Wetteiferns mit anderen Sophisten, den wir hier in dramatischer Weise dargestellt sehen.

[12] Es ist ebenfalls wichtig, dass Protagoras das *Fortbestehen* der Gemeinschaft im Auge hat, während Sokrates auf das Wohl der Gemeinschaft sieht. Man erinnert sich an das platonische geflügelte Wort, demzufolge man nicht nur das bloße Leben, sondern das gute Leben achten soll.

Und noch ein anderes können wir von dem Drama lernen: Als der Dialog
zwischen Sokrates und Protagoras zusammenzubrechen droht und keiner von
beiden ihn aufrechterhalten kann, werden sie von den Zuhörern gezwungen
einander entgegenzukommen, um fortfahren zu können. Das deutet auf eine
dritte Weise hin, wie eine Gemeinschaft konstituiert werden kann. Während
Sokrates und Protagoras beide das Vereinigungsprinzip einer Polis in der Tätigkeit der Lenker der Polis sehen, deutet das Drama darauf hin, dass das
Prinzip eher bei den Bedürfnissen oder Anforderungen der Bürger liegt.
Diejenigen, die der Gemeinschaft vorstehen müssen ihre eigenen nahe liegenden Interessen zugunsten des Staates beiseite legen. (Dieses Prinzip findet
sich in der *Politeia* 539e-540b: Sokrates beschreibt dort die Notwendigkeit
auf die Philosophen Zwang auszuüben, damit sie in die Höhle zurückkeh-
ren.) Das Drama des *Protagoras* deutet darauf hin, dass Sokrates und Protagoras beide Unrecht haben.

In seiner großen Rede hatte Protagoras davon gesprochen, dass alle Bürger Gerechtigkeit und Scham (322c-d) besitzen sollen. Wie ich schon festgestellt habe, deutet er damit an, dass diese Eigenschaften vom Rhetoriker erzeugt werden. Ferner hatte er davon geredet, dass alle Staatsbürger Tugenden
lehren, indem sie die Kinder zwingen, Regeln zu befolgen (325c-326e). Ironischerweise ist es jedoch Protagoras, der von den Zuhörern gezwungen
wird, die Diskussionsregeln zu akzeptieren (338e2-5): Er wird so beschämt,
dass er auf Sokrates' Fragen antworten muss (348c1-4). Dem analog versucht
Sokrates zu behaupten, dass ein Mensch, der besonnen handelt zum Vorteil
von allen Menschen handelt, und dass er (wahrscheinlich) gerecht handelt
(333d1-e2). Sein Argument wird jedoch durch Protagoras' lange, aber positiv
empfangene Rede aufgehoben, in der er behauptet, dass das Gute vielfältig
und variabel ist (334a3-c8). Damit will ich sagen, dass Sokrates meint, dass
eine gemäßigte Tat nicht nur für den Handelnden sondern auch für alle
Menschen gut (vorteilhaft) und gerecht sei. Protagoras antwortet, dass das
Gute zu variabel ist, um für jeden gut (vorteilhaft) zu sein. Protagoras' Behauptung entspricht der Handlung des Dialogs, während er und Sokrates darüber streiten, ob die Diskussion mit langen oder kurzen Reden weiter fortgesetzt werden soll. Aber dieser Punkt wird durch das Bedürfnis, eine einzige
Prozedur über das Fortbestehen der Diskussion und der Polis zu finden, irre-
levant gemacht. Dieser von den Zuhörern auferlegte Kompromiss, würde
weder Sokrates noch Protagoras ganz gerecht erscheinen: Es ist anscheinend
diese Art von gemäßigter Ungerechtigkeit, deren Existenz Sokrates bestreiten
will (333d). Dennoch erweist es sich als vorteilhaft, die Diskussion fortzusetzen, wohingegen die anscheinend gemäßigte Alternative, die Sokrates vorschlägt, nämlich die Diskussion zu verlassen, für niemanden vorteilhaft gewe-

sen wäre.[13] Anscheinend irrt sich Sokrates in seiner Vorstellung, dass gemäßigte Taten allen Menschen vorteilhaft sind. Kurzum: Das Drama zeigt im Gegensatz zu den Argumenten von Sokrates und Protagoras die Gemeinschaftsmitglieder bei der aktiven Mitarbeit zur Erhaltung der Gemeinschaft. Mit diesem Verständnis des Dramas können wir die Argumente für die Einheit der Tugenden besser schätzen. Sokrates' Argument für die Gleichwertung der Tugenden Gerechtigkeit und Frömmigkeit hängt von einer zweifelhaften Annahme ab, die vielen Lesern Schwierigkeiten bereitet hat.[14] Er geht davon aus, dass alles entweder fromm oder unfromm, gerecht oder ungerecht ist; das heißt, er behandelt Gegensätze als ob sie Widersprüche wären. Für sich alleine betrachtet, ist das eindeutig falsch, aber Sokrates arbeitet mit den Annahmen seiner Gesprächspartner. In seiner großen Rede hatte Protagoras behauptet, dass alle Bürger ein Minimum an Tugenden besitzen müssen, um in der
zu leben. Es gibt keinen Mittelweg zwischen der Tugend eines Staatsbürgers und der Untugend, die eine Bestrafung oder Verbannung aus dem Staat nach sich zieht. Während Protagoras dies als Streitpunkt über die *Menschen*, die im Staat leben, ansieht, wendet Sokrates die Behauptung auf die *Tugend* an: Die Gerechtigkeit muss fromm oder unfromm sein (331b-c). Kein Wunder, dass Protagoras zögert, aber er erklärt nicht, warum sein eigenes Prinzip sich nicht auf etwas wie die Gerechtigkeit beziehen kann. Ferner könnte er das nicht tun, ohne zu erklären, was die Gerechtigkeit ist – und dies kann er nicht, weil er die Tugend so versteht, wie sie vom Rhetoriker interpretiert wird, was natürlich bedeutet, dass die Tugend alles mögliche bedeuten kann.

Das gleiche kann über Sokrates' andere Argumente über die Identifizierung von Tugenden behauptet werden. Sie hängen mehr von der Charakterisierung der Tugenden selbst ab als von den Menschen, die sie besitzen. Wenn wir diesen Unterschied betrachten, können wir verstehen, dass der Kompromiss, der Sokrates und Protagoras aufgezwungen wird, sich nicht nur als pro-

---

[13] Sokrates behauptet, den langen Reden von Protagoras nicht folgen zu können, und er bittet Protagoras, ihm entgegenzukommen (334c7-335a3). Es ist klar, dass er sich verstellt, denn Sokrates erzählt einem Freund den ganzen Dialog (310a1-8). Es ist unwahrscheinlich, dass Sokrates jemanden überzeugen kann; Alkibiades verteidigt ihn, indem er sagt, dass Sokrates besorgt ist, dass der Zuhörer Konzessionen vergessen würde (336c4-d4). In der Tat hängen die Argumente von Sokrates davon ab, ob Protagoras übereinstimmt oder nicht. Die Einschränkungen, egal wie lang, die Protagoras hinzufügt, würden das Argument blockieren.

[14] Siehe exemplarisch Gallop 1961, Savan 1964 und Taylor 1979, 113-5. Alle bemerken, dass Sokrates den Unterschied zwischen konträr und kontradiktorisch anderswo im Dialog sieht, und sie versuchen zu erklären, warum er das in dieser Passage nicht sieht.

zessual sondern auch als substantiell herausstellt. Protagoras fragt Sokrates nach dem Gedicht von Simonides und er meint, dass Simonides sich widerspricht, indem er behauptet und zur gleichen Zeit bestreitet, dass es einem Menschen schwer fällt, gut zu sein. Es scheint, als ob Protagoras Sokrates' eigene Methode, nach Widersprüchen zu suchen, angenommen hat. Eigentlich umgeht Sokrates den Widerspruch, indem er den Zustand des Menschen von der wahren Güte, die nur von den Göttern besessen wird, unterscheidet. Das gelingt ihm, indem er den Unterschied zwischen Menschen und der Tugend aufnimmt, der in seinem früheren Argument mit Protagoras impliziert war. Als Sokrates Protagoras befragt, kommt er dabei auf die Frage nach der Einheit der Tugend zurück und versucht zu behaupten, dass Tapferkeit Weisheit ist. Aber anstatt, wie vorher, abstrakt über diese Tugenden zu reden, erwägt er, ob *Menschen*, die mit Tapferkeit handeln, auch mit Weisheit handeln müssen. Als Protagoras dieses Argument widerlegt, wird Sokrates noch konkreter und fragt, ob ein gutes Leben gut ist, weil es angenehm ist (351b). Das ist ein Gespräch, an dem Protagoras sich endlich beteiligen kann, weil es um konkrete Probleme geht und um das Wissen, das man braucht, um sie zu bewältigen. Wie Protagoras selbst klar macht, macht seine *Position* als Lehrer es ihm notwendig, die Macht des Wissens im menschlichen Leben zu bestätigen (352c8-d3). Und mit diesem Zugeständnis gelingt es Sokrates, Protagoras endlich zur Identität der Tugenden zu führen. Wir sehen noch einmal, dass die dramatische Stellung eines Charakters dazu dient, eine Prämisse für ein Argument zu liefern.

Da Protagoras die Einheit der Tugend abgestritten hatte, wird sowohl seine Behauptung, die Tugend zu kennen, als auch die implizite Behauptung, sie zu besitzen, von Sokrates' Argumenten, nämlich, dass alle Tugenden eine sind, widerlegt. Aber es wird angedeutet, dass auch Sokrates ein Wissen von der Tugend fehlt, denn wenn er es besäße, könnte die Tugend unterrichtet werden. Da das Argument für die Einheit der Tugend zeigt, dass weder Sokrates noch Protagoras weiß, was die Tugend ist, ergibt sich in weiterer Folge, dass eine Kenntnis von der Tugend nicht dazu dienen kann, eine Polis zu konstituieren.

Diese letzte philosophische Schlussfolgerung spiegelt sich im Drama, denn trotz ihrer Fähigkeiten, die Zuhörer in einer Gemeinschaft zusammenzubringen, ist weder Sokrates noch Protagoras fähig, diese Gemeinschaft zusammenzuhalten. Es sind aber, wie ich schon ausgeführt habe, die Zuhörer selber, die auf die Fortsetzung des Dialogs bestehen. Obwohl die Hauptgesprächspartner es nie ganz verstehen, ist dem Leser klar, dass die Bildung und die Fortdauer einer Gemeinschaft sowohl die von Protagoras geäußerten gemeinsamen Ansichten als auch die von Sokrates geäußerte Neigung zur Erkenntnis der Tugend und des Guten benötigt. Ohne letzteres können gemeinsame Ansichten leicht schädlich sein; ohne ersteres gibt es nicht die für eine Gemeinschaft benötigte Kooperation. Platon verwendet beide Prinzipien in der *Politeia*: Gemeinsame Ansichten kommen von einer Literatur, die unter der Leitung der Wächter, die selber der Erkenntnis des Guten nachgehen, formuliert wird. Aber aus Gründen, die wir jetzt nachvollziehen können, findet er in der idealen Polis keinen Platz für jene Dichter, die, wie Protagoras, gemeinsame Ansichten erzeugen, die mit der Erkenntnis des Guten unvereinbar sind. Im *Protagoras* geben Sokrates und Protagoras sowohl dramatisch als auch im Argument nur unvollständige Darstellungen von den Prinzipien einer Gemeinschaft.

5.

Noch ein letzter Punkt. Oft wird die Frage gestellt, ob Platon durch Sokrates einige Elemente einer positiven Doktrin geltend machen will oder ob er nicht etwas behauptet, sondern nur den Prozess der Dialektik zeigt. Eine Gruppe von Platonforschern weisen auf Behauptungen, die Sokrates in verschiedenen Dialogen wiederholt und verteidigt. Die andere Gruppe besteht darauf, dass Sokrates nur ein Charakter in einem Dialog ist und nicht als Wortführer von Platon bezeichnet werden kann. Wenn meine hier angeführten Argumente stimmen, dann haben beide Gruppen Recht. Aber das ist natürlich ein Zeichen dafür, dass die Frage schlecht gestellt wird. Es ist wahr, dass Sokrates gewisse Behauptungen aufstellt und verteidigt und ich meine, es ist sicherlich richtig zu glauben, dass Platon sie in gewissem Sinne für wahr hält. Das Problem liegt darin, dass man herausfinden muss, was diese Behauptungen sagen wollen. Wir haben gesehen, dass Sokrates im *Protagoras* zum größten Teil dafür eintritt, dass die Tugend eine einzige ist, nämlich die Erkenntnis. Aber was genau bedeutet das? Wenn Sokrates weiß, dass Tugend Erkenntnis ist, dann nehmen wir bereitwillig an, dass er das weiß. Wie kann er aber dann gleichzeitig abstreiten, dass er weiß, was sie ist? Die Antwort liegt auf der Hand: Man weiß nicht, was Tugend ist, indem man weiß, *dass* sie Erkenntnis ist, außer man weiß auch, *welche* Erkenntnis sie ist. Sokrates streitet ab, die letztere zu besitzen. Aber auch nur zu wissen, dass Tugend Erkenntnis ist, ist nicht ohne Wert, denn das weist einen in die richtige Richtung. Wenn Tugend Erkenntnis ist, und wenn Philosophie das Streben nach Erkenntnis ist, dann ist es einfach wichtig, dass man Philosophie betreibt.

Hier haben wir eine schwer zu artikulierende und zu begreifende Dialektik. Sokrates hat nicht die Erkenntnis, die Tugend bildet. Aber er weiß, dass es entscheidend ist, diese Erkenntnis zu besitzen, wenn man ein gutes Leben führen soll; und er weiß, dass die Philosophie das Bestreben nach dieser Erkenntnis ist. Es folgt also, dass er Philosophie betreiben soll. Zu wissen, dass er nicht weiß, was Tugend ist, setzt eine Handlungsweise voraus, nämlich das

Bestreben nach der Erkenntnis. Aber um zu wissen, wie man handeln soll, muss man sich der Tugend bedienen, denn die Tugend kennen, heißt auch zu wissen, welche Handlungsweise die beste ist. Ironischerweise kommt Sokrates zu der Erkenntnis, welche Handlungsweise die beste ist, indem es ihm nicht gelingt zu wissen, was er wissen müsste, um festzustellen, was die beste Handlungsweise ist. Es gelingt Sokrates, die Tugend zu kennen, wenn er sie nicht kennt.

Diese letzten Behauptungen sind selbstverständlich dialektisch. Sie sind nicht in dem Sinne ironisch, dass sie täuschen oder die Wahrheit verschleiern; auch sind sie keine pädagogischen Tricks, um die Zuhörer zu zwingen, eigenständig zu denken. Sie sind aber in dem Sinne ironisch, dass die Wahrheit, die sie ausdrücken, eine Vereinigung von Widersprüchen ist, die sich auf sich selbst bezieht.[16] Zum Abschluss möchte ich noch feststellen, dass das, was aus dem *Protagoras* und ebenso aus anderen Dialogen hervortritt, dialektische Wahrheiten dieser Art sind. Platon hat den Dialog gewählt, um diese Wahrheiten vorzustellen, weil sie selbst intrinsisch dialektisch sind. Dialog und Argument sind sehr eng miteinander verbunden – sie sind untrennbar.[*]

---

[16] Gregory Vlastos, behauptet, dass Sokrates eine ironische Haltung annimmt, um das Denken anzuregen (vgl. Vlastos 1992, 66-85). Paul Friedländer konstatiert noch glaubhafter, dass die Ironie in der „Spannung" zwischen dem Verbergen und der Offenlegung der Wahrheit liegt und dass, Sokrates' „Unwissenheit sich zu einer endgültigen Stufe der Weisheit zurückdreht" (Friedländer 1964b, I.137-53 und bes. 114). Aber Friedländers Behauptung, dass der „dialektische Prozess in dem lebendigen Erleben des Unbekannten begründet ist", ist mir unklar. Diskin will diese beiden Interpretationen berücksichtigen und behauptet, dass die Ironie zweideutig ist: Wenn man sie von der Perspektive des Polis und des Sophisten betrachtet, ist es die falsche Bescheidenheit des Philosophen; wenn man sie von der Perspektive der transzendenten Realität betrachtet, ist es die Kluft zwischen Erscheinung und Realität (vgl. Diskin 2000, 95). Meine Ansicht nach spielt Ironie eine wesentliche Rolle bei dem Anerkennen des Menschen, dass eine notwendigen Beziehung zu einer transzendenten Erkenntnis gibt.

[*] Den Beitrag habe ich auf dem Kolloquium „Plato as a Literary Author", das von Ruby Blondell und Ann Michelini als Jahrestreffen der American Philological Association in New Orleans oranisiert wurde, vorgetragen. Ich danke den Organisatoren, den Teilnehmern für ihre Fragen und besonders Ivor Ludlam für eine Reihe von schriftlichen Kommentaren. – Besonderen Dank schulde ich Michael Swisher und dem Herausgeber Marcel van Ackeren, die an der Übersetzung des Textes arbeiteten. (Die Zitate aus der englischsprachigen Literatur sind ebenfalls übersetzt worden.)

MICHAEL ERLER

„Sokrates in der Höhle"
Argumente als Affekttherapie im *Gorgias* und im *Phaidon*

1.

Es ist wohl bekannt, dass Platon Wissen unter Bezug auf ontologische Kategorien bestimmt. Wirkliches Wissen ist für ihn nur unter Bezug auf die Ideen möglich (vgl. Graeser 1991 und Horn 1997). Dieses Wissen kann man durch Suche in sich selbst finden. Nur wirkliche Philosophen sind allerdings in der Lage, auf diese Weise zu Wissen zu gelangen und sich dabei den Göttern anzugleichen, soweit dies Menschen möglich ist (vgl. Sedley 1997 und 1999). Gewiss beschreibt Platon in den Dialogen ein Ideal. Doch geht er dort auch auf die Möglichkeiten ein, die gewöhnliche Menschen trotz ihrer Defizite gegenüber dem Ideal haben, um Wissen zu erlangen. Im Höhlengleichnis der *Politeia* (Resp. 514a-521b) bietet Platon ein realistisches Bild der gewöhnlichen Menschen „wie du und ich" (Resp. 515a) als Gefangene in der Welt des Werdens. Diese Gefangenen halten Bilder auf der Höhlenwand für Wirklichkeit. Um von dieser Illusion freizukommen, müssen sie zur Wahrheit hin umgewendet werden. „Umwendung" der ganzen Seele (περιαγωγή) (Resp. 515c) wird zum Schlagwort und Signatur Platonischer Paideia bis zum spätantiken Platonismus. Doch sind die Gefangenen nicht in der Lage, sich selbst ohne Hilfe umzuwenden und von Illusionen zu befreien, sondern es handelt sich um einen unfreiwilligen und schmerzhaften Vorgang.[1] Sie benötigen hierfür „kleine Hinweise" von außen (vgl. Ep. VII, 341e) und Hilfe in Gestalt eines Erziehers, der sie mit Fragen in Schwierigkeiten bringt und ihnen dadurch ihre Lage bewusst werden lässt. Das Höhlengleichnis legt nahe, dass es sich bei diesem Erzieher um Sokrates handelt (Resp. 515d; siehe Szlezák 1997b, 224f.), der auf eine derartige Hilfe offenbar nicht angewiesen ist. Ihn hat allem Anschein nach niemand umwenden müssen. Jedenfalls bezeichnet er sich als „Gottgesandter" zur Rettung der Mitbürger (Apol. 31a) und damit als eines jener Gottesgeschenke, von denen in den Dialogen bisweilen die Rede ist (vgl. Erler 2002, v.a. 399). Umwendungsversuche mit Hilfe von Befragung und Aporie sind Thema zahlreicher Dialoge. Die Dialoge berichten davon, dass und wie Sokrates versucht, seine Partner von Irrtümern zu be-

---

[1] Siehe Delhey 1994, bes. 47ff. Er betont zu recht, dass es sich nicht um einen natürlichen Vorgang (so Chen 1987, 66-72) handelt.

freien und ihre „Blickrichtung" zu ändern, dabei aber oft scheitert. Ursache hierfür ist zumeist, dass seine Partner mit unzureichendem, an Illusionen gebundenem Verständnis an die Fragen herantreten (vgl. Erler 1987) und nicht bereit sind, sich „umwenden" zu lassen. Oft glauben sie nicht, dass Hilfe nötig ist oder haben den Verdacht, Sokrates wolle ihnen nur übel mitspielen (Resp. 487a). Oft empfinden sie sich als Opfer seiner Verstellungskunst (Resp. 337a) oder seiner angeblichen Wortklaubereien (Gorg. 489b). Bisweilen aber lassen sie sich von Sokrates' Argumenten durchaus beeindrucken, sind dann jedoch nicht bereit, die Resultate seiner Argumentation anzunehmen und zur Maxime ihres Handelns zu machen. Zu wenig scheinen diese sich in den Rahmen ihrer bisherigen Vorstellungen zu fügen. In diesen Fällen behindern nicht selten Emotionen und Affekte nicht nur den Denkprozess sondern auch den richtigen Umgang mit seinen Resultaten (Resp. 519a-b). Auf zwei derartige Partien im *Gorgias* und im *Phaidon* soll im Folgenden hingewiesen werden. Sie sind von Interesse, weil mit ihrer Hilfe Platon offenbar zeigen will, dass bisweilen mehr als nur ein schlagendes Argument notwendig ist, um einen Gesprächspartner dazu zu bewegen, Argumente nicht nur zu bewundern, sondern ihn zur Annahme ihrer Resultate zu veranlassen. Es muss darum gehen, eine Disposition zu schaffen, die dazu befähigt, sich die Ergebnisse rationaler Argumentation anzueignen und zum Bestandteil des Verhaltens zu machen.

2.

Die theoretische Grundlage dafür, dass Emotionen oder Affekte daran hindern können, rationale Argumentation nicht nur anzuerkennen sondern auch anzunehmen, ist für Platon die Dreiteilung der Seele. Dieses Seelenkonzept entwickelt Platon in der *Politeia*. Die Dreiteilung in eine vernunftorientierte, eine muthafte und eine begehrliche Instanz[2] soll erklären, warum die Vernunft bisweilen von Affekten getrübt und daran gehindert wird, das Handeln zu bestimmen. Oft wird dies als neue Einsicht Platons in der *Politeia* gewertet. Denn in der Tat gibt es in den Dialogen vor der *Politeia* keine Stelle, an der eine Dreiteilung der Seele in diesem Sinne diskutiert wird (vgl. Gerson 2003, 99f. und 265). Gleichwohl sollte nicht übersehen werden, dass Platon schon vor der *Politeia* zumindest anzudeuten scheint, dass Menschen bei aller Rationalität nicht immer Argumenten folgen, die sie eigentlich für überzeugend halten, sondern dass es in ihnen eine Instanz gibt, die den Menschen sich gleichwohl widersetzen lässt. Freilich wird dieses Phänomen weder ana-

---

[2] Zum Begriff „Instanz" siehe Blössner 1997, 16, Anm. 604; zur Diskussion der Dreiteilung der Seeleninstanzen in Analogie zum Staat 152ff.

lysiert, noch die „Quelle" eindeutig identifiziert oder lokalisiert. Vielmehr verwendet Platon eine bildhafte Sprache, um auszudrücken, dass es im Menschen etwas gibt, um das derjenige sich kümmern muss, der die Überzeugungskraft rationaler Argumente fördern will. Zwei Partien im *Gorgias* und im *Phaidon* sind hier von Interesse, weil dort auch angedeutet wird, wie man mit dieser Quelle umgehen sollte, um ihren negativen Einfluss zu kontrollieren.

3.

Zunächst ein Blick auf den *Gorgias*: Der *Gorgias* ist ein facettenreicher Dialog. Leitmotiv ist die Frage, wie man leben soll (Gorg. 500c). Zentraler Punkt der Diskussionen ist Sokrates' Anliegen, dass man Vernunft zur Grundlage für moralische Entscheidungen machen muss, „um ein gutes Leben" zu führen (vgl. Krit. 48b; siehe Kahn 1996, 125 ff.). Wie im *Kriton* erweist sich Sokrates im *Gorgias* als exemplum jener Haltung, die sich durch unbedingten Gehorsam gegenüber dem Logos und seinen Ergebnissen ausweist: Der *Gorgias* will Sokrates als Paradigma für eine Disposition vorführen, die sich rationaler Argumentation fügt, ihre Ergebnisse akzeptiert und sie zur Maxime des Handelns macht. Sokrates lässt sich von Argumenten nicht abbringen, die ihm am besten scheinen (vgl. Krit. 46b). Einflüsse von außen oder Emotionen haben keine Auswirkungen auf sein Verhältnis zu rationalen Argumenten und sein Verhalten, wie auch der *Phaidon* eindrucksvoll zeigt. Offenbar besteht eine „Verwandtschaft" zum Gegenstand seiner Untersuchung, wie sie im *VII. Brief* verlangt wird (vgl. Ep. VII 344a; siehe dazu Erler 2003). Seine Partner im *Gorgias*, Gorgias, Polos und Kallikles hingegen bilden hierzu einen Kontrast. Sie haben auf unterschiedliche Weise Schwierigkeiten, sich von den Schatten ihrer Vorstellungen zu lösen und sich von Sokrates „umwenden" zu lassen. Zu den Grundüberzeugungen, an denen Sokrates – nicht nur im *Gorgias* – festhält, gehört, dass es besser ist, Unrecht zu leiden als es zu tun. Diese Position widerspricht allgemeiner Überzeugung (siehe Blundell 1989). Kallikles vermutet deshalb, dass es Sokrates gar nicht ernst sei (Gorg. 482ab). Doch bleibt Sokrates trotz aller Kritik und der allgemeinen gegenteiligen Ansicht bei seiner Auffassung. Er schwankt nicht und lässt sich nicht beeindrucken. Als Grund gibt er seine Liebe zur Philosophie an, die nicht wankelmütig und unstet sei und nicht ständig andere Wünsche äußere oder Positionen einnehme wie andere Geliebte, sondern immer von denselben Dingen handle (Gorg. 482a). Vor allem lässt sich Sokrates nicht von Rücksichtnahmen behindern, die mit der eigentlichen Argumentation nichts zu tun haben. Gorgias und Polos hingegen lassen sich von „Scham", d.h. Rücksichtnahme auf andere populäre Positionen, beeinflussen. Es ist „Scham", die sie zu jenen

Übereinkünften und Zustimmungen verleitet, die für ihre Positionen Probleme schaffen. „Scham" (Gorg. 487d) bringt Gorgias und Polos dazu, sich selbst zu widersprechen (vgl. Race 1978/79; Kobusch 1978; McKim 1988). Kallikles hingegen scheint auf den ersten Blick von anderer Statur. Scham, die ihn von rationaler Konsequenz abbringen könnte, scheint ihm fremd. Er steht zunächst zu seiner Ansicht, dass es schlimmer sei, Unrecht zu leiden als es zu tun (Gorg. 481b). Dies hindert ihn nicht zuzugeben, dass ihn Sokrates' Argumente beeindrucken (Gorg. 513d; Üb. Schleiermacher): „Ich weiß nicht, wie mir gewissermaßen gut vorkommt, was du sagst, Sokrates; es geht mir aber doch wie den meisten, ich glaube dir nicht sonderlich." Gleichwohl fühlt er Widerstand in sich, der ihn hindert, sich Sokrates' Argumenten zu beugen und ihre Ergebnisse anzuerkennen. Sein Widerstand beruht freilich nicht auf Misstrauen gegen Sokrates' Argumentationsweise. Sokrates weiß, warum Kallikles sich ihm, Sokrates, widersetzt. Ursache ist ein Impuls in ihm, den Sokrates als „Liebe zum Volk" (Gorg. 513c) identifiziert. Er veranlasst Kallikles, nicht das Ergebnis von Sokrates' Argumenten, sondern der populären Auffassung zu folgen, dass Unrecht zu leiden schlimmer sei als es zu tun. Sokrates weiß auch, wie man mit diesem Widerstand umgehen sollte: Wenn man die Probleme immer wieder und intensiver betrachtet, dann, so Sokrates, werde man Kallikles doch überreden können (Gorg. 513c). Schon früher im Gespräch war von einem inneren Widerstand bei Kallikles die Rede (Gorg. 482ab). Dort konstatiert Sokrates, dass Kallikles nicht in die Philosophie verliebt sei. Vielmehr gebe es einen „Kallikles" in Kallikles, der sich in Volkes Meinung verliebt habe und dieser deshalb immer folgen wolle. Deshalb verweigere sich dieser „Kallikles" einer Argumentation, deren Ergebnis nicht mit Volkes Meinung übereinstimme. Wenn Kallikles deshalb Sokrates' These, Unrecht zu tun sei ein Übel, nicht widerlege, gerate „Kallikles" mit Kallikles in Widerspruch und werde Kallikles sein ganzes Leben in Widerspruch mit sich selbst leben. Sokrates zieht hingegen vor, eher mit allen Menschen als mit sich selbst in Widerspruch zu geraten (Gorg. 482bc). „Kallikles" in Kallikles, Seele als Quelle von Widerstand gegen Ergebnisse rationaler Argumentation, Übung als Mittel, entsprechenden inneren Zwist zu meiden: Die kleine Szene im *Gorgias* deutet in bildlichem Ausdruck an, was im späteren Werk Gegenstand philosophischer Analyse wird, die Möglichkeit, dass es inneren Widerstand gegen rationales Argumentieren oder dessen Resultate gibt, obwohl man sie eigentlich überzeugend findet. Notwendig ist die Bereitschaft, sich überzeugen zu lassen. Andernfalls ergeht es einem wie Alkibiades im *Symposium*, der von Sokrates' Argumenten beeindruckt ihre Folgerungen nicht akzeptieren kann und vor ihnen flieht.[3] Par-

---

[3] Vgl. Symp. 216a. Im *Menon* (95c) ist ebenfalls die Rede davon, dass es Menschen gewöhnlich trifft, dass sie mit ihren Meinungen schwanken.

tien wie die im *Gorgias* zeigen, dass Platon sich bewusst war, dass die bloße
Logik von Argumenten bisweilen nicht hinreichend ist, um richtige Einsichten anzunehmen und in richtiges Verhalten umzusetzen (siehe Dodds 1959,
352), dass vielmehr mit innerem Widerstand zu rechnen ist, der weniger von
der Vernunft als von einer anderen Instanz ausgeht.

4.

Um was für eine Instanz es sich dabei handelt, verdeutlicht Plato – wenn
auch mit Hilfe einer Metapher – im *Phaidon*. Zentrales Thema des *Phaidon* ist
die „wahre Verteidigung" des Sokrates vor seinen Freunden, die klären soll,
warum Platons Protophilosoph angesichts der Richter so zuversichtlich und
angesichts des Todes so furchtlos bleibt (vgl. Gallop 2001) Der *Phaidon* gilt
gemeinhin als Dokument des Triumphes des Logos über menschliche Unzulänglichkeit, den Sokrates gleichsam personifiziert. Wie der antike Untertitel
des Dialogs zu recht andeutet, behandelt der *Phaidon* damit eine Frage der
praktischen Ethik (vgl. Blössner 2001): Was muss ich wissen und wie muss
ich mich verhalten, um auch in schwierigster, weil lebensbedrohender Lage
Eudaimonie zu erlangen oder zu bewahren. Weil Todesfurcht Misstrauen gegen den Logos, falsche Einschätzung der Situation, Fehlverhalten und deshalb
Unglück bewirkt, will Sokrates die Unsterblichkeit der Seele beweisen. Im
Phaidon wird Sokrates zum exemplum, wie man sich im Vertrauen auf die
Vernunft auch unter widrigsten Umständen Zuversicht, Tapferkeit gegenüber Todesfurcht und damit Eudaimonie bewahren kann: durch Vertrauen
auf den Logos und Pflege des unsterblichen Selbst. Jedoch ist der *Phaidon*
nicht nur Zeugnis des Triumphes des Verstandes über die Furcht, des Ver-
trauens auf den Logos und der konsequenten Anwendung seiner Folgerungen auf das eigene Verhalten. Er dokumentiert auch das Gegenteil: Das Spektrum reicht vom völligen Missverständnis der vorgetragenen Argumentation
bis zu den Schwierigkeiten, sich der Kraft rationaler Argumentation zu beugen, obgleich man sie überzeugend findet und sich auch überzeugen lassen
will (vgl. Dalfen 1994). Etwas im Menschen, so wird suggeriert, sträubt sich.
Und dieses „Etwas" ist ein wichtiges Thema des Dialoges. Kriton scheint besonders anfällig. Trotz aller Bemühung des Sokrates, seinen Freunden die
Unterscheidung von Körper und Seele einzuschärfen und zu verdeutlichen,
dass die vernünftige Seele, nicht der Körper das wahre Selbst des Menschen
ist, trotz aller Versuche, die Unsterblichkeit dieser unkörperlichen Seele zu
beweisen, auf diese Weise Furcht vor dem Tod zu beseitigen und zu richtiger
Lebensweise anzuleiten, klagt Kriton, dass man Sokrates verlieren werde,
fragt, wie man ihn, Sokrates, begraben solle und meint damit Sokrates' körperliche Existenz. Offensichtlich hat er die Stoßrichtung von Sokrates' Argu-

menten nicht verstanden. Trotz aller Beteuerung, dass das wahre Selbst des Menschen aus der unkörperlichen, vernünftigen und unsterblichen Seele besteht, verhält sich Kriton nicht entsprechend. Sokrates' scherzhafte Replik: „Wenn ihr mich wirklich haben werdet und ich euch nicht entwischt bin", bleibt ihm daher unverständlich. Es wird deutlich: Kriton mag die Argumente für der Unsterblichkeit die Seele gehört haben. Doch hat er sich offenbar nicht zueigen gemacht, dass Sokrates' wahres Selbst aus der Seele besteht, unsterblich ist, deshalb weiter existieren wird und daher Trauer nicht am Platze ist Sokrates resigniert (Phd. 115c): „Den Kriton .... überzeuge ich nicht ... dass ich der Sokrates bin, dieser der mit euch redet ... sondern er glaubt, ich sei jener, den er nun bald tot sehen wird."

Nicht ganz so extrem steht es mit Sokrates' Partnern Kebes und Simmias. Doch auch bei ihnen herrschen – wenn auch auf verschiedene Weise – Skepsis und Unglauben vor, die auch auf die Zuhörer abfärben (Phd. 88b). Gewiss, Kebes und Simmias sind philosophisch interessiert, gebildet und vertraut im Umgang mit Argumenten. Sie wollen sich der Macht des Logos beugen und sich überzeugen lassen. Sie geben schließlich sogar zu, dass Sokrates schlüssig argumentiert. Und dennoch: Auch ihr Verhältnis zum Logos ist ambivalent, ist bisweilen geprägt von Misstrauen, Zurückhaltung und Unglauben (ἀπιστία). Eben diesem Misstrauen sucht Sokrates mit seiner Argumentation zu begegnen. Sokrates gibt klar zu erkennen, dass eben dies die eigentliche Intention seiner Argumente – seines „Geschichten-Erzählens" (διαμυθολογῶμεν) wie er sagt – ist: Aufmunterung und Trost zu bringen und Vertrauen zu wecken (πιστίς). Und das heißt für ihn offenbar vor allem: Reinigung von Furcht und anderen Affekten bei seinen Partnern. Von den Beweisen verlangt er deshalb Plausibilität, nicht aber notwendig Vollständigkeit. Noch nach der letzten Beweisführung rechnet Sokrates damit, dass weitere Argumente für die Unsterblichkeit der Seele zu finden sind. Und dennoch: Seine Partner schwanken. Mal scheinen sie die Argumentation und ihr Ergebnis zu akzeptieren, mal zeigen sie sich ungläubig (Phd. 77e), obgleich sie zugeben, eigentlich überzeugt zu sein, mal misstrauen sie dem Ergebnis, ohne einen eigentlichen Grund hierfür benennen zu können (Phd. 91c-d). Nach dem letzten Argument behauptet Kebes zwar, überzeugt zu sein, und hält das Argument für schlagend. Doch räumt er (Phd. 107ab; Üs. Schleiermacher) zugleich ein, dass ihm Zweifel bleiben und er ein ungläubiger Thomas sei „wegen der Größe der Gegenstände ... und wie ich auf die menschliche Schwachheit wenig halte, bin ich gezwungen, bei mir selbst noch einen Unglauben zu behalten über das Gesagte". Kebes will also glauben, ist auch eigentlich überzeugt; aber es bleibt Misstrauen – denn es könnte noch anderes zu sagen sein. Es ist, als sträube sich etwas in ihm, die Folgerungen aus den Argumentationen anzunehmen und zur Maxime eigenen Verhaltens zu machen – und das nicht nur, weil es bisweilen zu Ungereimtheiten kommt.

Zwar haben die Argumente durchaus ihre Schwächen, und die Interpreten haben auf diese auch immer wieder hingewiesen (vgl 84c, siehe Heitsch 2001).[4] Sokrates selbst rechnet mit Bedenken und vielen Einwänden (Phd. 84c-e). Doch sieht er in Vorläufigkeit, Wahrscheinlichkeit und Doxacharakter seiner Ausführungen keinen Hinderungsgrund für die eigentliche Intention, die er mit seinen Argumenten verbindet. Wiederholt fällt in diesem Zusammenhang das Wort „Aufmunterung" (παραμυθία). Dieses Stichwort Paramythia zeigt, dass er mit seinen Argumenten mehr als ein exercitium logicum und den Wunsch verbindet, mit einem schlagenden Argument die Unsterblichkeit der Seele zu beweisen. Er will offenbar rationale Beweisführung mit therapeutischem Zweck verbinden. In der Tat legt Platons Darstellung nahe, dass Unsicherheit und Unglaube von Sokrates' Partnern von psychologischer Art sind (siehe Dalfen 1994, 42). Ursache ist ein Affekt, die Furcht; notwendig ist eine Therapie mit dem Ziel, jene Furchtlosigkeit zu erreichen, die Sokrates exemplarisch repräsentiert (Phd. 84b). Denn – so wird suggeriert –: Wer beweisen oder plausibel manchen kann, dass die Seele unsterblich ist, muss keine Angst vor dem Tod haben (Phd. 87e-88b). Bedingung hierfür ist offenbar eine Disposition, die sich für philosophische Argumente nicht nur interessiert und ihnen folgen will, sondern philosophischer Lehre keinen inneren Widerstand entgegensetzt. Erst dann ist philosophische Belehrung erfolgreich. Das Problem besteht also darin, dass unkontrollierte Affekte Sokrates' Partner trotz ihrer Bereitschaft hindern, sich allein dem Logos anzuvertrauen, wie dies Sokrates zu gelingen scheint. Deshalb geht es Sokrates auch und besonders darum, jenem Problem zu begegnen, unter dem seine Freunde auf je verschiedene Weise leiden: jenen Affekten, die zu Furcht und Misstrauen und dazu führen, dass man Belehrung nicht annimmt, und jenem Misstrauen gegenüber dem Logos, vor dem Sokrates in dem zentralen Exkurs des *Phaidon* über die Bedeutung des Logos warnt. Die in ihrer Haltung schwankenden Partner des Sokrates repräsentieren also eine Art Zwischenstufe zwischen solchen, die für philosophische Argumentation erst gewonnen werden müssen, und jenen, die bereit sind, philosophische Belehrung nicht nur anzuhören, sondern sie auch anzunehmen und zur Grundlage ihres Verhaltens zu machen. Es ist nun bemerkenswert, dass schon Platons Sokrates jener Quelle störender Affekte einen Namen gibt und sie mit einer Metapher beschreibt: An zentraler Stelle des Dialoges konstatiert Sokrates, dass Kebes und Simmias offenbar „wie Kinder" befürchten, die Seele könne nach dem Tod durch den Wind zerstieben (Phd. 77d-e). Kebes greift den Vergleich auf, differenziert freilich. Er schlägt vor, zu tun als ob nicht er und Simmias selbst sich fürchteten, sondern ein „Kind" in ihm und bittet darum, dieses Kind in

---

[4] Phd. 77e: ἀλλὰ χρή, ἔφη ὁ Σωκράτης, ἐπᾴδειν αὐτῷ ἑκάστης ἡμέρας ἕως ἂν ἐξεπᾴσητε.

ihm selbst, aber auch in Sokrates und Simmias von Angst zu befreien (Phd. 77d): „Dann tue denn so, als fürchteten wir uns, und versuche, uns zu überreden. Lieber jedoch nicht, als ob wir selbst uns fürchteten; sondern vielleicht ist „in uns" ein Kind, welches dergleichen fürchtet. Dieses „Kind in uns" also wollen wir versuchen zu überzeugen, dass es den Tod nicht fürchten müsse wie ein Gespenst."[5] Und Sokrates erklärt sich hierzu bereit (Phd. 77e; Üs. Schleiermacher): „Dieses *Kind in euch* müsst ihr, sprach Sokrates, täglich besprechen, bis ihr es herausbannt."[6] Dieses Bild eines „Kindes im Menschen" wird also eingeführt wie eine eher scherzhafte ad hoc Erfindung; sie erlaubt es Kebes, zuzugeben dass er Furcht hat, ohne dass er als furchtsam gelten muss. Denn verantwortlich ist eine unabhängige Quelle „in ihm", eine Quelle, die sich zwar störend auswirkt, aber nicht mit Kebes identisch sein soll.

5.

Dass Furcht mit „Kind" in Verbindung gebracht wird, kann nicht erstaunen. Anders als christliche Auffassung verbindet antik paganes Denken mit dem Begriff „Kind" eine „Vorstellung des Unzureichenden" und des Furchtsamen (vgl. Herter 1974). Weiterhin ist darauf hinzuweisen, dass Platon mit der Aufforderung: „Besinge das ‚Kind im Mann', weil es sich vor dem Tod wie vor einem Gespenst fürchtet" an einen lebensweltlichen Kontext erinnert: an jene Altweibergeschichten, jene aniles fabulae, die in griechischen Kinderstuben erzählt wurden – und auch in modernen Kinderzimmern noch erzählt werden – , um Kinder in Schrecken zu versetzen und um sie auf diese Weise zu Gehorsam und zu richtigem Verhalten zu veranlassen. „Wenn Du das oder das tust, dann kommt der schwarze Mann" – oder der Papa. Als Kinderschrecken dienten in Griechenland Gespenster wie Mormo oder Lamia: Grimmig dreinschauende Masken, Mormolykeia genannt (μορμολύκεια),

---

[5] Phd. 77e: τοῦτον οὖν πειρῶ μεταπείθειν μὴ δεδιέναι τὸν θάνατον ὥσπερ τὰ μορμολύκεια. Wyttenbach (Platonis Phaedo, explanatus et emendatus prolegomenis et annotatione Dan. Wyttenbachii, Lugdunum Batavorum 1810) ist zuzustimmen, dass die Metapher im Sinne von „Kind in uns" zu verstehen ist, anders als Ficino (Platonis opera translatione Marsilii Ficini, emendatione et ad Graecum codicem collatione Dimonis Grynaei 1533) und andere verstehen, die übersetzen „inter nos puer". Es gibt eine Diskussion darüber, ob die Metapher zweifelnde Vernunft (siehe Willinger 1946) oder einen irrationalen Teil der Seele meint (Braga 1947, mit Replik von Willinger 1947); zur Metapher zuletzt Young 1988.

[6] Ἀλλὰ χρή, ἔφη ὁ Σωκράτης, ἐπάδειν αὐτῷ ἑκάστης ἡμέρας ἕως ἂν ἐξεπᾴσητε

wurden gezeigt, oder Kindern wurden schreckliche Geschichten erzählt. Das Ziel war das gleiche: Schrecken sollte erzeugt, Angst hervorgerufen werden, um die Kinder zu einem bestimmten Verhalten anzuhalten. Wir hören davon in der Tragödie, bei Menander, bei Kallimachos oder Theokrit. Aber auch Platon berichtet in der *Politeia* davon und noch dem Stoiker Chrysipp war die Sitte nicht unbekannt, Kinder durch Gespenster, Masken oder andere schlimme Geschichten zu erschrecken und gefügig zu machen.[7] An diese Szenerie also will Platons Sokrates seine Partner und Platon seine Leser erinnern, wenn von Kindern die Rede ist, die Angst vor Schreckgespenstern haben. Freilich, einfach übernommen hat Platon diese Szene aus der Kinderstube nicht. Er hat sie vielmehr auf bezeichnende Weise verändert und mit literarischen Reminiszenzen versehen. Sokrates hofft, das Kind im Mann davon zu überzeugen (μεταπείϑειν), dass der Tod nicht wie ein Schreckgespenst zu fürchten ist. Vergleicht man, was Sokrates unter „Besingen" versteht und damit intendiert, mit dem, was die Ammen mit ihren Schreckgeschichten beabsichtigen, bemerkt man, dass Platons Sokrates zwar den Zweck dieser Gespenstergeschichten und Schreckensmasken beibehält: Es geht um richtiges Verhalten gegenüber dem Tod und der Hinrichtung, um eine Änderung der Haltung. Doch ändert Sokrates das Vorgehen: Seine Epodai nämlich, die schönen Logoi oder Argumente, wollen richtiges Verhalten nicht bewirken, indem sie Furcht erzeugen, sondern indem sie Furcht beseitigen. Vor dem „Kind im Mann" soll keine Schreckenskulisse aufgebaut, sondern dem Gespenst „Tod" sein Schrecken gerade genommen werden. Man sieht: Anders als den Ammen in den Kinderstuben geht es Sokrates beim Besingen des „Kindes im Mann" darum, Schreckgespenstern ihre Wirkung zu nehmen, sie zu entlarven. Sokrates' Epodai geht es um Beseitigung der Affekte durch Aufklärung. Die Forderung nach einem Besingen des 'Kindes im Mann' verlangt also nach einer rationalen Argumentation mit therapeutischem Anspruch. Der *Phaidon* verdeutlicht, was auch in anderen Dialogen anklingt: Argumente, die sich allein an die ratio richten, reichen bisweilen nicht aus. Auch hinderliche Affekte müssen kontrolliert werden (Phd. 70b. 61a). Sokrates würde wohl jener Mahnung zustimmen, die später Epikur aussprechen wird, wonach „das Wort eines Philosophen leer (ist), von dem kein Affekt eines Menschen geheilt wird" (Ep. Frg. 221 Us.; siehe dazu Nussbaum, 1986b). Freilich, es mag überraschen, dass Sokrates für diese Therapie eine eigene Instanz einführt. Jedoch, die reine Vernunftseele, von der der *Phaidon* ausgeht, kann nicht Quelle eines Affektes wie der Furcht sein. Für Affekte, Emotionen, Begierden und Illusionen (Phd. 66c) ist im *Phaidon* der Körper

---

[7] Theocr. Id. 15, 40; vgl. Megara in Euripides' Herakles, 98-100; Call. hymn. Artem. 66-71; vgl. Scobie 1979; Heldmann 2000, 95ff. geht auf die Stelle nicht ein (vgl. Chrys., SVF 3, 313 = Plut. Stoic. Repugn,. 15, 1040b).

zuständig. Er wird zum Gegenspieler der Seele (Phd. 94b-c) und übernimmt damit die Rolle, welche in der *Politeia* besondere Seelenteile spielen (Resp. 439c-e), weshalb bisweilen von einer Entwicklung Platonischer Seelenlehre und Ethik zwischen *Phaidon* und *Politeia* gesprochen wird. Eine strenge Trennung von Körper und Seele hilft Sokrates das Harmonieargument zu widerlegen. Freilich, wie ist dann eine Heilung mit Argumenten möglich? Schon der Beginn des *Charmides* zeigt, dass dies nur gemeinsam mit der Seele geschehen kann: weil aus der Seele alles Gute und Schlechte kommt, soll Charmides mit schönen Reden besungen werden, die sich an den Körper, aber auch und vor allem an die Seele richten (Charm. 156e). Die Metapher „Kind im Mann" übernimmt also die Aufgabe einer Quelle für Übel – Affekte -, ohne dass man genau nachfragen wird, ob diese Quelle im Körper lokalisiert oder in die Nähe der Seele gerückt wird. Welcher Seite man nun das „Kind im Mann" zuschlagen will: Mit der Metapher „Kind im Mann" wird eine Instanz eingeführt, die nicht näher lokalisiert wird, die aber fähig ist, die Vernunftseele zu behindern. Sie stellt einen plausiblen Adressaten für jene Paramythia dar, die nicht nur die logische Stringenz der Argumente, sondern auch die Aufnahmebereitschaft des Adressaten, ihre Apistia (Phd. 70a) im Auge hat. Die Notwendigkeit, eine solche Instanz im *Phaidon* zu „erfinden" ergibt sich daraus, dass die Seele im *Phaidon* – anders als etwa in der *Politeia* – als ganze rational und ohne irrationale Teile gedacht wird. Man hat darauf hingewiesen, dass eben dieses rationale Seelenmodell im *Phaidon* offenbar hellenistischen Philosophen Anknüpfungspunkte für ihre Psychologie geboten hat (vgl. Sedley 1993, v.a. 316). Zudem ergibt sich – wie mir scheint – im *Phaidon* ein interessanter, neuer Aspekt möglicher Affekttherapie. Im ersten Teil des *Phaidon* wird es als vornehme Aufgabe der Philosophie bezeichnet, die Seele – das wahre Selbst des Menschen – von Affekten zu befreien (Phd. 67c), indem man die Seele vom Körper als Quelle jener Affekte und Begierden trennt, die sie am Erreichen ihres Zieles hindern (Phd. 69b), d.h. es geht darum, die Quelle der Affekte zu beseitigen. Offen bleibt, was in der Zeit, in der die Seele noch zum Körper gehört und der Mensch deshalb mit Affekten umgehen muss, geschehen soll. Die Metapher vom Kind im Mann, das besungen werden muss, deutet eine Antwort an. Jetzt geht es um die Beseitigung der Affekte mittels Aufklärung über ihre Ursache. Angst vor dem Tod soll dadurch beseitigt werden, dass man diesen Affekt als die Folge einer falscher Vorstellungen über den Tod entlarvt (Phd. 83a). Gewiss, Teil dieser Entlarvung ist der Versuch, die Seele als unsterblich zu erweisen. Doch haben die Argumente darüber hinaus den Zweck, zu einer besonnenen Disposition beizutragen und von Affekten zu heilen.

6.

Pflege der irrationalen Elemente des Menschen als praeparatio für Belehrung: Was im *Phaidon* angedeutet oder illustriert wird, explizieren spätere Dialoge und kulminiert in der Forderung des *Timaios* (Tim. 90c-e), man müsse nicht nur den unsterblichen, sondern auch den affektiven Teil im Menschen auf eine je eigene Weise therapieren, um das Ziel platonischer Ethik zu erreichen (vgl. Erler 2002b): die Angleichung an Gott, soweit sie einem Menschen möglich ist. Der *Timaios* erklärt zudem, was im *Phaidon* mit Hilfe einer Metapher angedeutet und vorausgesetzt wird, aber unerklärt bleibt, die Frage, wie Affekte, die vom Körper ausgehen, die rationale Seele beeinflussen können. Wenn schließlich *Politeia* und *Nomoi* als Grundkonstante platonischer Paideia (Resp. 401d- 402a) fordern, Schönes und Richtiges zu lieben und anzunehmen, Falsches und Hässliches zu tadeln und eine Harmonie mit dem schönen Logos zu finden (Legg. 880a),[8] wenn es dabei als größtes Unwissen gilt, eine gute und richtige Meinung nicht zu lieben, d.h. nicht anzunehmen, sondern abzulehnen (Legg. 689a. 688b), und wenn Paramythia der affektiven Seite beinahe zu einem Schlagwort wird, dann wird auch hier begrifflich ausgeführt, was der *Phaidon* bildlich ausdrückt und vorführt. Auch wenn man keine starr unitarische Interpretation Platonischer Ethik favorisiert, lässt sich hier beim Aspekt praktisch philosophischer praeparatio ein Element der Kontinuität beobachten. Nicht selten deutet Platon zunächst mit Metaphern an, was er später philosophisch zu erklären sucht.[9] Die Metapher „Kind im Mann" im *Phaidon* und die Rede von Kallikles, der sich gegen „Kallikles" stellt, wirken wie ein Art „Leerstelle" für das, was später in der *Politeia* mit dem Konzept einer Seele, in der es verschiedene Antriebe gibt, gleichsam inhaltlich ausgefüllt wird.

[8] Die Arbeit am Kind im Mann ist von zentraler Bedeutung in der so genannten „kleinen Paideia" (Lgg. 734e-735a) in den *Nomoi*, aber auch in der *Politeia*. Ohne diese praeparatio philosophica wird der gewöhnliche Mensch nicht entsprechend seiner rationalen Urteile handeln, vgl. Lgg. 689a; dazu Schöpsdau 1994, 414-417. Es ist zweifelhaft, ob Bobonich 2002 Recht mit seiner These hat, dass die Teilung der Seele später von Plato als Fehler angesehen und in den *Nomoi* „korrigiert" wurde; siehe dazu Gerson 2003b.

[9] Vgl. die häufig vorkommenden Bilder von der „entlaufenden Meinung" und die Erklärung im *Menon*, vgl. Erler 1987, 78ff.; zu Platon Gebrauch der Metapher zuletzt Pender 2000 (das Bild vom Kind im Mann wird nicht behandelt).

7.

Genau so jedenfalls ist die Phaidonstelle in der Antike verstanden worden und hat eine wichtige Rolle in Abhandlungen über philosophisch ethische Propädeutik gespielt. Sokrates' Paramythia als Therapie des „Kindes im Mann" bildet über Platon hinaus eine Tradition, die man nicht nur bei Epikureern wie Lukrez, sondern auch bei anderen Griechen und Römern, in der Republik und in der Kaiserzeit bis in die Spätantike verfolgen kann.[10] Nicht nur Epikurs Postulat, dass Argumente auch eine Therapie menschlicher Affekte bewirken sollen, wirkt wie eine Fortsetzung jener praeparatio philosophica, die Sokrates im *Gorgias* empfiehlt und im *Phaidon* illustriert. Auch bei Stoikern und spätantiken Platonikern geht es um die Gefahr, dass Menschen – meist bereits interessierte Anfänger in philosophicis – Argumente hören, deren Ergebnisse sie für akzeptabel halten, sie aber gleichwohl nicht annehmen und nicht zu Maximen eigenen Handelns machen. Damit findet Fortsetzung und wird Bestandteil des philosophischen curriculum, was in Platons Dialogen als Element jenes Versuches zunächst illustriert und dann diskutiert wird, „Menschen wie Du und Ich" in der Höhle der Illusionen zur Umkehr und Änderung der Blickrichtung zu bewegen.*

---

[10] Dies soll in einer größeren Arbeit behandelt werden, die ich demnächst vorzulegen hoffe.

* Die hier vertretene These wurde in verschiedenen Versionen als Beitrag zu einem Panel „Platonic knowledge: Is it an illusion?" 2003 anlässlich des FIEC Kongresses in Istanbul, anlässlich der Tagung „Plato Ethicus" in Piacenza (2003) und des XII Congreso Nacional de Filosofia in Guadalajara, Mexico (2003) vorgetragen. Ich danke den jeweiligen Zuhörern für Kritik und Ermunterung.

Der Wollfaden der Liebe
Anmerkungen zu einem Motiv in Platons *Symposion*

Den Mittelpunkt des Platonischen *Symposions* bildet – und mit dieser Ansicht steht Paul Natorp nicht allein – „der Leitgedanke der *Liebeslehre*, in welche Diotima den Sokrates einweiht" (Natorp 1994, 167). Aber mit welchem Recht wird die Einweihung in die Liebeslehre dem Philosophen vorbehalten, wie es in diesem Dialog geschieht? Nachgegangen werden soll im Folgenden der Theorie der Liebe, die Platon im *Symposion* entwirft, im Hinblick auf den von Sokrates Agathon gegenüber kritisch angestellten Vergleich der Vermittlung der Weisheit mit der Hinüberleitung des Wassers von einem vollen in einen leeren Becher durch einen Wollfaden, insofern dieser die wesentlich erotische Bestimmung der Philosophie in der von Sokrates wiedergegebenen Diotima-Rede vorwegnimmt. In einer Schlussbetrachtung wird der Gehalt der Theorie im Hinblick auf die wesenseigene Thematisierung der Liebe durch die Philosophie angesprochen.

Dass die Liebe eine enge Verbindung zur Platonischen Philosophie hat, davon legt die Antike allgemeines Zeugnis ab: Vor dem Eingang zur Akademie soll nach dem Bericht des Historikers Pausanias ein Altar des Eros gestanden haben, Platon selbst soll nach einer Anekdote des Apuleius von Madaura von Sokrates als der „Schwan des Eros aus der Akademie" (also dem Gymnasion am Kephissos, in dem Platon später lehrt) bezeichnet worden sein (vgl. Pausanias lib. I, cap. 30, par. 1, 97, und Apuleius Madaurensis lib. I, cap. 25, 88). Die Frage, weshalb die Philosophie – und vornehmlich sie – die Liebe zu thematisieren hat, hängt eng mit der Problemstellung zusammen, warum überhaupt im *Symposion* über die Liebe gesprochen wird. Wenn dieses Gespräch nur zufälliger Art ist, als ob sich die Philosophie viele Inhalte – darunter auch die Liebe – aneignen könnte, bleibt dieses Angehen an das Thema mit Äußerlichkeit behaftet, auch wenn eine innere Verbindung zu ihm im Lauf des Gesprächs entdeckt werden soll.

Erstaunlicherweise ist die Problemstellung nicht als solche von der Forschung erkannt worden – was vielleicht mit der verschachtelten Überlieferung des Gastmahls zusammenhängt: Sie soll eine durch Rücksprache mit Sokrates gesicherte Wiedergabe durch Apollodoros, der sich gleich zu Beginn des Dialogs als einen „nicht ungeübten" (οὐκ ἀμελέτητος) Anhänger der von Sokrates vertretenen Philosophie gibt, einer ursprünglichen Erzählung

des Aristodemos sein, der ebenfalls ein philosophischer „Liebhaber"
(ἐραστής) des Meisters gewesen sei und selbst am vor Jahren stattgefundenen
Gastmahl beim damals neulich preisgekrönten jungen Tragödiendichter Agathon teilgenommen habe, bei dem Sokrates selbst seine Unterredung mit
Diotima geschildert hätte (172a1-2, 172c6-173a3, 173b2-6; dazu Reynen
1967). Die übliche – wohl nicht unrichtige – Erklärung für die Wahl des Eros
als Gegenstand der von Apollodoros wiedergegebenen Lobreden lautet, der
Arzt Eryximachos habe das Thema vorgeschlagen.[1] Freilich ist diese Erklärung selbst eine bloße Kurzformel: Nach eigener Angabe hat Eryximachos,
vom Trinken auf den Rausch abratend und zur Unterhaltung durch Reden
zuratend, mit seinem Vorschlag, Eros zu preisen, nur einige oftmals wiederholte, unwillige Äußerungen seines auch am Gastmahl teilnehmenden Geliebten Phaidros aufgegriffen, denn dieser Gott sei von den Dichtern und Sophisten vernachlässigt worden (vgl. 177a2-d5).[2] Und in der Tat betrachtet
sich Phaidros, den Eryximachos als den „Vater der Rede" bezeichnet, als den
Hauptverantwortlichen für den Verlauf der Lobreden auf den Eros (177d5).[3]
Aber warum rekurriert Eryximachos auf eben diese gelegentlichen Äußerungen des Phaidros? Selbst wenn dieser Rekurs der gegenwärtigen Stimmung
der Freunde durchaus entspricht,[4] wird dadurch die Zufälligkeit des Themas
sowie seiner Behandlungsweise nicht vermindert, sondern vielmehr gestei-
gert: Soll nur über das, was die Dichter und Sophisten noch nicht adäquat be-

---

[1] Siehe Rehn 1996, 81: „Thema des Gesprächs, so kommt man überein, soll Eros
sein. Man will Lobreden auf Eros halten; denn, so Eryximachos, der das Thema ‚Liebe' vorschlägt, ‚den Eros würdig zu besingen, das hat bis auf den heutigen Tag noch
kein Mensch gewagt' (177c3-4)."
[2] Siehe dazu Bröcker 1985, 145: „Als Thema schlägt er (scil. Eryximachos) vor,
den Eros zu verherrlichen. Er beruft sich dabei auf Phaidros, der auch anwesend ist,
der habe ihm oft gesagt, es sei arg, dass man den Eros in den Lobpreisungen der Dichter so vernachlässigt habe." Hier wird der Verweis auf die Sophisten unterschlagen;
ähnlich Ferrari 1992, 248-9 und Bernadete 1994, 35: Der Ursprung der Reden liege
in „Phaedrus' original question, which prompted this famous night of speeches, why
no poet ever praised Eros." Sachgerecht in dieser Hinsicht referiert dagegen Tiedemann 1786, 354: „Eryximacho, de amore, cuius laudes a poëtis non minus, quam ora-
toribus neglectas videat, a convivarum singulis disseri sibi placere, dicente, omnes as-
sensos."
[3] Siehe auch 194d4-7: Phaidros hält Sokrates davon ab, einen Dialog mit Agathon
über die Liebe fortzuführen, weil er sich um die Lobrede des Eros kümmert und von
einem jeden dessen Rede empfangen müsse.
[4] Siehe dazu Zehnpfennig 2000, 145 (Anm. 42 zu 177c5-7): „Das Thema liegt geradezu in der Luft – die Atmosphäre ist durch die Anwesenheit der verschiedenen
Liebespaare und den Nach-Rausch vom Vortag erotisch aufgeladen."

handelt haben, gesprochen werden, und dies nur, wenn daran beliebig erinnert wird?

Nicht adäquat berücksichtigt worden ist die Möglichkeit, dass dem Vorschlag des Eryximachos eine philosophische Provokation vorausgegangen sei, nämlich durch Sokrates. Denn dieser verstehe, wie er selbst von sich beteuert, indem er sofort seine Zustimmung zum Vorschlag erteilt, nichts anderes als die Liebesdinge (τὰ ἐρωτικά), Wie er später hinzufügt, versteht er sich darauf allerdings gewaltig (vgl. 177d7-8, 198d1),[5] was Eryximachos und Agathon an anderer Stelle gern bestätigen (vgl. 193e4-7). Das erfährt man hinterher auch von Sokrates, weil die Priesterin Diotima, die selbst nach eigener Angabe die Liebesdinge geehrt und besonders praktiziert habe (vgl. 212b5-6), sie ihn gelehrt (ἐδίδαξεν), indem sie mit ihm über diese wiederholt gesprochen habe (vgl. 201d5, 207a5-6). Demnach wäre das Thema der Liebe wohl unumgänglich, sollte sich Sokrates an einer gemeinsamen Unterhaltung durch Reden beteiligen wollen. Dies bezeugt auch der noch später am Abend hereingeplatzte Alkibiades in seinem eigenen Beitrag zur Unterhaltung, wenn er den offenkundig von ihm als Stellvertreter des Eros geschilderten Sokrates mit folgendem Hinweis charakterisiert: Dieser scheine „immer mittels desselben dasselbe zu sagen" (221e5-6).[6] An dieser Stelle darf die Möglichkeit offen gelassen werden, dass es andere Dialoge Platons gibt, in dem auch von Sokrates über anderes gesprochen wird. Statt dessen ist zu untersuchen, inwiefern Sokrates im *Symposion* als einer, der sich derart auf die Liebesdinge versteht, dass er über nichts anderes redet, bereits vor dem Vorschlag des Eryximachos in Erscheinung getreten ist, und zwar auf eine solche effektive Weise, dass das zu besprechende Thema des Abends unwiderruflich bestimmt wird. Die Frage lautet: Wie wird durch Sokrates die Liebe, die sich im Lauf des Dialogs als der Philosophie wesenseigen erweisen wird, thematisch vorgegeben?

Entscheidend für die ursprüngliche philosophische Bestimmung des Gegenstands der Lobreden im *Symposion*, so die vorliegende These, ist der verspätete Eintritt des Sokrates in den festlichen Speisesaal, wo sich die anderen Gäste des Agathon bereits gesammelt und sogar gespeist haben. Sokrates ist

---

[5] Wie Markus 1971, 133 bemerkt, ist diese Behauptung „a staggering claim, surely, from one who normally confined his rôle, in bringing to light truth, to that of a midwife". – L. Strauss verweist allgemein auf Verbindungslinien zwischen der durch Phaedrus angesprochenen Thematik und der erotischen Kunst des Sokrates, ohne näher darauf einzugehen (vgl. Strauss 2001, 45).

[6] Die Behauptung des wesentlich tautologischen Charakters der Sokratischen Redeweise versteht sich im Zusammenhang mit Gorg. 482a6-b1: Nach Sokrates spricht die Philosophie nicht bald über dieses, bald über jenes, sondern sie führt immer dieselben Reden (vgl. auch Gorg. 491b5-8).

nämlich hinter dem von ihm selbst eingeladenen Aristodemos, der ihn als ein „Schöner zum Schönen" bzw. ein „Guter zum Guten" begleitet, noch unterwegs zurückgeblieben: nach seiner bekannten Eigenart, „den Geist irgendwie auf sich selbst richtend" (174a8-9, d4-7).[7] Worüber Sokrates in seiner Selbstbesinnung nachgedacht habe: ob etwa darüber, was es überhaupt heißt, als Schöner bzw. Guter zum Schönen bzw. Guten hinzugehen, wird nicht explizit gesagt. Aber über seinen Eintritt, so Apollodoros, hat Aristodemos, der seinen Gastgeber über das Ausbleiben des einzigen noch erwarteten Gasts informiert und zugleich davon abgehalten habe, diesen aus seiner geistlichen Vertiefung holen zu lassen, dies berichtet (175c6-d2): „Agathon nun – denn es hat sich ergeben, dass er am Ende (der Tischordnung) allein lag – sagte: Hierher Sokrates, leg dich neben mich, damit ich auch, indem ich dich berühre (ἁπτόμενός σου) von der Weisheit (τοῦ σοφοῦ) Anteil habe, die dir vor der Tür einfiel. Denn offenbar hast du sie gefunden und hältst sie fest; sonst nämlich hättest du nicht vorher abgelassen." Die überfällige Erscheinung des Sokrates provoziert Agathon dazu, nach einer Erklärung für dessen Verspätung zu fragen: Sokrates möchte ihm dies nun mitteilen. Agathon setzt aufgrund seiner Bekanntschaft mit Sokrates voraus, Anlass dieser Verspätung sei eine Suche nach Weisheit, die erfolgreich zu Ende gekommen und nun abgeschlossen ist. Weiter stellt er sich das Ergebnis dieser Suche als etwas vor, das selbst mitgeteilt werden könne, und zwar nach verspielter Manier durch physische Berührung. Diese verspielte Vorstellung über die Mitteilbarkeit der Weisheit sowie die ihr zugrunde liegende Voraussetzung über den Ausgang einer erfolgreichen Suche nach ihr korrigiert Sokrates auf eindrucksvolle Weise, indem er die Auffassung des Agathon durch ein eigenes Gleichnis präzisiert und zudem die Bedeutung seiner Weisheit im Hinblick auf den jüngsten Erfolg seines Gastgebers stark relativiert. Denn von Aristodemos wird weiter berichtet (175d3-e6):

> Sokrates habe sich niedergesetzt und gesagt: Es wäre vortrefflich, oh Agathon, wenn die Weisheit derartig wäre, dass sie aus dem Volleren von uns in die Leereren flösse, wenn wir einander berührten, so wie das Wasser in den Bechern, das durch einen Wollfaden aus dem volleren in den leeren herüberfliegt (Εὖ ἂν ἔχοι ... ὦ Ἀγάθων, εἰ τοιοῦτον εἴη ἡ σοφία ὥστ' ἐκ τοῦ πληρεστέρου εἰς τὸ κενώτερον ῥεῖν ἡμῶν, ἐὰν ἁπτώμεθα ἀλλήλων, ὥσπερ τὸ ἐν ταῖς κύλιξιν ὕδωρ τὸ διὰ τοῦ ἐρίου ῥέον ἐκ τῆς πληρεστέρας εἰς τὴν κενωτέραν). Wenn sich die Weisheit nämlich so verhält, werde ich das Niederlegen neben dir hochschätzen; denn ich meine, ich werde von dir

---

[7] Vgl. 174b4-5 zum Wortspiel „ἀγαθῶν – Ἀγάθων". – Zur nachdenklichen Eigenart des Sokrates siehe 220c1-d3: Nach Alkibiades sei der nachsinnende Sokrates einmal während eines Feldzugs nicht nachlassend, sondern weiter forschend an einer Stelle den ganzen Tag bis zum nächsten Sonnenaufgang stehen geblieben.

mit vieler schöner Weisheit erfüllt werden. Meine nämlich dürfte
wohl eine geringe (φαύλη) sein, oder auch eine zweifelhafte (ἀμφισ-
βητήσιμος), da sie wie ein Traum ist, deine dagegen leuchtend und
mit viel Steigerung (λαμπρά τε καὶ πολλὴν ἐπίδοσιν ἔχουσα), die
eben von dir, einem jungen Mann, so kräftig hervorgeleuchtet hat
(σφόδρα ἐξέλαμψεν) und gestern vor mehr als dreißigtausend Zeugen
der Hellenen hervorscheinend wurde (ἐκφανὴς ἐγένετο).

Der provokative Sinn des Gleichnisses entgeht Agathon nicht. Den
Schluss dieser erotisch aufgeladenen Szene zieht dann der Gastgeber, indem
er das Worumwillen ihrer freundlichen Auseinandersetzung unterstreicht,
deren endgültigen Austrag aber vorübergehend aussetzt (175e7-10): „Du bist
ein Frevler (ὑβριστής), oh Sokrates, sagte Agathon. Darum werden du und
ich noch ein wenig später prozessieren, wegen der Weisheit, indem wir Dionysios als Schiedsrichter nehmen; jetzt aber wende dich erst dem Mahle zu."

In seinem konjunktivisch formulierten Gleichnis legt Sokrates, der sich
daraufhin in der Tat neben Agathon hinlegt, die Mitteilbarkeit der mit dem
Wasser verglichenen Weisheit, die sein Gastgeber durch die Berührung zweier Körper veranschaulicht hat, auf einen Wollfaden fest und spricht diese zugleich durch die damit verbundenen zwei Becher an: Schön wäre ein solches
Herüberfliessen der Weisheit, wenn sie so stattfände. Dabei dreht Sokrates
die von Agathon vorgestellte Nützlichkeit dieser Vermittlung um, indem er
die eigene Weisheit als eine dürftige darstellt, die vielmehr selbst, weil von
der des preisgekrönten Dichters wohl übertroffen, von dieser erfüllt werden
könnte. Was aber mit diesem Vergleich wirklich gemeint sei, soll nun geklärt
werden.

Dass die genaue Bedeutung dieses bemerkenswerten Gleichnisses in der
Tat erklärungsbedürftig ist, zeigt die Übersetzung der Passage durch Marsilio
Ficino, der als erster das gesamte *Symposion* in Lateinischer Sprache vorgelegt
hat (Platon, *Convivium*, 172): „Bene se res nostrae haberent, Agatho, si sa-
pientia talis esset, ut in vacuum hominem ex pleniore ipso contactu proflue-
ret, quemadmodum aqua ex pleno calice in vacuum per lanam influens."[8]
Auf welche Weise Wasser vom vollen zum leeren Becher „durch Wolle" (per
lanam) fließen soll, bleibt gänzlich unbestimmt. Diese Unsicherheit macht
sich besonders deutlich in der stark interpretierenden deutschen Übertragung
der Passage durch Friedrich Leopold Graf zu Stolberg, die im Jahre 1796 er-
schienen ist (*Das Gastmahl* 1796, 190): „Gut wär' es, mein Agathon, wenn
die Weisheit sich aus dem vollen in den leeren ergösse, sobald man sich nur

---

[8] Lediglich einen Teil der Rede des Alkibiades (vgl. 215a6-222a6) hatte bereits
Leonardo Bruni im Jahre 1435 ins paraphrasierende sowie gereinigte Lateinische
übertragen. Vgl. dazu Hankins 1991, 399-400; zu Ficinos Arbeit an den Opera omnia
Platons 300-318. Zu den Übersetzungen des Platonischen Werks vor Ficino siehe
auch Garin 1955, 339-374.

berührte, so wie man, um es zu läutern, Wasser aus einem Becher in den andern durch Wolle gießt." Stolberg, der als Anhänger einer mystizistischen Platon-Deutung zusammen mit Johann Georg Schlosser von Immanuel Kant heftig kritisiert und als Schwärmer bezeichnet wird (vgl. Kant, GS Bd. 8, 387-406, bes. 394 Anm. *), lässt Sokrates die Weitergabe der Weisheit mit der Filtrierung von Wasser durch ein Stück Wolle vergleichen. Dabei bleibt es freilich unklar, worin die Läuterung der Weisheit eigentlich bestehen sowie welchem Element der körperlichen Berührung die Wolle selbst entsprechen und in welcher Form sie überhaupt vorhanden sein soll. Stolberg ist nicht der einzige Zeitgenosse der deutschen Platon-Renaissance, der eine gewisse Unsicherheit im Umgang mit der Passage verrät. Etwas zurückhaltender, aber nicht weniger irreführend hat der junge Philosoph Friedrich Immanuel Niethammer vier Jahre vorher übersetzt (*Das Gastmahl* 1792, 178): „... wenn es mit der Weisheit wäre, wie mit dem Wasser, das aus dem vollen Krug durch das wollene Tuch in die leeren Becher tröpfelt." Niethammer möchte nicht nur ein Tuch, sondern auch einen Krug im Originaltext entdeckt haben, der mit beiden Bechern verbunden ist; dennoch trägt er unabsichtlich etwas zur Verdeutlichung der gemeinten Dynamik bei, indem er diese als ein Tröpfeln auffasst. Insofern übertrifft er die sehr freie Version des Johann Friedrich Kleuker, die im vorigen Jahrzent diese Überführung als ein kontrolliertes Gießen darstellt (*Das Gastmahl* 1783, 12): „Flüssigkeiten lassen sich aus einem vollen Gefäße in ein leeres schütten. Man kann aus einem vollen Becher in einen leeren Wasser durch ein Tuch seigen; aber so ist es nicht mit der Weisheit."

Die misslungenen Deutungen Kleukers, Niethammers und Stolbergs spiegeln eine philologische Debatte wider, die hinsichtlich der Korrektheit der Passage noch weitere Jahre hinaus bis ins 19. Jahrhundert besteht. Noch 1807 übersetzt Friedrich Schleiermacher, der nach eigener Angabe die *Symposion*-Ausgabe Friedrich August Wolfs von 1782 und damit dessen Deutung (*Platons Gastmahl: ein Dialog*, 1782[9]) als Basis seiner eigenen Übertragung

---

[9] Einzelheiten der philologischen Debatte über die mit dieser Passage verbundenen exegetischen Probleme, die besonders Janus Cornarius thematisiert hat, fasst Wolf mit seinem eigenen Lösungsversuch zusammen (*Platons Gastmahl: ein Dialog*, 1782, 11-12 Anm. 6): „δια του εριου – Diess ist die Lesart aller Edd., auch des Ficin, der per lanam influens übersetzt. Aber Kornar konte mit Recht nicht begreifen, wie man vom Wasser sagen könne, dass es aus einem vollen Becher in einen leeren *durch Wolle* fliesst. Daher wolte er für εριου lieber οργανου lesen, und diess durch *Kanal*, κυλιξιν oder durch Cisternen (puteis) übersetzen. Eine artige und sinnreiche Konjektur, von der nur zu wünschen wäre, dass der Sprachgebrauch sie unterstützte. Aber wie solte Sokrates, der itzt ein Mitglied einer Trinkgesellschaft ist, dazu kommen, bei κυλιξ. an Cisternen zu denken, und nicht vielmehr an Becher? Auch lässt sich nicht

nimmt (*Das Gastmahl* 1807, 376): „... wie das Wasser in den Bechern durch einen Wollenstreif aus dem vollen in den leeren fließt", und merkt dazu ganz im Sinne Stolbergs und Wolfs an (*Das Gastmahl* 1807, 512): „Das Wasser wurde um es zu reinigen vermittelst eines überhängenden Wollenstreifes aus einem angefüllten Becher in einen leeren hinübergeleitet." Mit Bezug auf die entsprechende philologische Debatte, die auf Janus Cornarius zurückgeht, liefert dann der niederländische Gelehrte Jacob Geel, offenbar als erster moderner Exeget, im Jahre 1826 die richtige Erklärung der physikalischen Dynamik sowie ihrer Komponente, die dem von Sokrates angestellten Gleichnis zugrunde liegen. In einer Rezension der durch Peter Adrian Reynders vorbereiteten *Symposium*-Ausgabe von 1825 erklärt Geel die Passage auf sachgerechte Weise und identifiziert das ἔριον (Ficino: lana, Wolf: wollenes Tuch, Kleuker: Tuch, Niethammer: wollenes Tuch, Stolberg: Wolle, Schleiermacher: Wollenstreif) als einen „Wollfaden" (fileum laneum). Zuerst aber resümiert Geel die philologische Diskussion und kritisiert ihre bisherigen Ergebnisse, indem er eine gewisse Insuffizienz auch an der vorliegenden Edition rügt (Geel 1825, 273-4, hier aus dem Lateinischen übersetzt):

> Reynders bekräftigt, dass diese Passage gar nicht korrumpiert sei, und er weist die Konjektur des Cornarius zurück. Bereits Fischer, Wolf und Ast hatten dies diskutiert: Daher hätte ich lieber die Korrektheit der Passage, die den Nicht-Verständigen erklärt worden ist, als die wiederholte Widerlegung eines verworfenen Fehlers, wenn es nicht etwa besser gewesen wäre, die Passage von einem bestimmten Fehler aller Interpreten zu befreien: Diejenigen, die „κύλιξιν" oder „ἔριου" für korrumpiert halten, möchten wohl an ein Tuch und Durchseihen

erweisen, dass die Griechen Brunnen mit Bechern verglichen, und jene sogar κυλικες genannt hätten. Ich nehme daher κυλιξιν für Becher, schreibe aber für εριου, ὑλιστηριου oder ηϑηνιου oder ein ähnliches Wort, das einen Trichter (colum) bedeutet. Denn nicht blos Wein, sondern auch Wasser, das man mit Schnee kühlte, würde bei den Alten durch ein solches Instrument durchgeseigt. F(ischer) s. Ern. ad Xen. Mem. I, 4, 6. über diess Instrument, das gewöhnlich ἠϑμος heisst, welches Wort ich doch lieber für die Lesart des Textes wählen würde, wenn anders diese überall einer Verbesserung bedürfte. Dass aber das der Fall nicht ist, sah auch Sydenh(am). δια του εριου *durch ein wollenes Tuch oder Beutel*, womit man das Wasser, das unter den Wein kommen solte, durchseigte, damit es in den Fasern der Wolle seine unreinen Theilchen zurücklassen mögte. Noch bemerke ich, dass wir für το κενωτερον ἡμ. vielleicht τον κεν. im Masculin lesen müssen; und so gibt der ganze Satz folgenden sinn: *das wäre freilich eine schöne Sache, wenn die Weisheit die Eigenschaft hätte, dass sie aus dem einen unter uns, der voll davon ist, in den leeren, wenn sich beide berühren, herüberströmte, so wie das Wasser, das aus dem vollen Gefäss in das leere durch das wollene Tuch hineinfliesst. Das ganze ist, wie man leicht sieht, eine feine Ironie." Vgl. auch Cornarius 1548; Sydenham 1767.

(pannus et percolatio) denken: Es wundert mich, dass sie nicht gesehen haben, dass die Erwähnung eines Wolltuchs unangebracht sei, wenn ja in ein solchem Vergleich gefragt werden könnte, ob die *Weisheit*, dem durchgeseihten Wasser gleich, vom Schmutz gereinigt werden könnte. Warum hätte Platon nicht eher, wenn er nicht etwas anderes gewollt hatte, die Wörter „διὰ τοῦ ἐρίου" weggelassen, und anstatt „κύλιξιν" eine andere Art Behälter erwähnt, obwohl selbst dieser Vergleich, indem er auf diese Weise aufgestellt wird, von den geistreichen Bildern des Philosophen abwiche: Denn die Wörter „ἐὰν ἁπτώμεθα ἀλλήλων" wären überflüssig, weil es nicht nötig ist, dass sich zwei Becher wechselseitig berühren, wenn das Wasser aus dem einen von ihnen in den anderen hinübergegossen wird.[10]

Im Unterschied zu Johann Friedrich Fischer, Wolf und Friedrich Ast sowie Reynders und Cornarius sieht Geel nicht nur, dass die Passage – zu der es keine nennenswerten abweichenden Varianten gibt – textkritisch gesichert ist, sondern vielmehr, dass die von Sokrates vorgestellten Becher über etwas Bestimmtes miteinander kommunizieren müssen und dass der Vergleich selbst durchaus einen in der vorliegenden Situation wohlbegründeten Sinn hat.

Daraufhin liefert Geel eine genaue Erklärung der Passage (Geel 1825, 274): „Sokrates meint einen *Wollfaden (filium laneum)*: Denn es ist wirklich so, wenn zwei Becher nebeneinander gestellt werden, von denen der eine voller Wasser ist und der andere leer, und ein befeuchteter Wollfaden auf ihre benachbarten Ränder so gelegt wird, dass ein Teil ins Wasser eintaucht und der andere zum leeren Boden hinabhängt, dass etwas Flüssigkeit wie durch eine Röhre (tanquam per canalem) hinübergeht. Dieses Spiel kann kaum eingerichtet werden, außer mit Bechern: Daher ist die Erwähnung von ihm zwischen Bechern und Tischgenossen angebracht."[11] Aufgrund der Gesetze der

---

[10] Siehe zum Hintergund die folgenden Ausgaben: *Platonis dialogi duo Philebus et Symposium* Graece e recensione H. Stephani varietate lectionis animadversionibusque criticis illustrati ab I. F. Fischero, Leipzig 1776; *Platonis Symposium et Alcibiades primus*, rec. F. Ast, Landshut 1809, sowie Platon, *Convivium*, in: *Platonis quae exstant Opera accedunt Platonis quae feruntur scripta ad optimorum librorum fidem recensuit in linguam Latinam convertit annotationibus explanavit indicesque rerum ac verborum accuratissimos adiecit F. Ast*, tom. 3, Leipzig 1821, 429-548, bes. 439: Wie bereits Ficino lässt Ast das „ἔριον" unbestimmt, leistet sich aber doch einen erklärenden Einschub, indem er übersetzt: „... wenn die Weisheit das wäre, was aus dem Vollen von uns in den Geist des Leeren (in animum inanis) einflösse, sobald wir einander berührten, so wie das Wasser in den Bechern, das durch Wolle (per lanam) aus dem vollen in den leeren fliesst."

[11] Antizipiert wird Geel scheinbar vom englischen Dichter Percy Bysshe Schelley, der auch in seiner damals unveröffentlichten Übersetzung des Dialogs von 1818 den – freilich folgerichtigen – Zusatz einfügt (Schelley 2002, 7): „... like the water in the

Kapillarität und der kommunizierenden Röhren leitet der Wollfaden das Wasser aus dem einen in den anderen Becker hinüber, bis der Wasserstand in beiden Behältern dasselbe Niveau erreicht. Die exegetische Leistung Geels wird als die „plausible Erklärung" der Passage von dem Platon-Editor Gottfried Stallbaum gewürdigt, der lapidar die gescheiterten Deutungsversuche dessen Vorgänger kommentiert (Platon, *Symposion*, ed. Stallbaum 1852, 22): „Vergeblich haben gelehrte Männer, die in Verlegenheit über die Wörter , ἐρίου' und ‚κύλιξιν' waren, viele seltsame Dinge vorgebracht."

Soll die physikalische Dynamik des Sokratischen Gleichnisses durch die Naturgesetze der Kapillarität und der kommunizierenden Röhren ausreichend erläutert sein, ist dennoch die philosophische Bedeutung der gesamten Passage von der Forschung, wenn sie überhaupt darauf eingeht, bloß in ihren allgemeinen Zügen anerkannt, aber noch nicht präzise herausgearbeitet worden, insofern diese Bedeutung vorwiegend negativ aufgefasst wird, als ob die Korrektur, die Sokrates am originellen Vergleich des Agathon vornimmt, eine Ablehnung der darin angesprochenen Möglichkeit der Vermittlung der Weisheit überhaupt mit sich bringt.[12] Auch wenn ansatzweise ein positiver

two chalices, which will flow through a flock of wool from the fuller into the emptier, until both are equal." – An die Deutung Geels hat sich die nachfolgende Forschung angeschlossen, dabei namentlich F. A. Wolf in *Platons Gastmahl: ein Dialog* (1782), 14-15 Anm. 6: Hier wird die Erklärung Geels vom neuen Herausgeber aufgenommen. Siehe die weiteren Ausgaben: *Platonis Opera omnia. Recensuit et commentariis instruxit G. Stallbaum*, vol. I sect. III continens *Symposium*, Gothae [3]1852, 22; *Platonis Symposium in usum studiosae iuventutis et scholarum cum commentario critico*, ed. G. F. Rettig, Halle 1875, 86; *The Symposium of Plato*, ed. with intr., critical notes and comm. by R. G. Bury, Cambridge 1932, 14. – Ohne Verweis auf Geel erscheint seine nunmehr als selbstverständlich empfundene Deutung etwa in Platon, *Symposion. Vollständige Ausgabe*. Eingel. und komm. von H. Reynen, *Kommentar*, Münster [6]1994, 21-22. Siehe auch Platon, *Symposium*, ed. by K. Dover, Cambridge 1980, 84: Der Vorgang „is slow, but it works" – zitiert in Platon, *Symposium*, ed. with an intr., trans. and comm. by C. J. Rowe, Warminster 1998, 133.

[12] Vgl. die banale Interpretation der Passage durch S. Rosen (1987, 28): „Socrates' abstinence towards food and sex, the conditions of bodily generation, is emphasized by his denial that wisdom can be communicated through physical contact"; ähnlich Strauss 2001, 33. G. Reale (1997, 48) bemerkt lediglich: „E al gioco ironico di Agatone Socrate risponde con un altro gioco ironico, che rovescia le convinzioni sottintese in quel gioco" , ohne den Gehalt dieser Ironie zu durchleuchten. – Anerkannt wird die zentrale Bedeutung der Passage trotz defizienter Deutung von D. E. Anderson (1993, 12): „In the banter that follows, Socrates suggests that knowledge cannot be acquired merely by hearing something said, as water flows through wool from one container to another – a theme that is to become increasingly important as the dialo-

Gehalt darin gesehen wird,[13] und zwar unter Einbeziehung der Platonischen Auffassung, dass die Weisheit gelernt, jedoch nicht gelehrt werden kann, und dies unbeachtet des scheinbaren Widerspruchs gegenüber der späteren Beteuerung des Sokrates, die Liebesdinge seien ihn von Diotima gelehrt, bleibt also die nähere Verbindung des Gleichnisses zum Leitgedanken des Dialogs, wie sich dieser in der Diotima-Rede ergibt, nämlich der Liebeslehre, weitgehend unbestimmt. Dagegen lautet die vorliegende These: Durch den Vergleich zwischen der Mitteilung der Weisheit und dem Herüberfliessen des Wassers über einen Wollfaden beeinflusst Sokrates nicht nur den weiteren

gue proceeds." Dass die Erkenntnis nicht einfach so gewonnen werden könne, hebt bereits L. Robin hervor (1962, XXIX): Diese Passage „pose véritablement, non pas le problème lui-même, mais l'opposition capitale des points de vue et des méthodes dans la façon de l'envisager et de le traiter" , und dies mit Verweis auf Platon, Resp. 518b8-c2: Wenn keine Erkenntnis in der Seele sei, könne sie ihr nicht eingesetzt werden, wie blinden Augen die Sehkraft. Ähnlich Guthrie 1969, 400-402, siehe auch Zehnpfennig 2000, 143 (Anm. 27): „Dass Erkenntnis nicht nach dem Prinzip der kommunizierenden Röhren übertragbar ist, wird auch Agathon bewusst sein. Dennoch drückt sich in seinem scherzhaften Einwurf eine verbreitete Erwartung aus – die der Lehrbarkeit von Einsicht und Tugend; eine Erwartung, welche von Seiten der Sophisten, den Lehrern des Agathon, schon aus Eigeninteresse genährt wurde. Wenn Sokrates hier eine solche Erwartung zurückweist, dann steht dahinter die Erfahrung des Aufstiegs: Nur die je eigene Erkenntnisanstrengung führt zum Ziel. Der von Diotima geschilderte Stufenweg ist einer der Wege dorthin." Auch F. C. C. Sheffield trennt das sophistische Lehren der Weisheit, wie sie im Wollfaden-Gleichnis dargestellt werde, von der Platonischen Psychagogie der Diotima-Rede (Sheffield 2001, 17): „The guide's role is far from the traditional one assumed by Agathon's seductive play for Socrates' wisdom at the start of the dialogue." Schließlich verneint J.P. Harris, The Wool and the Magnet: Plato's *Symposium* 175c7-e7 and *Ion* 533d1-535a1 (unveröffentlicht), im Hinblick auf das Bild des Magneten aus dem *Ion*, dass die Weisheit osmotisch vermittelt werde.

    [13] R. B. Rutherford fragt, ohne direkt darauf zu antworten (Rutherford 1995, 184): „This ironic exchange, with the characteristic use of a homely image, hints at a serious point: how *is* knowledge or wisdom actually transmitted and how far is it dependent on personal contact, whether physical or sharing a presence?" Siehe auch Sier 1997, 169 (Anm. 137): Die „beiden Episoden Symp. 175a-d und 220c-d", die den nachsinnenden Sokrates schildern, rahmten die in *Symposium* 210d7 dargestellte „intuitive Erkenntnis der Idee" des Schönen kunstvoll ein. – Festgelegt wird der positive Gehalt des Gleichnisses als die Vermittlung der Weisheit auch im Hinblick auf das Bild des Magneten aus dem *Ion* von J. Hecht (1999, 34): „But it turns out that knowledge is, after all, something that flows, and the wool analogy is not totally without merit. It may even remind us of another bit of science metaphor, the chain or

Verlauf des im Dialog geschilderten Gastmahls, sondern nimmt die Bestimmung der Liebe in der Diotima-Rede als eben dieser Vermittlung der Weisheit vorweg.

Grund genug für diese These bietet nicht allein die offenkundige sexuelle Erotik des Gleichnisses selbst mitsamt dessen Zusammenhang im verspielten Verhältnis zwischen dem Dichter Agathon und dem Philosophen Sokrates: Ein bisher völlig verkannter Anhaltspunkt für die Richtigkeit dieser Deutung liegt im Herzen des Gleichnisses selbst, in ebendem dritten Element, das die zwei Becher miteinander verbindet und damit die Berührung der zwei Körper ermöglicht: im Wollfaden (ἔριον). Grammatisch gesehen, ist das Wort „ἔριον" die Diminutivform von „ἔρος" (Wolle) – diminutiv in Form, wenn nicht unbedingt in Bedeutung. „Ἔριον" ist aber auch die Diminutivform vom Eigennamen „Ἔρος", der ältesten Form von „Ἔρως". Ebendiese Form erscheint in einem Vers aus der *Theogonie* Hesiods, den von Phaidros gleich zu Beginn seiner – der ersten – Lobrede als Beweis dafür heranzieht, dass der zu lobende Eros zu den ältesten der Götter gehöre: „Aber dann / Erde mit breiter Brust, von allen immer fester Wohnsitz / zugleich Ἔρος" (vgl. 178b5-7).[14] Dass es schön wäre, wenn die Weisheit, wie das Wasser über einen Wollfaden zwischen zwei Bechern, von einem zum anderen Menschen herüberflöße, bedeutet dies nicht auch, dass es schön wäre, wenn sie über etwas Liebe mitgeteilt würde? Wenn ja, dann wäre der Wollfaden nichts anderes als der Wollfaden der Liebe.

Ob dieses ansonsten in den Platonischen Schriften nicht belegte Wortspiel[15] in der Tat hier so gemeint ist oder nicht: Die zentrale Bedeutung des

iron rings in the *Ion*, which it curiously resembles. The divine mania of *poetic* inspiration is the kind of thing you *can* transmit from one person to another (at least, from Muse to poet to rhapsode to audience). Socratic reverie on the porch, which is presumably a species of *philosophic* mania, is not so easily transmitted."

[14] Vgl. dazu Hesiodus, *Theogonia*, l. 116-117, 120. – Auch Hecht 1999, 34, verweist auf den sexuellen Unterton im Bild des Wollfadens.

[15] Vgl. allerdings in diesem Zusammenhang das Wortspiel Krat. 420a9-b4: „Er heißt ‚Erôs' (ἔρως), weil er von außen einfließt (εἰσρεῖ ἔξωθεν) und dieser Fluss (ἡ ῥοή) gehört nicht demjenigen, der ihn hat, sondern er wird durch die Augen eingeführt (ἐπείσακτος), weswegen er früher aufgrund des Einfließens (ἀπὸ τοῦ ἐσρεῖν) ‚Einfluss' (ἔσρος) genannt wurde; denn sie verwendeten ‚o' statt ‚ô', aber jetzt, wegen der Änderung des ‚o' in ‚ô', wird er ‚Erôs' genannt." Auch vom oft ironisch gemeinten Sinngehalt der etymologischen Reflexionen im *Kratylos* abgesehen, eröffnet Platon selbst damit die mögliche Deutung des Wollfadens, über den das Wasser zwischen den zwei Bechern herüber fließt, als der Liebe. – Im weiteren ethischen Zusammenhang vgl. die stoische Vorstellung des Glücks: dem „Wohlfluss des Lebens" (εὔροια βίου); dazu Hossenfelder 1995, 24.

Wollfaden-Gleichnisses in seinem grundsätzlich erotischen Gehalt wird im weiteren Verlauf des Gastmahls wiederholt bestätigt. Dies zeigt sich etwa in der Behauptung des Phaidros, dass der Eros den Liebenden die Gabe des Muts einhauche; in dem gesetzmäßigen Verhältnis von Philosophie und Päderastie, wie sie von Pausanias bestimmt wird: Schön sei es für den Geliebten dem Liebhaber nachzugeben, wenn dieser ihn weise und auch gut machen könne; in der Erzählung des Aristophanes, der Eros führe das zweigeteilte menschliche Dasein zu seiner ehemaligen ganzheitlichen Natur zusammen; oder einfach im Gerangel um den Sitzplatz des Alkibiades – der einmal mit Sokrates Schönheit für Schönheit eintauschen wollte –, wenn sich dieser zwischen Agathon und Sokrates legt (vgl. 179b2-4; 184d3-e4; 191d1-3; 218e4-5; 222c3-223b2). Aber besonders drei Momente des Dialogs sind hervorzuheben, die sich explizit auf das Wollfaden-Gleichnis beziehen:

1. Dass Eryximachos, der den Vorschlag der Liebe als Thema der Lobreden sofort im Anschluss an die Auseinandersetzung zwischen Agathon und Sokrates unterbreitet, die erotische Bedeutung der Metaphorik begreift, zeigt sich eindeutig in seiner Definition der Heilkunst, für die er den für die Liebe als zuständigen Lernbereich erforderlichen Sachverstand beansprucht (186c5-d1): „Denn die Heilkunst ist, um es in aller Kürze zu sagen, die Kenntnis der Liebesdinge des Körpers mit Bezug auf Fülle und Ausleerung (ἐπιστήμη τῶν τοῦ σώματος ἐρωτικῶν πρὸς πλησμονὴν καὶ κένωσιν), und derjenige, der in diesen den schönen und den schändlichen Eros zu unterscheiden weiß, ist der Heilkundigste." Liebe – ob wohltuend oder schädlich: Damit greift Eryximachos die durch Pausanias eingeführte Unterscheidung zwischen dem guten und einem schlechten Eros auf – ist für den Arzt eine Sache des körperlichen Zustands, die sich fachgemäß behandeln oder gar kunstvoll herstellen lässt, und zwar durch kontrollierte Erfüllung und Ausleerung gegensätzlicher Kräfte. Denn „wer eine Änderung bewirkt, so dass anstelle des einen der andere Eros erworben wird, und wer die Erkenntnis besitzt, ihn denjenigen, denen der Eros nicht innewohnt, aber eingepflanzt werden muss, einzuleiten (ἐμποιῆσαι) und den innewohnenden herauszunehmen (ἐξελεῖν), dürfte wohl ein guter Meister (ἀγαθὸς δημιουργός) sein" (186d2-d5). Die Liebesdinge der Körper beherrscht also der behandelnde Arzt, der aufgrund der ihm verfügbaren Technik seinen Patienten mit dem guten Eros zu erfüllen sowie ihm des schlechten eventuell zu entleeren vermag.

2. Während Eryximachos den Eros als Gegenstand der Kunstfertigkeit betrachtet, gilt er Agathon als deren Prinzip. Dieser sieht sich auch in seiner eigenen Lobrede an Eros herausgefordert, direkt auf die Sokratische Bestimmung der Liebe als der Beziehung zwischen einer Fülle und einer Leere anzuspielen. Dennoch verfügt darüber niemand, so der Dichter, außer dem Eros selbst; denn dieser bezaubere „aller Götter und Menschen Denken" (197e4-5). Somit führt Agathon die Katalogisierung der Ehrennamen, die er

zum krönenden Abschluss seiner mit stürmischem Beifall gezollten Darstellung des Gottes vorträgt, mit folgender Charakterisierung dessen Tätigkeit ein, die auch beim gegenwärtigen Gastmahl mitgewirkt haben soll: „Dieser entleert uns der Entfremdung und erfüllt uns mit der Zugehörigkeit (οὗτος δὲ ἡμᾶς ἀλλοτριότητος μὲν κενοῖ, οἰκειότητος δὲ πληροῖ), indem er all solche Zusammenkunft miteinander zusammenzukommen anordnet (τὰς τοιάσδε συνόδους μετ' ἀλλήλων πάσας τιθεὶς συνιέναι)" (197d1-2). Agathon versteht den Eros als Friedensstifter unter Menschen und Göttern sowie als Bändiger der Naturkräfte, der, da „selbst Schönster und Bester, ... für die anderen Ursache von anderem derartigem", also der Harmonie überhaupt, sei (197c1-6). Verursacht werden die Eintracht der Menschen sowie der Einklang der Natur, indem die Liebe sie des Schlechten (der Entzweiung) entleert und mit dem Guten (der Verwandtschaft) erfüllt. Nach Agathon is diese eigentümliche Fähigkeit des Eros, „alles, was gut ist", herzustellen, eine Funktion seiner Vollkommenheit, darunter seiner Gerechtigkeit, Besonnenheit und Tapferkeit, besonders aber seiner Weisheit (vgl. 197b8-9). Die Weisheit des Eros erläutert Agathon ferner im Hinblick auf dessen Vermögen, den Menschen die technischen Fähigkeiten allererst mitzuteilen: „Aber was das Meistern der Künste (τῶν τεχνῶν δημιουργία) betrifft, wissen wir nicht, dass, wessen dieser Gott der Lehrer (διδάσκαλος) war, als ein Berühmter und Glänzender fortgeht, wen Eros aber nicht berührt (μὴ ἐφάψηται), in der Dunkelheit bleibt?" (197a3-6).

3. Die zwei vorangehenden Beispiele zeigen, inwiefern wichtige Elemente der Diotima-Rede in den vorangehenden Reden der Symposiasten vorbereitet werden (vgl. Erler 2001). Schließlich erscheint die Metaphorik des Wollfaden-Gleichnisses am Höhepunkt des Dialogs wieder, und zwar in Verbindung mit einer Kritik an der darin enthaltenen Bestimmung der Weisheit. Der nähere Zusammenhang besteht in der Lehre, die Sokrates bei Diotima gemacht habe, dass der Eros Liebe zu dem sei, woran man Mangel leidet, aber wovon man nicht völlig beraubt ist. Diotima hat nämlich den jungen Sokrates in das sonderbare Vermögen (δύναμις) dieses Daimons als eines „zwischen Sterblichem und Unsterblichem" vermittelnden Wesens eingeweiht: Dessen Tätigkeit, so die Frau aus Mantineia, liege gerade darin, „zu verdolmetschen und zu überbringen (ἑρμηνεύειν καὶ διαπορθμεύειν) den Göttern das, was von den Menschen kommt, und den Menschen das, was von den Göttern, die Bittgebete und Opfer einerseits, andererseits die Anordnungen und Vergeltungen der Opfer; und da es in der Mitte ist, füllt es beiderseitig mit an, so dass das Ganze selbst mit sich selbst verbunden ist (ἐν μέσῳ δὲ ὂν ἀμφοτέρων συμπληροῖ, ὥστε τὸ πᾶν αὐτὸ αὑτῷ συνδεδέσθαι)" (202d11 sowie e3-7[16]). Durch die Vorstellung einer beiderseitigen

---

[16] Zur vermittelnden Funktion des Eros vgl. Sier 1997, 34-43 und 68-69; zur For-

Erfüllung, die eine sich auf sich beziehende Ganzheit herstellt, wird eine bedeutsame Korrektur der ursprünglichen Metaphorik vorgenommen: Die ein-
seitige Hinüberleitung des Wassers vom vollen zum leeren Becher durch den
Wollfaden wird nun als die reziproke Anerkennung des Bittenden und des
Vergeltenden durch den vermittelnden Eros dargestellt. Beiderseitig wird
verdolmetscht bzw. überbracht und damit folgerichtig beiderseitig erfüllt, was
zum Entstehen eines sich mit sich selbst vermittelnden Ganzen beiträgt.
Ebendiese wesentlich produktive, sogar lebendige Dynamik liegt nicht nur
dem daran anschließenden Mythos von der Geburt des Eros aus dem Verkehr
zwischen Poros („Ausweg" bzw. „Reichtum") und Penia („Armut" bzw.
„Mittellosigkeit") zugrunde: Sie bedingt auch die Philosophie und, damit
einhergehend, die Auffassung der Weisheit, wie sie Platon in diesem Dialog
eindrucksvoll charakterisiert.

Nun soll die Platonische Bestimmung der Philosophie sowie der Weisheit
unter Einbeziehung der im Gleichnis des Wollfadens vorweggenommenen
Liebe, wie sie Sokrates von Diotima gelehrt wird, dargelegt werden. Nach
Diotima besetzt die Liebe die durch den Wollfaden veranschaulicht gemachte
Stelle, die auch die Philosophie innehat; denn sie liegt zwischen einer Fülle
und einer Leere. Eben das Begehren, weise zu werden, und damit das Bewusstsein, es doch nicht zu sein, zeichnet sie aus (vgl. 204a1-7). Philosophieren – das bedeutet für Platon im *Symposion*, immer wieder das, was man ursprünglich eingesehen hat, neu gewinnen und nochmals vergegenwärtigen zu
müssen. Vom Eros als Philosophierendem gilt: Das Herbeigeschaffene (τὸ
ποριζόμενον) fließe immer hinweg (ὑπεκρεῖ), so dass Eros weder ratlos noch
reich sei (οὔτε ἀπορεῖ ... οὔτε πλουτεῖ), dagegen sei er in der Mitte zwischen Weisheit und Nicht-Wissen (ἀμαθία). Unüberhörbar ist Platons eigene Andeutung, Eros sei, als Kind der armen (ἄπορος) Penia und des reichen
(πλοῦτος) Poros, eine Art Fließen (ἀπόρρευσις) (203e3-5; vgl. 202a2-5: Das
richtige Meinen befinde sich in der Mitte zwischen Weisheit und Unwissenheit). Erst durch diese Bestimmung wird die elementare Bedeutung, die dem
verspäteten Eintritt des nachsinnenden Sokrates in den festlichen Speisesaal
zukommt, ins klare Licht gestellt. Sowohl Agathon, der dem durch Eros be-
fähigten Wissenden den festen Besitz der Weisheit unterstellt, als auch Eryximachos, der dem Sachverständigen die sichere Verfügung über die Liebe zuschreibt, sind zu berichtigen. Es zeigt sich eher, dass der Philosoph – und

mulierung „ἐν μέσῳ" Sier 1997, 69-70: Mit „τὸ πᾶν" sei das Weltganze gemeint.
Siehe auch Reale 1997, 168: „Platone presenta l'Eros come *copula mundi*, ossia *come ciò
che connette le cose e rende unitario il tutto.*" Siehe auch Alcinous *Enseignement des doctrines
de Platon (Didascalicus)*, cap. XXXIII, 68: Die verkörperte Liebe sei „eine Art Daimon,
der den Menschen die Gaben der Götter überbringt und umgekehrt"; dazu Dillon
1993, 202-203.

vornehmlich er – in einer stets fließenden Dynamik verwickelt ist, die als Liebe zur Weisheit zu begreifen ist, und zwar im Sinne eines Strebens nach etwas, das weder unabänderlich eingenommen noch von außen mitgeteilt werden kann. Dies drückt Diotima so aus: „Vergessen nämlich ist das Fortgehen der Erkenntnis, aber Übung, die anstelle der fortgegangenen Erkenntnis eine wiederum neue Erinnerung einleitet, erhält sie, so dass sie dieselbe zu sein scheint (λήθη γὰρ ἐπιστήμης ἔξοδος, μελέτη δὲ πάλιν καινὴν ἐμποιοῦσα ἀντὶ τῆς ἀπιούσης μνήμην σῴζει τὴν ἐπιστήμην, ὥστε τὴν αὐτὴν δοκεῖν εἶναι)"(208a4-7[17]). Zwischen dem entleerenden Hinwegfließen des Vergessens und der Erfüllung des herbeischaffenden Erkennens steht die Tätigkeit der Wiedererinnerung, die hier mit dem Namen „Übung" versehen wird. In der lebendigen Einheit des wissenden Nicht-Wissens vervollkommnet sich die Liebe: Dieses hat die ursprüngliche Einheit der Idee zu explizieren einerseits, andererseits das mannigfaltig Erscheinende in seinen idealen Grund zurückzuführen. Philosophisch betrachtet, ist die Liebe nichts anderes als Dialektik.

Dasselbe behauptet Diotima: Durch den Eros vollziehe sich aller Verkehr sowie alle Zwiesprache (πᾶσά ἡ ὁμιλία καὶ ἡ διάλεκτος) der Götter mit den Menschen; derjenige sei also ein daimonischer Mensch (δαιμόνιος ἀνήρ), der in den Liebesdingen im Unterschied zur Kunstfertigkeit oder dem Handwerk (τέχνη ἢ χειρουργία) weise (σοφός) sei (vgl. 203a2-6). Freilich haben, so Diotima auch, durch die Zeugung das Sterbliche am Unsterblichen teil: Ihr zufolge sind alle Menschen sowohl im Körper als auch in der Seele schwanger und wollen gebären.[18] Indem die philosophisch geübte Seele das wiedererinnernd hervorbringt, womit sie bereits schwanger ist, und zwar dadurch, dass sie „das Schöne berührt und mit ihm verkehrt", zeugt sie nicht die leiblichen Kinder des Körpers, sondern in ihrem wissenden Nicht-Wissen „Einsicht und die andere Tugend" (209a3-4: φρόνησίς τε καὶ ἡ ἄλλη ἀρετή), die selbst in „Gemeinschaft und Freundschaft" (209c2-7: κοινωνί

---

[17] Gegen Baiter klammere ich „μνήμην" nicht aus (vgl. Sier 1997, 245). – Hecht 1999, 34, unterstreicht die Verbindung dieser Passage zum verspäteten Eintritt des Sokrates: „Once Socrates has ‚found' whatever he learned in his trancelike state, it is just a normal bit of knowledge, apt to flow away into oblivion, to nobody's benefit unless practice replaces it."

[18] Siehe 206c1-4: κυοῦσιν γάρ ... πάντες ἄνθρωποι καὶ κατὰ τὸ σῶμα καὶ κατὰ τὴν ψυχήν, καὶ ἐπειδὰν ἔν τινι ἡλικίᾳ γένωνται, τίκτειν ἐπιθυμεῖ ἡμῶν ἡ φύσις, sowie 208b2-4 (mit Creuzer lese ich „ἀδύνατον δὲ ἄλλῃ" statt „ἀθάνατον ..."; (vgl. Sier 1997, 246-247). – Zur erkenntnistheoretischen Dimension der Zeugung im *Symposion* vgl. Sheffield 2002, 12-16; ferner Pender 1992. – Zu „κυεῖν" im Sinne von „schwanger" und nicht bloß „fruchtbar sein" siehe Sheffield 2002, 14-16; ferner Morrison 1964.

καὶ φιλία) zu erziehen sind.[19] Auf diese Weise werde man sogar „gottgeliebt" (θεοφιλής) und, soweit dies einem Sterblichen möglich sei, unsterblich (vgl. 216a6). Durch Berührung des Schönen und Verkehr mit ihm soll die Seele von der Einsicht und Tugend entbunden werden, die sie prinzipiell immer schon in sich trägt, indem sie diese zur tatkräftigen Erkenntnis im Zusammenleben mit anderen gebärt. Damit wird die These von der Einheitlichkeit der Theorie und der Praxis im gelingenden – sich als gut handelnd bewussten – Leben zum deutlichen Ausdruck gebracht.

Schlagartig wird die Bedeutung der verschachtelten Form des Dialogs klar, der mit dem zweifachen Verweis des Apollodoros auf sein Nicht-ungeübt-Sein beginnt: Die Nacherzählung des Gastmahls ist selbst eine philosophische Übung zur Wiedererinnerung an eine ursprüngliche Einsicht, die erneut gewonnen und vergegenwärtigt werden muss: die wesentlich erotische Vermittlung der Weisheit.

Die philosophische Übung im Umgang mit dem Schönen, die zur Wiedererinnerung an das an sich Schöne als dem erfolgreichen Austrag der psychischen Schwangerschaft führt, fasst Diotima für Sokrates im Sinne eines Aufstiegs zusammen. Dieser entspricht dem anagogischen Aspekt der Dialektik (211b7-c9):

> Dies ist nämlich die richtige Weise, zu den Liebesdingen hinzugehen oder von einem anderen dahin geführt zu werden, indem man, von den schönen Dingen hier anfangend, um jenes Schönen willen immer hinaufgeht, als ob man Stufen verwendete, von einem schönen Körper zu zweien und von zweien zu allen, dann von den schönen Körpern zu den schönen Beschäftigungen (τὰ καλὰ ἐπιτηδεύματα), dann von den Beschäftigungen zu den schönen Lerninhalten (τὰ καλὰ μαθήματα), bis man von den Lerninhalten endlich zu jenem Lerninhalt gelangt, der nichts anderes als jenes Schöne selbst betrifft, und man endlich das weiß, was schön ist.[20]

Demnach vollendet sich der Aufstieg zu den Liebesdingen in einem Wissen, das sich von allen anderen Lerninhalten grundsätzlich unterscheidet.

---

[19] Siehe auch 206d3-7: „Wenn sich dasjenige, das trächtig ist, dem Schönen nähert, wird es fröhlich und von Freude durchströmt, und es befruchtet und zeugt; aber wenn es sich dem Hässlichen nähert, zieht es sich finster und betrübt zusammen, wendet sich ab, schrumpft ein und zeugt nicht, sondern trägt seine Frucht unwillig." Zu demselben Gedankenkomplex im Dialog *Phaidros* siehe Summerell 2002.

[20] Zum Aufstieg der Seele zum an sich Schönen vgl. Moravscik 1971, 285: Darin lassen sich drei methodische Vorgänge unterscheiden, darunter „steps of reason, i. e. events of knowing, grasping, understanding, etc., but also steps of emotion such as loving, preferring, showing disdain, and steps of creation, in particular the creation of discourse". Siehe ferner Sier 1997, 147-197; Sheffield 2002, 22-24.

Denn wer hier „in die Vollendung der Liebesdinge geht, wird plötzlich ein Schönes von wunderbarer Natur erblicken": das nicht, da „lauter, rein, unvermischt", mit den Augen, sondern nur mit der Vernunft anschaubare „Schöne selbst" (αὐτὸ τὸ καλόν), das „selbst an sich und mit sich immer einförmig (καθ᾽ αὑτὸ μεθ᾽ αὑτοῦ μονοειδὲς ἀεὶ) ist, während alles andere Schöne an jenem auf irgendeine Weise teilhat" (210e2-211a5, 211b1-3 sowie d2 und d9, 212a3). Aufgestiegen wird allerdings nicht allein um des Aufstiegs selbst willen, sondern deswegen, dass das Schöne bzw. Gute dem Aufsteigenden zuteil wird.

Was das an sich Schöne eigentlich sei, erklärt sich mit Bezug auf den Dialog *Phaidros*. Dort definiert Sokrates das Schöne als das „Sichtbarste und Liebenswerteste" (ἐκφανέστατον καὶ ἐρασμιώτατον) unter allem, was ist (Phaidr. 250d7-e1).[21] Das an sich Schöne, da an sich am sichtbarsten und liebenswertesten, ist nicht anderes als der Inbegriff der Intelligibilität, d. h. dessen, was alles Seiendes sinnvoll macht und als solches erscheinen lässt. Die Liebeslehre der Diotima, die sie Sokrates beibringt, besteht in der Behauptung, dass das an sich Schöne, im Hinblick worauf jegliche Form der Schönheit als eine solche überhaupt gesehen und begehrt wird, wohl gelernt, nicht jedoch gelehrt werden kann, ohne dass der Lernende, auch wenn er dazu hingeführt werden kann, es selbst immer wieder nachvollzieht, indem er nur dasjenige hervorbringt, was bereits in ihm vorliegt. Damit ist das Bild einer extern vermittelten sowie stets verfügbaren Weisheit endgültig gesprengt: Der philosophisch Wissende gestaltet sich durch seine Liebe zur Weisheit als ein sich auf sich selbst beziehendes Ganzheitliches, dessen Selbstkonstituierung sich kontinuierlich fortsetzen muss, aber auch misslingen kann.

Die Mitteilung der Weisheit, die hier als die plötzliche Einsicht in das an sich Schöne dargelegt wird, bildet ein zentrales Thema der Platonischen Philosophie besonders in den so genannten „mittleren Dialogen". Sie liegt etwa der Spannung zwischen der Lehrbarkeit und der Lernbarkeit der Tugend im *Protagoras* und im *Meno* zugrunde; sie bedingt den Rahmen der Diskussionen über die dichterische Begeisterung im *Ion* und über die Unsterblichkeit der Seele im *Phaidon*; sie bildet auch das Kernstück einer Passage, die als Parallele zum Aufstieg zum an sich Schönen im *Symposion* zu betrachten ist: das Höhlengleichnis der *Politeia*. Aber auch im wohl später zu datierenden *Siebten Brief* wird sie thematisiert, und dies auf eine Weise, die im Zusammenhang mit dem Gleichnis des Sokrates und seine Auslegung im *Symposium* zu verstehen ist. Denn im *Siebten Brief* behauptet Platon über die wesentlichen Inhalte seiner Philosophie (Ep. VII, 341c5-d2): „Sagbar sind sie nämlich auf keine Weise wie andere Lerninhalte, sondern aus vielem Gespräch über die

---

[21] Vgl. dazu Ferrari, 1992, 260: „Let us say that the beautiful is thought of as the quality by which the good shines and shows itself to us"; ferner White 1989.

Sache selbst und einem Zusammenleben entstehen sie plötzlich, wie ein Licht, das von einem springenden Feuer entzündet worden ist, das sich selbst in der Seele sofort nährt." Platon vergleicht die Vermittlung philosophischer Inhalte mit einem Funken, der aus einem Feuer herausspringt und auf ein zündbares Stoff landet, der sogleich in Brand gesetzt wird. Diese Übertragung ist, obwohl plötzlich und insofern vom langsamen kapillaren Tröpfeln zumindest bildlich unterschieden, keine bloß unmittelbare; denn zwischen dem ursprünglichen Feuer und dem zündbaren Stoff gibt es den Raum, den das Feuer selbst überwindet: Nach Platon entsteht das philosophische Wissen in der Seele erst aufgrund vielen Gesprächs darüber („συνουσία": eben der Terminus, der im Einleitungteil des *Symposium* wiederholt das Zusammensein der Teilnehmer am Gastmahl charakterisiert – vgl. 172a6-10, 172b7, 172b8-c2, 173a3-5, 173b2-4, 176e1-3[22]) und im Zusammenhang eines gemeinschaftlichen Lebens, welche die jähe Übertragung vorzubereiten bzw. zu provozieren vermögen. Die Lehre der Diotima ist, wie sie Sokrates im *Symposion* schildert, dass es die Liebe – die zur Sache selbst sowie die zwischen Gesprächspartnern, die sich durch gemeinsames Unterreden über die Gestaltung des guten Lebens freundschaftlich unterhalten (vgl. 209b4-c7), – ist, die eine solche Vermittlung ermöglicht. Somit spricht Platon auch im *Siebten Brief* von seinen früher gehegten, aber letztlich gescheiterten Hoffnungen, die er bei seiner dritten Fahrt nach Sizilien auf Dionysios den Jüngeren gesetzt hätten, dass dieser, „indem er nebenbei eine Rede über würdige Dinge hört, da er leicht lernend ist, zur Liebe des besten Lebens gelangen (πρὸς ἔρωτα ἐλθεῖν τοῦ βελτίστου βίου)" könnte (Ep. VII, 339e3-5).[23]

Das eindrucksvolle Motiv des *Siebten Briefs*, das selbst von der dem Wollfaden-Gleichnis ironisch angehängten Lichtmetaphorik – die Weisheit des Agathon sei im Vergleich zu der „geringen" oder gar „zweifelhaften" Weisheit des Sokrates „leuchtend und mit viel Steigerung" – antizipiert wird, erscheint in Form des nicht abnehmenden Lichts beim Mittelplatoniker Numenios. Er verbindet das Motiv mit dem Verweis des Sokrates auf die mythische Gabe des Feuers und der Weisheit durch Prometheus im *Philebos* und

---

[22] Durch den Terminus „συνουσία" selbst werden die erotischen Dimensionen des Dialogs vorweggenommen (vgl. 191c6-8: Nach Aristophanes finden das Männliche und das Weibliche durch ihr Zusammensein (d. h. den Geschlechtsverkehr) eine Befriedigung, auch wenn dieses (192c4-7), nicht alles ist, was sie voneinander wollen; 206c5-6: Nach Diotima ist das Zusammensein von Mann und Frau „Zeugung"; Alkibiades erzählt schließlich (219d7-e1), er könnte seinem geliebten Sokrates weder zürnen noch sich des Zusammenseins mit ihm entziehen, noch wüsste er Rat, wie er ihn für sich gewinnen könnte.

[23] Weiteren Verbindungen zwischen dem *Symposion* und dem *Siebten Brief* geht Rhodes 2003 nach.

sieht dabei seine Bedeutung in der Behauptung der wesentlichen Identität des göttlichen und menschlichen Geistes (Numenius, Fragm. 14):

> Das Göttliche ist derartig, dass das, was dort ist und von dorther hier mitgeteilt wird, sowohl sich nicht von dort entfernt, indem es hier wird, als auch den einen (hier) bereichert, den anderen (dort) aber nicht beschädigt … Wie wenn du eine Lampe sehen magst, die, indem sie von einer anderen Lampe angezündet worden ist und Licht besitzt, das erste Licht nicht beraubt, sondern eher wurde die Materie in ihr durch das Feuer in der anderen angezündet. Derartig ist die Sache der Erkenntnis (ἐπιστήμη), die, indem sie gegeben und erhalten wurde, dennoch in demjenigen, der sie gegeben hat, dabei bleibt, aber dieselbe ist zusammen mit demjenigen, der sie erhält (ἡ δοθεῖσα καὶ ληφθεῖσα παραμένει μὲν τῷ δεδωκότι, σύνεστι δὲ τῷ λαμβόντι ἡ αὐτή). Der Grund dafür ist … nichts Menschliches, sondern, das die Eigenschaft und Wesen (ἕξις τε καὶ οὐσία) dessen, was die Erkenntnis besitzt, dieselbe beim Gott ist, der sie gegeben hat, und bei mir und dir, die sie erhalten haben. Und deshalb sagte Platon, dass die Weisheit (σοφία) durch Prometheos zu den Menschen zusammen mit hell leuchtendem Feuer gekommen sei.[24]

Hier geht es wiederum um die dynamische Beziehung zweier Momente, die einen philosophischen Sachverhalt darstellen soll. Indem Numenios die Vermittlung der Weisheit durch das nicht abnehmende Licht zuerst veranschaulich macht und dann begrifflich erklärt: Eigenschaft und Wesen des Feuers sind in beiden Lampen vollkommen gleich, begründet er zugleich, wenn auch nur implizit, warum das Gleichnis des Wollfadens letztlich inadäquat ist, um die Mitteilung der Weisheit darzustellen: Das Wasser in dem einen Becher wird nämlich immer weniger, das im anderen dagegen immer mehr, bis der gleiche Wasserstand in beiden Bechern erreicht worden ist und im Stillstand keine Bewegung mehr stattfindet. Im sich vermehrenden Feuer, das durch seine Weitergabe nicht zu brennen aufhört, entdeckt Numenios ein geeigneteres Bild, um die reflexive Dynamik der Liebe zur Weisheit darzustellen, das dennoch an das sich durch beiderseitige Erfüllung mittels des Eros gestaltende Ganzheitliche erinnert.

---

[24] Siehe Phil. 16c5-10. – Angemerkt an dieser Stelle sei nur, dass die Weitergabe des Feuers etwa von Cicero, *De officiis* (lib. I, par. 51-52), der sich auf Versen des Ennius beruft: „Homó, qui erranti cómiter monstrát viam, / Quasi lúmen de suo lúmine accendát, facit. / Nihiló minus ipsi lúcet, cum illi accénderit" („Der Mensch, der einem Wanderer freundlicherweise den Weg zeigt, handelt, als ob er eine Lampe von seiner Lampe anzündete. Die eigene leuchtet um nichts weniger, wenn er die andere angezündet hat"), zu den gemeinnützigen Gefälligkeiten (communia) gezählt wird, die zu den Grundlagen der menschlichen Gesellschaft gehören: „Sie sind denjenigen nützlich, die sie erhalten, denjenigen nicht schädlich, die sie erweisen."

Von den antiken Kommentaren zum gern gelesenen, allerdings nicht unkontroversen *Symposion* ist fast nichts erhalten: Um die Tradition der Lesarten
zu rekonstruieren, ist man auf Interpretationen der Einzelpassagen aus dem
Dialog, insbesondere des Mythos von der Geburt des Eros aus dem Verkehr
zwischen Poros und Penia, angewiesen.[25] Als philosophisches Motiv ist immerhin das von Sokrates aufgestellte Gleichnis vom Wollfaden als erläute-
rungsbedürftig betrachtet worden. In einer antiken Scholie zu *Symposion*
175d6-7: „ἐκ τῆς προτεραίας" („vom völleren"), wird etwa erklärt: „Ein
Sprichwort, dass es denjenigen, die nicht haben, nötig ist, Anteil von denjenigen, die haben, zu bekommen."[26] In diesem Sinn spielt Plutarch in der
zweiten Untersuchung des ersten Buchs seiner *Quaestiones convivales* auf das-

[25] Vgl. *Der Platonismus in der Antike* 1993, 185, 199-200. *Der annonyme Kommentar
zu Platons Theaetet (Papyrus 9782)*, par. 70 (= *Der Platonismus in der Antike 1993*, 46),
verweist auf eine eigene Schrift zum *Symposion*, die aber nicht erhalten ist. Eine eigene, auf Anregung Plotins verfasste Widerlegung des Rhetors Diophanes, der eine päderastische Deutung der Alkibiades-Rede im *Symposion* vorgetragen hat: Um der Tugend willen soll der Student dem Lehrer nachgeben, erwähnt Porphyrios (*Vita Plotini*,
par. 15), sie ist auch verloren gegangen. Der Platoniker Kalvisios Tauros Attikos hat
Kommentare zum *Gorgias* und *Timaios*, wahrscheinlich auch zum *Symposium* geschrieben; vgl. den Bericht seines Schülers: Aulus Gellius (*Noctes Atticae*, lib. I, cap. 26, par.
3 sowie lib. XVII, cap. 20: vol. 1, 83 sowie vol. 2, 528-530). Der Dialog *Symposion* gehörte zum Kanon Iamblichs; vgl. Fragm. 155 (in: *Jamblique de Chalcis*, 81): Hier wird
er zusammen mit dem *Phaidros* zu den theoretischen Dialogen Platons gezählt, die
über theologische Gegenstände handeln. Die Auslegung der Diotima-Rede durch
Proklos ist verloren gegangen; vgl. Scholia A zu Proclus, *In Platonis rem publicam commentarii*, 369-377, hier: 371. Vgl. auch die Ausführungen zum daimonischen Wesen
des Eros sowie dem Wesen des Schönen in Proclus, *Commentary on the First Alcibiades
of Plato* (*In Platonis Alcibiadem i*), par. 325-331, 151-154. – Philo Judaeus, *De vita contemplativa*, 61-62, kritisiert ausführlich die seiner Meinung nach exzessive Fokussie-
rung im *Symposion* auf die gemeine und vulgäre Liebe (κοινὸς καὶ πάνδημος ἔρως);
vgl. dazu *Der Platonismus in der Antike* 1990, 297-281.

[26] *Scholia in Symposium*, 56: „παροιμία ὅτι χρὴ μεταλαγχάνειν τοὺς οὐκ ἔχοντας
παρὰ τῶν ἐχόντων"; vgl. die Deutung desselben Sprichworts bei Macarius Chrysocephalus, *Paroemiae*, cent. III, par. 65, 162. In demselben Zusammenhang findet sich
der zusätzliche Verweis auf Platon bei Timaeus Sophista Grammaticus, *Lexicon Platonicum*, 984b32-34, ed. F. Dübner, in: *Platonis opera quae feruntur omnia*, ed. J. G. Baiter,
J. K. Orelli, A. W. Winckelmann, Zurich 1839. „Ἐκ τῆς πληρεστάτης εἰς τὴν κε-
νοτέραν. χρὴ μεταλαγχάνειν τοὺς οὐκ ἔχοντας παρὰ τῶν ἐχόντων. Πλάτων"; *Appendix proverbiorum*, cent. II, par. 48, in: *Corpus paroemiographorum Graecorum*, vol. 1, ed.
E. L. von Leutsch, F. G. Schneidewin, Göttingen 1839, Nachdr. Hildesheim 1965,
379-467, hier: 401.

selbe Motiv an, wenn er sich mit der fruchtbaren Tischordnung eines Gast-mahls beschäftigt: Soll der Gastgeber diese selbst bestimmen, oder sollen die Gäste ihre eigenen Plätze aussuchen? Die in den Mund des am eigenen, darin geschilderten Gastmahl teilnehmenden Lamprias gelegte Antwort, die mit Plutarchs prinzipientheoretischer Deutung der Platonischen Liebestheorie übereintstimmt, lautet: Gleichartiges – ob reich oder jung, Herrscher oder Freund – soll eben nicht nebeneinander liegen; vielmehr sei etwa einem frei-gebigen Reichen (πλούσιος μεγαλόδωρος) einen tüchtigen Armen (πένης χρηστός) zuzuführen, damit ein Abfluss (ἀπορροή) vom vollen zum leeren Becher zustande komme; sonst wäre die Ordnung unbeweglich und unwirk-sam bezüglich der Steigerung (ἐπίδοσις) und Hervorbringung der guten Ge-sinnung (εὔνοια).[27]

Soweit an dieser Stelle zur antiken Deutung des Dialogs sowie des Mo-tivs. Indem Paul Natorp seine Interpretation der Ideenlehre Platons mit dem Untertitel einer „Einführung in den Idealismus" versieht, schließt er an die deutsche Platon-Renaissance an, die in den Übersetzungsarbeiten Friedrich Schleiermachers nur eines seiner zahlreichen Denkmale hinterlegt hat. Ein weiteres Monument der Neubelebung der Platonischen Denkweise in den philosophischen und philologischen Arbeiten des ausgehenden 18. und an-fangenden 19. Jahrhunderts in Deutschland befindet sich gerade in Schleier-machers Einleitungen in die von ihm übertragenen Dialoge. Über die Lie-beslehre, die Natorp zum Leitgedanken des *Symposions* erklärt, behauptet Schleiermacher zur Einführung (Schleiermacher 1996, 276):

> Dieses Bestreben nun Liebe zu nennen, und das Erregen und leben-dige Bilden nicht nur der richtigen Vorstellungen des Guten und Ge-rechten, mit denen es der Staatsmann zu tun hat, und deren auch die größere Masse empfänglich ist, sondern der Erkenntnis in den Weni-gen die ihrer fähig sind als ein Erzeugen anzusehen, dieses ist nicht etwa ein dichterischer Vergleich, sondern ganz notwendig war es, dass Platon beides als Eines und dasselbige, und nur jenes geistige Erzeu-gen als eine höhere Stufe der gleichen und nämlichen Tätigkeit sehen musste, da ihm ja auch die natürliche Geburt nichts anderes war als ein Wiedererzeugen derselbigen ewigen Form und Idee und also die Unsterblichkeit derselben in dem Sterblichen.[28]

Schleiermacher, der im Bann Friedrich Schlegels die Dialoge als Kunst-werke begriffen hat, versteht es auch, die dichterischen Aspekte derselben als zentrale Momente der Platonischen Philosophie aufzufassen, die im Dienst der wissenschaftlichen Erkenntnis stehen. Dazu gehört im *Symposion* nicht

[27] Vgl. Plutarchus, *Quaestiones conviviales*, 618D8-F1, 16.
[28] Zu Schleiermachers Platon-Deutung siehe Arndt 1996, VII-XXII,- und Steiner XXIII-XLIV; Scholtz 1985, 849-871; Bubner 1995, 34-42; Kobusch 1997, 216-222; Szlezák 1997.

nur die von Schleiermacher hervorgehobene Sprache des Erzeugens, welche sich als die durch Liebe zum Schönen und damit Streben nach Weisheit konstituierende, wesenseigene philosophische Tätigkeit der Wiedererinnerung an die ursprünglichen Elemente der Erkenntnis herauskristallisiert, sondern auch die vielfältige Rede im Dialog, die dieselbe vorzubereiten sowie zu vertiefen oder gar einzuüben vermag: darunter das Gleichnis des Wollfadens. Dies ist also kein bloß dichterischer Vergleich, sondern der erkenntnistheoretischer Sachverhalt nach einer physikalischen Darstellungsart.

Daraus ergibt sich eine Antwort auf die Frage, warum gerade die Philosophie, wie sich Platon sie denkt, die Liebe wesenseigen und d. h. notwendigerweise zu thematisieren habe. Das biologische Erzeugen und das politische Bilden sowie die physikalischen, neurologischen, sexuellen, psychologischen oder gar soziologischen Phänomene, die das Begehren begleiten, eventuell verursachen und besonders in den modernen Naturwissenschaften untersucht oder gar kontrolliert werden können, sind, aus Platonischer Perspektive gesehen, nur beschränkte Erscheinungsformen, die für sich keine unbedingte Gültigkeit zu beanspruchen vermögen. Ihre Bedingung liegt, insofern sie jeweils nach eigener Art und Weise auf ein Hervorbringen im Schönen angelegt sind, in einem Vorgang, der sich als die Wirksamkeit der Philosophie selbst erweist: in einem Streben nach Weisheit, das die Vergegenwärtigung einer prinzipiell vorgegebenen Idealität durch Wiedererinnerung daran ermöglichen will. Indem die Philosophie nach Platonischem Muster über sich selbst reflektiert, wie Sokrates dies im *Symposion* exemplarisch darstellt, setzt sie sich vorrangig mit diesem im Spannungsverhältnis zwischen einer trächtigen Fülle und einer befruchtungsfähige Leere absorbierten Hervorbringen auseinander, aufgrund dessen alles Werden überhaupt geschehen und im Hinblick worauf dasselbe erst als solches verstanden werden kann.

Nun mag das Lebewesen „Mensch" diverse Vermögen besitzen, die durch eigene Kraft unterschiedlich auf sein Begehren wirken und diese gestalten. Über die Liebe in ihrer fundamentalen Kraft spricht jedoch, so zumindest die Platonische Lehre, wer des eigenen Nicht-Wissens bewusst etwas wissen will, freilich aber nicht dieses oder jenes, sondern das, was immer schon erkannt werden muss, um überhaupt Wissen zu können, augenblicklich jedoch nicht als solches erkannt wird. Wer also in der wesenseigen philosophierenden Liebe, die Platon im *Symposion* zum Ausdruck bringt, letztlich nur den Leitgedanken einer weltabgewandten Antipathie gegen jegliche Form verfehlter Idealität sehen kann,[29] muss sie in ihrer Grundbedeutung

---

[29] Vgl. Vlastos 1981b, 31: Der Hauptmangel der Liebestheorie Platons sei, „It does not provide for love of whole persons, but only for love of that abstract version of persons which consists of the complex of their best qualities"; ferner Irwin 1977, 267-272: „Plato fails to meet a Kantian requirement on love of persons", weil er diese

verkennen: Soll der Mensch das Lebewesen sein, das von sich aus nach Weisheit strebt, fädelt diese Liebe die reziproke Dynamik seiner ständigen Selbstüberschreitung gerade im Umgang mit seiner Welt, mit seinen Mitmenschen – darunter seinen Freunden – und mit sich selbst ein, die ein gelingendes und d. h. vernunftgemäßes Leben überhaupt erst ermöglicht – ist mithin wohl ein dünner Faden, aber einer, an dem sein Schicksal hängt.

nicht vorwiegend als „autonomous agents" betrachte. An Vlastos und Irwin schließt sich Nussbaum 1986, 166-7, ausdrücklich an, wenn sie ihre eigene Apologie des Alkibiades entwickelt; vgl. ebd., 191: „Alcibiades sees Socrates' virtues and is moved by them. But his knowledge sees more, and differently; it is an integrated response to the person as a unique whole"; 195: Sokrates, „in search of science and of assimilation of the good itself, turns away from the responsive intercourse with particular earthly goods that is Alcibiades' knowledge." Vom Status der mehr als fraglich integrativen Erkenntnis des Alkibiades abgesehen (schließlich bekennt dieser, dass er durch Sokrates des eigenen Scheiterns bewusst wird, und dies in der Sprache der Liebe; vgl. Platon, *Symposium* 216a4-6: Nach eigener Angabe zwinge ihn Sokrates einzugestehen, dass er vielen bedürftig (ἐνδεής) sei und sich selbst vernachlässige (ἑαυτοῦ ἀμελεῖν), also sich selbst gegenüber ungeübt bleibe, während er die Geschäfte der Athener betreibe), liefert Nussbaum, ebd., 183, eine komplette Fehlinterpretation der Platonischen Weisheitserotik: „Instead of painful yearning for a single body and spirit, a blissful contemplative completness. It is, we see, the old familiar *erôs*, that longing for an end to longing, that motivates us here to ascend to a world in which erotic activity, as we know it, will not exist." Gerade im *Symposion* wird die Liebe als *nicht* sichselbstaufhebend geschildert. Sachgerecht bemerkt dagegen etwa Foucault 1989, 301-2. im Zusammenhang seiner Überlegungen zur Sexualethik in der altgriechischen Kultur: Im *Symposion* und im *Phaidros* ziehe Platon „keine klare, endgültige und unüberschreitbare Scheidelinie zwischen der schlechten Liebe zum Körper und der schönen Liebe zur Seele; wie abgewertet und minderwertig das Verhältnis zum Körper im Vergleich zu jener Bewegung zum Schönen auch sein mag, da es diese Regung ablenken und aufhalten kann, so wird es doch weder von vornherein ausgeschlossen noch für immer verdammt … Nicht der Ausschluss des Körper charakterisiert für Platon wesentlich die wahrhafte Liebe: sondern dass sie durch die Erscheinungen des Objekts hindurch Bezug zur Wahrheit ist."

Die Unterscheidung von Wissen und Meinung in *Politeia* V und ihre praktische Bedeutung

1. Die Struktur der Passage

Wie bedeutsam die Unterscheidung von Wissen und Meinung für die gesamte platonische Philosophie ist, ist unstrittig. Von besonderem Interesse ist ein Abschnitt in *Politeia* V (474b-480a), denn dort findet sich eine ungewöhnlich lange Argumentation zur Unterscheidung von Wissen und Meinung.

Obschon der Aufbau der gesamten Passage grundsätzlich geklärt ist (vgl. etwa Graeser 1991 und 1992, 87ff.), soll zunächst kurz deren grobe Struktur vorgestellt werden, denn für die anschließenden Überlegungen wird es sich als wichtig erweisen, dass sich dort zwei argumentative Durchgänge zur Unterscheidung von Wissen und Meinung finden:

Im ersten Abschnitt A (475d-476d) werden Wissen und Meinung unter Verwendung der Ideenannahme unterschieden. Die Ideen werden hier aber weder eingeführt noch ausführlich erläutert. Auch die Gesprächsteilnehmer bemerken, dass dieses erste Argument somit niemanden überzeugt, der die Prämissen (hier: die Ideenannahme) nicht schon vorab teilt (vgl. Annas 1981, 195).

Im zweiten Abschnitt B (476d-e) wird daher die Notwendigkeit festgestellt, ein Argument vorzubringen, das sich auf unkontroverse und weniger voraussetzungsvolle Prämissen stützt.

Im Abschnitt C (476e-479a) wird dieses zweite und ausführlichere Argument präsentiert. Die Ideenannahme dient in diesem zweiten Durchgang nicht als *Voraussetzung* des Arguments, sondern ist vielmehr ein Ergebnis (vgl. Cooper 1986).

Im vierten Abschnitt D (479e-480a) folgt schließlich eine Zusammenfassung.

Es handelt sich hier um *zwei* Argumente (A und C) für *eine* Unterscheidung von Wissen und Meinung und keinesfalls um zwei andersartige Unterscheidungen, so dass es völlig gerechtfertigt ist, von *der* Unterscheidung zu sprechen. Mehrere Beobachtungen legen dies nahe: Im Abschnitt B wird das zweite Argument (C) als neue Begründung für den Schluss des ersten Arguments (A) angekündigt. Dass es dabei um eine neues Argument handelt, wird auch dramatisch verdeutlicht, indem Glaukon (in C) die Rolle des Doxa-

Vertreters übernimmt. In Abschnitt D wird nicht nur der Schluss aus dem zweiten Argument zusammengefasst, sondern auch das erste Argument, denn Sokrates greift bei seiner Zusammenfassung auf Formulierungen und Bestimmungen zurück, die nur Bestandteil des Abschnittes A waren.

2. Die Forschungskontroverse

In jüngster Zeit wurde vornehmlich die Angemessenheit der so genannten klassischen Interpretation diskutiert.[1] Für das klassische (oder orthodoxe) Verständnis der Passage ist die Auffassung zentral, dass Platon hier nicht nur eine bedeutsame epistemologische Unterscheidung vornimmt, sondern dass diese epistemische Distinktion nicht von ontologischen Annahmen zu trennen ist: Der klassischen Interpretation nach werden Wissen und Meinung als Vermögen bestimmt, die durch ihre je exklusive Referenz auf bestimmte Gegenstands- oder Seinsbereiche unterschieden werden, so dass der epistemische Unterschied durch einen ontologischen nicht nur begleitet, sondern begründet wird.

Gegen die klassische Interpretation sind verschiedene Bedenken vorgebracht worden: (i) Platon vertrete eine obskure und hinfällige Ontologie und damit auch Epistemologie (vgl. Patzig 1971), oder (ii) schon die Ideenannahme sei von Platon nicht ernst gemeint (vgl. Wieland 1982, 290f., Kersting 1999, 241). Weiter (iii) wurde argumentiert, die Unterscheidung sei selbst nur eine im Dialog vorgebrachte Meinung, wodurch Platon sich schon rhetorisch von ihr distanziere (vgl. Ebert 1974, 109ff.). Von einem anderen (eher analytisch orientierten) Standpunkt aus ist vorgebracht worden, Platon verstehe in der fraglichen Passage „sein" prädikativ, so dass die Unterscheidung von Wissen und Meinung zu einer von nicht-relativen und relativen Prädikaten werde. Hier sind zwei Interpretations-Varianten zu unterscheiden sind: Einmal (iv) spielt die ontologische Unterscheidung von Idee und Partizipant keinerlei Rolle mehr (vgl. Annas 1981, 190ff.) und in einer anderen (etwas orthodoxeren) Version (v) bleibt ein gebrauchsunabhängiges Ideenwissen als nicht-relatives Wissen Hintergrund für die Unterscheidung von Meinung, d.h. ungenauer Prädikation und Wissen, d.h. vollkommen adäquater Prädikation (vgl. Stemmer, 1985). Vielleicht am radikalsten ist (vi) die Kritik, der Position, die „sein" veritativ interpretiert: Hier ist Wissen immer wahr und Meinung dem Wahrheitswert nach schwankend, und zwar ganz unabhängig

---

[1] Vertreter dieser Richtung sind: White 1974, 91; Guthrie 1975, 487ff.; Nehamas 1975; Ketchum 1980; Ferber 1984, 58; Graeser 1991; Schubert 1995, 85ff.; Horn 1997.

auf welchen Gegenstand(-sbereich) sich beides jeweils bezieht (vgl. Fine 1978 und 1990).

3. Die Problemstellung

Im Folgenden geht es nicht um eine Wiederaufnahme resp. Neubewertung der vorgebrachten Argumente. Statt dessen sollen die praktischen Aspekte der Unterscheidung von Wissen und Meinen in den Vordergrund gerückt werden. Zum einen sind die praktischen Momente der Unterscheidung in der bisherigen Forschung nicht ausreichend zur Sprache gekommen, obschon sie – wie zu zeigen ist – auf verschiedenen Ebenen des Arguments eine wichtige Rolle spielen (siehe Teil 4). Zum anderen ist ein Hinweis auf diese praktischen Aspekte wichtig, weil deren Berücksichtigung zu schwierigen, aber wichtigen Fragen führt: Widersprechen einige Aussagen, die Teil der Unterscheidung von Wissen und Meinung sind, anderen zentralen Passagen über die praktische Bedeutung des Ideenwissens in der *Politeia*? Konterkarieren diese speziellen Annahmen die praktische Ausrichtung der platonischen Philosophie, weil sie die Möglichkeit zum guten Handeln unterminieren? Diese Probleme betreffen zunächst generell die Konsistenz der Annahmen Platons, genauer die Kongruenz der ethischen Bedeutung der platonischen Philosophie und ihrer ontologischen und epistemischen Aspekte (vgl. van Ackeren 2003, 150ff.). Aus der Berücksichtigung der praktischen Aspekte und der daraus resultierenden interpretatorischen Probleme folgen gewisse Parameter für eine Interpretation des Verhältnisses von Wissen und Meinen. Vor diesem Hintergrund können dann bestimmte Interpretationsrichtungen in ein kritisches Licht gerückt werden. Dazu gehört vor allem eine bestimmte Variante der klassisch-orthodoxen Interpretation, die die dogmatische genannt werden kann (siehe vor allem Teil 5). Schließlich ist zu zeigen, dass die klassische Interpretation aber nicht in toto zu verwerfen ist: Eine nicht-dogmatische Variante bietet die Möglichkeit, die Unterscheidung von Wissen und Meinung so zu interpretieren, dass ein starker ontologischer Bezug gewahrt bleibt, der zugleich hilft, die praktischen Aspekte der Unterscheidung zu erklären (6).

4. Die praktischen Aspekte der Unterscheidung von Wissen und Meinen

Prima facie erscheint die Unterscheidung von Wissen und Meinung als theoretisches Unternehmen. Aber in der Tat sind damit bei Platon praktische Fragen nicht nur verknüpft, sondern sie sind geradezu zentral, und zwar auf verschiedenen Ebenen:

(1) Zunächst wird Praxis ganz wörtlich in dem wichtigen ersten Abschnitt der Passage A (475e-476a) angesprochen: Unterschieden werden dort die jeweils eins seienden Ideen (εἴδη) des Schönen, Hässlichen, Gerechten, Ungerechten, Guten und Schlechten einerseits und ihre zahlreichen Erscheinungsformen andererseits. Zu diesen gehören an erster Stelle *Handlungen*: „ ... da jede Idee durch die Gemeinschaft mit den Handlungen und körperlichen Dingen und mit den anderen überall zum Vorschein kommt, scheinen sie daher auch jede vieles zu sein[2] (... τῇ δὲ τῶν πράξεων καὶ σωμάτων καὶ ἀλλήλων κοινωνίᾳ πανταχοῦ φανταζόμενα πολλὰ φαίνεσθαι ἕκαστον)" (476a). Diese Erwähnung der Handlungen mag als trivialer Hinweis gewertet werden, zumal die Nennung nicht überraschen kann, weil die erwähnten Ideen alle ethisch bedeutsam sind: Sie fungieren generell als Paradigmen für die menschlichen Handlungen. Umso erstaunlicher ist es dennoch, dass sich die Forschung in ihrer Diskussion sehr auf die Charakteristika von wahrnehmbaren Dingen, die Wahrheitswerte oder die prädikative Sicherheit von Urteilen darüber konzentriert. Es ist nicht zu bestreiten, dass viele Handlungen sinnlich wahrnehmbare Aspekte haben, schon weil sie oftmals Bewegung implizieren. Platon geht es aber nicht nur um die wahrnehmbaren Merkmale von raum-zeitlichen Dingen, sondern offensichtlich auch um die ethische Beurteilung von Handlungen.

Im ersten Argument (Abschnitt A) für die Unterscheidung von Wissen und Meinung werden ganz ohne Einführung der Ideenannahme die entsprechenden Termini verwandt: Wissend ist derjenige, der fähig ist, zwischen einer Idee und dem Teilhabenden zu unterscheiden (476a). Die Meinenden hingegen erkennen nur die Partizipanten an, weswegen sie diese auch für das Schöne, und also den ganzen Bereich des Schönen halten (476c-d). Für das Feld der Handlungen heißt das, wissend ist nur derjenige, der sowohl die Idee der Gerechtigkeit und des Guten erkennt als auch gute und gerechte Handlungen anerkennt und daher unterscheiden kann. Der Irrtum der Meinenden besteht darin, die gerechten Handlungen für das Gerechte selbst zu halten (siehe unten Abschnitt 5).

Es ist auffällig, dass im ersten Argument nichts darauf hinweist, dass der Wissende sich ausschließlich auf Ideen bezieht oder nur diese erkannt werden können. Wissen liegt dann vor, wenn Eidos und Nicht-Eidos jeweils als das, was sie sind, erkannt und daher unterschieden werden können. Daher muss sich der Wissende auch auf Partizipanten beziehen, weil er beides anerkennt. In der Auslegung des Höhlengleichnisses wird genau dies ein Merkmal des Philosophen sein (vgl. 520c). Soweit ist also noch nicht ausgeschlossen, dass der wahre Philosoph eine einzelne gute Handlung als solche erkennt. (Dieses

---

[2] Ich zitiere mit eigenen Modifikationen die Übersetzung von Schleiermacher.

Moment ist für das Weitere sehr wichtig, aber zunächst sind noch die anderen praktischen Aspekte zu schildern.)

(2) Mit Wissen und Meinung werden nicht nur Begriffe unterschieden, sondern Vermögen (δυνάμεις) der Seele (477b) und ihre διάνοια (476d). Sind damit bestimmte Gedanken gemeint, die beliebig bei einem Menschen wechseln können, so dass er über eine bestimmte Sache etwas weiß und dann wenig später nur noch meint? Oder dass er, obschon er die Idee der Gerechtigkeit erkennt, schwankende Ansichten über gerechte Handlungen hat? Über eine Unterscheidung von Begriffen oder Kognitionen hinaus, geht es hier offensichtlich um eine „practical distinction between minds" (Shorey 1930, 516 Anm. f): Mit διάνοια sind praktisch bedeutsame Bewusstseinszustände gemeint, was besonders deutlich wird, wenn Platon das Wissen mit dem Wachzustand und die Meinung mit dem Träumen vergleicht. Diese Metaphorik ist als Hinweis auf die bloße Subjektivität der Meinung verstanden worden (vgl. Gallop 1972, 191), aber die Traummetapher hat eine umfassendere Bedeutung, denn sie dient im Text zweimal zur Erklärung, wie der Wissende und der Meinende *leben*. Mit Wissen und Meinung werden Wirklichkeitssichten unterschieden, die das gesamte Leben prägen, denn Sokrates fragt *nicht*, ob der Wissende wach ist und ob der Meinende träumt, sondern ob der Meinende wie jemand *lebt*, der wach ist (476c: ὄναρ ἢ ὕπαρ δοκεῖ σοι ζῆν;) und ob der Wissende sein Leben wach verbringt (476d: ὕπαρ ἢ ὄναρ αὖ καὶ οὗτος δοκεῖ σοι ζῆν;). Die Traummetapher dient also der Unterscheidung von Lebensweisen. Der Unterschied zwischen Wachsein und Träumen einerseits und einem Leben im Wach- oder Traumzustand andererseits ist beträchtlich: Wach- und Traumzustand sind differente Seelenzustände und sich ausschließende Wirklichkeitssichten, aber innerhalb eines Lebens kann man sowohl träumen als auch wachen. *Ein* Leben ist jedoch als gesamtes Leben entweder eines, das wach oder träumend geführt wird.

Aus diesem Grunde hat nicht nur die Meinung (als begriffliche Bestimmung) praktische Implikationen, sondern gerade auch der Umstand, dass eine Person meint. Der Träumer lebt seinen Traum als sei es die Wirklichkeit und von der Wirklichkeit redet er als sei sie ein Traum (543c).

(3) Der Umstand, dass Wissen und Meinen einem wachend oder träumend geführten Leben gleichen, verweist ebenfalls auf den selbstreflexiven Aspekt der Unterscheidung, denn ein Träumender ist sich nicht bewusst, dass er träumt (vgl. Stemmer 1985, 80). Demjenigen, der nur meint, ist nicht durchsichtig, dass er nur meint. Durch den Fehler wird er epistemisch gesehen immun, seine (eingeschränkte) Wirklichkeitssicht als solche zu erkennen. Die Meinenden „stellen alles vor, erkennen aber von dem, was sie vorstellen, nichts." (479e) Hier wird nochmals deutlich, dass nicht nur Begriffe unterschieden werden, denn versteht man den Passus als bloße Begriffsunterschei-

dung, ließe sich nicht erklären, warum der Meinende seinen Status als Meinender nicht erkennen kann.

(4) Mit diesem selbstreflexiven Moment hängt auch die Notwendigkeit zusammen, ein neues Argument für die Unterscheidung von Wissen und Meinung (Abschnitt C) zu präsentieren. Dieses neue Argument wird erstens erforderlich, weil das erste Argument (A) ganz ohne Einführung auf der Ideenannahme basierte, sich also nur auf kontroverse Thesen stützt, die gerade ein Vertreter der Hör- und Schaulustigen nicht ohne weiteres teilen wird (vgl. Graeser 1991, 373f.). Und zweitens ist entscheidend, dass der Meinende glaubt zu wissen, was das Schöne selbst ist, wobei er aber tatsächlich unter etwas leidet, das Platon später als doppelte Unwissenheit charakterisiert (vgl. Soph. 228b, Legg. 863c). Deshalb geht es in dem dann folgenden Beweisgang darum, „ihn leise zu überzeugen, ohne ihn merken zu lassen, dass er nicht gesund ist (ὅτι οὐχ ὑγιαίνει)". (476d) Der gesundheitliche Aspekt (ὑγιαίνει) ist hier – trotz vieler anderer Übersetzungen – ernst gemeint und wörtlich zu verstehen,[3] denn nicht zu wissen, was man nicht weiß, ist für Platon gerade in der *Politeia* die schlimmste Krankheit, genauer eine Verkrüppelung der Seele und Grund für das schlimmste Übel (vgl. 382a-b und 535e, dazu Müller 1986).

(5) Ein Meinender kann nicht zwischen Idee und Partizipant unterscheiden. Damit bietet Platon zunächst eine Theorie des Irrtums an (vgl. Graeser 1992, 87f.): Ähnlich wie in einigen Frühdialogen wird auf die Frage nach der Schönheit (oder Frömmigkeit usw.) selbst mit einer Aufzählung vieler schöner (oder frommer usw.) Dinge geantwortet. Hier in den *Politeia* erläutert Platon nun den Grund für diesen Irrtum: Das Schöne selbst hat Gemeinschaft mit schönen Dingen, und es besteht eine Ähnlichkeit. Da aber die Schaulustigen nur letzteres anerkennen, können sie gar nicht anders als auf die Frage nach dem Schönen mit einer Aufzählung zu antworten. Damit wird aber etwas deutlich, das mehr leistet als nur den Irrtum zu erklären: Wie ein Träumender seinen Trauminhalt, hält der Meinende nur die Vielheiten für existent. Die begrenzte Reichweite des eigenen Standpunktes wird nicht erfasst, weswegen man glaubt, über Wissen zu verfügen, das die gesamte Realität erfasst.[4] Der Meinende glaubt also nicht nur zu wissen, sondern glaubt (fälschlicherweise) mit seiner Meinung das *gesamte* Spektrum des Seins zu erfassen. Mit Wissen und Meinung unterscheidet Platon also Wirklichkeitssichten, die eine Selbstdeutung implizieren und zugleich den Anspruch auf

---

[3] Siehe zum Hintergrund die leider wenig rezipierte Arbeit Cushman 1959, 60ff.

[4] Obschon die Tendenz zur Entontologisierung im Ansatz von Wieland sehr problematisch ist, hat er hier auf wesentliche Probleme aufmerksam gemacht (vgl. Wieland 1982, 255). Generell ist die Wissenssuche bei Platon mit verschiedenen Formen der Selbstreflexivität, vor allem auch der Selbsterkenntnis verbunden.

eine totale Erfassung der Realität erheben. Diese Totalität der Wirklichkeitssicht wird betont, denn diejenigen, die nur die Partizipanten als ganze Realität begreifen, die Ideen aber nicht erkennen, sind nicht in der Lage „einem anderen, der sie dazu (zu den Ideen, M.v.A.) führen will zu folgen" (479e). Neben den epistemischen Folgen, der Unwissenheit, führt dies auch zu etwas ethisch Bedeutsamen, denn der Meinende ist jemand, „der es nicht ertragen kann" (479a), wenn ein anderer von dem Sein der Ideen berichtet.

Mit dieser Aussage werden wesentliche Momente des Höhlengleichnis vorweg genommen. Der Schluss des Höhlengleichnis, die Situation in der Höhle nach Rückkehr des Philosophen, hat nicht immer die Aufmerksamkeit erfahren, die er verdient. Im Höhlengleichnis wird die Totalität der Meinung als Wirklichkeitssicht sogar in ihrer politischen Bedeutung beschrieben. Die Gefesselten glauben, die Schatten an der Wand seien das einzig Reale. Diese Auffassung bestimmt das individuelle und gesellschaftliche Selbstverständnis (515a) und in Folge das Handeln des Einzelnen und die Regeln der Gemeinschaft. Das gesellschaftliche Leben kreist um das möglichst frühe und genaue Erkennen der Schatten und anhand dieses Wettstreites wird auch soziale Anerkennung vergeben (516c-e). Die mörderische Reaktion der Höhlenbewohner auf den von der Oberfläche zurückgekehrten Philosophen erklärt sich nicht nur aus dem Umstand, dass er unmittelbar nach der Rückkehr schlecht im Dunkeln sehen kann, weil seine Augen sich noch daran gewöhnen müssen. Dadurch wird nur die anfängliche Auffassung der Höhlenmenschen, es lohne sich nicht aus der Höhle zu steigen, verständlich. Erst als der Philosoph von einer anderen und mehr seienden[5] Wirklichkeit und einem dadurch *glücklicheren* Leben berichtet wird er gefährlich: Die Höhlenbewohner beschliessen: „man müsse jeden, der sie lösen und hinaufbringen wollte, wenn man seiner nur habhaft werden und ihn umbringen könnte, auch wirklich umbringen" (517a). Mit der Aufforderung, sich der weiteren Realität zuzuwenden, wird das gesamte Realitäts- und Selbstverständnis und das darauf basierende (gesellschaftliche) Leben der Höhlenbewohner und somit auch deren persönliche Begierden nach Erfolg und Ansehen kritisiert.

Die Totalität der Wirklichkeitsauffassung erklärt, warum die Unterscheidung von Wissen und Meinung von so konstitutiver Bedeutung für die Lebensführung ist und eine so eminente praktische Bedeutung hat.

(6) Es ist schließlich festzuhalten, dass Platon die Unterscheidung unmissverständlich in einen praktischen Kontext stellt. Schon direkt im Anschluss fragt Sokrates, inwiefern diese „lange Rede" denn nun hilft, die Ausgangsfrage des zweiten Buches zu entscheiden, ob der Gerechte oder der Ungerechte besser lebt und wie nun die Herrschaft des durch Wissen ausgezeichneten Philosophen als nützlich für den Staat begründet werden kann. Denn die

---

[5] Siehe Resp. 515d: μᾶλλον ὄντα, dazu Bröcker 1959.

Philosophen müssen nicht nur, was ihr Wissen angeht, sondern auch an Erfahrung (ἐμπειρία) und Tugend überlegen sein (484a–485a). Nur wenig später wird die Unterscheidung von Wissen und Meinung rekapituliert und ausdrücklich als Verteidigung (490a: ἀπολογησόμεθα) wird ihr Zweck benannt: das wahrhafte und angenehme Leben (490a–b). Auch die Probleme, die überhaupt zur Unterscheidung geführt haben, waren praktischer Natur. Es galt festzustellen, wer ein Philosoph ist, der die Gemeinschaft und die Seelen der Bürger (und vor allem seine eigene) gut ordnen und so zum Glück führen kann (vgl. 472b–c, 473c–e, 475b in Verbindung mit 438a–d). Letztlich überrascht dieser Befund nicht, denn im Verlauf der Bücher V–VII weist Sokrates immer wieder darauf hin, dass die Ausführung nur scheinbar theoretisch geworden sind. Im Hintergrund der Überlegungen steht aber immer noch die praktische Ausgangsfrage der ersten Bücher, was Sokrates mehrfach betont (495c, 496e, 489b–d, 500c, 501b–d, 518a–c, 519c, 521e).

Zusammenfassend ist zu konstatieren, dass der Unterscheidung von Wissen und Meinen eine zweifache praktische Bedeutung zukommt: Sie ist selber eine Unterscheidung von praktisch Relevantem (1) – (5) und verfolgt ferner insgesamt ein übergeordnetes praktisches Ziel (6). Es ist im weiteren Verlauf noch darauf zu einzugehen, warum diese Aspekte fast ausnahmslos in den Abschnitten A und D genannt werden.

5. Macht die Unterscheidung von Wissen und Meinung das Verhältnis von Wissen und Handeln zum Problem?

Das zweite Argument (Abschnitt C) zur Unterscheidung von Wissen und Meinung enthält Annahmen, die nicht ganz unproblematisch sind. Das Argument selbst lässt sich wie folgt zusammenfassen: Jedes Erkennen erkennt etwas, das seiend ist (476e–477a), weswegen es bestimmbar ist. Die Seiendheit bestimmt den Grad der Erkennbarkeit: Erstens ist etwas, das vorzüglich seiend ist (παντελῶς ὄν),[6] vorzüglich erkennbar. Zweitens kann etwas, das in keiner Weise seiend ist, gar nicht erkannt werden. Drittens ist etwas, das sich zwischen dem, was rein (εἰλικρινῶς) ist und dem gar nicht Seienden befin-

---

[6] Die Unterscheidung von Sein wurde verschieden interpretiert, und zwar (a) als Existenz-Stufung (vgl. Cross/Woozley 1964, 166ff.), (b) als Realitätsgrade (vgl. Vlastos 1981), (c) als Wahrheitsgrade (vgl. Gosling 1968) und schließlich (d) wurde Sein als wahr simpliciter verstanden (vgl. Fine 1978 und 1990). Wenn aber, so ist bereits (vgl. Graeser 1991) plausibel gemacht worden, der neue Beweisgang (Abschnitt C) auf einer wenig voraussetzungshaften Prämisse beruhen soll, so ist es plausibler anzunehmen, dass „sein" zu Beginn schlicht „etwas sein" meint. Zum Hintergrund siehe: Hölscher 1976, Tugendhat 1977, Kahn, 1973 und 1981a.

det, zugleich seiend und nicht-seiend. Entsprechend bezieht sich Erkenntnis auf das Seiende und Unwissenheit auf das Nicht-Seiende. Da Meinung, Wissen und Unwissenheit nicht identische Vermögen sind und jedes Vermögen durch exklusive Bezüge auf unterschiedliche Seins-Bereiche bestimmt ist (477b-c), muss sich Meinung, als etwas Mittleres zwischen Wissen und Nicht-Wissen (478d), auf einen anderen Bereich als Sein und Nicht-Sein beziehen und es bleibt nur der Bereich dazwischen übrig (477d-478-e). So folgt, dass der Bereich zwischen Sein und Nicht-Sein Gegenstand der Meinung ist (vgl. zur Struktur Fine 1978, White 1979, 139ff., Graeser 1991).

Entscheidend für den Erfolg dieses Argumentes ist der Gedanke, dass für die Meinenden die vielen Dinge im mittleren Bereich rein (εἰλικρινῶς) das sind, was über sie geurteilt wird. Aber die Elemente des mittleren Bereiches sind genauso hässlich wie schön, weswegen sie nicht einmal mehr die Kriterien des Meinenden für Wissen erfüllen (vgl. Penner 1987, 226ff.). Für Sokrates ist etwas schön, wenn es nur schön und nichts anderes ist, so dass es auch nur in Begriffen von Schönheit beschrieben werden kann. Ohne es auszusprechen, werden hier die Ideen, die nur das sind, was sie sind, eingeführt (479a-c):

> Unter diesen vielen Schönen also, o Bester, wollen wir zu ihm sagen, gibt es wohl eines, was nicht auch hässlich erscheinen kann? Unter dem Gerechten, was nicht auch ungerecht? Unter dem Frommen, was nicht auch unfromm? / Keines, sondern notwendig, sagte er, wird es irgendwie schön und hässlich erscheinen, und so auch das andere, wonach du fragst ... immer wird jedes an beidem Anteil haben. / Jegliches also von diesen vielen, ist es wohl mehr das, was einer davon aussagt, als es dies nicht ist?

Dieser Passus ist für viele Interpretationen entscheidend, weswegen ihm Aufmerksamkeit gebührt. Nur drei wichtige Punkte sollen hier festgehalten werden: (i) Den Vielheiten, die den mittleren Bereich zwischen Sein und Nicht-Sein ausmachen, kommt eine Bestimmung F und *immer* die Bestimmung nicht-F zu. (ii) Dies gilt *ausnahmslos für alle* Vielheiten. (iii) Jedem der Vielen kommt im *gleichen Maße* die Bestimmung F und nicht-F zu.

Wenn diese Beschreibung korrekt ist, hat dies für verschiedene Interpretationsrichtungen Konsequenzen: Wegen (i) kann mit „vieles Schönes" nicht ein Typ oder eine Klasse gemeint sein (vgl. Gosling 1960 und 1977). Denn die Aussage, dass ein Typ, eine Klasse als solche sowohl groß wie klein ist, macht wenig Sinn (vgl. White 1979). Gleichzeitig verschwindet mit Goslings Interpretation der Gegensatz von Einheit des Eidos und Vielheit der Partizipanten, der für Abschnitt A wesentlich ist (vgl. Horn 1997, 302). Wegen (ii) erscheint es unplausibel, dass Platon hier im mittleren Bereich zwei Arten von Prädikationen für möglich hält, nämlich eine eindeutige und eine doppelsinnige (so aber Stemmer 1985). Dem Text nach gibt es nicht eine einzige Vielheit, die eindeutiger F als nicht-F ist (vgl. Horn 1997, 298).

Nicht nur, aber besonders aus (iii) ergeben sich Probleme, die im Folgenden ausführlicher thematisiert werden sollen. Die Unterscheidung von Wissen und Meinung in einem dogmatischen Sinne klassisch zu deuten heißt, anzunehmen, dass es erstens über Ideen keine Meinung geben kann, und es zweitens über den ontologisch mittleren Bereich zwischen Sein und Nicht-Sein niemals Wissen geben kann, weil alles in ihm immer genauso sehr F wie nicht-F ist. Während es für die erste Annahme nur wenige Gegenbeispiele gibt (Resp. 506c, Tim. 27d), ist die zweite wesentlich brisanter. Dies gilt nicht nur, weil Platon damit die Möglichkeit von Alltagswissen scheinbar leugnet, sondern gerade weil es Textstellen gibt, die das Gegenteil behaupten: So kann der Philosoph nach seiner Rückkehr in die Höhle „jedes Schattenbild erkennen, was es ist und wovon" (520c). Wer die Idee des Guten erkannt hat, kann deren Abbilder nicht nur durch Meinung, sondern auch durch Wissen erfassen (534c). Auch im *Philebos* gibt es nicht nur eine Erkenntnis der göttlichen Idee der Kugel, sondern auch der irdischen Kugel (Phil. 62a-b).

Nun aber soll auf das besondere Problem eingegangen werden, das sich aus dem Passus 479a-c ergibt, wenn man ihn im Sinne der dogmatischen Variante der klassischen Interpretation deutet: Zu den Vielheiten, von denen genauso gut F wie nicht-F ausgesagt werden kann, gehören auch Handlungen (476a). Dies aus drei Gründen: Schon die praktische Bedeutung der gesamten Unterscheidung und die aufgeführten Urteile (gerecht, gut, fromm) lassen es (i) als zwingend erscheinen, den Textabschnitt 479a-c auf Handlungen zu beziehen. Erforderlich ist dieser Bezug (ii) auch durch die Erwähnung der Handlungen in Abschnitt A. Und (iii) sollte Abschnitt C ja insgesamt dasselbe wie A beweisen. Somit erhebt sich die Frage, ob es demnach kein Wissen von Handlungen gibt, weil von jeder Handlung immer genauso richtig behauptet werden kann, dass sie gut (gerecht, schön) wie schlecht (ungerecht, hässlich) ist?

Bereits unter allgemeinen Gesichtspunkten kann eine solche Bestimmung von Wissen und Meinung nur größte Bedenken hervorrufen, denn von dieser Position aus wäre die Ermordung eines Menschen genau so gut wie schlecht und würde sich ethisch nicht von einer Handlung unterscheiden, mit der ein Menschen vor einem solchen Schicksal gerettet wird, weil auch diese hilfreiche Tat in gleichem Maße gut wie schlecht wäre. Innerhalb dieser Welt gäbe es somit nichts ethisch Relevantes mehr zu unterscheiden. Behauptet wird nicht, dass es schwierig ist und daher nur gelegentlich gelingt, über ethische Belange Wissen zu erlangen, sondern viel gravierender, dass es ontologisch bedingt unmöglich ist, bezüglich einer Handlung festzustellen, ob sie gut oder schlecht oder besser als andere Handlungen ist, weil sich alle Handlungen gleichen. Eine solche Position ist denkbar unattraktiv und abwegig.

Entscheidender ist, dass Platon eine solche ethische Isosthenie bestimmt nicht dogmatisch vertreten hat. Dazu können nur kurz einige allgemeine Überlegungen vorgestellt werden:

i) In den Frühdialogen ist die Wissenssuche ethisch motiviert, was schon daran deutlich wird, dass sich die dort behandelten Probleme einschließlich der gesuchten Definitionen auf den Bereich der Tugend beziehen. Sollte Platon in der *Politeia* nun diese Verbindung von Wissenssuche und Praxis aufheben und behaupten, Handlungen seien immer notwendig genauso gut wie schlecht? Dann wäre die Suche nach Urteilen, die uns helfen, uns für gute, glücklich machende Handlungen zu entscheiden, grundsätzlich unmöglich!

ii) Ist die dogmatische Interpretation korrekt, erhebt sich die Frage, welchen Zweck Platon dann mit der Einführung der Ideenannahme verfolgt. Es wäre denkbar die Frage wie folgt zu beantworten: Ideenwissen macht als theoretisches Wissen glücklich. Dann wäre Wissen nicht mehr die notwendige und hinreichende Bedingungen für die Tugend, die glücklich macht. Der Zusammenhang zwischen Wissen und Glück bliebe gewahrt, aber das Element der Tugend und des richtigen Handelns würde dabei keine zentrale Rolle mehr spielen (siehe unten Teil 6 a). Aber Platon behauptet weiterhin, dass das auf Wissen basierende Handeln des Philosophen und sein Leben besser sind. Wie kann er das tun, wenn der Philosoph genau wie die Träumer nur meinen würde, dass seine Handlungen gerecht sind? Selbst wenn der Philosoph in der Lage wäre zu wissen, dass er traumwandlerisch handelt, bliebe es dabei, dass sein Wissen, wäre es nur auf die Ideen beschränkt, diesen Zustand nicht ändern könnte und folglich wären auch die Handlungen des Philosophen nur durch Meinung gelenkt. Wobei jede Meinung so gut oder so schlecht wäre wie eine beliebige andere.

iii) Hat Philosophie bei Platon nicht die Aufgabe, dem Menschen während seines Lebens Orientierung zu verschaffen und seine Handlungen zu lenken, indem sie am göttlichen Maß der Ideen ausgerichtet und gemessen werden? Ethik und ein gutes Leben wären aber nach der dogmatischen Interpretation etwas, über das nur Meinungen geäußert werden können, weil zwar das Gerechte selbst, aber keine gerechte Handlung mehr erkannt werden kann. Auf die Frage „Was soll ich tun?" gäbe es dann nur die Antwort, dass die Frage nicht mehr durch Wissen beantwortet werden könne, denn alle Handlungen seien immer gleich gut wie schlecht. Für die unausweichliche Frage nach dem Handeln wäre Philosophie demnach nutzlos. Handlungsentscheidungen wären bedeutungslos, weil erstens alle Handlung gleich (gut oder schlecht) sind und zweitens weil konkrete einzelne Handlungen nicht erkannt werden können.

iv) Diese Fragen berühren das zentrale Anliegen der *Politeia:* Die Forderung, die Philosophen sollten regieren oder die Regierenden sollten Philosophen werden macht nur Sinn, wenn Philosophie auch für den Bereich des Praktisch-Politischen einen epistemischen Vorteil gewährt. Wäre das Wissen des Philosophen nicht auf den Bereich der individuellen oder politischen Praxis anwendbar, würde Platon mit dem Satz von den Philosophenkönigen die Herrschaft derjenigen fordern, die auch nur schwankende Meinungen über die guten Handlungen und Gesetze haben.

v) Auch die genaueren Bestimmungen über den Zweck und die Folgen der Wissenssuche in der *Politeia* widersprechen der dogmatischen Variante der klassischen Interpretation: Als Ziel der Wissenssuche wird folgende Praxis der Philosophen beschrieben: Durch Wissen haben sie ein Urbild (εἶδος) und Maß (540a: παράδειγμα) in der Seele (484d, 500c, 540b), das sie gebrauchen, indem sie es auf Konkretes übertragen, und zwar auf ihre eigene Seele (484d, 500c, 540b), auf andere Einzelseelen (500d, 540b) und auf die politische Gemeinschaft (484b-d, 501b, 540a). Sie verwenden dieses Urbild weiter, um Verhaltensregeln zu erlassen. Allgemein ist ihnen Ideenwissen nützlich, um konkret und im Einzelnen damit zu handeln. Es wird betont, dass die Nachahmung des Erkannten notwendig erfolgt: „Oder meinst du, es gebe eine Möglichkeit, dass einer das, womit er gerne umgeht, nicht nachahme?" (500c) Abgesehen davon, dass Wissenssuche bei Platon selber eine Praraxis ist, gilt: *Wissen erzwingt Praxis.* Platon fordert nicht nur, dass philosophisches Wissen praktische Relevanz haben sollte, vielmehr ist es ein Wesenszug des Wissens, dass es auf Nutzbarmachung drängt, indem es im Einzelnen umgesetzt wird. Noch vor der Unterscheidung von Wissen und Meinung heißt es im vierten Buch, dass es für das Wissen des Weisheitsliebenden geradezu konstitutiv ist, dass es auf Handlungen abzielt (443e: σοφίαν δὲ τὴν ἐπιστατοῦσαν ταύτῃ τῇ πράξει ἐπιστήμην). Nachdem die Ideen dann im Gang der Argumentation etabliert sind, gewähren sie als Maß die Möglichkeit zu urteilen und leiten Handlungen, weswegen Tugend bei Platon eben Wissen ist. Generell ließe sich fragen, warum die Ideen von Platon als Maß, bezeichnet werden, wenn es in Bezug auf raum-zeitliche Dinge und Handlungen nichts zu messen gibt, weil alles immer genauso F wie nicht-F ist.

Die Bedeutung des Zusammenhangs von Ideen-Wissen und der Gutheit von Handlungen wird besonders anhand der Idee des Guten deutlich. Sie wird in einem handlungstheoretischen Kontext eingeführt: Das, was wirklich und nicht nur scheinbar gut ist, ist das Ziel jeder einzelnen menschlichen Handlung (505d).[7] Die prominenteste Fähigkeit der Idee des Guten ist praktisch: „Denn dass die Idee des Guten die größte Einsicht ist, hast du schon

---

[7] Insgesamt ist der Passus Resp. 505a-e eine Paraphrase von Gorg. 466b und 499a-500a. Alle inhaltlichen Momente, sogar deren Reihenfolge, finden sich wieder.

vielfältig gehört, als durch welche erst das Gerechte und alles, was sonst Gebrauch von ihr macht, nützlich (χρήσιμον) und heilsam (ὠφέλιμον) wird" (505a). Daher muss die Idee des Guten kennen, „wer immer vernünftig handeln will, sei es nun in eigenen oder in öffentlichen Angelegenheiten" (517c). Ohne Wissen von der Idee des Guten gibt es keinen Nutzen: Sogar Wissen vom Gerechten und Schönen selbst ist verderblich, wenn sie nicht erkannt wird (505a-b; 518d-519a). Ihr Erkennen gewährleistet die Ordnung aller Handlungen auf ein Ziel hin (519c, 540b).

Mit all dem ist grundsätzlich vorausgesetzt, dass es mehr oder minder gute Handlungen gibt und diese auch als solche bestimmt werden können, wohingegen 479a-c das Gegenteil zu behaupten scheint. Damit ergibt sich das Problem, dass die Unterscheidung von Wissen und Meinung ontologisch fundiert ist, aber nach der dogmatischen Interpretation Annahmen enthält, die vor allem auf praktischem Gebiet dem Grundanliegen der platonischen Philosophie, weiter dem praktischen Zweck der Unterscheidung und ferner einer großen Anzahl von wichtigen Stellen in der *Politeia* widersprechen. Gleichzeitig findet sich im gesamten Werk Platons keine andere Stelle, aus der hervorginge, dass Handlungen nicht als überwiegend gut oder schlecht bestimmt werden können. Neben dem ontologischen Komparativ muss es also einen praktisch-ethischen Komparativ geben. Wie ist dieses Problem zu lösen?

6. Für eine klassische, aber nicht dogmatische Interpretation

Bevor Lösungsmöglichkeiten für das geschilderte Problem diskutiert werden, ist festzuhalten, dass es sich ebenso nicht-orthodoxen Interpretationen stellt, bei denen Wissen und Meinung nicht mit der Zwei-Welten-Lehre korrelieren. Die praktische Bedeutung der Unterscheidung von Wissen und Meinung ist so zentral, dass generell davon auszugehen ist, dass eine Interpretation dieser Distinktion nur dann als gelungen betrachten werden kann, wenn sie hilft, die praktischen Dimensionen der Unterscheidung zu verstehen und zu erklären.

Im Folgenden ist (a) ein Interpretationsvorschlag zu untersuchen, worauf dann (b) die dogmatische Interpretation abschließend zu kritisieren ist, um schließlich (c) darauf hinzuweisen, das die praktische Bedeutung der Unterscheidung keineswegs die klassische Interpretations-Richtung als Ganzes unplausibel erscheinen lässt. Daher soll ein Vorschlag skizziert werden, der Wissen und Meinung klassisch, aber nicht dogmatisch interpretiert und versucht, den praktischen Aspekten der Unterscheidung gerecht zu werden.

(a) Die These, Platon vertrete in den zentralen Büchern ein kontemplatives Verständnis von Philosophie und Eudaimonie, das er dem praktisch orientierten Konzept der Bücher I-IV und VIII-X unvermittelt zur Seite stellt (vgl. Annas 1981, 321ff.), scheint auf den ersten Blick eine Lösung in Aussicht zu stellen: Würde Platon in den Büchern V-VII nicht mehr annehmen, das Glück erreiche der Mensch durch auf Wissen gegründetes gutes und gerechtes Handeln, sondern durch die Erkenntnis der Ideen, so scheint es nicht mehr problematisch zu sein, wenn in Buch V die Handlungen zu dem nicht eindeutig bestimmbaren Bereich der Meinung gehören und das Wissen auf die Ideen beschränkt ist.

Die Nachteile einer solchen Auffassung sind allerdings gravierend: Erstens ist schon die Annahme anzuzweifeln, dass Platon in den zentralen Bücher von einem praktischen zu einem theoretischen Philosophie- und Glücksbegriff übergeht. Sicher ist zumindest, dass ein solcher Wechsel nirgendwo angezeigt wird. Eher ist das Gegenteil der Fall, denn Sokrates macht während der angeblich von der praktischen Ausgangsfrage so weit entfernten theoretischen Klärungen permanent auf den Bezug zur praktischen Frage nach dem Zusammenhang von Glück und Gerechtigkeit (Buch II) oder dem Philosophenkönigssatz aufmerksam (484a-d, 490b, 495c, 496e, 498b-d, 500c, 5001b-d, 518a-c, 519c, 521e). Zweitens ist die Position von Annas schon in sich problematisch, denn sie räumt ein, dass sich ihre Interpretation von Buch V nur schwerlich mit den Aussagen in den Gleichnissen vereinbaren lässt (vgl. Annas 1981, 212). Davon unberührt und nicht erläutert ist drittens, warum Platon ohne Signal für den Leser seinen Philosophie- und Glücksbegriff ändern sollte. Schließlich ist viertens zu fragen, warum er in Buch V etwas behaupten sollte, dass seinen übrigen Aussagen über die Möglichkeit einer durch Wissen guten Lebensführung so eklatant widerspricht. In diesem Falle wäre fünftens zu erklären, warum Platon so fundamentale Brüche in seinem Denken nicht bemerkt hat.

(b) Nun ist zu zeigen, dass die dogmatische Variante der orthodoxen Interpretation nicht nur wegen ihrer desaströsen Konsequenzen für die praktische Philosophie Platons zu verwerfen ist, denn sie scheint ferner anderen Aussagen innerhalb des gesamten Abschnittes in Buch V zu widersprechen. Es ist hilfreich, die relevanten und problematischen Textabschnitte in der Gesamtstruktur des Argumentes zu verorten, um so die Ausgangslage zu klären: In Abschnitt A wird bestimmt, dass Wissen heißt, sowohl die Ideen wie die Partizipanten anzuerkennen und unterscheiden zu können. Das neue Argument in Abschnitt C sollte generell dasselbe Beweisziel haben, aber von unkontroversen Prämissen ausgehen, so Abschnitt B. Die Zusammenfassung in Abschnitt D verweist wieder auf Abschnitt A: Vom Meinenden wird in 480a wie in 476c-d gesagt, dass er nur die Vielheiten, aber nicht das jeweilige Eidos, für seiend hält. Von den Philosophen wird 480a gesagt, dass sie das Seiende selbst lieben, aber das schließt keineswegs aus, dass sie neben den Ideen auch die Partizipanten als solche erkennen (vgl. 476c-d), denn in dem Ab-

schnitt wird ebenfalls gesagt, die Meinenden würden von dem, was sie mei-
nen, nichts erkennen und träumen. Dies legt nahe, dass es möglich ist, auch
wach zu sein und Meinbares zu erkennen, und zwar dann, wenn Eidos und
Partizipant anerkannt und unterschieden werden können, wie es in Abschnitt
A (476c-d) heißt. Zwischen den Abschnitten A und D herrscht demnach
Übereinstimmung. Dazu passen ebenfalls die bereits angeführten späteren
Passagen aus der *Politeia*: Die Behauptung, der Philosoph könne, nachdem er
die Ideen erkannt hat, auch erkennen, ob und wovon etwas Partizipant ist
(520c), impliziert die in Abschnitt A gegebene Bestimmung des Wissens als
Fähigkeit, Ideen und Partizipanten unterscheiden zu können (476c-d). In
479e heißt es, die Meinenden seien unfähig, etwas von dem, was sie meinen,
zu erkennen, weswegen sie träumen. Und in 534c wird die Traummetapho-
rik wieder aufgegriffen und nahe gelegt, dass es möglich sei, nicht nur das
Gute selbst, sondern auch dessen Abbilder, nicht nur durch Meinung, sondern durch Wissen zu erfassen.[8] Kurzum: Die zwei Textstellen aus der Unterscheidung von Wissen und Meinung stehen in keinem widersprüchlichen
Verhältnis zu den späteren Aussagen. Vielmehr weisen alle vier Stellen (476c-
d, 479e, 520c, 534c) in dieselbe Richtung. Dieser Eindruck verstärkt sich,
wenn berücksichtigt wird, dass die Unterscheidung von Wissen und Meinung in Buch V einem praktischen Zweck dient, den die beiden späteren
Stellen (520c, 534c) wieder aufnehmen und fortführend bestätigen. Dies verwundert nicht, insofern die meisten Hinweise, dass mit Wissen und Meinung
etwas Praktisches unterschieden wird, aus diesen beiden Abschnitten A und
D stammen, wie oben gezeigt wurde. Es findet sich daher nicht nur eine
Übereinstimmungen zwischen den Abschnitten A und D untereinander,
sondern auch eine zwischen diesen beiden und den weiteren Aussagen in der
Politeia.

Vor diesem Hintergrund lässt sich das Problem mit dem Passus 479a-c
nun reformulieren: Dieser Passus in Abschnitt C scheint nicht zu den Aussagen der Abschnitte A und D zu passen und fügt sich nicht in die Struktur der
Unterscheidung. Zusätzlich konterkariert er die praktische Bedeutung der
Unterscheidung, die in den beiden späteren *Politeia*-Stellen aufgegriffen wird.

(c) Erst jetzt kann skizziert werden, warum diese Argumente nicht die
klassische Interpretation in toto treffen. Vielmehr ist ihre Grundthese, dass
Wissensarten anhand von Gegenstandsbereichen unterschieden werden,
durchaus mit dem praktischen Grundanliegen der Unterscheidung kompatibel. Eine Lösung ist vielleicht in Sicht, wenn (noch stärker als bereits geschehen, vgl. Graeser 1991 und Horn 1997) berücksichtigt wird, dass hier Wirklichkeitssichten unterschieden werden. Es ist konstitutiv für den Traum der
Meinenden, dass sie in Bezug auf die Vielheiten inklusive der Handlungen

---

[8] Siehe hierzu die Ausführungen von D. Frede in diesem Band (Teil II).

nur eine Meinung haben. Das heißt, dass sie mit gleichen Recht davon sowohl F als auch nicht-F aussagen können. Da sie die Ideen nicht anerkennen, kein Wissen haben, können sie kein Urteil begründen. Wissen impliziert bei Platon immer das Angeben von Gründen. Insofern verwundert es nicht, dass die Meinenden mit ihren Aussagen auch Entgegengesetztes von einer Sache oder von Handlungen aussagen können. Der Meinende weiß nichts vom reinen Sein, den Ideen, weswegen er auch über kein Maß verfügt, das ihn sicher urteilen lässt. Ohne Maß kann über alles nur eine (unbegründete) Meinung geäußert werden. Und ob etwas F oder nicht-F ist, kann ohne das Maß, die Idee F, nicht entschieden werden. Und da die Meinenden den gesamten Bereich der Ideen für nicht existent halten, heißt es 479a-c, dass der Meinende notwendig und ausnahmslos über alles nur eine Meinung haben kann. Hier wird der Traum und seine Folgen für die Urteilskompetenzen des Meinenden beschrieben. Es wird also nicht dogmatisch behauptet, dass auch für den Philosophen alle Vielheiten und Handlungen immer genauso F wie nicht-F sind. Als generelle ontologische Aussage verstanden, gäbe es in Bezug auf die Vielheiten und Handlungen keine überlegene Wirklichkeitssicht und darauf aufbauend kein glückliches, weil gerechtes Leben.

Die Traummetapher hilft zu erklären, warum die Meinenden genauso berechtigt von etwas F wie nicht-F aussagen können: Wer träumt, weiß nicht, dass er träumt, er kann seine Traumbilder auch nicht an der Wirklichkeit messen, weil Träumen und Wachen sich ausschließen. Ohne das Maß der Wirklichkeit, kann er von keinem seiner Traumbilder sagen, ob es mehr oder weniger der Wirklichkeit entspricht. Dem Träumer *erscheint* alles gleich real. Die Maßlosigkeit und das mangelnde selbstreflexive Wissen davon, dass er sich in einem Traumzustand befindet, führen dazu, dass er mit gleichen Recht entgegengesetzte Urteile fällen kann. Wer nicht weiß, dass er nichts vom Maß des Urteilens weiß, urteilt unbekümmert. Deswegen ist es konsequent, wenn Platon schreibt, dass in diesem Zustand mit gleichem Recht F wie nicht-F behauptet wird, denn beides ist gleich unbegründet.

Alle Elemente der ursprünglichen Beschreibung von 479a-c können so als Folgen des Traumzustandes erklärt werden. Nur Träumende können eine gute Handlung oder ein gutes Gesetz nicht von einer schlechten Variante unterscheiden. Der Philosoph, der die Idee des Guten erkannt hat, hat diese Fähigkeit. Aufgrund seines Ideenwissens hat er eine andere Wirklichkeitssicht: Er erkennt die Abbilder des Guten als Abbilder des Guten. Die Aussagen von 479a-c dürfen nicht dogmatisch, also als grundsätzliche ontologisch-epistemlogische Einschätzung gelesen werden. Als Explikation des Traumzustandes der Meinenden verstanden, verschwinden die gravierenden Probleme. Gleichzeitig wird der Passus so als detailliertere Beschreibung der Wirklichkeitssicht der Meinenden verstanden, was durchaus als Platons Ziel für den gesamten Abschnitt gelten darf: Es geht Platon um das Meinen und seine

Folgen. Zumindest entspricht dies der praktischen Ausrichtung der gesamten Unterscheidung. Genau hieran lässt sich der Unterschied zwischen der dogmatischen und der nicht-dogmatischen Variante der klassischen Interpretation festmachen: Die dogmatische Variante ließt den Passus 479a-c als allgemeine Aussage, derzufolge es auch dem Philosophen nicht möglich ist, von den Vielheiten oder Handlungen bestimmte Charakteristika sicher, das heißt begründet auszusagen. Die nicht-dogmatische Variante fasst den Passus als Beschreibung der Folge des Meinens auf.

Wie steht es nun mit der Wirklichkeitssicht, dem Wachzustand der Philosophen? Kann anhand der Unterscheidung von Wissen und Meinung verdeutlicht werden, wie er seine Aufgaben als Philosophenkönig übernehmen kann? Die Frage zu beantworten heißt zu erklären, wie er wissend die Vielheiten, inklusive Handlungen, die den Bereich zwischen Sein und Nicht-Sein ausmachenen, beurteilen kann. Denn genau diese Fähigkeit macht seine Herrschaft für Platon zur wünschenswerten Herrschaft. Eine umfassende Antwort kann hier nicht gegeben werden. Hier ist vor allem folgender Aspekt interessant: Wenn der Philosoph gute von schlechten Handlungen oder Gesetzen unterscheiden kann und sich seine Urteile auf Wissen stützen, muss dann nicht die klassische Interpretation, also die Korrelation von Seins- und Erkenntnisarten aufgegeben werden? Dies gilt nur für die dogmatische Variante, denn der Philosoph erkennt Ideen und Partizipanten als das, was sie sind. Hier soll gezeigt werden, dass die Fähigkeit des Philosophen, sich für gute Handlungen und Gesetze zu entscheiden im Rahmen der klassischen Interpretation erklärt werden kann.

Ausgangspunkt der Überlegungen ist die bereits geschilderte Totalität der Wirklichkeitsauffassung (siehe Teil 4, Abschnitt 5): Da sich die Wirklichkeitssichten ausschließen wie Wachen und Träumen gilt für auch für Wissen und Meinen: Jeder dieser Wissensformen beansprucht für sich die gesamte Wirklichkeit zu erfassen. Die begrenzte Reichweite des eigenen Standpunktes wird nicht erfasst, weswegen man glaubt, Wissen zu haben. Die Schaulustigen in Buch V halten die vielen schönen Dinge bereits für die Schönheit selbst, sie glauben den gesamten Seinsbereich des Schönen zu kennen. Die Korrelation von Ontologie und Epistemologie in den Gleichnissen widerspricht einer dogmatischen Interpretation, der zufolge Wissen auf den Bereich des reinen Seins beschränkt ist: Der aus der Höhle Geführte kann auf jeder Stufe seines Weges mehr Sein *und* den darunter liegenden Bereich (und die entsprechenden Erkenntnisweisen) differenzieren. Mit jeder Erkenntnisweise werden also der ihr zugeordnete ontologische Bereich *und* der davon kausal abhängige tiefer liegende Bereich erkannt. Wissen ist demzufolge nicht nur Wissen vom reinen Sein der Ideen, den Urbildern, sondern auch von deren Abbildern, dem Bereich zwischen Sein und Nicht-Sein. Mit dem Ideenwissen ist auch das Erkennen der Partizipanten möglich: Genau wie die Mei-

nenden nicht nur die schönen Vielheiten, sondern auch die Schatten von diesen für real halten und durch Meinung erkennen, kann der Philosoph die
Abbilder der Idee des Guten und einzelne Handlungen als gute oder schlechte erkennen. In Abschnitt A wird bestimmt, dass die εἴδη Gemeinschaft
(κοινωνία) mit Handlungen und Dingen haben. Diese sind an den εἴδη
Teilhabendes (τὰ μετέχοντα), weswegen sie die entsprechenden Charakteristika besitzen. Gerade weil der Philosoph Wissen von einem Eidos hat, kann
er Gegenstände erkennen, die an diesem teilhaben, insofern sie durch die
Teilhabe auch sind. Eine solche Erkenntnis der Abbilder wird ausdrücklich
von Platon gefordert und dies gerade im Hinblick auf das gute Leben wie der
Philebos deutlich macht: Dort wird die Erkenntnis der irdischen Kugel (Phil.
62-b) als notwendig für das Glück bezeichnet, wobei aber zugleich festgestellt
wird, dass es dabei um eine Erkenntnis zweiten Ranges handelt. (Phil. 62d-e,
58c).[9]

Wissen als Wirklichkeitssicht bleibt damit ontologisch begründet: Die Erkenntnisweisen bei Platon sind damit im Sinne der klassischen Interpretation
an Gegenstandsbereiche geknüpft, aber nicht in dem dogmatischen Sinne,
dass über Vielheiten und Handlungen auch der Philosoph keine entschiede-
nen, d.h. durch (Ideen-) Wissen begründete Urteile fällen kann. Aussagen
und damit Wissen sind bei Platon immer Aussagen über etwas. Sichere Aussagen lassen sich nur im Rekurs auf die das feste Sein der Ideen fällen, aber
eben nicht nur über sie.

7. Zusammenfassung

Damit ist die klassische Interpretation keineswegs grundsätzlich bestätigt.
Hier sollte nur gezeigt werden, dass die Unterscheidung von Wissen und
Meinung in Buch V von großer praktischer Bedeutung ist und dass diese Bestimmungen nur mit einer nicht-dogmatischen Variante der orthodoxen Interpretation gut vereinbar sind. Dass die Ideen sowohl das reine Sein der Ide-
en wie auch das vergängliche Sein von raum-zeitlichen Dingen und Handlungen umspannen, ermöglicht die Anwendung des Ideenwissens für die
Handlungsentscheidung. Platon hat diese Probleme in den mittleren Dialogen noch nicht gelöst. Dass und wie er in späteren Dialogen diese Fragen
thematisiert spricht nicht gegen die hier vertretene These, sondern gerade für
sie (vgl. den zweiten Abschnitt im Beitrag von D. Frede in diesem Band).

---

[9] Die Frage, ob Platon einen nicht eindeutigen Wissensbegriff hat, kann hier
nicht geklärt werden, aber festzuhalten ist, dass das Erkennen der Abbilder möglich
und ist und ferner bleibt Wissen mit Gegenstandsbereichen verbunden.

Schon für die mittleren Dialoge ist aber zu untersuchen, warum und wie es bei Platon so etwas wie absteigende Dialektik geben kann, also die Bestimmung des Konkreten mit Hilfe des Ideenwissens (vgl. Bröcker 1972, 219) und warum Platon von den Philosophen (gerechterweise) fordert, dass sie nach der Ideenerkenntnis wieder in die Höhle hinabsteigen müssen. Da es die Dialektik unzweifelhaft mit den Ideen, also dem reinen Sein zu tun hat, muss erklärt werden, warum Platon das Höhlengleichnis nicht mit dem Aufstieg enden lässt, sondern die Rückkehr des Philosophen für nützlich hält. Dies gilt umso mehr als Platon der Ansicht war, auch der innerweltliche Nutzen folgt aus dem Wissen und nur aus ihm.

Attribute der Formen und die Form des Guten
Gerasimos Santas über die metaphysische Theorie des Guten in Platons *Politeia*

„Trotz der Kunst, mit der Platon die Gleichnisse (sc. in der *Politeia*) entfaltet und ausmalt, konnte bis heute nicht einmal ein Konsens darüber erzielt werden, wovon Platon mit dem Ausdruck ‚die Idee des Guten‘ spricht. Bis heute dominieren ungedeckte Spekulationen, phantastische Konstruktionen und undeutliche Redensarten."[1] Eine bemerkenswerte Ausnahme von der Regel stellt G. Santas' erstmals 1980 publizierter Aufsatz „The Form of the Good in Plato's *Republic*" (Santas 1983) dar, dem der Verfasser drei weitere Beiträge zum Thema folgen ließ (vgl. Santas 1985, 234-239; 2001, 167-193; 2002), in denen er vor allem die metaphysische Defizienz der Sensibilia klarer zu fassen versucht, ohne die nach seiner Hypothese das vollkommene Sein der Formen und damit auch die Erklärungsleistung der Form des Guten nicht verstanden werden können.[2] Santas' sorgfältig ausgearbeitete Interpretation hat das Verdienst, erstmals präzise die Frage formuliert zu haben, ob das mit ihrer Relation zur Form des Guten erklärte Sein der Formen einem bestimmten Attribut der Formen oder auch einem bestimmten Typus von Formattributen zugeordnet werden könne.

Ohne Zweifel ist es sinnvoll, eine Interpretation der Form des Guten von dieser Frage ausgehen zu lassen. Denn Platons Formen haben normalerweise die Eigenschaft, bestimmte Attribute zu erklären[3] – wenn nicht Attribute von Formen, so doch Attribute der Sensibilia. Warum sollte also nicht der Versuch unternommen werden, auch die kausale Relation zwischen der Form des Guten und den übrigen Formen nach diesem Muster zu explizieren? So notwendig freilich ein solcher Versuch ist, um ein schärferes Bild von der

---

[1] Stemmer 1992, 185. Stemmer (1992, 159 und 184) bemängelt konkret, dass die Gleichnisserie in *Politeia* VI/VII häufig von der Frage isoliert wird, die mit der Thematisierung des Guten beantwortet werden soll: Wozu ist die Gerechtigkeit für die Seele und die Polis gut? (Siehe 505a2-b3, 505d11-506a7.)

[2] Zur Diskussion von Santas' Interpretation vgl. Gerson 1990, 263 Anm. 52; MacIntyre 1990, 248f.; Sayre 1995, 182-184; Gonzalez 1998, 359f. Anm. 9 und 361f. Anm. 15.

[3] Die Redeweise, dass eine Form ein bestimmtes Attribut erklärt, bedeutet hier und im Folgenden, dass Sätze über die Form und ihre Relation zu ihren Partizipanten erklären, warum die Partizipanten ein bestimmtes Attribut besitzen.

Form des Guten zu gewinnen, so unabsehbar sind die Probleme, die ihm im Wege stehen und die sich um die zentrale Frage gruppieren, was es für eine Form bedeutet, Attribute zu haben. Z. B. ist es keineswegs klar, dass Prädikationen von Formen gewöhnliche Attributzuschreibungen sind (für die so genannten Selbstprädikationen ist dies oft genug bestritten worden[4]), und es ist auch nicht klar, welche Attribute der Formen durch andere Formen erklärt werden müssen, ja ob Formattribute überhaupt durch andere Formen erklärt werden müssen – letzteres ist zumindest dann ein Problem, wenn Formen nicht Attribute generell, sondern nur raum-zeitlich qualifiziert zugeschriebene Attribute erklären sollen, wie manche Dialoge, z. B. der *Timaios*, nahe zu legen scheinen.[5]

Nicht nur dieser ziemlich undurchdringliche Komplex von Fragen zu Formattributen und -prädikationen erschwert das Verständnis der glanzvollen Aussagen über die Form des Guten in der *Politeia*, sondern auch die Vielfalt ihrer Erklärungsleistungen. Denn die Annahme der Form des Guten soll nicht nur erklären, warum die Formen so sind, wie sie sind, sie soll auch ein tieferes Verständnis mathematischer Gegenstände ermöglichen und im Kontext der *Politeia* vor allem eine Antwort auf die Frage geben, warum es für die individuelle Seele und die Polis gut ist, gerecht zu sein. Ein angemessenes Verständnis der Form des Guten in der *Politeia* erfordert daher eine relativ voraussetzungsvolle Zusammenschau ihrer verschiedenen Erklärungsleistungen. Häufig gelangen die Exegeten freilich zu einer Interpretation, ohne auch nur einen geringen Teil ihrer Vorannahmen über alle drei erwähnten Bereiche expliziert und begründet zu haben, wenn sie denn ihre Deutung nicht von Anfang an auf eine partielle Erklärungsleistung der Form des Guten abstellen. Zu fordern ist dagegen eine Deutung, die ihre Hypothesen hinsichtlich aller drei Felder rechtfertigt und sie zu einem kohärenten Ganzen zusammenschließt.

Auch Santas' Ansatz ist von gewissen Verengungen des Blickwinkels nicht frei. So verdiente die Relation zwischen der Form des Guten und den mathematischen Gegenständen sicher mehr als nur das knappe Fünftel des Raums, das Santas ihr in seinem ersten Aufsatz widmet (vgl. 1983, 252-256). Da die folgenden Überlegungen an seine Interpretation kritisch anknüpfen, teilen sie einerseits ihre Konzentration auf das Problem, wie die Form des Guten das Sein der Formen erklärt; sie versuchen andererseits zu zeigen, dass eine angemessene Explikation dieser von Santas so genau herausgearbeiteten Er-

---

[4] Vgl. die Auseinandersetzung mit den entsprechenden Interpreten bei Malcolm 1991, 64-91.

[5] Frede (1988, 51) argumentiert mit Blick auf die Theorie separater Formen im *Timaios*, dass das F-selbst erklären soll, warum raum-zeitliche F F zu sein scheinen, aber nicht wirklich sind.

klärungsleistung der Form des Guten automatisch ihre beiden anderen Erklärungsleistungen – die Erklärung des höchsten Guts der Seele bzw. Polis und die Erklärung mathematischer Gegenstände – einbeziehen muss. Dabei gelange ich zu der Auffassung, dass Platons indirekt bezeugte Identifikation der Form des Guten mit dem Einen (τὸ ἕν) aus der *Politeia* selbst, d. h. ohne Rekurs auf externe Zeugnisse[6], erschlossen werden kann[7] und dass die Kausalität der Form des Guten mit dem Kausalitätstyp verständlich zu machen ist, der in den aristotelischen Zeugnissen über Platons „Erzeugung" der idealen Zahlen und Größen impliziert ist.[8]

Berücksichtigt man nämlich die in *Politeia* VI und VII so wichtige mathematische Erklärungsleistung des Guten, liegt der Schluss nahe, dass sich Platon bereits zur Zeit der Abfassung dieser Bücher von der Notwendigkeit überzeugt hat, das explanatorische Potential der mathematischen Wissenschaften für seine Theorie der Formen fruchtbar zu machen, d. h. raum-zeitliche Charakteristiken mit mathematischen Formen zu erklären und diese auf letzte Zahlprinzipien zurückzuführen. Eine solche Zurückführung ist unter der Voraussetzung denkbar, dass die mathematischen Formen nicht Universalien, sondern Individuen sind, die als Paradigmen der durch Zahlen und geometrische Figuren strukturierten Erscheinungen in Raum und Zeit selbst Zahlen und geometrische Figuren sind, wenn auch – qua Formen – Zahlen und Figuren mit besonderen Eigenschaften.[9] Und wenn die Zahlen die primären mathematischen Entitäten sind, muss der „Generierung" der Form-Zahlen für die Erklärung des Gesamtbereichs der Formen eine Schlüsselrolle zukommen (vgl. Burnyeat 1987, 235). Eine konkrete Ausführung des Wunsches, prima facie nicht-mathematische Erscheinungen im Raum mit mathematischen Formen zu erklären, erkennt man im *Timaios* (vgl. Ferber 1989, 210), wo die Strukturen der vier Elementarkörper mit den stereometrischen Figuren der regelmäßigen Körper erklärt werden (Tim. 55d6-56b6), die ihrerseits in Elementardreiecke und in höhere Prinzipien – wohl Linien und Zahlen – analysiert werden (Tim. 53c4-d7). Für die den raum-zeitlichen Erscheinungen entsprechenden Formen hat dies die Konsequenz, dass sie als deren Paradigmen selbst mathematische Strukturen exemplifizieren.

---

[6] Die externe Evidenz gründet sich v. a. auf Aristoteles, Metaph. A 6, 988a14f., N 4, 1091b13-15, EE A 8, 1218a20f.

[7] Zu dieser Auffassung gelangt auch Hitchcock 1985.

[8] Vgl. z. B. Metaph. N 2, 1089a33: ἀριθμοὶ γὰρ καὶ μήκη καὶ σώματα τὰ γενώμενά ἐστιν.

[9] Aristoteles' Kritik der akademischen Zahltheorien in *Metaphysik* M und N impliziert, dass Platon die Formzahlen als paradigmatische – wenn auch inoperable – Zahlen konzipiert hat, die selbst aus Einheiten (μονάδες) zusammengesetzt sind; vgl. Annas 1976, 13-19; Mueller 1986, 112 Anm. 9; Burnyeat 1987, 234-236.

1. Santas' Position

Santas' Ausgangspunkt ist die Unterscheidung zwischen zwei Theorien des Guten in Platons *Politeia*.[10] Die erste Theorie, die Santas als „functional theory of Good" (Santas 1985, 228) bezeichnet, entnimmt er der Argumentation, mit der Sokrates am Ende des ersten Buchs der *Politeia* (mit 352d8 beginnend) Thrasymachos davon zu überzeugen versucht, dass es für die Seele gut (förderlich) ist, gerecht zu sein. Die funktionale Theorie gibt zum einen ein Kriterium dafür an, dass ein F ein gutes F ist; sie sagt zum anderen, was für ein F gut (förderlich) ist: Ein F ist genau dann ein gutes F, wenn es die Funktionen (ἔργα), zu denen ein F bestimmt ist, aufgrund der für F-Dinge spezifischen ἀρετή effektiv erfüllt, und gut ist für das F, was es zu einem guten F macht, d. h. seine ἀρετή. Auf die Seele angewandt, besagt die Theorie: Eine Seele ist genau dann eine gute Seele, wenn sie die Funktionen, zu denen Seelen bestimmt sind (nämlich τὸ ἐπιμελεῖσθαι καὶ ἄρχειν καὶ βουλεύεσθαι καὶ τὰ τοιαῦτα πάντα 353d4-6, τὸ ζῆν 353d9), aufgrund der seelischen ἀρετή, hier: der Gerechtigkeit (vgl. 353ef.), effektiv ausführt, und die Gerechtigkeit ist gut für die Seele, weil sie sie zu einer guten, d. h. leistungsfähigen Seele macht. Die substantivische Verwendung von „gut" („x ist ein Gut für y") lässt sich somit in der Funktionstheorie des Guten auf die attributive („x ist ein gutes F") ausrichten:[11] Um die Gutheit der Gerechtigkeit zu definieren, muss ich auf die Gutheit der Seele rekurrieren, aber nicht umgekehrt zur Definition de Gutheit der Seele auf die Gutheit der Gerechtigkeit.

Santas vertritt nun die These, dass die Funktionstheorie des Guten auch in der Argumentation der Bücher II – V der *Politeia* vorausgesetzt sei. Der Fortschritt dieser Bücher über das erste Buch hinaus liege nicht in der Ausarbeitung einer neuen Theorie des Guten, sondern in der im vierten Buch erreichten Definition der Gerechtigkeit – der Gerechtigkeit der Polis in 433a1-434d5; der Gerechtigkeit der Seele in 441d5-444a9 –, die die Funktionstheorie des Guten impliziere (vgl. Santas 1985, 230-234 und 2001, 75-84). Zunächst lasse Platon die Dialogpartner eine maximal funktionstüchtige Polis (τελέως ἀγαθή 427e7, vgl. 434e2) errichten, in der in dann die Gerechtigkeit verortet werde (427c6-d7; 434d8-e2); an diesem Vorgehen zeige sich, so Santas, dass er die Gerechtigkeit anhand ihres Beitrags zur Leistungsfähigkeit der Polis definiere (vgl. Santas 1985, 232 und 2001, 77). Da Platon eine strenge Isomorphie zwischen Polis und individueller Seele postuliere, könne die Argumentation auf die Seele übertragen werden (vgl. bes. 441d5f. und

---

[10] Vgl. Santas 1983, 248; 1985, bes. 239-244; 2001, bes. 187-191.

[11] Zur Unterscheidung beider Verwendungsweisen vgl. Hitchcock 1985, 65-67 und Stemmer 1992, 153-158.

Santas 1985, 233), wofür auch die Analogie zwischen der Gerechtigkeit der Seele und der Gesundheit, d. h. Funktionstüchtigkeit des Körpers spreche.[12]

Santas entdeckt darüber hinaus in den Büchern VI und VII der *Politeia* eine zweite Theorie des Guten, die er als „metaphysical account of the Good" (Santas 1985, 234) bezeichnet. Sie expliziert das attributiv gebrauchte „gut" („x ist ein gutes F") dadurch, dass sie die Gutheit eines F nicht als Funktionstüchtigkeit, sondern als vorzügliche Exemplifikation des Attributs F-heit definiert (wir nennen sie daher „Exemplifikationstheorie des Guten"). Dieser Theorie zufolge ist ein F ein umso besseres F, je reiner und vollkommener es exemplifiziert, was es bedeutet, ein F zu sein. Die Form des F, das F-selbst, ist entsprechend ein gutes, ja das bestmögliche F, nicht weil sie ein maximal funktionstüchtiges F, sondern weil sie aufgrund ihrer Teilhabe an der Form des Guten maximal, d. h. unqualifiziert und perfekt,[13] F ist.[14] Santas versucht auch zu erklären, warum Platon die Exemplifikationstheorie des Guten als Fundament der Funktionstheorie des Guten betrachtet habe: Ein sensibles F sei ein umso besseres F im Sinne der Funktionstheorie (ein umso leistungsstärkeres F), je mehr es dem F-selbst, dem reinsten und vollkommensten F, gleichkomme. Ein sinnlich wahrnehmbares Rad z. B. laufe umso besser, je weniger es am Geraden teilhabe (vgl. Ep. VII 343a7), d. h. je ähnlicher es dem Kreis-selbst sei (vgl. Santas 1985, 242).

Zur präziseren Bestimmung der Funktion der Form des Guten in der Exemplifikationstheorie des Guten ist zu fragen, wie sie gewährleistet, dass die Formen die besten Dinge ihrer Art sind. Santas' Antwort auf diese Frage lautet: mittels formaler Kausalität – sie sei nämlich die Form der Charakteristiken, aufgrund derer die Formen die besten Dinge ihrer Art seien, ihrer so genannten *ideal attributes*: „The ideal attributes of all the Forms other than the Form of the Good are proper attributes of the Form of the Good." (Santas 1983, 238) Um die Pointe dieser These erfassen zu können, müssen wir zu-

---

[12] Vgl. 444d13-e1: ἀρετή ... ὑγίειά τέ τις ἂν εἴη καὶ κάλλος καὶ εὐεξία ψυχῆς und dazu Santas 2001, 135-138. Vgl. auch Gorg. 504b2-d3.

[13] Vgl. Santas 2001, 171-178 und 2002, 362-368. Santas erläutert hier in Auseinandersetzung mit Code (1993), dass die sensiblen F darin hinter dem F-selbst zurückbleiben, dass sie mindestens eine der drei folgenden Bedingungen erfüllen: (1) sie sind qualifiziert F (z. B. Helena, die nur zu bestimmter Zeit, in bestimmten Hinsichten usw. schön ist); (2) sie sind annähernd F (z. B. der gezeichnete Kreis, der nicht völlig rund ist); (3) sie zeigen nicht alle in der Definition von F-heit enthaltenen Merkmale (z. B. Spiegelbilder).

[14] Vgl. Santas 1983, 239f. Soweit ich sehe, liefern weder Hare (1965, 35-37), dessen These Santas hier aufnimmt, noch Santas selbst konkrete Belege für einen solchen Gebrauch von „ἀγαθός" bei Platon. Dies ist kein Zufall, wenn die attributive Verwendung von „ἀγαθός" *funktionales* Gutsein impliziert (vgl. Stemmer 1992, 154).

nächst klären, was Santas unter einem *ideal attribute* und was er unter einem *proper attribute* einer Form versteht. Santas übernimmt die Termini von D. Keyt,[15] der sie im Anschluss an Aristoteles, Top. 137b3-13 wie folgt defin- iert: „An *ideal* attribute is one whose absence from a thing entails that the thing is not a Platonic Idea" (Keyt 1969, 12), und „a *proper* attribute of a given Form is one whose absence from a thing entails that the thing is not an instance of the given Form" (Keyt 1969, 13).

An Keyts Definition der *ideal attributes* ist zu beachten, dass sie für Santas' Anliegen, zwischen dem Besitz eines *ideal attribute* und dem Status als Form eine Äquivalenzbeziehung herzustellen – die *ideal attributes* müssen ja Form- spezifische Charakteristiken sein, um die Essenz der Formen konstituieren zu können[16] –, zu schwach ist. Die Definition schließt nicht aus, dass Entitäten, die nicht Formen sind, bestimmte *ideal attributes* besitzen, und man tut gut daran, diese Möglichkeit nicht auszuschließen, wenn man zu den *ideal attribu- tes* mit Santas (1983, 237) die Charakteristiken zählt, die in der Sequenz „ἀεὶ ὂν καὶ οὔτε γιγνόμενον οὔτε ἀπολλύμενον, οὔτε αὐξανόμενον οὔτε φθίνου (Symp. 211a1f.) dem Schönen-selbst zugeschrieben werden und die offensichtlich nicht nur Formen, sondern auch Seelen zukommen. Der Besitz eines der in Symp. 211a1f. aufgelisteten Attribute ist mithin kein geeignetes Kriterium zur Abgrenzung der Formen von Entitäten anderen Types.

Auch wenn man vom Zwischenbereich der Seelen absieht, ist der Besitz eines *ideal attribute* noch kein Kriterium dafür, dass der Träger des Attributs eine Form und kein raum-zeitlicher Gegenstand ist. Santas selbst erklärt mit Blick auf den *Timaios*, dass die Sensibilia „to some degree" (Santas 1983, 246f.; vgl. 1985, 239) an gewissen *ideal attributes* und somit an der Form des Guten teilhätten. Allerdings sind seine Äußerungen hierzu nicht ganz klar. An einer früheren Stelle bemerkt er nämlich, dass die *ideal attributes* Charakte- ristiken seien, „which Forms have but which the sensibles that participate in them do not have" (Santas 1983, 237). Tatsächlich scheint seine These, dass die *ideal attributes* die Formen zu Formen machen, nur dann plausibel zu sein, wenn ein *ideal attribute* ausschließlich Formen charakterisiert, es sei denn, man definiert die Äquivalenz zwischen dem Besitz von *ideal attributes* und dem Status als Form nicht hinsichtlich jedes einzelnen *ideal attribute* unabhängig von den anderen *ideal attributes* – wie wir sie bisher im Anschluss an einige

---

[15] Vgl. Keyt 1969 und 1971. Zur Diskussion um den exegetischen Wert der Un- terscheidung zwischen *ideal* und *proper attributes* vgl. neben Santas 1983, 241-252 auch Owen 1968; Malcolm 1985, 80-83 und Gerson 1990, 44-49 (affirmativ); Vlastos 1973, 323-334 (ablehnend).

[16] Vgl. Santas 2001, 184: „The ideal attributes I and II of the forms are perfect can- didates for what Plato means by ‚the being and essence' of the forms ...: for it is these attributes that make something a form and distinguish it from sensibles".

Formulierungen bei Santas erfolglos zu definieren versucht haben –, sondern in der Weise, dass die Konjunktion der *ideal attributes* ein hinreichendes Kriterium für die Feststellung ist, dass der Träger dieser Attribute eine Form ist. Dann bedürfen wir aber eines genauen Inventars der Klasse der idea

Santas geht darin über Keyts Definition der *ideal attributes* hinaus, dass er zwischen zwei Klassen von *ideal attributes* unterscheidet.[17] Die I1-Klasse enthält die *ideal attributes*, deren Besitz nicht den Besitz bestimmter *proper attributes* impliziert (vgl. die oben zitierte Sequenz Symp. 211a1f.): Daraus, dass die Form des Schönen immer existiert, kann nicht geschlossen werden, dass sie schön ist. Die I2-Klasse enthält die *ideal attributes*, deren Besitz den Besitz bestimmter *proper attributes* impliziert (vgl. die anschließende Sequenz Symp. 211a2-5): Daraus, dass die Form des Schönen immer schön ist, lässt sich schließen, dass sie schön ist. Nun ist klar, dass die Attribute der zweiten Klasse Keyts Definition der *ideal attributes* nicht erfüllen (vgl. Santas 1983, 249f.): Denn dass z. B. die Form des Schönen im Unterschied zur Form des Großen nicht immer groß ist (weil sie überhaupt nicht groß ist), hindert sie nicht daran, eine platonische Form zu sein. Man mag sich in der Tat fragen, worin sich eigentlich die I2-Attribute von den *proper attributes* unterscheiden. Sie erfüllen zwar anscheinend auch nicht Keyts Definition der *proper attributes* (Helena ist nicht immer schön, nichtsdestoweniger eine Instanz der Form des Schönen), doch scheint in den Sätzen „Das Schöne-selbst ist immer schön" und „Helena ist eine Zeit lang schön" dem Schönen-selbst und Helena dasselbe Attribut (Schönheit) mit verschiedenen Qualifikationen (mit und ohne Zeitbedingungen) zugeschrieben zu werden. Die I2-Attribute scheinen demnach nicht so sehr *ideal attributes* als unqualifiziert prädizierte *proper attributes* zu sein.[18] Für die Beurteilung von Santas' Deutung wird daher die Frage wichtig sein, inwieweit die Formen überhaupt gemeinsame *ideal attributes* besitzen, die durch eine von ihnen unterschiedene Form erklärt werden müssen.

Nachdem wir die grundlegende Unterscheidung zwischen *ideal* und *proper attributes* der Formen näher kennen gelernt haben, wollen wir sehen, welchen Nutzen sie in Santas' Augen für die Interpretation der Form des Guten hat. Das Gute-selbst ist in der *Politeia* die Form, die sowohl die Erkenntnis des Er-

---

[17] Vgl. Santas 1983, 237; 1985, 237; 2001, 183; 2002, 372.

[18] Santas (1983, 251) begegnet diesem Einwand mit dem Vorschlag, die I2-Attribute „in abstraction from the proper attributes contained in them" zu sehen. Die I2-Prädikationen bezüglich des Schönen-selbst sind somit nicht mit „Das Schöne-selbst ist unqualifiziert schön", sondern mit „Das Schöne-selbst ist unqualifiziert das, was es gemäß seiner spezifischen Natur ist" darzustellen. Das Problem dieses Vorschlags ist, dass in Symp. 211a2-5 die I2-Prädikationen gerade nicht in Abstraktion vom *proper attribute* der Schönheit formuliert werden.

kennenden (508e2 f., 509a6 f.) als auch die Erkennbarkeit (508e1-4, 509a7, 509b6 f.) und das Sein (509b7 f.) der erkannten Dinge (d. h. der Formen) erklärt. Santas legt Wert auf die Feststellung, dass die Form des Guten das Sein der Formen und nur der Formen begründe, was den Schluss nahe lege, dass sie die formale Ursache[19] der Eigenschaften sei, die Formen zu Formen machen. Unter Berufung auf Vlastos' Interpretation der platonischen „degrees of reality" (vgl. Vlastos 1973, 58-75) sieht Santas genug Evidenz dafür, dass Platon die *ideal attributes* tatsächlich als solche identifiziert habe, und hält damit die Folgerung für gerechtfertigt: „These attributes ... constitute the being and essence of the Forms" (Santas 1983, 237). Dass die *ideal attributes* der Formen die *proper attributes* der Form des Guten seien, mache verständlich, warum diese zugleich die Erkennbarkeit und Gutheit der Formen begründe. Das F-selbst sei nicht erkennbar, weil es F sei (F seien auch die sensiblen F, über die es nur Meinungen gibt), sondern weil es auf ideale Weise F sei. Analoges gelte für die Gutheit der Formen: das F-selbst sei ein gutes F, nicht weil es F sei, sondern weil es auf ideale Weise F sei (so bereits Hare 1965, 35-37). Dabei sei auch umgekehrt zu beachten, dass es nicht auf ideale Weise F sein könnte, wenn es nicht F wäre: „Without self-predication this theory of goodness would collapse; for without it the Forms would not be ideal exemplars – the best objects of their kind – and so there would be no motivation at all for supposing that the Form of the Good is the formal cause of the being and essence of the Forms." (Santas 1983, 247f.) Dass Santas der unangenehmen Konsequenz wörtlich zu verstehender Selbstprädikation der Formen nicht aus dem Weg geht, zeigt, worin sich seine Interpretation der Form des Guten auszeichnet: sie verwendet nur Annahmen, die in einer plausiblen Lesart der Metaphysik der mittleren Dialoge impliziert sind, und verzichtet auf Inspirationen aus anderen philosophischen Autoren, wie sie für so viele exegetische Bemühungen um die Form des Guten charakteristisch sind.

2. Probleme der Interpretation

2. 1. Erklärt die Form des Guten die von Santas genannten *ideal attributes*?

Wenn Santas' Applikation der Funktionstheorie des Guten auf die Argumentation der Bücher II – V der *Politeia* richtig wäre, wüssten die Gesprächspartner im sechsten Buch, warum die Gerechtigkeit für die Seele und die Polis gut ist: sie wüssten nämlich, dass der Besitz einer Eigenschaft dann für ihren

---

[19] Santas (1983, 238) verweist für diese Explikation der Kausalität der Formen auf Vlastos 1973, 76-110. Sie kann keineswegs als kanonisch gelten; vgl. Sedley 1998.

Träger gut ist, wenn sie ihn zu einem leistungsstarken Ding macht,[20] und dass die Gerechtigkeit eine solche Eigenschaft ist. Doch noch im sechsten Buch der *Politeia* steht die Antwort auf die Frage aus, warum eigentlich die Gerechtigkeit für die Seele und die Polis gut ist,[21] denn noch ist unklar, was das Gute ist (505a4-b3). Wenn folglich die Frage nach der Gutheit der Gerechtigkeit im sechsten Buch noch nicht beantwortet ist, lässt sich schließen, dass die im ersten Buch exponierte Funktionstheorie des Guten zumindest in ihrem für diese entscheidende Frage relevanten Aspekt im Argumentationsgang der Bücher II – V keine Rolle spielt. Dieser Befund entlastet Santas einerseits davon zu erläutern, inwiefern die Funktionstheorie des Guten in Platons Sicht hinreichend verständlich machen könnte, warum die Gerechtigkeit für die Seele und die Polis gut ist. Andererseits muss dann offenbar die metaphysische Exemplifikationstheorie des Guten diese Erklärungslast tragen; zumindest sollte ihr ein impliziter Hinweis auf die Lösung des Problems entnommen werden können.

Man mag im Rahmen der Exemplifikationstheorie vermuten, dass die Gerechtigkeit für die Seele gut ist, weil die gerechte Seele sei's in höherem Maße als die ungerechte an den aus *Symposion* 211a1-5 entnommenen *ideal attributes* teilhat, sei's überhaupt an ihnen teilhat, während die ungerechte gar nicht an ihnen teilhat, und dass die gerechte Seele insofern eine bessere Seele als die ungerechte ist. Doch gilt zumindest für einige der *ideal attributes* offenbar nicht, dass sich die gerechte Seele in Bezug auf sie von der ungerechten vorteilhaft unterscheidet: so basiert ja der Unsterblichkeitsbeweis in *Politeia* X (608d-611a) u. a. darauf, dass keine Seele an ihrer κακία zugrunde geht, d. h. ungerechte wie gerechte Seelen gleichermaßen am *ideal attribute* immerwährender Existenz teilhaben. Ebenso wenig lässt sich sagen, dass auf ungerechte Seelen das Prädikat „Seele" qualifiziert, auf gerechte Seelen unqualifiziert zutreffe, womit auch das *ideal attribute* unqualifizierten F-Seins für die Unterscheidung gerechter und ungerechter Seelen ungeeignet zu sein scheint.

Es existiert jedoch ein – in Symp. 211a1-5 nicht genanntes und daher von Santas nicht berücksichtigtes – *ideal attribute*,[22] das nur die gerechte Seele besitzt: das Attribut der Ordnung (τάξις). Denn in der gerechten Seele sind –

---

[20] Vgl. Satz 7 der Funktionstheorie des Guten bei Santas 1985, 229.

[21] Auch die Analogie zwischen der Gerechtigkeit der Seele und der Gesundheit des Körpers, die Glaukon von der Nützlichkeit der Gerechtigkeit für die Seele überzeugt (445a5-b4), begründet nicht beider Gutheit. Das betont mit Recht MacIntyre 1990, 250. Vgl. zum Verhältnis von *Politeia* VI zu *Politeia* IV auch Stemmer 1992, 167-174.

[22] Vgl. die Charakterisierung der Formen in 500c2-5: τεταγμένα ἄττα καὶ κατὰ ταὐτὰ ἀεὶ ἔχοντα ... οὔτ' ἀδικοῦντα οὔτ' ἀδικούμενα ὑπ' ἀλλήλων, κόσμῳ δὲ πάντα καὶ κατὰ λόγον ἔχοντα.

ungeachtet der Frage, ob sie ihrer Natur nach ein- oder vielgestaltig ist (612a4) – die Seelenvermögen zu einer Einheit zusammengebunden (443c9-444a2), während in der ungerechten Verwirrung (ταραχή) und Orientierungslosigkeit (πλάνη 444b6f.) herrschen (vgl. dazu Hitchcock 1985, 75-79). Damit scheint eine erste Korrektur an Santas' Ansatz angezeigt zu sein: *Wenn die Form des Guten die formale Ursache von ideal attributes ist*, die erklären sollen, warum es für die Seele und die Polis gut ist, gerecht zu sein, so gehört auf jeden Fall Ordnung zur Liste dieser Attribute, während auf einige der von Santas genannten *ideal attributes* verzichtet werden kann.

Der Vorschlag, das Attribut Ordnung zur Liste hinzuzufügen, lässt sich mit einer Reihe von Belegen stützen (vgl. das reiche Stellenmaterial bei Hitchcock 1985, 75-80).[23] Zwei besonders wichtige seien hier erwähnt. Erstens wird im fünften Buch der *Politeia* (462a9-b2) betont, dass es kein „größeres Übel" (μεῖζον κακόν) für eine Stadt gebe als das, „was sie auseinander reißt und zu vielen Städten macht" (ὃ ἂν αὐτὴν διασπᾷ καὶ ποιῇ πολλὰς ἀντὶ μιᾶς), und kein „größeres Gut" (μεῖζον ἀγαθόν) als das, „was sie zusammenbindet und zu *einer* Stadt macht" (ὃ ἂν συνδῇ τε καὶ ποιῇ μίαν). Offenbar ist der Besitz des Attributs der Ordnung das höchste Gut für eine Polis (vgl. auch Hitchcock 1985, 79f.). Zweitens ist auf die Stelle im *Timaios* zu verweisen, wo die Veranlassung des Demiurgen zur Kosmopoiie angegeben wird: Da er wollte, dass nach Möglichkeit alles gut und nichts schlecht sei, überführte er das chaotisch Bewegte (κινούμενον πλημμελῶς καὶ ἀτάκτως Tim. 30a4f.) aus der Unordnung in die Ordnung, weil er der Ansicht war, dass dieser Zustand unbedingt besser sei als jener (εἰς τάξιν αὐτὸ ἤγαγεν ἐκ τῆς ἀταξίας, ἡγησάμενος ἐκεῖνο τούτου πάντως ἄμεινον Tim. 30a5f.). Diese Stelle ist auch deshalb wichtig, weil sie die Gutheit von τάξις nicht mit der Ermöglichung der Funktionalität eines Dings oder Organismus begründet[24] (der Demiurg greift nicht in bereits bestehende Dinge oder Organismen ein, um ihre Funktionalität zu steigern), sondern τάξις als ein intrinsisches Gut darstellt. Auch denjenigen, der die τάξις der Formen nachzuahmen wünscht (500b8-c7), fasziniert nicht, wie vorzüglich die Formen funktionieren; er bewundert vielmehr ihre Ordnung um ihrer selbst willen. All dies deutet stark darauf hin, dass Platon τάξις – und zwar mathematisch erfassbare τάξις (vgl. bereits Gorg. 508a4-8) – als ein selbsterklärendes Gut betrachtet hat (vgl. Burnyeat 1987, 238-240), anders als Aristoteles, der zwischen Gutheit und Schönheit klar unterscheidet und τάξις weniger

---

[23] Nur am Rande sei auf Aristoteles' Bericht (EE A 8, 1218a16-21) hingewiesen, dass δικαιοσύνη und ὑγίεια in Sicht der Platoniker gut sind, weil sie τάξεις καὶ ἀριθμοί sind.

[24] Ordnung als Funktionalitätsbedingung wird im *Gorgias* betont, vgl. etwa Gorg. 505b4-5 hinsichtlich einer tüchtigen Seele.

mit Gutheit als mit Schönheit in Verbindung bringt (Metaph. M 3, 1078a31-b5).

Bisher hat sich ergeben, dass einerseits einige der *ideal attributes*, die Santas benennt, von der Liste der mit der Form des Guten erklärten *ideal attributes* gestrichen werden können, andererseits das von ihm nicht berücksichtigte *ideal attribute* der Ordnung in sie aufgenommen werden sollte, wenn die Auffassung der Form des Guten als formaler Ursache von *ideal attributes* erklären können soll, warum es für die Seele und die Polis gut ist, gerecht zu sein. Nachfolgend soll in zwei Schritten dafür plädiert werden, auf Santas' *ideal attributes* bei der Explikation der Form des Guten als formaler Ursache von *ideal attributes* ganz zu verzichten. Im ersten Schritt wird gezeigt, dass die von der Form des Guten erklärten *ideal attributes* auf ein einziges Attribut reduzibel sein müssen, wenn sie in der Form des Guten eine einzige formale Ursache haben sollen. Der zweite Schritt verfolgt den Nachweis, dass sich die Prädikationen, denen Santas seine Kandidaten für *ideal attributes* entnimmt, auf Zuschreibungen von *proper attributes* bzw. Existenzaussagen reduzieren lassen, ihnen also gar keine eigene Klasse von *ideal attributes* entnommen werden kann.

Der erste Schritt. Santas betont, dass die Form des Guten die formale Ursache dafür sei, dass die Formen eine Reihe von *ideal attributes* besitzen. Diese These überrascht etwas, sofern man annimmt, dass eine Form F-heit die formale Ursache des F-Seins eines F dann und nur dann ist, wenn das F die Definition von F-heit erfüllt. Wenn nun auch Gutheit eine bestimmte Definition hat, stellt sich die Frage, wie die prima facie verschiedenen Definitionen der *ideal attributes* auf die einzige Definition von Gutheit reduziert werden können.[25] Die Wahl des Lösungsansatzes hängt davon ab, wie man den von Santas vorausgesetzten Universalienstatus der platonischen Formen expliziert. Unter der Voraussetzung, dass die Formen Bedeutungen genereller Termini sind, kann man zu zeigen versuchen, dass die den *ideal attributes* entsprechenden Prädikate dieselbe Bedeutung wie „gut" haben und somit durch dieses Prädikat ersetzbar sind.[26] Diese Strategie ist wenig Erfolg versprechend, denn dass z. B. „μονοειδές" eine andere Bedeutung als „ἀεὶ ὄν" hat, ist offensichtlich. Unter der Annahme, dass die Formen allgemeine, wissenschaftlich aufzudeckende Naturen der Dinge sind, kann man zu zeigen versuchen, dass sich alle *ideal attributes* auf eine einzige Natur zurückführen lassen, die mit

---

[25] Gerson (1990, 263 Anm. 52) und Sayre (1995, 183) wenden gegen Santas konkret ein, dass die μέγιστα γένη des *Sophistes* bessere Kandidaten für die formale Erklärung von *ideal attributes* seien.

[26] Dabei kämen jedoch nur I2-Attribute in Frage; dass das F-selbst ein gutes F ist, impliziert, dass es F ist, und nur die I2-Attribute implizieren *proper attributes* (vgl. Santas 2001, 184).

Gutheit identisch ist.[27] In diese Richtung scheint D. Hitchcock zu gehen, wenn er die beiden Formattribute der Zeit- und Aspekt-Invariabilität auf das einzige Attribut der Uniformität reduziert (vgl. Hitchcock 1985, 73). Santas müsste in analoger Weise zeigen, dass sich die *ideal attributes* auf ein einziges *ideal attribute* reduzieren lassen, wenn sie der Teilhabe an einer einzigen Form verdankt werden (da die *ideal attributes* erklären sollen, was die Gutheit bzw. Idealität der Formen ausmacht, genügt es nicht, wiederum nur das Attribut Gutheit bzw. Idealität zu nennen). Ersetzt man seine *ideal attributes* durch das Attribut der Ordnung, tritt dieses Problem gar nicht erst auf.

Man könnte prinzipieller fragen – und damit kommen wir zum zweiten Schritt –, ob die von Santas angeführten *ideal attributes* überhaupt eine eigene Klasse von Formattributen bilden.[28] Bei den I2-Attributen haben wir bereits gesehen, dass sie nicht als *ideal attributes*, sondern als unqualifiziert prädizierte *proper attributes* der Formen verstanden werden sollten. Diese Charakterisierung lässt sich anhand von Symp. 211a2-5 präzisieren, einer Stelle, die gemäß Santas der Form des Schönen I2-Attribute beilegt: „Weiter ist es (sc. das Schöne-selbst) nicht in einer Hinsicht schön, in einer anderen hässlich, und nicht zuweilen schön, zuweilen nicht schön, und nicht in Relation zu diesem schön, zu jenem hässlich, und nicht hier schön, dort hässlich, für die einen schön, für die anderen hässlich."[29] Positiv formuliert würde die Stelle lauten: „Weiter ist es in jeder Hinsicht schön, immer schön, in allen Relationen schön, an allen Stellen schön, für alle Betrachter schön." Platon wählt jedoch gerade nicht die positiven Formulierungen. Das mag mit dem Wunsch nach rhetorischer Stilisierung teilweise erklärbar sein; der sachliche Grund ist freilich, dass die Qualifikationen, mit denen das Urteil ‚ist schön‘ in Bezug auf Sensibilia eingeschränkt wird, beim Schönen-selbst nicht durch andere Qualifikationen wie „immer", „in jeder Hinsicht" etc. ersetzt werden, sondern schlicht wegfallen: „ist schön" trifft auf das Schöne-selbst simpliciter zu (vgl. White 1992, 294).

Dabei ist zu bedenken, dass Platon Relationen zu zeitlichen Umständen und zu Perspektiven nicht in der Bedeutung eines Prädikats wie „schön" enthalten sieht.[30] Eben deshalb glaubt er, dass Sätze über Dinge, die zeitlichem

---

[27] Analog zu T. Penners Interpetation der sokratischen Einheit der Tugend (vgl. 1973, 35-68).

[28] Diese Frage stellen und verneinen auch MacIntyre (1990, 249) sowie Gonzalez (1998, 359 Anm. 9); ihre knapp skizzierten Gründe für die negative Antwort sind jedoch andere als die folgenden.

[29] ἔπειτα οὐ τῇ μὲν καλόν, τῇ δ' αἰσχρόν, οὐδὲ τοτὲ μέν, τοτὲ δὲ οὔ, οὐδὲ πρὸς μὲν τὸ καλόν, πρὸς δὲ τὸ αἰσχρόν, οὐδ' ἔνθα μὲν καλόν, ἔνθα δὲ αἰσχρόν, ὡς τισὶ μὲν ὂν καλόν, τισὶ δὲ αἰσχρόν.

[30] Besonders klar wird dieser Punkt von White (1992) herausgearbeitet.

Wandel unterworfen sind, notwendig doxastische Sätze sind (vgl. z. B. Tim. 28a2-4, Phlb. 59a7-b8); sie haben einen variablen Wahrheitswert, weil sie temporal indefinit sind.[31] Der wahre Satz „Helena ist zum Zeitpunkt t_1 schön" ist auch zum Zeitpunkt t_2, zu dem Helena nicht mehr schön ist, wahr; der zeitlich unbestimmte Satz „Helena ist schön" ändert hingegen seinen Wahrheitswert und ist zum Zeitpunkt t_1 wahr, zum Zeitpunkt t_2 falsch. Wenn aber zeitliche Qualifikationen nicht zum propositionalen Gehalt von Sätzen über raum-zeitliche Dinge gehören, dann gehören auch Aufhebungen von zeitlichen Qualifikationen nicht zum propositionalen Gehalt von Sätzen über Formen, und Analoges gilt für die übrigen Qualifikationen. Mithin reduziert sich der Satz „Das Schöne-selbst ist in jeder Hinsicht, immer, in allen Relationen, an allen Stellen, für alle Betrachter schön" auf den Satz „Das Schöne-selbst ist schön", insofern er einen unqualifiziert positiven Wahrheitswert hat. Der Überschuss der Sätze, denen Santas die I2-Attribute entnimmt, gegenüber den Sätzen, denen er die *proper attributes* entnimmt, liegt also nicht auf der propositionalen, sondern der assertorischen Ebene. Das bedeutet, dass die Sätze beider Typen nur scheinbar Attribute verschiedener Typen zuschreiben.

Die Prädikationen, denen Santas die I1-Attribute entnimmt (er nennt als Beispiele für I1-Prädikate „everlasting", „ungenerated", „unchanging" und „self-existent", vgl. Santas 2002, 372), scheinen auf den ersten Blick dadurch von den Sätzen mit I2-Prädikaten unterschieden zu sein, dass sie den Formen nicht bestimmte *proper attributes*, sondern gemeinsame Attribute zuschreiben. Ob es sich bei ihnen tatsächlich um Attribute handelt, lässt sich an vier I1-Prädikaten überprüfen, die Platon immer wieder zur allgemeinen Charakterisierung von Formen verwendet: „ἀεὶ ὄν" (z. B. Phd. 79d2, Tim. 27d6), „ἀεὶ ὡσαύτως κατὰ ταὐτὰ ἔχον" (z. B. R. 484b4, Phd. 78d6), „μονοειδές" (z. B. Phd. 78d5, 80b2) und „αὐτὸ καθ᾽ αὑτὸ ὄν" (z. B. Phd. 78d5-6, Tim. 51b8-c1). „ἀεί" im ersten Ausdruck ist die Negation einer zeitlichen Qualifikation und verleiht dem Urteil „Das F-selbst existiert" einen zeitlosen Wahrheitsanspruch.[32] Einen solchen signalisiert auch der zweite Ausdruck, „ὡσαύτως κατὰ ταὐτὰ ἔχον", allerdings nicht für den Satz „Das F-selbst existiert", sondern für den Satz „Das F-selbst ist F", der enthüllt, wie sich das F-selbst seiner Natur nach verhält. Der dritte Ausdruck, „μονοειδές", nimmt wie der zweite auf das Urteil „Das F-selbst ist F" Bezug, entqualifiziert allerdings seinen Wahrheitsanspruch umfassender, nicht nur in

---

[31] Vgl. hierzu Hintikka 1967. Zustimmend Santas 1973, 46.

[32] Die Explikation von „ἀεὶ ὄν" mit „οὔτε γιγνόμενον οὔτε ἀπολλύμενον" in Symp. 211a1 macht eine vollständige Verwendung von „sein" an dieser Stelle wahrscheinlich, auch wenn „ἀεὶ ὄν" anschließend mit „καλόν" prädikativ ergänzt wird (vgl. Kahn 1981, 108).

zeitlicher Hinsicht: das F-selbst ist insofern eingestaltig, als es ausschließlich F, in keiner Hinsicht unF ist. Mit dem Ausdruck „αὐτὸ καθ᾽ αὑτὸ ὄν" schließlich wird betont, dass die Form nicht in ihren Partizipanten ist,[33] d. h. die Aussagen über sie nicht den Raum-Zeit-Qualifikationen unterstehen, denen Aussagen über ihre Partizipanten unterworfen sind. Wenn die ausgewählten Beispiele einigermaßen repräsentativ sind, lassen sich somit auch die I1-Prädikationen auf Propositionen des Typs „Das F-selbst existiert" und „Das F-selbst ist F" reduzieren. Dieser Befund hat sowohl für Santas' Interpretation negative Konsequenzen als auch für Hitchcocks erwähnten Vorschlag, μονοειδία als das fundamentale *ideal attribute* zu betrachten, dessen formale Ursache die Form des Guten sei. Denn wenn der Form mit dem Prädikat „μονοειδές" kein Attribut neben dem essentiellen *proper attribute* zugeschrieben, sondern die Zuschreibung des *proper attribute* als unqualifiziert charakterisiert wird, muss keine causa formalis der μονοειδία der Form postuliert werden.

Fassen wir die vorangegangenen Überlegungen kurz zusammen. Wir haben Santas hypothetisch zugegeben, dass die Form des Guten die formale Ursache von *ideal attributes* ist, und zunächst gezeigt, dass einige *ideal attributes*, die Santas benennt, nicht erklären, warum es für die Seele und die Polis gut ist, gerecht zu sein. Wir haben dann vorgeschlagen, diese Attribute gegen das Attribut der Ordnung auszutauschen, das gerechte und ungerechte Seelen tatsächlich voneinander abzugrenzen vermag. Mit den beiden anschließenden Argumenten haben wir dafür plädiert, auf Santas' *ideal attributes* zugunsten des Attributs der Ordnung ganz zu verzichten: das erste zeigte, dass Santas die durch die Form des Guten erklärten *ideal attributes* auf ein einziges zurückführen sollte, wenn er die Form des Guten als formale Ursache der *ideal attributes* versteht; das zweite argumentierte dafür, dass Platon Santas' *ideal attributes* nicht als eigene Klasse von Attributen der Formen betrachtet hat. Abschließend sei nochmals betont, dass die gesamte Argumentation dieses Abschnitts unter der Voraussetzung stand, dass die Form des Guten als formale Ursache gewisse gemeinsame Attribute der Formen erklärt. Wir werden in 2. 3. diskutieren, ob diese Voraussetzung zutreffend ist. Im nächsten Abschnitt (2. 2.) werden wir sie allerdings noch vorläufig beibehalten, um ein weiteres Problem deutlich zu machen, das Santas' Interpretation aufwirft.

---

[33] Vgl. zu der Formel Devereux 1994, 73-77.

2. 2. Erklärt die Form des Guten, dass die Formen die besten Dinge ihrer Art sind?

Wenn man im Rahmen der Exemplifikationstheorie des Guten annimmt, dass die gerechte Seele dank ihrer Gerechtigkeit an einem *ideal attribute* teilhat, das durch die Form des Guten als formale Ursache erklärt wird, stellt sich die Frage, in welchem Sinn die Form dieses Attributs mit der Form des Guten identisch sein kann: Denn während die Form des Attributs von den Dingen partizipiert wird, die es besitzen, scheint die Form des Guten von dem Attribut selbst partizipiert zu werden, das für die Dinge, die es besitzen, gut bzw. das Gute ist – wenn sich aber die Klassen der Partizipanten beider Formen voneinander unterscheiden, muss es sich doch um verschiedene Formen handeln?

Das Problem lässt sich noch etwas präziser folgendermaßen darstellen: Wenn mit der Form des Guten die Form gemeint ist, die dem generellen Term „gut" korrespondiert, sofern er in Sätzen wie „Die Gerechtigkeit ist für die Seele gut" verwendet wird, ist unklar, was genau an ihr teilhat; denn „Die Gerechtigkeit ist für die Seele gut" kann mit dem Satz „Es ist gut für die Seele, gerecht zu sein" wiedergegeben werden, der einen Sachverhalt als gut bewertet, und ob Sachverhalte an Formen teilhaben können, ist eher zweifelhaft. Man könnte sich damit helfen, dass man „Gerechtigkeit" nicht als Nominalisierung eines Sachverhalts, sondern als Bezeichnung eines immanenten Charakters auffasst; „gut" würde dann von immanenten Charakteren prädiziert. Aber die Formen sind keine immanenten Charaktere und scheinen gleichwohl irgendwie am Guten zu partizipieren (vgl. 509b6-8[34]).

Es sind wohl diese Schwierigkeiten, die Santas und eine Reihe anderer Interpreten zur Annahme geführt haben, dass die Form des Guten dem generellen Term „gut" entspricht, sofern er in Sätzen des Typs „x ist ein gutes F" verwendet wird. Unter dieser Annahme lassen sich Entitäten wie z. B. Formen als Partizipanten des Guten angeben. Die Lösung hat jedoch einen doppelten hohen Preis. Sie ignoriert erstens den argumentativen Kontext, in den die Frage nach der Form des Guten eingebettet ist: mit ihr soll ja erklärt werden, warum die Gerechtigkeit für die Seele oder die Polis gut ist, nicht wa-

---

[34] MacIntyre (1990, 248) betont zwar mit Recht, dass in 505a3f. nicht von einer Teilhabe an der Form des Guten die Rede ist, so als ob alle Güter, auch die extrinsischen, dadurch nützlich wären, dass sie an der Form des Guten teilhätten (nützlich und brauchbar werden z. B. die Tugenden vielmehr dadurch, dass sie einem letztlich erstrebten Zustand der Seele dienen, dessen Grund die Form des Guten ist). Gleichwohl müssen die Formen irgendwie am Guten partizipieren, wenn sie ihm ihr Sein und ihre Erkennbarkeit verdanken. Vgl. unten 2. 3 und 2. 4 zur näheren Bestimmung der Partizipation.

rum z. B. eine Schere eine gute Schere ist. Es geht hier also um die substantivische Verwendung von „gut" (vgl. Stemmer 1992, 159 mit Anm. 32). Und zweitens impliziert Platons attributive Verwendung von „ἀγαθός" die Bedeutung „gut in etwas": ein gutes F ist ein funktional taugliches F (vgl. Stemmer 1992, 153-155). Ob aber das F-selbst als Partizipant am Guten ein funktional gutes F ist, darf bezweifelt werden und wird von Santas (1985, 240f. und 2001, 188) explizit negiert.

Eine bessere Lösung des Problems wird sichtbar, wenn man beachtet, dass das Gute als παράδειγμα das politische Handeln der Philosophenkönige leiten soll (vgl. 540a9) und somit inhaltlich nicht leer sein darf:[35] Man kann sich dann von der Annahme trennen, dass die Form des Guten die Gutheit (Leistungsfähigkeit) von Dingen oder die Gutheit (Glückszuträglichkeit) von Sachverhalten bzw. immanenten Attributen erklären soll, und stattdessen annehmen, dass sie den Titel „Form des Guten" deshalb trägt, weil sie das Attribut erklärt, dessen Besitz für die Seele bzw. die Polis das höchste Gut und daher das Ziel (σκοπός) ist, an dem sich die Gesetzgeber orientieren sollen (462a3-5, 519c2-4; vgl. Lgg. 962a-b). Man mag sich fragen, ob eine Form als „Form des F" bezeichnet werden kann, wenn „F" streng genommen gar nicht von ihren Partizipanten ausgesagt wird, sondern von der Partizipation an der Form. Aber die Schwierigkeit scheint eher theoretischer Natur zu sein: hinsichtlich des tatsächlichen Sprachgebrauchs stellt es offenkundig keine Schwierigkeit dar, die Form eines *ideal attribute*, an dem teilzuhaben das höchste Gut für alle Dinge ist, als „das Gute-selbst" zu bezeichnen.

2. 3. Ist die Form des Guten die formale Ursache von *ideal attributes* der Formen?

Wir haben bisher mit Santas angenommen, dass die Form des Guten die formale Ursache dafür ist, dass die Formen ein gemeinsames *ideal attribute* (bzw. nach Santas: mehrere *ideal attributes*) besitzen. Diese Annahme findet jedoch nur dann einen Anhalt am Text des Sonnengleichnisses (zum Liniengleichnis s. unten 2. 4.), wenn – wie Santas in der Tat behauptet – gewisse *ideal attributes* der Formen ihr Sein und ihre Erkennbarkeit konstituieren; denn dem besagten Text ist nur zu entnehmen, dass die Form des Guten erklärt, warum die Formen sind und warum sie erkennbar sind. Wenn sich dagegen herausstellt, dass nicht *ideal attributes*, sondern bestimmte *proper attributes* der Formen ihre Erkennbarkeit und ihr Sein konstituieren, ist Santas' These die Textgrundlage entzogen.

---

[35] Eine Definition des Guten wird dem Dialektiker in 534b-c zur Aufgabe gemacht.

Nun ist tatsächlich – pace Santas – festzustellen, dass das *proper attribute*, das einer Form „selbstprädikativ" („Das F-selbst ist F") zugeschrieben wird und sie als spezifische Form von den übrigen Formen abgrenzt, ihre οὐσία ausmacht.[36] Wie könnte anderenfalls der Dialektiker den spezifischen λόγος, d. h. die Definition der οὐσία des F-selbst erfassen (534b3f., vgl. auch 532a5-b2 und Phd. 78d1-7), und wie könnte es formelhaft als „ὅ ἐστι Φ" („das, was wirklich F ist"[37]) bezeichnet werden, wenn seine οὐσία nicht darin läge, F zu sein? Die Aussage, dass die konkreten F am Sein und Nicht-Sein (εἶναί τε καὶ μὴ εἶναι) teilhaben (478e1f.), weil sie F und unF sind,[38] legt zumindest den Schluss nahe, dass das F-selbst ausschließlich am Sein teilhat, weil es F und in keiner Weise unF ist. Ja, wir können es wohl überhaupt nur dadurch identifizieren, dass wir es als den (einzigen) Gegenstand charakterisieren, auf den das Prädikat „F" unqualifiziert zutrifft – zögen wir vom Schönen-selbst seine Schönheit ab, so hätten wir den Gegenstand selbst aufgehoben. Auch die Erkennbarkeit (Identifizierbarkeit) der Form hängt also von ihrem „selbstprädikativ" zugeschriebenen *proper attribute* ab, welches ihr individuierendes Charakteristikum ist („it is the only property ascribed to Forms that will help to individuate these", Moravcsik 1971, 300). Somit dürfte klar sein, dass das Sein des F-selbst sein F-Sein und seine Erkennbarkeit die Erkennbarkeit als F ist, und es gibt keinen Anlass zur Annahme, dass an unserer Stelle 509b6-8 von der Erkennbarkeit und dem Sein der Formen in einem anderen Sinn die Rede ist.[39] Daraus folgt, wie wir oben festgestellt haben,

---

[36] Bereits Aristoteles (Metaph. Z 6, 1031a28-b18) scheint die οὐσία einer platonischen Form auf diese Weise zu verstehen; vgl. zur Stelle mit Blick auf Platon Parry 2001, 25f. Anm. 30.

[37] Vgl. zu dieser Übersetzung 597a4f. und die Diskussion bei Hägler 1983, 49-52.

[38] Das prädikative Verständnis des Ausdrucks „εἶναί τε καὶ μὴ εἶναι" in 478e2 ergibt sich aus einem Vergleich mit der Stelle 479b9f. (vgl. Vlastos 1973, 63 Anm. 21): πότερον οὖν ἐστι μᾶλλον ἢ οὐκ ἔστιν ἕκαστον τῶν πολλῶν τοῦτο ὃ ἄν τις φῇ αὐτὸ εἶναι;

[39] So behauptet z. B. Sayre, dass die Formen vom Guten nicht „their being itself, but rather their being objective norms" (Sayre 1995, 186) empfingen. Im Griechischen hätten wir dann statt dem Ausdruck „τὸ εἶναι" in 509b7 eine Formulierung wie „τὸ εἶναι μέτρα" – oder „παραδείγματα" – „τῶν ὄντων" zu erwarten. Gonzalez beugt diesem Einwand mit der These vor: „My point is precisely that the *being* of the forms is nothing but their *being norms*" (Gonzalez 1998, 362 Anm. 15). Die am Ende des fünften Buchs getroffene und in 507a-b wiederaufgenommene Unterscheidung zwischen den konkreten F, die F sind und nicht sind, und dem F-selbst, das ausschließlich F ist, lässt dagegen keinen Zweifel daran, dass das Sein des F-selbst in seinem F-sein besteht. Gonzalez (1996) selbst verteidigt mit guten Gründen die prädikative Lesart von „sein" in *Politeia* V als „F sein"; vgl. auch Smith 2000, 151f.

dass das Sonnengleichnis keinen Textbeleg für die These enthält, dass die Form des Guten die formale Ursache gewisser *ideal attributes* der Formen sei. Fünf weitere Argumente stützen diese Folgerung:

(1) Die Kausalität des Guten wird mit der Wirkursächlichkeit der Sonne verglichen.[40] Nun lehnt Santas (1983, 238) es zurecht ab, der Form des Guten effiziente Kausalität zuzuschreiben: „But there is no generation and growth and nurture in the case of the Forms, nor are the Forms probably ever conceived by Plato as efficient causes." Fragt man sich aber, welche der Begründungsrelationen zwischen zeitlosen Entitäten mit der zeitlich determinierten Relation effizienter Kausalität am ehesten vergleichbar ist und auf welche sich die Erzeugungsmetaphorik plausibel anwenden lässt, so hat man gewiss nicht an formale Kausalität zu denken, sondern eher an den Begründungstyp, der in den aristotelischen Zeugnissen über die akademischen Theorien der „Generierung" (!) mathematischer Entitäten impliziert ist und τοῦ θεωρῆσαι ἕνεκεν (Metaph. N 3, 1091a28f.) mit Termini effizienter Kausalität beschrieben werden kann. In der Tat scheint die Erzeugungsmetaphorik gängiger Sprachgebrauch in den akademischen Prinzipientheorien gewesen zu sein.[41] Unten (2. 4.) ist im Zusammenhang mit den mathematischen ὑποθέσεις näher auf die Bedeutung der „Generierung" von (Form-) Zahlen, Linien, Flächen und Körpern für das Verständnis der Kausalität des Guten einzugehen; hier mag die Feststellung genügen, dass sie mit der effizienten Kausalität der Sonne sinnvoll vergleichbar ist, wenn die Form des Guten nicht als formale Ursache, sondern als „generatives" Prinzip jener Gebilde verstanden wird.

(2) Es ist unschwer zu sehen, dass die Formen mehrere allgemeinste Attribute haben, die sich nicht auf ein einziges zurückführen lassen (vgl. z. B. Identität/Verschiedenheit). Warum soll dann die Form des Guten, wenn sie die formale Ursache eines dieser Attribute ist, einen Ausnahmestatus gegenüber den Formen genießen, die ebenfalls formale Ursachen allgemeinster Charakteristiken der Formen sind? Hätte Platon mit der Form des Guten eine Art μέγιστον γένος im Auge, so wäre rätselhaft, warum allein sie den anderen Formen ihr Sein und ihre Erkennbarkeit gewährt und nicht sämtliche μέγιστα γένη diese Funktion wahrnehmen.

(3) Jede Form setzt ihren mit anderen Formen geteilten sowie auch spezifischen Charakteristiken entsprechend ein ganzes Geflecht formaler Ursachen in Gestalt anderer Formen – nicht nur von μέγιστα γένη – voraus. Wa-

---

[40] Vgl. 509b2-4 mit 509b6-8 und 516b9-c2 mit 517c1-4.

[41] Ein wertvolles Zeugnis für die Metaphorik ist Iamblichos, *De communi mathematica scientia* IV, 15,6-17,29 Festa, wenn das Gros der Formulierungen dieser Passage auf Speusippos zurückgeht (zu den Argumenten pro und contra vgl. Metry 2002, 148-150 mit Literatur).

rum wird die formale Ursache ihres Seins nicht in diesem Geflecht, sondern in einer einzigen Form ausgemacht?

(4) Als formale Ursache eines Attributs, das alle Formen besitzen, wäre die Form des Guten auch der Grund ihrer eigenen Erkennbarkeit und ihres eigenen Seins.[42] Sie begründet jedoch die Erkennbarkeit und das Sein der *anderen* Formen.

(5) Das Konzept formaler Kausalität kann auf die Formen nur angewandt werden, wenn sie Universalien sind. Santas selbst diagnostiziert jedoch, „that in the middle dialogues, and certainly in his theory of the Form of the Good in the *Republic*, Plato was thinking of the Forms as ideal exemplars, self-exemplifying paradigms, rather than as properties or attributes" (Santas 1985, 236). Vermutlich vertritt er die auf Aristoteles (Metaph. M 9, 1086a32-b13) zurückgehende und in jüngerer Zeit von J. Malcolm (1991, 54-124) eingehend begründete These, dass die Formen der mittleren Dialoge Hybride von Universalien und paradigmatischen Individuen sind. Doch auch wenn die Formen in den mittleren Dialogen Funktionen haben, die an Funktionen von Universalien erinnern, scheinen sie nicht Universalien, sondern ausschliesslich paradigmatische Individuen zu sein (vgl. Teloh 1981, bes. 117).

Wir haben somit gute Gründe dafür, Santas' These abzulehnen, dass die Form des Guten die formale Ursache dafür ist, dass die Formen gewisse *ideal attributes* besitzen. Damit fällt jedoch die Voraussetzung weg, die wir in 2. 1. und in 2. 2. gemacht haben. Ist damit die Diskussion dieser Abschnitte wertlos? Keineswegs. Denn die in ihnen gewonnene Einsicht bleibt gültig, dass der Besitz des Attributs Ordnung in Platons Sicht das höchste Gut für die Seele und die Polis ist und dass die Form des Guten deshalb den Titel „Form des Guten" trägt, weil sie erklärt, warum die Dinge – insbesondere die Formen – dieses Attribut besitzen. Nur müssen wir die Meinung aufgeben, dass eben diese Erklärungsleistung der Form des Guten als formale Kausalität zu charakterisieren sei. Wir müssen uns vielmehr fragen, wie die Form des Guten die übrigen Formen dadurch mit Ordnung versehen kann, dass sie deren essentielle *proper attributes* erklärt. Dabei ist es nicht schwierig, zwei wichtige Bedingungen zu formulieren, die erfüllt sein müssen, damit sie das leisten kann: Erstens muss die Instantiierung der essentiellen *proper attributes*, mit denen sie die Formen versieht, die Koinstantiierung des Attributs der Ordnung implizieren. Und als Voraussetzung dafür müssen zweitens die *proper attributes* den Formen auf dieselbe Weise wie das Attribut der Ordnung zugeschrieben werden können, d. h. mit gewöhnlichen Prädikationen. Wir werden im nächsten Abschnitt sehen, dass diese Bedingungen erfüllt sind, da die *proper attributes* der Formen, die die Form des Guten erklärt, mathematische Cha-

---

[42] Santas (1983, 259 Anm. 16) stellt dies explizit fest.

rakteristiken sind und die Erklärungsleistung der Form des Guten entsprechend als „Generierung" mathematischer Formen verstanden werden kann.

2. 4. Was leistet die Form des Guten für das Verständnis mathematischer Formen?

Die Form des Guten soll nicht nur erklären, was für die Seele und die Polis
das höchste Gut ist und woher die Formen ihr Sein und ihre Erkennbarkeit
beziehen, sie soll auch zu einem tieferen Verständnis mathematischer Gegenstände beitragen,[43] zumindest wenn sie mit der ἀρχή ἀνυπόθετος bzw. τοῦ
παντὸς ἀρχή (510b7, 511b6f.) identisch ist, wie von den meisten Interpreten
und auch Santas anerkannt wird.[44] Dabei scheinen die Bemerkungen über

---

[43] Wie diese Erklärungsleistung genau zu verstehen ist, hängt wesentlich davon
ab, ob es sich bei den mathematischen ὑποθέσεις um Entitäten oder Sätze handelt
(vgl. dazu die konträren Positionen von Hare 1965 und Taylor 1967). Hares Position
muss, wie Taylor (1967, 194f.) zeigt, eine ungewöhnliche Verwendung des „ὑπόθεσις"-Begriffs unterstellen; sie ist dazu allerdings berechtigt, da der Gegenbegriff zu „ὑ-
πόθεσις", „ἀρχὴ ἀνυπόθετος", offenbar dasselbe bezeichnet wie „τοῦ παντὸς
ἀρχή", womit sicher kein λόγος gemeint ist, sondern eine Entität, die vom dialektischen λόγος erfasst wird. Für das konkrete Verständnis der mathematischen Erklärungsleistung der Form des Guten ist ein vergleichender Blick auf die Stelle Tim.
48b3-8 hilfreich: τὴν δὴ πρὸ τῆς οὐρανοῦ γενέσεως πυρὸς ὕδατός τε καὶ ἀέρος
καὶ γῆς φύσιν θεατέον αὐτὴν καὶ τὰ πρὸ τούτου πάθη· νῦν γὰρ οὐδείς πω γένεσιν αὐτῶν μεμήνυκεν, ἀλλ᾽ ὡς εἰδόσιν (vgl. 510c6: ταῦτα μὲν ὡς εἰδότες) πῦρ
ὅτι ποτέ ἐστιν καὶ ἕκαστον αὐτῶν λέγομεν ἀρχὰς αὐτά (vgl. zum Kontrast
511b5: τὰς ὑποθέσεις ποιούμενος οὐκ ἀρχάς) τιθέμενοι στοιχεῖα τοῦ παντός ... .
Vorausgesetzt sind an dieser Stelle die vier Elementarkörper, und die Aufhebung der
entsprechenden ὑποθέσεις (vgl. 533c8) besteht darin, den Status der Elemente als
ἀρχαί zu negieren, um dann von höheren ἀρχαί aus zu erklären, was sie sind (vgl.
πῦρ ὅτι ποτέ ἐστιν), indem man ihre γένεσις mithilfe dieser Prinzipien deutlich
macht (vgl. γένεσιν αὐτῶν μεμήνυκεν). Analog dazu kann man annehmen, dass der
Dialektiker über die mathematischen ὑποθέσεις hinausgeht (vgl. 511a5f.), indem er
den Status von Zahlen und geometrischen Figuren (vgl. τό τε περιττὸν καὶ τὸ ἄρτιον καὶ τὰ σχήματα καὶ γωνιῶν τριττὰ εἴδη 510c4f.) als ἀρχαί negiert, um anschließend von der ἀρχή ἀνυπόθετος aus ihre γένεσις zu erklären (vgl. zur γένεσις
τοῦ περιττοῦ τε καὶ ἀρτίου Epin. 990c7 und Metaph. M 8, 1084a3-7; N 4, 1091a23-
25).
[44] Einige Argumente für die Identifikation finden sich bei Robinson 1953, 159f.
Gegner der Identifikation in der modernen Forschung sind v. Fritz 1932, 172 und
Sayre 1995, 173-181. Die Abgrenzung der nicht-hypothetischen τοῦ παντὸς ἀρχή

den Abstieg des dialektischen λόγος von der Form des Guten zu den übrigen Formen (511b7-c2) – aufgrund des Kontexts hat man primär an mathematische Formen zu denken (vgl. 510c4f.: τό τε περιττὸν καὶ τὸ ἄρτιον καὶ τὰ σχήματα καὶ γωνιῶν τριττὰ εἴδη) – als ein Kommentar zu der Behauptung einer Begründungsrelation zwischen der Form des Guten und den übrigen Formen im Sonnengleichnis gedacht zu sein, zumal das Liniengleichnis als Explikation des Sonnengleichnisses eingeführt wird (vgl. 509c5f. und dazu Raven 1953, 23f.). Viele Exegeten vermitteln dem Leser jedoch einen anderen Eindruck: sie behandeln die Darstellung der mathematischen Fundierungsfunktion des Guten eher als eine Appendix zur Behauptung einer generellen Fundierung des Seins der Formen durch die Form des Guten in 509b6-8, nicht als Erläuterung dieser Behauptung. Das liegt daran, dass sie zwischen dem Guten und den mathematischen Gegenständen keinen materialen Zusammenhang sehen können.[45] Während die Anhänger der Identifikation des Guten mit dem Einen ihn zumindest der Intention nach aus den aristotelischen Platon-Testimonien relativ leicht erklären können, da sie das Eine als Ausgangspunkt einer „Erzeugung" der idealen Zahlen verstehen, aus denen ihrerseits die idealen Größen „generiert" werden, sind die übrigen Interpreten gezwungen, ihn auf einen formalen zu reduzieren (vgl. Gaiser 1986, 98f.).

Kein Wunder, dass auch Santas alle Interpretationen für verfehlt hält, die zwischen Sätzen über die τοῦ παντὸς ἀρχή und Sätzen über mathematische Formen eine deduktive Beziehung herstellen.[46] Denn es gebe – natürlich – keine „entailment relations between the attributes of the Form of the Good

---

von den Formen, die der dialektische λόγος absteigend durchgeht, lässt weder v. Fritz' Vorschlag (jede Form sei eine ἀρχὴ ἀνυπόθετος) noch Sayres (das gesamte Feld der Formen sei die ἀρχὴ ἀνυπόθετος) als akzeptabel erscheinen.

[45] Diese Feststellung gilt auch für Interpretationen, die in einer teleologischen Ordnung den Schlüssel zur Deduktion der Formen aus dem Guten erblicken („Es gibt diese und jene Formen mit diesen und jenen Relationen zueinander, weil es so am besten ist", vgl. z. B. Patterson 1985, 129), wenn man davon ausgeht, dass die mathematischen Gegenstände notwendig das sind, was sie sind: Die Begründung „weil es so am besten ist" hat keinen Sinn, wenn sich die Dinge gar nicht anders verhalten können (vgl. Metaph. B 2, 996a21-b1). Mueller (1992, 190f.) räumt zwar ein, dass die teleologische Erklärung für mathematische Sachverhalte ausscheidet, und beruft sich deshalb auf die Schönheit mathematischer Wahrheiten; er meint jedoch, dass Platon zwischen teleologischer Gutheit und mathematischer Schönheit nicht klar unterschieden habe, was bei einem Denker, der so strikt γένεσις und οὐσία voneinander abgrenzt, als wenig plausibel erscheint.

[46] Z. B. die klassische von F. M. Cornford, wonach die ἀρχὴ ἀνυπόθετος in „the existence of the unit" (Cornford 1965, 82) bestehe.

and the proper attributes of these mathematical Forms" (Santas 1983, 254).
Wenn Platon konstatiere, dass die Mathematiker ihre ὑποθέσεις nicht weiter
erklären zu müssen glauben (510c6-d1, 533c1-5), meine er lediglich, „that
the mathematicians give no epistemological account of the sorts of objects
they want their hypotheses to be about" (Santas 1983, 255). Santas scheint
zwar einzuräumen, dass der Dialektiker keine epistemologische Erklärung des
ontologischen Status der mathematischen Gegenstände leistet, wenn er von
der τοῦ παντὸς ἀρχή zur ihren ἐχόμενα und weiter ἐπὶ τελευτήν hinab
geht und sich dabei ausschließlich auf εἴδη bezieht (511b7-c2) – wie gesagt,
ist aufgrund des Kontexts an Formen von Zahlen und geometrischen Figuren
zu denken –, sondern die Formen hinsichtlich ihrer *proper attributes* erkennt.
Er urteilt jedoch über die Stelle: „The passages in which Plato briefly de-
scribes the ‚descent‘ from the Form of the Good to other Forms are obscure
and ambiguous and the meaning of his words and phrases much in dispute"
(Santas 1983, 254). Und fügt hinzu: „Why ... should the proper attributes of
(some) mathematical Forms be singled out for such a deduction? And if they
are not singled out, we would have similar deductions and entailment relations between the attributes of the Form of the Good and the proper attributes of other kinds of Forms, Forms such as Living Creature, Artifact, Planet,
and what have you. And in that case what would the Form of the Good be?"
(Santas 1983, 254)

Während der erste Einwand kein gutes Argument gegen die Annahme eines deduktiven Abstiegs in 511b7-c2 ist (denn dass uns die Deduktion un-
durchsichtig ist, impliziert nicht, dass Platon sie nicht zumindest intendiert
hat), besitzt der zweite große Plausibilität. In der Tat wäre es beliebig, für einige Formen deduktive Prinzipien anzusetzen, für andere hingegen nicht.
Santas geht freilich nicht auf die Möglichkeit ein, dass Platon auch prima facie nicht-mathematische Charakteristiken mit paradigmatischen mathematischen Formen zu erklären versuchte, wie z. B. im Fall der Elementarkörper
des *Timaios*.[47] Solange er diese Möglichkeit nicht ausgeschlossen hat, kann er
nicht ausschließen, dass Platon eine „Erzeugung" aller Formen aus der Form
des Guten ins Auge fasste.[48] Die Verständlichkeit eines solchen Versuchs
hängt entscheidend von der Frage ab, ob Platon im Zusammenhang der Bücher VI und VII der *Politeia* jedem generellen Term mit distinkter Bedeutung

---

[47] Vgl. Morrow 1968, 28: „The mathematical tetrahedron is the model of which
fire particles are imitations ..." Anders Vlastos 1973, 108f. Anm. 86.

[48] Die vorsichtige Formulierung „ins Auge fasste" ist gewählt, weil Theophrastos
meint, dass Platons Ableitung über die Zahlen und Größen hinaus nicht weit gedie-
hen sei, vgl. Metaph. 6a15-b17. Man kann darüber spekulieren, inwieweit selbst diese
zur Zeit der Abfassung des Liniengleichnisses mehr programmatischen Charakter hatte (vgl. Annas 19976, 62).

eine Form zuordnet – was Santas als selbstverständlich vorauszusetzen scheint – oder den intelligiblen Bereich auf die Formen beschränkt, die als Paradigmen zur Explanation raum-zeitlich qualifizierter Charakteristiken benötigt werden.[49] Unter der zweiten Voraussetzung ist der Versuch keineswegs so absurd wie es zunächst scheinen mag; denn sie erlaubt, die Formen als paradigmatische Zahl-Strukturen[50] zu verstehen, die die mathematisch strukturierten Erscheinungen in Raum und Zeit erklären,[51] wobei Charakteristiken wie Gutheit (τὸ ἀγαθόν), Beständigkeit (στάσις), Gleichheit (τὸ ἴσον) direkt auf das Eine als Erklärungsgrund zurückgeführt werden können,[52] für die also nicht verschiedene Formen angesetzt werden müssen. Es ist jedenfalls schwer zu sehen, welches andere Kriterium außer dem der Priorität in einem deduktiven Zusammenhang die Hierarchisierung der Formen, wie sie die Rede vom „Abstieg" voraussetzt, leiten soll.[53] Man hat oft an dihairetisch erfassbare Genus/Species-Relationen gedacht; doch setzt das Dihairesis-Verfahren ein Verständnis der Formen voraus, das mit ihrer in der *Politeia* vorausgesetzten Konzeption als Paradigmen unvereinbar ist,[54] und es ist auch nicht ersichtlich,

---

[49] Eine Theorie der Formen als paradigmatischer Individuen muss auf die Annahme von Formen höherer Ordnung wie z. B. Der Form Ähnlichkeit verzichten; und sie kann auf sie verzichten, weil sich derartige Charakteristiken mit Charakteristiken erster Ordnung erklären lassen; vgl. die wichtigen Bemerkungen von Schofield 1996, 76f. Im *Timaios*, der die Formen als paradigmatische Individuen voraussetzt, sind auffälligerweise keine generischen Formen präsent; auch das ὅ ἐστιν ζῷον (Tim. 39e8; vgl. Tim. 30c2-31b3) ist nicht die generische Form des Lebewesens, wie Parry (1979, 7) gegen Cornford (1952, 40f.) herausstellt.

[50] Der Ausdruck „Zahl-Strukturen" schließt Zahlen, Linien, Flächen und Körper ein, also alle Produkte der dimensionalen Entfaltung, auf die in 528a9-b3 hingewiesen wird (vgl. dazu Gaiser 1986, 101).

[51] Die „Mathematisierung der Formen" dürfte Platon auch deshalb angezogen haben, weil sie einerseits gestattet, die Formen als Paradigmen der Sensibilia zu denken, andererseits die Absurdität vermeidet, abstrakten Entitäten sensible Eigenschaften zuzuschreiben. So wäre es in der Tat „egregious nonsense" (Vlastos 1974, 96), der qua Form nicht sinnlich perzipierbaren Form des Feuers Hitze zuzuschreiben. Doch ist Hitze ein πάθημα αἰσθητικόν (vgl. Tim. 61d1), keine essentielle Eigenschaft der feurigen Elementarkörper, deren Essenz vielmehr durch die Figur des Tetraeders konstituiert wird, die in reiner Weise nur abstrakt instantiierbar ist.

[52] Vgl. Metaph. M 8, 1084a34f.; Alex. Aphr. In Arist. Metaph. 56,13-16 Hayduck.

[53] Der deduktive Zusammenhang äußert sich in der dimensionalen Entfaltung, die der systematischen Entwicklung der mathematischen Wissenschaften zugrundeliegt (vgl. 528a6-b3).

[54] Vgl. Annas 1976, 161 zu Arist. Metaph. M 5, 1079b33-35.

wie aus der Form des Guten andere Formen dihairetisch ausgegliedert werden können, zumal sie zuvor (509b8-10) von den übrigen Formen ausdrücklich abgetrennt worden ist.

Da Santas' Interpretation der Form des Guten den Abstieg von ihr zu den
übrigen Formen nicht verständlich machen kann, kann sie auch mit dem
starken Ausdruck „τοῦ παντὸς ἀρχή" (511b7) wenig anfangen. Als formale
Ursache für den Besitz von *ideal attributes* wäre das Gute nicht der hinreichende Grund aller Dinge, nicht einmal der Formen. Es würde nicht erklären,
warum es genau die Formen gibt, die es gibt, und warum sie eben die essentiellen *proper attributes* haben, die sie haben. Dieser Einwand trifft alle Interpretationen, in denen die Form des Guten als formale Ursache charakterisiert
wird, z. B. die Deutung Hitchcocks (1985); und er trifft noch viel stärker die
rein epistemologischen Deutungen, die die Form des Guten auf ein „princi-
ple behind all idealization" (Gonzalez 1998, 216) zu reduzieren wünschen.
Allerdings kann man sich fragen, ob der Ausdruck „τοῦ παντὸς ἀρχή" mit
„hinreichender Grund (des Seins) aller Dinge" richtig wiedergegeben ist –
genügt nicht die schwächere Explikation „notwendige Bedingung (des Seins)
aller Dinge"? Immerhin scheinen selbst in den Theorien der „Erzeugung"
idealer Zahlen und Größen zwei Prinzipien vorausgesetzt zu sein. Doch können wir vermuten, dass Platon das dem Einen korrespondierende Material-
prinzip aufgrund seiner Formlosigkeit nicht als Prinzip eigenen Rechts angesehen hat.[55] Und die Wiedergabe „notwendige Bedingung aller Dinge" erfasst sicher nicht die volle Kraft des Ausdrucks „τοῦ παντὸς ἀρχή"; wenn es
eine Interpretation gibt, die sie erfassen kann, ist sie schwächeren Lesarten
vorzuziehen.

Mit der „Erzeugung" mathematischer Formen aus dem Einen können
wir verständlich machen, wie die Form des Guten die „selbstprädikativ" zugeschriebenen *proper attributes* der Formen und damit deren Sein und Erkennbarkeit erklärt; sie erklärt z. B., warum die Formzahl Zwei den Charakter
hat, aus genau zwei Monaden zu bestehen. Und wir können eben damit verständlich machen, warum sie Ordnung erklärt, das höchste Gut für die Seele
und die Polis: denn die mathematischen Formen sind die geordneten Entitäten par excellence und erklären ihrerseits die mathematischen Ordnungsstrukturen in Raum und Zeit.

---

[55] Vgl. Hermodoros (via Derkylides und Porphyrios) bei Simplikios, In Arist. Ph.
248,14f. Diels. Dazu jetzt Dillon 2003, 200-204.

Bernd Effe

Platon und die Päderastie
Phaidros 256b–d und die platonische Eros-Theorie

In Platons *Phaidros* findet sich eine das Verhalten eines päderastischen Paares betreffende Textpassage, die im weiteren Kontext der dortigen Argumentation auffällig, ja inkonsistent ist und deren verständnisvolle Konzilianz gegenüber körperlich-sexuellen Implikationen der Homoerotik in scharfem Kontrast steht zu der von Platon in diesem Dialog und auch in anderen Schriften entwickelten Theorie der entsexualisierten päderastischen Liebe. Hier liegt ein interpretatorisches Problem, dem ich im Folgenden nachgehen möchte. Dabei geht es mir zugleich auch darum, das Konzept der „platonischen Liebe" in einem spezifischen, gleichsam biographischen Licht erscheinen zu lassen (ohne es als solches, d.h. als eine philosophische Theorie, eigens zu erörtern).

Zunächst zu der problematischen *Phaidros*-Passage und zu ihrem argumentativen Kontext. Nachdem Sokrates zunächst – in rhetorischer Konkurrenz mit einer Rede des Lysias und von deren gedanklichen Voraussetzungen ausgehend – die paradoxe These vertreten hat, es sei für einen Knaben besser, einem Nichtverliebten zu Willen zu sein als einem Verliebten (da der Verliebte sich in einem Zustand krankhaften Außer-sich-Seins befinde und dem Knaben eher Schaden als Nutzen zufüge), setzt er zu einer weit ausholenden „Palinodie" an, welche die (zunächst übernommene) paradoxe These des Lysias von Grund auf widerlegt und eine eigene philosophische Theorie des Eros entwickelt (244a ff.). Es gebe nicht nur schädliche, sondern auch höchst nützliche (göttlich bewirkte) Formen des Wahnsinns, u.a. die erotische μανία, und sie bedeute für die Betroffenen „größtes Glück" (245b). Der Beweis für diese These beginnt mit einer ausgreifenden Erörterung über das Wesen der Seele: Die Seele ist ungeworden und unvergänglich, und sie besteht aus drei Komponenten, die sich im Bild eines befiederten Gespanns illustrieren lassen, bestehend aus einem „Lenker" und zwei „Pferden" von einander entgegengesetzter Art, einem guten und einem schlechten. (Es ist m.E. evident, dass mit diesem Bild die drei „Seelenteile" der *Politeia* gemeint sind: λογιστικόν, θυμοειδές, ἐπιθυμητικόν; vgl. dazu Graeser 1969, 41 ff. Übertriebene Skepsis diesbezüglich bei Heitsch 1993, 94 f.) Aufgrund des „schlechten Pferdes" (also des Moments körperlichen Begehrens) ist bei den Menschen die Lenkung der Seele (durch die Vernunft) in der Praxis mit größten Schwierigkeiten verbunden (246a-b).

Die Befiederung der Seele wird genährt durch die Schau des wahrhaft Seienden im Bereich jenseits des Himmels. Aber das „schlechte Pferd" zieht das Seelengespann hinab zur Erde, und so kommt es zum Verlust des Gefieders, zum Absinken der Seele und zu ihrer Verkörperung in Repräsentanten je verschiedener Lebensformen – vom „Freund des Wissens oder des Schönen" (φιλοσόφου ἢ φιλοκάλου) bis hin zum Sophisten, Demagogen und Tyrannen (248a ff.). Den Anfangszustand der Befiederung erreicht die Seele erst nach einem Zeitraum von 10.000 Jahren wieder – außer der Seele dessen, „der ehrlich nach Wissen gestrebt oder die Liebe zu einem Knaben mit Liebe zum Wissen verbunden hat" (249a: τοῦ φιλοσοφήσαντος ἀδόλως ἢ παιδεραστήσαντος μετὰ φιλοσοφίας): Diese Seele wird bereits nach 3.000 Jahren wieder befiedert, sofern sie dreimal dieselbe Lebensform gewählt hat.

Während der Verkörperung der Seele verfügt der Mensch über das seinerzeit Geschaute nur mehr auf dem Wege der „Wiedererinnerung" (ἀνάμνησις), und ein privilegierter Weg der Wiedererinnerung (also der Rückgewinnung wahren Wissens) ist der der erotischen μανία. Der Glanz der wahren Schönheit hat sich der Seele seinerzeit stärker als anderes eingeprägt, und beim Anblick einer (diesen Glanz besonders wirkungsvoll widerspiegelnden) hiesigen Schönheit wird die Erinnerung an jene geweckt. Dadurch gerät man in Erschütterung und Verzückung und gilt bei vielen als verrückt – und wird doch tatsächlich der „besten aller Verzückungen" teilhaftig (249d ff.). Allerdings sind zu dieser Weise erotischer ἀνάμνησις nur wenige fähig (250a). Die meisten sind nicht imstande, sich „schnell" vom hiesigen Abbild zur Schönheit selbst tragen zu lassen, sondern sie geben sich der Lust (ἡδονή) hin, suchen nach Art der Tiere die Kopulation und schämen sich „in gewaltsamer Ausschweifung" (ὕβρις) nicht, „einer Lust wider die Natur nachzugehen" (250e). Wer jedoch den Weg erotischer ἀνάμνησις geht, der gerät in Erschütterung und Verzückung, in erotische μανία, verehrt den Geliebten wie einen Gott, und sein Seelengefieder will neu hervorsprießen (251a ff.). Er lässt dem Geliebten jede nur denkbare Förderung zuteil werden (252c ff.).

Zum Abschluss dieser „Palinodie" kommt Sokrates auf das Bild des Seelengespanns zurück, und er konkretisiert seine Analyse des erotischen Verhaltens und dessen Ausprägungen (253c ff.).[1] Dabei geht es Platon – wie zuvor – darum, die wahre (göttlich bewirkte) erotische μανία, welche sich der Schönheit des Geliebten nur gleichsam als eines Sprungbretts bedient, um sich so der Erdenschwere zu entledigen und zum Wissen um das wahrhaft Seiende zu gelangen, also die philosophisch-entsexualisierte Form der „platonischen Liebe", von Weisen der Päderastie abzusetzen, die im Bereich irdischer Schönheit verharren und auf das Moment körperlicher Lust zielen.

---

[1] Eine detaillierte Analyse dieses Abschnitts findet sich neuerdings u.a. bei Ferrari 1987, 185 ff.; Nicholson 1999, 203 ff.; White 1993, 165 ff.

Während das „gute Pferd" („ein Liebhaber der Ehre mit Besonnenheit und Scham und ein Freund wahren Ruhms") dem Kommando des „Lenkers" leicht folgt, ist das „schlechte Pferd" („ein Freund von Gewalt und Hochmut") äußerst widerspenstig (253d-e). Es kümmert sich nicht um das Kommando des Lenkers und zwingt diesen und das Mitpferd, „zum Geliebten hinzugehen und zu ihm von den Freuden sexueller Lust zu sprechen" (254a). Nur mit größter Mühe vermag der Lenker dieses Pferd zu bremsen, und erst wenn es immer wieder unter Einsatz von Zügel, Stachel und Peitsche in seine Schranken gewiesen ist, gibt es endlich Ruhe und folgt der „klugen Bedachtsamkeit" des Lenkers; „und dann ist es endlich so weit, dass die Seele des Liebhabers dem Geliebten in Scham und Furcht folgt" (254e). So kommt es dann auch zur Gegenliebe des Knaben und zur beglückenden, intimen Gemeinschaft zwischen Liebendem und Geliebtem. Aber die Gefahr des Abgleitens in den Bereich sexueller Lust besteht auch weiterhin: In den Momenten körperlicher Nähe setzt in der Seele des Liebhabers das „zügellose Pferd" dem Lenker (also der Vernunft) zu „und verlangt für viele Mühen einen kleinen Genuss" (255e), und auch das entsprechende Pferd in der Seele des Knaben leistet hier keinen Widerstand – im Gegensatz zum Mitpferd und zum Lenker, die sich „mit Scham und Vernunft dagegenstemmen" (256a). „Wenn nun die besseren Kräfte des Denkens (τὰ βελτίω τῆς διανοίας) obsiegen und zu einer geordneten Lebensweise und Liebe zum Wissen führen", genießen sie hier ein Leben in glückseliger Eintracht, indem sie die schlechte Komponente ihrer Seele (d.h. das Moment körperlichen Begehrens) unterwerfen und die gute (d.h. die Vernunft) freisetzen; und wenn sie gestorben sind, so haben sie, da ihnen das Gefieder nachgewachsen ist, den schönsten und größten Sieg errungen, den menschliche Besonnenheit und göttlicher Wahnsinn (σωφροσύνη ἀνθρωπίνη und θεία μανία) verschaffen können (256a-b). Wenn sie dagegen – und nun erwartet der Leser eigentlich eine strikt kontrastierende Aussage über diejenigen, bei denen das körperliche Begehren des „schlechten Pferdes" obsiegt, und eine negative Kennzeichnung derjenigen, die sich dem Moment der Lust hingeben und – wie es zuvor hieß – „sich nicht schämen, einer Lust wider die Natur nachzugehen" (250e). Doch stattdessen präsentiert Platon jetzt überraschenderweise so etwas wie eine Zwischengruppe (sie verfällt zwar der Lust, aber sie tut es gleichsam mit schlechtem Gewissen und ohne festen Vorsatz, d.h. das „schlechte Pferd" erringt nur einen partiellen bzw. temporären Sieg);[2] und er behandelt diese

---

[2] Die Spezifika dieser Zwischen- bzw. Sondergruppe werden gut herausgearbeitet von Hackforth 1972, 109; Ferrari 1987, 195 ff. Im Verhalten dieser Gruppe scheint das „gute Pferd" (253d als „Liebhaber der Ehre" und „Freund wahren Ruhms" gekennzeichnet) zu dominieren. Es bleibt jedoch offen, wie man sich das konkret vorzustellen hat.

Zwischengruppe mit auffälliger Konzilianz, obwohl doch die ganze Argumentation der sokratischen „Palinodie" auf die Abwertung, ja Verurteilung einer an sexuellem Lustgewinn orientierten Päderastie zielt: „Wenn sie sich dagegen einer gemeineren, nicht von Liebe zum Wissen geprägten, aber dabei doch auch ehrgeizigen Lebensweise bedienen (ἐὰν δὲ δὴ διαίτῃ φορτικωτέρᾳ τε καὶ ἀφιλοσόφῳ, φιλοτίμῳ δὲ χρήσωνται), dann kommt es schon einmal vor im Rausch oder in einem sonstigen Moment der Unbedachtsamkeit, dass die beiden zügellosen Pferde die Seelen überrumpeln und, indem sie gemeinsam auf dasselbe zielen, die von der Menge gepriesene Wahl treffen und es durchführen (d.h. es kommt zu sexuellen Akten wie Schenkelverkehr und Kopulation). Und danach verfahren sie auch weiterhin so, jedoch nur selten, da sie etwas tun, was nicht die Billigung ihres ganzen Denkens gefunden hat (ἅτε οὐ πάσῃ δεδογμένα τῇ διανοίᾳ πράττοντες)". Freunde auf Dauer sind auch sie, wenn auch in geringerem Maße als jene. „Am Ende verlassen sie den Körper zwar unbefiedert, aber doch mit dem Drang zur Befiederung (ἄπτεροι μέν, ὡρμηκότες δὲ πτεροῦσθαι), und so tragen sie keinen geringen Preis für ihren Liebeswahnsinn davon." Denn ins Dunkel und unter die Erde zu kommen (vgl. 249a, wo von den Seelen die Rede ist, die nach ihrem Urteil „zu den Richtstätten unter der Erde gehen und dort Strafe zahlen"), ist denen nicht bestimmt, die mit dem Weg unter dem Himmel bereits begonnen haben, sondern sie sollen miteinander glücklich sein und dereinst um ihrer Liebe willen gemeinsam befiedert werden (256b-e).

Mit diesem Dispens gegenüber einer päderastischen Praxis, die zwar um die wahre Homoerotik und das Ziel einer Entsexualisierung der Liebe weiß, die aber doch – wenn auch nur gelegentlich und gleichsam mit schlechtem Gewissen – den Verlockungen körperlicher Lust erliegt, endet die „Palinodie" des Sokrates; mit einem Dispens, der in verständnisvoller Konzilianz der „Schwäche des Fleisches" Rechnung trägt und insofern denjenigen päderastischen Praktiken einen Schritt entgegenkommt, die in der zeitgenössischen Gesellschaft gang und gäbe waren, der jedoch im Blick auf die in seinem argumentativen Kontext entwickelte erotisch-philosophische Theorie als inkonsistent, ja systemwidrig erscheint (so fragt man sich auch, ob das hier angesprochene Paar trotz seiner Verfehlungen noch zu der privilegierten Gruppe derer gehört, die nur 3.000 Jahre bis zur erneuten Befiederung warten müssen, oder zu denen, die dem 10.000-jährigen Zyklus unterworfen sind, oder ob für dieses Paar nach dem „Gesetz der Adrasteia" [248c ff.] zusätzlich zu dem Spezialprivileg einer dereinstigen „gemeinsamen Befiederung" noch eine weitere Sonderregelung gilt).[3] Der Dispens steht darüber hinaus in kras-

---

[3] Vgl. etwa Hackforth 1972, 109: Diese Passage „may well surprise us by its apparent condonation of conduct which has earlier (250e) been scornfully condemned";

sem Widerspruch zu der Rigorosität, mit der Platon ansonsten jegliche kör-
perlich-lustorientierte Praxis der Homoerotik verwirft und als widernatürlich
ablehnt. Wie ist dieser auffällige Befund zu erklären?

Ehe wir diese Frage zu beantworten versuchen, wollen wir zunächst in aller Kürze einen Blick auf die anderen Dialoge werfen, um uns der einschlägigen Position Platons zu vergewissern. Die Ausführungen des *Symposions*
stimmen in wesentlichen Punkten und im Grundsätzlichen mit der erotischen Theorie des *Phaidros* überein (dabei gehe ich hier auf unterschiedliche
Akzentuierungen im Einzelnen nicht ein).[4] Im *Symposion* wird die Reihe der
Lobreden auf den Eros durch zwei Beiträge eröffnet, welche primär dazu dienen, zunächst auf einer untersten Ebene des Dialogs die zeitgenössische Praxis körperlich-sexueller Päderastie zu spiegeln und (vorläufig) zu rechtfertigen: ganz undifferenziert und unzureichend (und deshalb in weitester Entfer-
nung von Platons eigener Position) zuerst durch Phaidros, sodann differen-
zierter durch Pausanias, der die Auffassung vertritt, eine primär auf sexuellen
Lustgewinn zielende Päderastie sei verwerflich, nicht aber eine Päderastie,
bei der das Moment körperlicher Lust eingebettet ist in einen pädagogischen
Prozess moralisch-intellektueller Vervollkommnung. Diese partielle Rechtfertigung körperlicher Päderastie (die vermutlich der in Athen herrschenden
Einstellung weitgehend entspricht und gleichsam die athenische Ideologie
der Päderastie repräsentiert)[5] hat den Charakter des Vorläufigen, und sie wird
überholt und annulliert durch die schließlich von Sokrates vorgetragene Eros-
Theorie der Diotima (d.h. durch die Theorie Platons).[6] Danach ist Liebe

Price 1989, 92 f.: Hier schreibe Platon „with unexpected sympathy" und befremdli-
cher Konzilianz gegenüber denen, die der sexuellen Lust erliegen; Gooch 1992, 309
ff.: Die Eros-Theorien des *Symposions* und des *Phaidros* stimmten im wesentlichen
überein – mit Ausnahme dieser Passage, wo den sexuellen Entgleisungen eines päderastischen Paares offen Dispens erteilt wird.

[4] Zur wesentlichen Identität der Eros-Theorie der beiden Dialoge vgl. u.a. Graeser 1983, 162 ff.; Halperin 1985, 161 ff.; Ferrari 1992, 248 ff.; Rehn 1996, 81 ff.; Nicolai 1998, 81 ff. Die These von M. C. Nussbaum, wonach Platon im *Phaidros* die Position des *Symposions* korrigiere und anstelle der dort geforderten sexuellen Askese
nunmehr auch die sinnlichen Aspekte einer interpersonalen Liebesbeziehung aner-
kenne (1986, 200 ff.; ähnlich 2002: 69 ff.), ist auf berechtigte Ablehnung gestoßen;
vgl. u.a. Gill 1990, 69 ff.; Gooch 1992; Price 2002, 174 ff.

[5] Vgl. Wilamowitz 1959, 285 f. (Pausanias präsentiert „sozusagen den Ehrenkodex
der attischen Knabenliebe"); Dover 1983, 78 ff.; Patzer 1982, 104 ff.; Anderson 1993,
26 ff.

[6] Die Auffassung von H. Neumann (1965, 33 ff.), wonach Diotima eine nicht-
platonische Lehre vertrete, hat sich zu Recht nicht durchsetzen können. Warum Platon allerdings seine Theorie durch eine „weise Frau" präsentieren lässt, ist eine nach

„Zeugung im Schönen sowohl körperlich wie seelisch" (206b: τόκος ἐν καλῷ καὶ κατὰ τὸ σῶμα καὶ κατὰ τὴν ψυχήν). Dadurch sichern sterbliche Lebewesen ihre (generische) Unsterblichkeit. Auf einer unteren Stufe, die Mensch und Tier gemeinsam haben, vollzieht sich die „Zeugung im Körperlich-Schönen": im heterosexuellen Verkehr. Auf einer höheren, nur mehr menschlichen Stufe eröffnet sich die Möglichkeit der „Zeugung im Seelisch-Schönen": im päderastischen Umgang des Liebhabers mit seinem Geliebten, der auf die Zeugung „geistiger Kinder" wie φρόνησις und ἀρετή zielt (209a ff.). Wird hier schon das Körperlich-Sexuelle weitgehend transzendiert, so gilt das erst recht für die höchste Stufe menschlicher Erotik bzw. Homoerotik, bei der man alle Orientierung am Körperlich-Schönen konsequent hinter sich lässt, sich dem Geistig-Schönen zuerst im Bereich des Handelns (ἐπιτηδεύματα) und dann der Wissenschaften (ἐπιστῆμαι) zuwendet und schließlich der Schau des Schönen selbst und damit des Wissens um das wahrhaft Seiende teilhaftig wird (210a ff.). Diese höchste Form sublimierter, entsexualisierter Homoerotik repräsentiert nach der Darstellung des *Symposions* Sokrates selbst. Wie Alkibiades in seiner Lobrede auf Sokrates[7] ausführt, sucht Sokrates zwar ständig die Nähe der Schönen, ist aber zugleich „voll von σωφροσύνη" (216d). Wie sehr die Erotik des Sokrates alles Körperliche hinter sich lässt, ja verachtet, zeigt der beschämende Ausgang aller noch so klug eingefädelten Verführungsversuche des auf seine Schönheit so stolzen Alkibiades. Als er es endlich geschafft hat, Sokrates dazu zu bringen, mit ihm eine Nacht unter einer Decke zu schlafen, muss er doch auch nach dieser gemeinsamen Nacht das Bett so verlassen, als hätte er es mit seinem Vater oder einem älteren Bruder geteilt (219b-d), und einsehen, dass Sokrates gegenüber den Reizen seines Körpers immun ist.

Wird im *Phaidros* und im *Symposion* die Theorie der entsexualisierten „platonischen Liebe" entwickelt und diese als Höchstform philosophisch sublimierter Homoerotik geradezu hymnisch gefeiert,[8] so finden sich in anderen Dialogen deutliche Stellungnahmen zur körperlichen Päderastie, also zu der „normalen", unter den Zeitgenossen verbreiteten homoerotischen

wie vor offene Frage; vgl. dazu u.a. Halperin 1990, 257 ff.; Engelen 2001.

[7] Vgl. dazu zuletzt Usher 2002, 205 ff. (mit treffender Betonung, dass die Rede des Alkibiades dazu dient, die Theorie der Diotima im konkreten Verhalten des Sokrates zu spiegeln).

[8] Diese Theorie soll hier – wie gesagt– nicht als solche erörtert werden; so auch nicht die viel und kontrovers diskutierte Frage, wie weit das platonische Konzept das Moment einer individuellen, personalen Liebesbeziehung aus- oder einschließt. Vgl. dazu den einflussreichen Beitrag von Vlastos 1973 und die sich daran anschließende Diskussion: Kosman 1976, 53 ff.; Price 1989, 15 ff. 55 ff.; Gill 1990; White 1990, 396 ff.; Joó 1997, 131 ff.

Praxis. In der *Politeia* heißt es, exzessive Lust (ἡδονὴ ὑπερβάλλουσα) vertrage sich nicht mit moralischer Vollkommenheit, wohl aber mit Gewalt und Zügellosigkeit (ὕβρις καὶ ἀκολασία). Die größte, heftigste und rasendste Lust sei die sexuelle. Die „richtige Liebe (ὀρθὸς ἔρως) habe nichts zu tun mit Raserei und Zügellosigkeit, also auch nichts mit dieser Lust, und so habe auch die „richtige Päderastie" mit dieser Lust nichts gemein. Deshalb solle im Staat das Gesetz gelten, dass der Liebhaber seinen Geliebten nur so lieben dürfe wie der Vater seinen Sohn und dass kein homoerotisches Verhältnis diese Grenze überschreiten dürfe (3, 402e ff.). In den *Nomoi* verwirft Platon mehrfach mit der ihm eigenen Radikalität jegliche Form körperlicher Päderastie. 1, 636c-d heißt es, nur die Lust sei naturgemäß, die sich bei der Kopulation zwischen Mann und Frau um der Fortpflanzung willen ergibt; Lust im Rahmen der Homoerotik sei naturwidrig. Im 8. Buch erörtert Platon die Frage, wie man den Staat gegen das Unheil schützen kann, welches die Liebesleidenschaft in ihren vielerlei Ausprägungen stiftet (836a ff.; vgl. dazu die detaillierte Analyse von Schöpsdau 2001): Man sollte, dem Vorbild der Natur und der Tiere folgend, ein Gesetz erlassen, wonach sexuelle Beziehungen nur zwischen Mann und Frau, nicht aber in der Päderastie erlaubt sind. Denn körperliche Päderastie trage nichts zur moralischen Vervollkommnung bei, sondern führe als Hingabe an die Lust eher zur Verweichlichung. Erlaubt solle nur eine asexuelle, seelische Homoerotik sein, der es nicht um Lust, sondern um die ἀρετή des Knaben geht. Ferner findet sich die rigorose Aussage, man dürfe sich sexuell nur auf natürliche Weise betätigen, zur Kinderzeugung, keineswegs aber in einer homoerotischen Beziehung (838e ff.). Dieselbe Position vertritt Platon schließlich auch im *Phaidros*, wenn er Sokrates in seiner „Palinodie" ausführen lässt, derjenige, der sich als Päderast der Lust hingebe und nach Art der Tiere die Kopulation suche, scheue sich nicht „einer Lust wider die Natur nachzugehen (οὐδ' αἰσχύνεται παρὰ φύσιν ἡδονὴν διώκων)" (251a).

Man sieht: Die theoretische Einstellung Platons zur Päderastie ist einheitlich und konsistent; der einzige Unterschied besteht darin, dass mal die Kritik an den verbreiteten sexuellen Praktiken (*Politeia, Nomoi*), mal das philosophische Konzept einer entsexualisierten Homoerotik im Mittelpunkt des Interesses steht (*Symposion, Phaidros*): Die körperlichen, an sexuellem Lustgewinn orientierten Implikationen der Päderastie (wie sie die zeitgenössische Gesellschaft innerhalb bestimmter Grenzen durchaus tolerierte) werden rundweg abgelehnt und als widernatürlich gebrandmarkt; und es wird, gleichsam als positive Kehrseite der Medaille, eine Theorie entworfen, welche die päderastische Praxis radikal entsexualisiert, bis zur Unkenntlichkeit ins Geistige sublimiert und aus dem gleichgeschlechtlichen Eros einen privilegierten Weg der ἀνάμνησις und einen Drang zu philosophischer Erkenntnis werden lässt.[9]

Angesichts dieser einheitlichen Position stellt die hinsichtlich der päderastischen Sexualität und Lust so konziliante *Phaidros*-Passage ein umso dringlicheres Interpretationsproblem dar. Wie ist diese systemwidrige Abweichung zu verstehen? Wie konnte es zu diesem singulären „Ausrutscher" kommen? Die Antwort auf diese Frage sollte m.E. im biographischen Horizont Platons, in seinem persönlichen Erleben ansetzen – ein Ansatz, der als solcher gewiss nicht unproblematisch ist, der mir hier jedoch der angemessene zu sein scheint und den ich nunmehr mit aller gebotenen Vorsicht verfolge.

Die sexuelle Päderastie wurde, wie gesagt, in weiten Bereichen der griechischen Gesellschaft praktiziert und galt gerade in Adelskreisen als soziale Institution von hohem Wert und Prestige. In diesem Normenhorizont der „popular morality" ist Platon, selbst Angehöriger eines führenden athenischen Geschlechts, aufgewachsen.[10] Aber nicht nur dies: Platon teilte offenbar in seinem persönlichen Erleben die päderastischen Neigungen seiner Gesellschaft und seiner Schicht (vgl. dazu u.a. Wilamowitz 1959, 28 ff.; Lagerborg 1926, 26 ff. 73 ff.; Vlastos 1973, 25 f.; Nussbaum 1986, 228 ff.; Lucas 1990, 223 ff.). Das ist eigentlich sofort evident bei der Lektüre der Dialoge, in denen die jeweilige Diskussion immer wieder aus dem Rahmen einer päderastischen Situation erwächst (vgl. z.B. Euthyd. 273a ff.; Lys. 204a ff.; Charm. 153d ff.; Symp. 174a. 175c ff.) und in denen das Homoerotische insgesamt

---

[9] Es sei immerhin angemerkt, dass diese (von der Forschung in der Regel vertretene) Auffassung der platonischen Eros-Theorie, also die strikte Entgegensetzung von (abgelehnter) sexueller Lust einerseits und (allein favorisierter) geistig-sublimierter Liebe andererseits gelegentlich als „simplifizierende Zwei-Welten-Theorie des Eros" in Frage gestellt wurde: In Fortführung bestimmter Ansätze von M. C. Nussbaum (vgl. o. Anm. 4) hat unlängst W. Detel gefordert, diese Entgegensetzung in ein Sowohl-als-auch aufzulösen. Sowohl im *Symposion* wie erst recht im *Phaidros* beziehe die platonische Theorie das Sinnliche als etwas Positives mit ein, im *Phaidros* herrsche „eine noch engere Verschränkung von Erkenntnis, Eros und Sinnlichkeit" als im *Symposion*, hier würden „die körperlichen Lustgefühle an die erotische Einstellung der Philosophie angekoppelt", und Lust und Sinnlichkeit seien „nicht nur notwendige Vorstufen, sondern auch unverzichtbare Elemente des philosophischen Eros und damit aller philosophischen Erkenntnis" (1998, 207 ff.). Vgl. dagegen im Sinne der traditionellen Auffassung neuerdings etwa Nicolai 1998, 82 ff. 89 ff.; ferner Dover 1983, 137 ff.

[10] Anders Görgemanns 2001, 135 ff.: Gegen Ende des 5. Jahrhunderts sei die Päderastie in die Krise und ihre Anhänger in Legitimationsbedrängnis geraten. Das mag jedoch allenfalls für Teile der intellektuellen Elite gelten, nicht aber für die Gesellschaft insgesamt.

eine sehr viel bedeutsamere und höher gewichtete Rolle spielt als die „normale" Heterosexualität. Aber ich möchte doch darüber hinaus wenigstens auf zwei Passagen hinweisen, die m.E. jeden Zweifel an Platons sozusagen ganz normalen päderastischen Neigungen beseitigen.

Die eine Passage findet sich in der „Palinodie" des Sokrates im *Phaidros*, und sie ist oben bereits zur Sprache gekommen: In der konkreten Analyse des erotischen Verhaltens, wo im Bild des Seelengespanns der Kampf des Lenkers (der Vernunft) gegen das „schlechte Pferd" (die auf sexuelle Lust zielende Begierde) geschildert wird (253c ff.), erreicht die Darstellung eine Anschaulichkeit, Intensität und Authentizität, die nahezu zwangsläufig auf den Hintergrund eigenen Erlebens schließen lassen. Dasselbe gilt für einen verräterischen Abschnitt des *Charmides*. Hier berichtet Sokrates von dem überwältigenden Eindruck, den der junge Charmides beim ersten Zusammentreffen auf ihn gemacht habe: „Er kam und verursachte großes Gelächter. Denn jeder von uns ... wollte ihm Platz machen und drängte im Eifer seinen Nachbarn weg, damit er sich neben ihn setze... Er aber setzte sich zwischen mich und Kritias. Da ... wusste ich mir bereits nicht zu helfen... Als er mir aber ganz unwiderstehlich in die Augen sah ... und alle in der Palaistra sich um uns drängten, da erblickte ich das, was in seinem Gewand war, und ich stand in Flammen und war nicht mehr bei mir selbst; und ich erkannte, dass (der Dichter) Kydias in Liebesdingen bestens Bescheid weiß, der jemandem im Blick auf einen schönen Knaben den Rat erteilt hat, das Hirschkalb solle sich hüten, in die Nähe des Löwen zu geraten, um nicht als Beute verschlungen zu werden. Ich selbst fühlte mich nämlich wie in den Fängen einer solchen Bestie" (155b-e). Funktional (im Blick auf die Thematik des Dialoges) geht es Platon hier darum, die Stärke der sexuellen Anfechtungen deutlich werden zu lassen, angesichts deren sich die σωφροσύνη zu bewähren hat und bei denen sogar die σωφροσύνη eines Sokrates in Schwierigkeiten gerät (Näheres dazu bei Dieterle 1966, 144 ff.). Doch die Art der Darstellung spricht für sich: So schreibt m.E. nur jemand, der über solche Erfahrungen selbst verfügt, der solche Anfechtungen selbst zu bestehen hatte;[11] und aus diesem persönlichen Erlebnishorizont heraus verleiht Platon hier seiner Sokrates-Figur ganz andere Züge als jenem Sokrates des *Symposions*, der sich – als idealer Repräsentant einer total entsexualisierten Homoerotik – von den körperlichen Reizen des schönen Alkibiades nicht im geringsten tangieren lässt.

Schließlich ist in diesem Zusammenhang noch ein weiteres Zeugnis heranzuziehen. Unter den Platon zugeschriebenen Liebesepigrammen befindet sich wenigstens eines, das höchstwahrscheinlich authentisch ist (vgl. Ludwig

---

[11] Vgl. Guthrie 1971, 74: Die Passage lasse erkennen, dass Sokrates „was by nature susceptible to youthful beauty and did not resist it without an effort" (wobei „Sokrates" durch „Platon" zu ersetzen ist).

1963, 53 ff.) und das die homoerotische Beziehung Platons zu Dion, seinem syrakusanischen Freund und Schüler, zum Gegenstand hat.[12] Es ist ein Nachruf auf den toten Geliebten (Anth. Pal. 7, 99):

> „Tränen spannen der Hekabe und Ilions Frauen
> die Moiren zu schon bei ihrer Geburt.
> Doch Dir, Dion, haben nach siegreich-herrlicher Tat
> die Götter hochfliegende Hoffnungen verschüttet.
> Bestattet liegst du in weiträumiger Heimat, geehrt von den Bürgern,
> Dion, der du mein Herz mit Liebe rasend gemacht hast."
> (ὦ ἐμὸν ἐκμήνας θυμὸν ἔρωτι Δίων)

Platons persönliche Neigung und die zeitgenössische päderastische Praxis stimmen also weitgehend überein. Warum dann gleichwohl die radikale Abkehr von beidem, warum die rigorose Abwertung des Sinnlichen in der Eros-Theorie? Warum die Forderung, das Moment körperlicher Lust aus dem Eros zu eliminieren und ihn ins Geistige zu sublimieren? Hier handelt es sich offensichtlich – freudianisch gesprochen – nicht so sehr um Triebsublimierung aufgrund von gesellschaftlichen Tabuisierungen, sondern vielmehr um eine solche, die primär aus eigenen, selbstauferlegten Normen resultiert. Hier kommt Platons moralisch-philosophischer Standpunkt ins Spiel. Man kann wohl sagen, dass einen Eckpfeiler der platonischen Philosophie der fundamentale Verdacht gegen alles Affektisch-Sinnliche und Irrationale oder, als Kehrseite, das fast grenzenlose Vertrauen in den Logos darstellt. Dem Verdikt gegenüber dem Affektisch-Irrationalen ist natürlich insbesondere das Triebhaft-Sexuelle unterworfen als das Moment, das dem Menschen am wenigsten spezifisch ist und ihn am engsten mit dem Animalischen verbindet, als diejenige Lust, die von allen Lustempfindungen die „größte, heftigste und rasendste" ist (Resp. 3, 403a; vgl. Phil. 65c) und aus der „für die Menschen selbst und für ganze Staaten unermesslich viel Unheil erwachsen ist" (Nom. 8, 836a-b). Daraus ergibt sich die Forderung, die Sinnenlust zu bekämpfen und im Interesse einer rechten, d.h. vernünftigen Lebensführung so weit wie nur möglich zu eliminieren – in philosophischer Radikalisierung jenes zeitgenössischen Diskurses, der im Sexualtrieb wegen seiner zur Exzessivität tendierenden Dynamik ein Gefahrenpotential sah, dem es durch eine polemisch-restringierende Haltung gegenzusteuern gelte (vgl. dazu Dover 1974b, 205 ff.; Foucault 1989, 49 ff.; Nicolai 1998, 93 ff.). Im Rahmen dieser Grundüberzeugung müsste Platon die Päderastie rundweg verwerfen, was er ja im Prinzip auch tut. Wenn er den gleichgeschlechtlichen Eros dennoch legitimiert, indem er ihn als „platonische Liebe" bis zur Unkenntlichkeit entsexualisiert und sublimiert, so doch wohl mindestens zum Teil auch aus dem

---

[12] Zu den Details dieser Beziehung und zu den historischen Ereignissen bis zum Tode Dions (354/3) vgl. Wilamowitz 1959, 423 ff.

Antrieb, das in der eigenen Emotionalität Erlebte, zugleich aber auch Verworfene auf der Ebene philosophischer Vernunft in anderer Gestalt zu „retten", dies um so mehr, als sich diese Emotionalität ja in Einklang weiß mit einem seit vielen Generationen sanktionierten Wertbegriff aristokratisch-päderastischen Verhaltens. Bereits in der Antike wurde der hier angesprochene Sachverhalt in bösartiger (aber doch nicht ganz und gar abwegiger) Karikatur so gewendet, dass den „philosophischen Schwätzern" (gemeint ist dabei in erster Linie Platon) unterstellt wurde, sie würden mit „dem erhabenen Schmuck schöner Wörter" (in den sie ihre abgehobene Eros-Theorie kleiden) nur ihre tatsächliche Orientierung an päderastischem Lustgewinn kaschieren; das gelte auch für Sokrates, den Erotiker par excellence, und nach der gemeinsamen Nacht mit ihm unter einer Decke sei Alkibiades nicht ἀπλήξ aufgestanden, d.h. nicht „ohne einen Coup der Lust empfangen zu haben" (Ps.-Lukian, Amores 54; ähnlich Lukian, Dial. meretr. 10; Plut. Amat. 752 A).

Im Lichte dieser Spannung zwischen persönlich-emotionaler Neigung und philosophisch-normativer Theorie[13] wird auch die Konzilianz der *Phaidros*-Passage gegenüber denjenigen, „die den strengen Ansprüchen der Philosophie nicht ganz gerecht werden" (Heitsch 1993, 120), verständlich. Wenn hier die sexuellen Entgleisungen des päderastischen Paares auf Verständnis und Sympathie stoßen und als unabsichtliche, von schlechtem Gewissen begleitete, nur gelegentliche Akte körperlicher Lust geradezu entschuldigt werden, so resultiert diese im platonischen Oeuvre so singuläre Nachsicht gegenüber der „Schwäche des Fleisches" offenbar aus dem eigenen päderastischen Erlebnishorizont des Autors und aus seiner persönlichen Erfahrung von den Schwierigkeiten, den selbstgesetzten erotischen Normen immer gerecht zu werden.[14] Es ist, als ob Platon hier auch für seine eigene Person um Verständnis und Nachsicht bittet[15] und dabei auch für sich selbst in Anspruch nimmt,

---

[13] Diese Spannung wird von Lucas 1990, 230 f. gut herausgearbeitet: Platon bekämpfe als Philosoph diejenigen körperlich-sexuellen Neigungen, denen er als Mensch selbst unterliegt.

[14] Ähnlich Wilamowitz 1959, 369: „Platon hat wenig so persönlich Charakteristisches geschrieben ... charakteristisch, weil es [sc. der Satz] gegen sein System verstößt, in Wahrheit aus einer hier besonders reichen und tiefen Menschenkenntnis und Erfahrung ... wo sonst hat Platon solche Nachsicht gegen die Schwäche des Fleisches gezeigt? ... Wer konnte verkennen, dass hier Lebenserfahrungen, milde Wünsche und Hoffnungen den Sieg über die starren Forderungen des Verstandes davongetragen haben ...".

[15] So auch Lagerborg 1926, 85: „Und doch wird man den Gedanken nicht los, dass Plato hier auch für seine Person auf Verzeihung plädiert ...".

immerhin „dem Drang zur Befiederung" nachgegangen zu sein und so „keinen geringen Preis für den Liebeswahnsinn" davonzutragen.

Zum Schluss noch eine methodische Bemerkung. Mir ist sehr wohl bewusst, dass ein solcher Versuch einer biographischen Interpretation anfecht-
bar ist und manchem sogar anachronistisch vorkommen mag. Doch wird ein
Interpretationsansatz nicht ein für alle Mal dadurch diskreditiert, dass er gelegentlich (wie in dem Platon-Buch von Wilamowitz) in forcierter und über-
zogener Weise Anwendung gefunden hat und zur Rekonstruktion von Platons Leben und seiner jeweiligen Befindlichkeiten überstrapaziert worden ist;
und dass ein philosophischer Autor seine Eros-Theorie nicht ohne Beziehung zu seinen eigenen erotischen Neigungen und Erfahrungen entwickelt:
diese Annahme darf wohl von vornherein einige Plausibilität für sich in Anspruch nehmen.[16] Wenn der Interpret, angestoßen durch eine auffällige, sys-
teminkonsistente Textpassage, also motiviert durch ein Interpretationsproblem, dieser Beziehung zwischen Theorie und Leben mit der gebotenen
Vorsicht nachgeht (wie es hier versucht wurde), dann wird zwar – das sei
ohne weiteres eingeräumt – nur wenig gewonnen für das Verständnis und die
sachliche Beurteilung der philosophischen Theorie als solcher,[17] vielleicht
aber doch einiges für das Verständnis der Person des Philosophen selbst und
der gesellschaftlich-biographischen Hintergründe seiner Theorie.[18]

[16] So greift im übrigen auch Nussbaum (1986, 228 ff.) zur Stützung ihrer These,
wonach Platon im *Phaidros* seine im *Symposion* bezogene Position zugunsten einer sehr
viel positiveren Einschätzung des Moments sexueller Sinnlichkeit korrigiere (vgl. o.
Anm. 4), auf einen biographischen Ansatz zurück: Dieser Wandel sei auf Platons Liebe zu Dion zurückzuführen, und so habe der Dialog den Charakter „of a love letter,
an expression of passion, wonder, and gratitude" (229). Allerdings wird m.E. auch
hier dieser Ansatz überstrapaziert (weil zu spezifisch auf eine bestimmte Liebeserfah-
rung konkretisiert).

[17] Vgl. Dover 1983, 137: „Die Frage, ob Platon auf männliche Schönheit stärker
als die meisten Athener seiner Klasse ... reagierte, ist für die Philosophiegeschichte ...
nicht von wesentlicher Bedeutung. Die Beweiskraft eines philosophischen Arguments, sein Einfluss auf die Vorstellungskraft, sein moralischer oder gesellschaftlicher
Wert und seine Wirkungsgeschichte beruhen nicht auf der sexuellen Orientierung
seines Verfechters."

[18] Um diese Aspekte ging es mir auch bereits vor ca. 20 Jahren in einem Beitrag,
der sich primär mit Thomas Manns Platon-Rezeption befasst (Effe 1985). Manche
der dort entwickelten Gedanken werden hier aufgegriffen und vertiefend weiterge-
führt.

DOROTHEA FREDE

Dialektik in Platons Spätdialogen

1. Vorbemerkungen zur Fragestellung

Der Titel dieses Beitrags muss zunächst nicht nur einschüchternd, sondern auch unbescheiden wirken. Angesichts von Richard Robinsons noch immer maßgeblicher sorgfältiger Untersuchung zur Dialektik des früheren Platon, erscheint es nachgerade abwegig, den komplexen Überlegungen zur Methodik in Platons Spätdialogen in einer kurzen Skizze gerecht werden zu wollen.[1] Das Ziel dieser Diskussion ist aber bescheidener als ihr Titel. Sie beschränkt sich auf eine einzige Frage: Wie kommt es zur Zweiteilung des Ideenbegriffes in Platons Spätdialogen und was bedeutet sie? Mit dieser Zweiteilung ist die Unterscheidung zwischen den sog. „paradigmatischen" Ideen gemeint, den Vor- oder Urbildern, wie wir sie aus den mittleren Dialogen kennen, und den „Gemeinbegriffen" (κοινά), die Platon im *Theaitetos* zum ersten Mal erwähnt und deren Handhabung er dort als das Geschäft „der Seele selbst" bezeichnet, 185c-d: „Du meinst ihr Sein und Nichtsein, Ähnlichkeit und Unähnlichkeit, Selbigkeit und Verschiedenheit, ferner ob sie eines sind oder eine andere Zahl." Dass es sich bei diesen κοινά um Ideen handelt, wird im *Sophistes* deutlich. Der Katalog der „besonders wichtigen Gattungen" (μέγιστα γένη), die der Eleatische Fremde aufzählt, unterscheidet sich zwar insofern von der Liste aus dem *Theaitetos*, als er außer Sein, Selbigkeit und Verschiedenheit noch Bewegung und Ruhe enthält, während er Ähnlichkeit und Unähnlichkeit, die Zahlen und deren Eigenschaften auslässt.[2] Dafür verwendet der Eleat zu ihrer Bezeichnung neben γένος auch noch εἶδος und ἰδέα

---

[1] Robinson 1953; vgl. auch Stemmer 1992. Aus ökonomischen Gründen bleibt die Diskussion von Sekundärliteratur auf ein Minimum beschränkt. Zu Platons *Theaitetos* vgl. Burnyeat 1990; zum *Sophistes* vgl. Notomi 1999; zum *Philebos* vgl. Frede 1997; zum *Timaios* Gregory 2000.

[2] Der Text lässt erkennen, dass die Liste keinen Anspruch auf Vollständigkeit erhebt, 254c: „ ... dass wir nicht an allen Begriffen betrachten, ... sondern an einigen der wichtigsten, zunächst was jeder ist und dann, wie es mit ihrer Fähigkeit steht, sich miteinander zu verbinden." Der *Parmenides* geht von folgender Liste von εἴδη aus, 129d-e: „Ähnlichkeit und Unähnlichkeit, Vielheit und das Eine, Veränderung und Ruhe und alles dieser Art".

(Soph. 253d-254d), spricht sie also als Ideen an.[3] Und das bringt einige Schwierigkeiten mit sich. Denn dass es sich hierbei nicht um Ideen des alten Schlages handelt, dürfte offensichtlich sein. Wie sollte es wohl eine paradigmatische Art von Sein geben, geschweige denn ein „Vorbild" von Identität oder Verschiedenheit? Zu dieser Schwierigkeit kommt noch, dass auch die dialektische Einteilungsmethode (διαίρεσις), die Platon in seinen späteren Dialogen als *das* Verfahren der Philosophie schlechthin behandelt, sich auf die κοινά nicht anwenden lässt. Damit ist das Verfahren gemeint, das er im *Phaidros* zum ersten Mal beschreibt: Um einen Gegenstand richtig zu erfassen, muss man ihn und verwandte Phänomene zu einem obersten Genus zusammenfassen und dann systematisch aufteilen – nach Art eines Stammbaums. Anders als die „generellen Begriffe" oder -Ideen, die sich so zu einem Genus zusammenfassen und in Spezies aufteilen lassen, bilden die hier als „formale Begriffe" oder – Ideen bezeichneten κοινά keine geschlossenen Gattungen mit festen Unterarten. Vielmehr haben „Sein", „Verschiedenheit", „Selbigkeit" etc. einen unbegrenzten Anwendungs- bzw. Kombinationsbereich und haben für sich genommen auch keinen bestimmten Gehalt. Sie sind nicht bloß Reflexionsbegriffe auf einer höheren Stufe als die generellen Ideen, sondern sie erlauben auch keine Hierarchisierung in Genus und Spezies untereinander. Wenn der Anachronismus erlaubt ist, sind sie die Transzendentalien der platonischen Philosophie.[4]

2. Die erste Art von Ideen: Genera und Spezies

Zunächst ist kurz etwas über die „alten" Ideen als Vorbilder und über die Vorgeschichte des dialektischen Verfahrens zu sagen. Auf eine eingehende Nachzeichnung des „langen Marsches" in Platons Entwicklung muss hier verzichtet werden, der seinen Ausgang bei der destruktiven elenktischen Methode nimmt und über die ersten Ansätze methodischer Untersuchungen in den frühen und mittleren Dialogen zur systematischen „Feldforschung" in Platons Spätdialogen führt. Dass Widerlegung (ἔλεγχος) nur der erste Schritt bei der Untersuchung von Begriffen sein kann, zeichnet sich bereits im *Me-*

---

[3] Wenn hier von „Ideen" die Rede ist, so sei daran erinnert, dass Platon damit nicht Gedanken, sondern das Wesen der jeweiligen Sache meint. Die dem Angelsächsischen entlehnte Rede von „Formen" vermeidet dieses Missverständnis, bringt aber eigene Fehlassoziationen mit sich.

[4] Platon spricht zwar im Soph. 250c; 255d-e von ihrer φύσις; es ist aber unklar, ob sie mehr als „Radikale" sind, die jeweils der Komplettierung durch ein Spezifikum bedürfen (Sein von-, Anders sein-als-, Identisch-sein mit etc.).

non und im *Phaidon* ab.[5] Auch die knappen Bemerkungen in der *Politeia* über die dialektische Methode bestätigen, dass Platon auf eine Systematisierung hinaus will, 534b: „So nennst du also denjenigen, der eine Erklärung des Seins jeder Sache geben kann, einen Dialektiker? Falls er aber unfähig ist, eine Rechtfertigung abzugeben, sei es für sich oder einem anderen gegenüber, dann bestreitest du, dass er ein Wissen davon hat? Das gleiche gilt für das Gute. Wenn jemand nicht in der Lage ist, die Idee des Guten von allen anderen begründet zu unterscheiden, sich gegen alle Angriffe zu verteidigen wie in einer Schlacht, in dem Bemühen, die Dinge nicht nur aufgrund einer Meinung, sondern ihrem Sein nach zu beurteilen und durch all dies seine Erklärung unversehrt durchzubringen, dann wirst du einsehen, dass er weder die Idee des Guten noch auch sonst irgendetwas Gutes erkennt. Falls er ein Abbild davon erfasst, wirst du sagen, dass er davon nur eine Meinung hat, aber kein Wissen, denn er träumt nur und verschläft sein ganzes Leben und bevor er hier oben aufgewacht ist, wird er sich im Hades wiederfinden und dort für immer weiterschlafen."

Trotz seiner Kürze lässt dieses Textstück erkennen, welche Gegenmittel Platon gegen diesen dogmatischen Schlummer vorsieht. Das dialektische Verfahren zeichnet sich durch folgende Merkmale aus: (1) Dialektik arbeitet mit *Definitionen*. (2) Dialektik setzt die *Unterscheidung* der betreffenden Sache von allen anderen Dingen voraus. (3) Ihre Ergebnisse werden durch *Angriff* und *Verteidigung* bestätigt. Letzteres zeigt, dass Widerlegungen immerhin noch als Teil des Verfahrens akut sind. Die zweite Bedingung, die der Unterscheidung, spricht nun aber dafür, dass Platon bereits an systematische Einteilungen gedacht hat, denn wie sonst sollte man eine Sache von allen anderen unterscheiden? Es ist also durchaus möglich, dass Platon bereits das Verfahren von Zusammenfassung und Aufteilung im Auge hatte, das er dann im *Phaidros* systematisch wie folgt charakterisiert, 265c-e: „Wenn man von dem, was hier durch Zufall zur Sprache gekommen ist, zwei Arten nämlich, ihre Bedeutung durch Kunst erfassen könnte, so wäre das nicht unwillkommen. ... Einerseits durch Zusammensehen (συνορᾶν) das vielfach Zerstreute in eine Idee (ἰδέα) zusammenzufassen, so dass man jeweils festlegt, was der Gegenstand der Lehre ist. ... Andererseits dazu in der Lage zu sein, umgekehrt nach Arten (εἶδος) an den natürlichen Gelenken aufzuteilen (διαιρεῖν) und sie nicht zu zersplittern, so wie ein schlechter Koch das täte." Vor allem der Vergleich mit dem schlechten Koch, der die Knochen mitten entzwei haut, statt

---

[5] Vgl. die Unterscheidung zwischen wahrer Meinung und Wissen durch das „Festbinden" mit Hilfe von Begründungen im *Menon* 97b-98b, sowie die Überprüfung der Konsequenzen aus der Ideenhypothese und die Suche nach „höheren Prinzipien" im *Phaidon* 100a-101e.

das Wild sorgfältig an den Gelenken zu tranchieren, ist natürlich sehr eingängig.

Leider geht Platon an dieser Stelle nicht näher auf die Frage ein, welche Gegenstände sich für diese Behandlung eignen. Sein eigenes Beispiel, das Phänomen des Eros, zeigt aber, dass er einen großen Gegenstandsbereich im Auge haben muss. Er sagt zwar nicht ausdrücklich, dass es Ideen von jedem Ding gibt, auf das sich das Verfahren der Zusammenfassung und Aufteilung anwenden lässt. Dass er das gleichwohl annimmt, kann man aber mit einiger Zuversicht aus seiner Betonung ableiten, dass die Aufteilungen nicht nur ein einheitliches Genus voraussetzen, sondern überdies *natürliche* Einheiten zum Ziel haben müssen. Zu jeder natürlichen Einheit, d. h. zu jedem Genus und jeder Spezies müsste es also eine Idee geben. Diese Hypothese findet in allen Spätdialogen ihre Bestätigung, die sich ausdrücklich mit dem Verfahren von Zusammenfassung und Aufteilung beschäftigen, nämlich im *Sophistes*, im *Politikos* und im *Philebos* (vgl. Ackrill, 1970). Um zu sehen, was damit gemeint ist, ist die Diskussion der dialektischen Methode im *Politikos* und im *Philebos* näher zu betrachten, denn während der *Sophistes* zwar viele Beispiele von Aufteilungen enthält, finden sich dort keine genauen Anweisungen, wie der Dialektiker vorzugehen hat, um sicherzustellen, dass seine Aufteilungen korrekt sind. Der *Politikos* enthält zwar noch viel mehr Aufteilungsschemata, die ebenso großzügig „aus dem Ärmel geschüttelt" werden wie im *Sophistes*. Platon geht dort aber näher auf die Methode ein; so warnt er gleich zu Anfang vor willkürlichen Aufteilungen, zu denen man sich durch die Verfügbarkeit einer Bezeichnung verleitet sieht, wie im Fall der Aufteilung der Menschheit in Griechen und Barbaren (Plt. 262b-263a); vielmehr ist zu beachten, dass nicht jeder Teil (μέρος) auch eine Gattung (γένος) darstellt. Der Gefahr willkürlicher Aufteilungen entgeht man am ehesten, wenn man möglichst in der Mitte teilt. Auch solche Dichotomien sind jedoch mit Vorsicht zu handhaben: so betont der Eleat später die Notwendigkeit, bei der Zusammenfassung die generische Zugehörigkeit kritisch zu überprüfen und auf Vollständigkeit der Aufteilung zu achten (285a-b). Zudem gibt er zu, dass Zweiteilungen nicht immer möglich sind, fordert aber einen möglichst sparsamen Umgang mit Aufteilungen (287c-d).

Der *Philebos* geht insofern über die verstreuten Anweisungen des *Politikos* hinaus, als er das Verfahren genauer beschreibt, das der Dialektiker zur Bestimmung natürlicher Arten oder Ideen anzuwenden hat. Er geht zunächst von einer Spezifizierung der Problematik von Einheit und Vielheit aus, die sich auf die Gegenstände der Aufteilung bezieht, Phil. 15a: „Wenn man unter dem Einen nicht Werdendes und Vergehendes versteht, wie wir es getan haben, junger Freund. ... Wenn jemand es aber unternimmt, den Menschen als *eines*, das Rind als eines, das Schöne als eines und das Gute als eines zu begreifen, – wenn man sich bei diesen und anderen derartigen Einheiten ernst-

haft um Zergliederungen bemüht, dann führt das zu einer echten Kontroverse." Es dürfte auf der Hand liegen, dass der Kontrast zwischen Einheiten, die
dem Werden und Vergehen unterliegen und solchen, die das nicht tun, sich
auf die Ideenlehre bezieht, zumal sich „das Gute" und „das Schöne" unter
den Beispielsfällen finden. Dass die Liste auch „den Menschen" und „das
Rind" enthält, zeigt, dass die Skrupel als erledigt anzusehen sind, die der
ganz junge Sokrates im Dialog *Parmenides* zum Ausdruck bringt, wenn er unsicher ist, ob es auch Ideen von solchen Dingen geben soll (Parm. 130c). Im
Philebos wird deutlich, dass es Ideen aller natürlicher Klassen von Gegenständen gibt. Dass das Problem der *Einheit* der Arten dabei von zentraler Wichtigkeit ist, wird in aller Ausführlichkeit dargelegt, 15b: „Erstens darüber, ob
man davon ausgehen soll, dass es solche Einheiten in Wirklichkeit gibt. Dann
darüber, wie sie sind: ob eine jede von ihnen immer dieselbe ist und weder
Werden noch Vergehen zulässt und ob sie gleichwohl immer aufs bestimm-
teste dieselbe bleibt, auch wenn man von ihr dann wiederum annehmen
muss, dass sie im Werdenden und Unbegrenzten auftritt – sei es zerstreut
und vieles geworden – sei es auch ganz von sich selbst abgetrennt .... Darum
geht es, diese Art von Einem und Vielem ist das Problem, Protarchos, und
nicht die vorige. Eine unangemessene Entscheidung darüber ist Ursache aller
möglichen Schwierigkeiten, eine angemessene dagegen verspricht den
schönsten Erfolg."[6] – Obwohl sich diese Textpassage auf den ersten Blick
ziemlich dunkel ausnehmen muss, scheint doch eines klar zu sein: die Einheiten, um die es hier geht, sind Ideen. Denn sie müssen zugleich eines und unveränderlich sein, aber auch unbegrenzt viele Instanzen zulassen. Damit können nur die paradigmatischen Ideen und ihre Teilhaber gemeint sein.

Dass die Ideen gewissermaßen „zwei Welten" überspannen müssen, die
Welt des Intelligiblen, Unveränderlichen und die Welt des Sinnlichen und
Veränderlichen ist das Problem, mit dem der alte Parmenides im gleichnamigen Dialog den jungen Sokrates plagt. Im *Philebos* gibt sich Platon zuversichtlich, dass mit der richtigen Anwendung der dialektischen Methode zugleich
das Problem des Gegensatzes zwischen den scheinbar „abgehobenen" unveränderlichen Ideen und der veränderlichen Vielheit ihrer Teilhaber behoben
ist. Die Lösung des Problems liegt darin, dass bereits die Ideen selbst eine
Vielheit von Arten in sich enthalten. Eben dies zeigt die Beschreibung der
Methode, die er mit großer Geste als „Geschenk der Götter" einführt. Sie hat
eine starke Ähnlichkeit mit der Methode von Zusammenfassung und Aufteilung aus dem *Phaidros*. Phil. 16d-e: „Da nun alle Dinge derart geordnet sind,
müssen wir davon ausgehen, dass es in jedem Fall eine gemeinsame Idee
(ἰδέα) für alles gibt und sie suchen, man wird sie darin jeweils finden. Wenn

---

[6] Zur Rechtfertigung dieser Lesart der problematischen Textstelle vgl. Frede
1997, 119-130.

wir sie gefunden haben, dann müssen wir prüfen, ob nach der einen vielleicht
zwei vorhanden sind, oder wenn nicht, dann drei oder irgendeine andere Anzahl. Und so sollten wir auch jeweils mit jeder dieser weiteren Einheiten verfahren, bis man von jenem ursprünglichen Einen nicht nur sieht, dass es eines, vieles und unbegrenzt ist, sondern auch eine bestimmte Anzahl hat. Man
darf der Vielheit aber nicht eher die Form des Unbegrenzten zuschreiben, als
bis man die genaue Anzahl dessen festgestellt hat, was zwischen dem Einen
und dem Unbegrenzten liegt. Erst dann ist es erlaubt, die jeweilige Einheit
aus der Gesamtheit ins Unbegrenzte übergehen und auf sich beruhen zu lassen. Die Götter, wie ich sagte, haben uns aufgetragen, auf diese Weise zu for-
schen, zu lernen und einander zu belehren." – Vor einer näheren Betrach-
tung dieser Bedingungen ist zunächst festzustellen, dass Sokrates seine göttliche Methode auf sehr irdische, um nicht zu sagen, triviale Fälle anwendet.
Denn sein Paradefall sind die Buchstaben des Alphabets, die in ihrer Gesamtheit eine oberste Einheit bilden, die dann in Arten und Unterarten aufgeteilt
werden, bis schließlich die unteilbare Spezies jedes Buchstabens erreicht ist,
d.h. die einzelnen Vokale und Konsonanten unterschieden worden sind. Die
mysteriöse „Entlassung ins Unbegrenzte" bedeutet also lediglich, dass es eine
unbegrenzte Zahl von tatsächlich vorkommenden Buchstaben gibt. „Kann
das wirklich alles sein, was Platon da im Sinn hat?" wird man sich fragen. Es
scheint in der Tat so zu sein. Denn auch der andere Paradefall, die Zusammenfassung und Aufteilung der Töne bzw. Intervalle in der Musik liegt ganz
ähnlich.[7] Platon scheint zuversichtlich, dass korrekte und vollständige Zusammenfassungen und Aufteilungen zur Bestimmung der fraglichen Gegenstandsbereiche und ihrer Elemente ausreichen. Er setzt also voraus, dass es
von all diesen Dingen, die sich für eine derartige methodische Behandlung
eignen, auch Ideen gibt, d.h. von allen Objekten, die Mitglieder eines Genus
mit vollständig aufteilbaren Subgenera und Spezies sind und somit ein ge-
schlossenes System bilden. Eben darin scheint eine Art von Lackmus-Test zu
liegen, ob ein Ding eine wohldefinierbare Natur hat, dass es sich systematisch
erfassen und von anderen unterscheiden lässt.

Einer solchen methodischen Untersuchung sollten nun eigentlich auch
die beiden Gegenstände unterzogen werden, die das Thema des Dialogs *Philebos* darstellen, nämlich Lust und Wissen. Denn ihre Bedeutung für das gute
Leben ist der Gegenstand des ganzen Gesprächs, und Sokrates hatte – unter
einigen Schwierigkeiten – die Forderung durchgesetzt, sie auf ihre Einheit
und Vielheit hin zu untersuchen, um festzustellen, ob alle ihrer Arten als Be-

---

[7] Vgl. Frede 1997, 146-167. Die Elemente der Schreibkunst und der Musik sind
überhaupt in Platons Spätdialogen die bevorzugten Beispiele zur Erläuterung systematischen Vorgehens, vgl. Tht. 202d-207e; Soph. 253a-c; 261d; Plt. 277e; 285c;
Tim. 48b-c.

standteile des guten Lebens anzusehen sind (12c-14b). Erwartet man nach der Erläuterung des dialektischen Verfahrens dessen Anwendung auf diese beiden Zentralbegriffe, so erfährt man zu seinem Erstaunen, dass sich diese „göttliche" Behandlung deswegen erübrigt, weil Sokrates sich jählings in einer Art Geistesblitz daran erinnert, dass weder die Lust noch das Wissen das Gute sind, sondern ein aus beidem gemischtes Leben besser ist als ein Leben, das nur aus Lust oder nur aus Wissen besteht (20b-c). Die Frage, warum der *Philebos* diese unerwartete Wendung nimmt, soll hier nicht weiter verfolgt werden, ebenso wenig wie die weitere Entwicklung des Gesprächs. In jedem Fall dürfte klar sein, dass das Vorliegen einer unveränderlichen Einheit das Kriterium dafür abgibt, ob etwas unter eine Idee fällt oder nicht. So erklärt sich daraus etwa, warum es keine Ideen von Individuen geben kann. Wir alle sind veränderlich. Was unveränderlich an uns ist, ist unsere gemeinsame Menschennatur; und eben diese einheitliche Natur lässt sich eindeutig von der jeder anderen Tierart unterscheiden. Das gleiche gilt für andere Einheiten, wie etwa für Qualitäten. Die augenblickliche Größe eines Menschen kann sich ändern. Das Maß als solches bleibt jedoch gleich. Das gleiche gilt für Fähigkeiten. Mag sich etwa die Musikalität des Einzelnen ändern, so gibt es doch etwas wie das Wesen der Musikalität als feststehende Einheit.

Wenn die Konzeption eines einheitlichen Wesens die Basis der Annahme einer paradigmatischen Idee ist, so ist klar, warum Platon keinen Grund hatte, von der Annahme von Ideen als „Vorbildern" abzurücken. Wo immer es feststehende Einheiten gibt, handelt es sich um παραδείγματα, deren Vertreter diese in verschiedenem Maß verkörpern. Daher gibt auch keinen Grund, den *Timaios* vorzudatieren, nur weil dort unmissverständlich von Ideen als Vorbildern oder Typen die Rede ist, an denen eine veränderliche Vielfalt teilhat (Tim. 28b; 46c-d; 51b-53c). Denn was Platon dort über die Ideen als Vorbilder sagt, passt gut zu den Festlegungen im *Philebos*, über dessen späte Entstehungszeit es keine ernsthaften Zweifel gibt. Ebenso passt es zu den Andeutungen über die Ideenlehre, die in den *Gesetzen* zu finden sind (Nom. 983a ff.). Obwohl Platon es dort nicht explizit zur Bedingung macht, dass die Gesetzgeber Philosophen sein müssen, geht er doch davon aus, dass die Mitglieder des „Nächtlichen Rates" in der Lage sind, das *eine* oberste Ziel ihrer Gesellschaft zu erkennen, die Tugend. Nicht nur das, sie müssen auch die vier Unterarten der Tugend kennen, und zwar sowohl die ihnen gemeinsame einheitliche Natur als auch ihre Verschiedenheit, 965c-d: „Es sieht so aus, als müssten wir die Wächter über unsere göttliche Gründung nötigen, eine genaue Vorstellung über das gemeinsame Element (ταὐτὸν) in allen vier Tugenden zu fassen – den Faktor, der zwar *einer* ist (ἓν ὄν), aber in der Tapferkeit, Besonnenheit, Gerechtigkeit und Weisheit zu finden ist, so dass er den allgemeinen Namen Tugend verdient. Dieses Element müssen wir zu fassen versuchen, meine Freunde, bis wir das Wesen dessen hinreichend erklären

können, um das es uns geht, ob es etwas Einheitliches ist, ein zusammenge-
setztes Ganzes, oder beides oder sonst etwas. Wenn wir das nicht erreichen,
wie können wir dann je erwarten, Tugend zu erreichen, wenn wir nicht einmal sagen können, ob sie eine große Anzahl umfasst oder nur vier, oder ob
sie eine Einheit ist? – Niemals, jedenfalls wenn wir unsere eigenen Anweisungen befolgen wollen." – Auch in den *Nomoi* geht Platon also von der gleichen Art von Wissen aus, die er im *Philebos* zur Voraussetzung macht. So
wird von den Mitgliedern des nächtlichen Rates vorausgesetzt, dass sie das
dialektische Verfahren beherrschen, 966a: „Das gleiche gilt für das Gute und
das Schöne. Reicht es aus, dass die Wächter nicht mehr wissen, als dass diese
Begriffe eine Vielheit darstellen, oder müssen sie verstehen, in welchem Sinn
sie eine Einheit bilden? – Und soll das gleiche nicht auch für alle anderen
wichtigen Fragen gelten? Wenn unsere Wächter echte Wächter über die Gesetze sein sollen, dann müssen sie echtes Wissen über ihre wahre Natur haben. Sie müssen in der Lage sein, den wahren Unterschied zwischen guten
und schlechten Handlungen zu erklären und sich an diese Unterscheidung
auch in der Praxis zu halten." – In den *Nomoi* finden sich also nicht nur Spu-
ren der Ideenlehre, sondern auch die Vorstellung, dass die Einheit und be-
stimmbare Vielheit von Begriffen die Kriterien zu ihrer Erfassung sind.

Platons Beharren auf einer Art von systematischer „Feldforschung" zur
Bestimmung dieser Ideen zeigt auch, dass diejenigen Interpreten falsch liegen, die für die Erkenntnis der Ideen eine besondere Intuition annehmen,
wie die mystifizierende Redeweise von der „Ideenschau" nahe legt. Das Verfahren von Zusammenfassung und Aufteilung hat durchaus nichts Mysteriö-
ses an sich.[8] Obwohl diese Feststellung nüchtern gestimmten Philosophen
Platons Ideen näher bringen dürfte, gibt sie zu einer Menge Fragen Anlass.
Zunächst: wie sollen die Dialektiker vorgehen, um die hohen Standards des
„Geschenks der Götter" aus dem *Philebos* zu erfüllen? Platon selbst befolgt
seine Anweisungen, sieht man von den Beispielen der Buchstaben und Töne
ab, nur rudimentär. Nicht nur weicht er einer systematischen Einteilung von
Lust und Wissen im *Philebos* aus, sondern seine Zusammenfassungen und
Aufteilungen an anderer Stelle lassen an Deutlichkeit viel zu wünschen übrig.
So „gießt" etwa der Eleatische Fremde im *Sophistes* gleich sechs verschiedene
Dihäresen verschiedenartiger Künste zur Bestimmung des Sophisten vor seinen Zuhörern aus (Soph. 221c-231b). Er rechtfertigt aber weder seine
Grundannahme, dass die Sophistik überhaupt eine Kunst ist, noch auch er-
läutert er die weiteren Dichotomien zur näheren Bestimmung des Sophisten:
als Jäger reicher junger Männer, als Händler mit Kenntnissen, eigenen und

---

[8] Dass man manchmal rein empirisch bei der Vielheit anfangen muss, zeigt etwa
die Schilderung der Entdeckung der Buchstaben durch den Gott Theuth im *Philebos*
(18b-d).

fremden, en gros und en detail, oder auch als Ringkämpfer in Worten. Zwar stellt der Fremde schließlich selbst fest, dass irgendetwas schief gelaufen sein muss, wenn seine Aufteilungen zu sechs verschiedenen Definitionen führen. Seine Diagnose ändert aber nichts an seinem weiteren Vorgehen. Er macht lediglich einen weiteren Vorschlag zur Bestimmung des Sophisten als eines Widerspruchskünstlers und Illusionisten (232a-236d), den er offensichtlich für besser hält, weil er zur endgültigen Definition am Ende des Dialogs führt (266d-268c). – Selbst wenn diese Schlussdefinition Platons eigene Vorstellungen über die Sophistik zusammenfasst, so bleibt doch unsere Frage bestehen: welche Kriterien für die Richtigkeit des Vorgehens bei der Zusammenfassung und Aufteilung, Stufe für Stufe, gibt es? Ist es eine Art Probieren durch Irrtum und Korrektur? Ist das Ergebnis zufrieden stellend, wenn sich keine Fälle mehr finden lassen, die außerhalb des festgelegten Genus stehen und keine darin enthalten sind, die nicht hineingehören? Platons Vorgehen im *Sophistes* und im *Politikos* gibt darüber keine klare Auskunft.

3. Die zweite Art von Ideen: formale Begriffe

Eine indirekte Bestätigung, dass Platon die Notwendigkeit einer korrekten Vorgehensweise sehr wohl sieht, liegt in der Aufmerksamkeit, die er der Frage des richtigen *Handwerkszeugs* für die Aufgabe des Dialektikers widmet. Das erklärt jedenfalls die zunehmende Beschäftigung in seinen Spätdialogen mit der *zweiten* Art von Ideen, den „gemeinsamen" oder formalen Begriffen. Die oben genannte Stelle im *Theaitetos*, an der Platon sie unter der Bezeichnung κοινά einführt, soll daher näher betrachtet werden (184b-186e). Die Möglichkeit, dass Wahrnehmungen Wissen sind, wird hier endgültig mit der Feststellung verabschiedet, dass die Sinne nicht in der Lage sind, ihre eigenen Objekte zu identifizieren, sie miteinander zu vergleichen und voneinander zu unterscheiden. Kurzum, die Sinne haben keine *Urteilsfähigkeit*, 185a: „Nimm einen Ton oder eine Farbe. Denkst du nicht über beide als erstes dieses selbe über sie, dass sie beide *sind*? Und auch, dass jedes von beiden *verschieden* vom anderen und *dasselbe* mit sich selbst ist? Und dass beide *zwei* sind, und jedes von ihnen *eines*? Bist du auch imstande zu überlegen, ob sie einander *ähnlich* oder *unähnlich* sind? Was aber ist es, *womit* du all das über sie denken kannst? Wie du wohl siehst, ist es nicht möglich, das, was ihnen gemeinsam (κοινόν) ist, entweder mit Hilfe des Seh- oder Hörvermögens zu erfassen ... Womit aber bewirkt dieses das Vermögen, das dir deutlich macht, was in allen Fällen das Gemeinsame ist und auch bei diesen beiden? – Ich meine das, was du soeben bei unseren Fragen mit dem Wort „ist" und „ist nicht" und den anderen Begriffen zum Ausdruck brachtest. Welche Art von Organ benützt du in diesen Fällen?" Theaitet kommt zu dem Schluss, dass die Sinne und die kör-

perlichen Organe das nicht leisten können, 185d-e: „Ich kann dazu nicht
mehr sagen, als dass es mir dafür überhaupt kein spezielles Organ zu geben
scheint wie bei den Wahrnehmungen, sondern dass bei der Untersuchung
der gemeinsamen Eigenschaften (τὰ κοινά) aller Dinge die Seele ganz für
sich arbeitet." – Diese Passage ist deswegen bemerkenswert, weil Platon hier
zum ersten Mal die Klasse der formalen Begriffe als besondere Gruppe auszeichnet, die für jede Art von Denken notwendig ist.[9] Wie leicht zu sehen,
sind es Begriffe, die wir zwar alle ständig implizit benützen, ohne jedoch auf
sie eigens zu reflektieren. Auf sie kommt Platon in den methodischen Überlegungen seiner späteren Dialoge verschiedentlich zurück. Wie mir scheint,
ist auch der berühmt-berüchtigte zweite Teil des Dialogs *Parmenides* eine Einübung im Umgang mit diesen Begriffen: es soll sich zeigen, was geschieht,
wenn man sie auf das Eine bezieht, einmal unter der Annahme, das Eine *sei*,
das andere mal, es sei nicht. – Der Nachweis für diese Behauptung kann hier
nicht geführt werden; zur Befreiung aus dieser Löwenhöhle bedürfte es mehr
als eines kurzen Aufsatzes. Stattdessen sei nur ein kurzer Blick auf die anderen Stellen geworfen, an denen Platon auf die formalen Begriffe eingeht. Im
Philebos werden sie nur einmal erwähnt, freilich an einer besonders signifi-
kanten Stelle. Denn in seiner Zusammenfassung über die Sorgfaltspflicht des
Dialektikers erklärt Sokrates, 19b: „Denn wenn wir so nicht mit jeder Einheit, Ähnlichkeit, Selbigkeit und ihrem Gegenteil verfahren können, wie es
die vorangegangenen Ausführungen gezeigt haben, so dürfte sich keiner von
uns jemals in irgendeiner Hinsicht für irgend etwas als brauchbar erweisen."
– Bei den Gegenteilen handelt es sich klarerweise um Vielheit, Unähnlichkeit und Verschiedenheit. Wir erhalten also in etwa die gleiche Liste wie im
Parmenides, im *Theaitetos* und im *Sophistes*. Auch dort betont der Eleatische
Fremde, dass die Aufgabe des Philosophen im richtigen Umgang mit diesen
„besonders wichtigen Begriffen" besteht. So muss er erkennen, welche miteinander verträglich sind (συμφωνεῖν) und welche nicht, und ob es gar welche gibt, die alle anderen zusammenhalten können und wiederum bei den
Dihäresen die Ursache der Unterscheidungen sind, 253c: „Auf unserer Suche
nach dem Sophisten scheinen wir zuerst den Philosophen gefunden zu haben. Denn sagen wir nicht, dass die Meisterschaft der Dialektik darin besteht,
die Dinge ihrer Art nach aufzuteilen und nicht zu meinen, eine bestimmte
Idee sei eine andere oder eine andere dieselbe?"

---

[9] Eine eingehende Diskussion dieser Passage und der verschiedenen Deutungs-
möglichkeiten bietet Silverman 1990.

4. Eine Ambiguität im Umgang mit Ideen

Bei näherem Hinsehen erweist sich diese Stelle jedoch als problematisch, was die behauptete Unterscheidung zwischen generellen und formalen Ideen angeht. Denn während es zunächst scheint, als gehe es nur um die Arten von Ideen, die hier als „formale Begriffe" bezeichnet werden, nämlich Sein, Veränderung, Ruhe (wozu bald noch Selbigkeit und Verschiedenheit hinzukommen werden, 254d-255e), um ihre Verträglichkeit, Kombinierbarkeit oder Inkompatibilität, so scheint Platon bei seiner Zusammenfassung der Aufgaben des Dialektikers beide Arten von Ideen anzusprechen. Eine solche Deutung legt jedenfalls die nachfolgende, in der Sekundärliteratur bis heute sehr umstrittene Stelle nahe, 253d-e: „Wer also dies (sc. das dialektische Verfahren) beherrscht, der kann (a) eine einzige Idee sich in jeder Weise durch vieles hindurchziehend, wobei ein jedes für sich getrennt besteht, hinreichend herausfinden, und auch (b) viele andere (sc. Ideen), die voneinander verschieden sind, die durch *eine* von außen umfasst werden, und (c) auch wiederum eine, die durch viele Ganzheiten (δι' ὅλων) hindurch sie in eines zusammenfasst, und (d) dann aber auch viele, die ganz für sich getrennt voneinander abgegrenzt sind. Darin besteht das Vermögen, nach der Gattung zu unterscheiden, wie jedes miteinander Gemeinschaft haben kann und wie nicht." – Wir werden nun in keine eingehende Analyse dieser höchst umstrittenen Textpassage eintreten.[10] Wie bereits angedeutet, scheint Platon hier sowohl an generelle wie auch an formale Begriffe zu denken. Denn Möglichkeit (a) dürfte durch den Begriff des Seins, wie auch den der Selbigkeit und der Verschiedenheit erfüllt werden, da diese sich durch „alles erstrecken".[11] Möglichkeit (b) dagegen verweist auf generelle Ideen, die verschiedene Spezies umfassen. Möglichkeit (c) ist vielleicht ein höheres Genus, welches verschiedene in sich geschlossene Untergattungen enthält. Und Möglichkeit (d) erfüllen miteinander unvereinbare Genera und Spezies – oder auch die unvereinbaren formalen Begriffe wie Bewegung und Ruhe. – Wie immer man diese vier Möglichkeiten deutet, scheint Platon alle Arten von Ideen-Verhältnissen aufzuzählen, ohne diese im Einzelnen näher spezifizieren zu wollen. Denn im Folgenden bezeichnet er das Verhältnis der ihn interessierenden „wichtigsten Begriffe" lediglich mit dem vagen Ausdruck von „Gemeinschaft" (κοινωνία), welche diese Begriffe miteinander haben oder auch nicht haben können. Spezifizierungen wie das „Umschließen" oder „Zusammen-

[10] Zu verschiedenen Interpretationsvorschlägen vgl. Hoffmann 1996, 100-110. Dass der Verf. sich statt um eine Unterscheidung der verschiedenen Typen von Ideen um deren Nivellierung bemüht, trägt viel zur Unklarheit seiner Ergebnisse bei.
[11] Vgl. 254d für Sein; 255e für Verschiedenheit (von anderem), 256a für Selbigkeit (mit sich selbst).

fassen" nimmt er dabei nicht wieder auf, 258b8: „Wir haben uns geeinigt, dass manche Gattungen miteinander Gemeinschaft haben wollen, andere nicht, und dass die einen das nur zu einem kleinen Teil tun wollen, andere zu einem großen, wieder andere aber nichts daran hindert, durch alle hindurch mit allen Gemeinschaft zu haben." Auch diese vier Möglichkeiten (gar nicht, wenig, viel, mit allen zu kommunizieren) werden im Folgenden nicht einzeln durchbuchstabiert. Vielmehr wird nur gezeigt, dass Sein der Begriff ist, der sich mit allem verbindet, während Veränderung und Ruhe zwar miteinander nicht kompatibel sind, beide aber mit dem Selben und dem Verschiedenen Verbindungen eingehen, und zwar mit dem Verschiedenen immer mit Bezug auf etwas Anderes, mit dem Selbigen und dem Sein dagegen mit Bezug auf sich selbst. – Da es Platon hier in erster Linie auf die Klärung des Begriffes des Nicht-Seins ankommt, den er mit dem *Verschiedensein-von* identifiziert, konzentriert sich die Diskussion im folgenden fast ausschließlich auf diesen Begriff, um zu erläutern, dass Falsches Sagen und -Denken nicht den paradoxen Gegenbegriff zum Sein, das absolute Nichtsein, sondern den Begriff des relativen Nichtseins voraussetzt, den des Anders-seins als was der Fall ist (261c–263d).

Über die sonstigen „Gemeinschaften" zwischen den wichtigsten Ideen erfahren wir im *Sophistes* nichts Näheres. Da Platon aber betont, dass es ohne die „Verflechtung der Ideen" (συμπλοκὴ εἰδῶν) keinen λόγοι gibt (259e), also weder begründetes Reden noch Denken, ist anzunehmen, dass er andeuten will, dass alle Denk- und Sprechakte durch die Beziehungen zwischen den formalen Begriffen konstituiert werden (vgl. Ackrill 1965). Dies kommt in Platons Beispielen zwar nicht unmittelbar zum Ausdruck. Weder in „Theaitet sitzt" noch „Theaitet fliegt" ist explizit von Ideen die Rede (263a). Platons Analyse dieser Aussagen weist jedoch auf die konstituierenden Ideen hin: Die wahre Aussage sagt das, was *ist*, von ihm (als einem Seienden) aus; die falsche etwas Verschiedenes von dem, was ist. Auf die Art des „Ideengeflechtes", die verschiedenen Arten von Aussagen zugrunde liegt, geht der Dialog nicht weiter ein. So weist Platon auch nicht auf den Unterschied hin, der zwischen dem zeitweiligen und zufälligen Falschsein („Theaitet sitzt") und dem notwendigen Falschsein („Theaitet fliegt") besteht, weil bestimmte Gattungen von Lebewesen (Menschen) mit bestimmten Formen von Veränderungen (Fliegen) nicht kompatibel sind. Dass es Platon nicht auf Vollständigkeit ankommt, ist unmissverständlich der Erklärung zu entnehmen, dass er nur *einige* der wichtigsten Begriffe aufzunehmen beabsichtigt (254c). Eine Exemplifizierung aller Verflechtungsmöglichkeiten der fünf Begriffe – Sein, Identität, Differenz, Veränderung und Ruhe – hätte die Diskussion gewaltig ausgeweitet, gar nicht zu reden von den an anderer Stelle noch genannten formalen Begriffen Ähnlichkeit und Unähnlichkeit, Einheit und Vielheit. Reflexionen auf verschiedene Arten von Aussagen würden aber leicht zeigen, dass abstrakte Begriffe dabei jeweils eine konstitutive Rolle spielen: Gegenstände sind jeweils Einheiten oder Vielheiten, von ihnen werden Ähnlichkeiten und Unähnlichkeiten, Identitäten und Verschiedenheiten, Veränderung oder Ruhe ausgesagt.

In welchem Verhältnis stehen nun im *Sophistes* diese formalen Begriffe zu den paradigmatischen Ideen? Wie oben gezeigt, scheint Platon in der schwierigen Textpassage von 253d-e den Unterschied wenn nicht nivellieren, so doch jedenfalls nicht hervorheben zu wollen. Nun mag diese Sorglosigkeit in der Kennzeichnung der Ideen einfach eine Frage der philosophischen Ökonomie sein. Da die formalen wie auch die paradigmatischen Ideen eine Einheit und eine unbestimmte Vielheit zulassen, für sich genommen aber eine unveränderliche Natur haben, mag Platon gemeint haben, den Formalbegriffen keinen neuen ontologischen Status zuschreiben und damit noch eine dritte Art von Seiendem einzuführen zu müssen, neben den traditionellen Ideen und ihren Teilhabern. Aber selbst wenn das so ist, dann bleibt immer noch die Frage, ob Platon wirklich einen wesentlichen Unterschied zwischen diesen beiden Arten von Ideen sieht. Denn auch die generellen Ideen fungieren als implizite Konstituenten von Aussagen: Das Verständnis der Aussage „Theaitet sitzt" setzt seine Zugehörigkeit zur Spezies Mensch voraus, wie auch das von Sitzen das einer Tätigkeit.[12] Da Platon auf diese Tatsache hier ebenso wenig hinweist, wie auf die implizite Anwendung der μέγιστα γένη, muss die Frage einer Trennung zweier Klassen von Ideen offen bleiben.

5. Formale Ideen als Werkzeuge der Seele

Die fragliche Trennung manifestiert sich jedoch klar im *Timaios*. Denn dort spielen die formalen Begriffe nicht nur eine besonders wichtige Rolle, sondern haben eine ganz andersartige Funktion als die generellen Ideen. Sie sind nämlich nichts Geringeres als die Grundelemente der *Weltseele*. Diese „Psychologie" ist nun nicht nur ohne Parallele bei Platon, sondern auf den ersten Blick auch schwer zu verstehen, weil die Seele als eine Art Amalgam aus Sein, Selbigkeit und Verschiedenheit konstruiert wird, und dies nicht auf einfache Weise, sondern auch noch als Kombination aus ihren reinen und ihren veränderlichen Formen, Tim. 35a: „Er (der Demiurg) machte sie aus den folgenden Elementen und auf diese Weise: Aus dem Sein (οὐσία), das unteilbar und unveränderlich ist, und aus der Art von Sein, was über das Körperliche verteilt ist, mischte er eine dritte und mittlere Seinsweise zusammen. Er tat

---

[12] Die Unterscheidung von Nomina und Verben in Soph. 261d-262e als der zwischen Gegenständen (πρᾶγμα) und Tätigkeiten (πρᾶξις) dient nur der Analyse einfacher Aussagesätze.

dasselbe mit dem Selben (ταὐτόν) und dem Verschiedenen (ἕτερον), indem
er jeweils die unteilbare Art von ihnen mit der zusammenmischte, die auf
Körperliches verteilt ist. Dann nahm er diese drei neuen Bestandteile, mischte sie alle zu einer Form zusammen, indem er mit Gewalt die widerstrebende
und ungesellige Natur des Verschiedenen mit der des Selben vereinte." –
Dieses Bild vom „Zusammenmischen" und „gewaltsamer Verbindung" stellt
die Seele als eine Art „Band" dar, wie einen Haarzopf, der aus drei verschiedenen Strähnen zusammen geflochten ist, von denen eine sich nicht so recht
dreinfügen will. Trotz der Befremdlichkeit dieser Metaphorik ist es nicht
schwer, sich zurechtzulegen, was Platon mit diesem „Seelengewebe" im Sinn
hat. Die Seele vereint die fundamentalen Reflexionsbegriffe, und zwar sowohl in ihrer reinen Form, nämlich die Ideen von Sein, Selbigkeit und Verschiedenheit, wie auch in ihrer Anwendung auf Gegenstände der sinnlichen
Welt.[13] Die Seele braucht also zweierlei Arten von *Werkzeugen*: *eine* Art, um
mit dem ewig Unveränderlichen, *eine andere* Art, um mit dem Veränderlichen
umzugehen, weil sie sich in beiden „Welten" auskennen muss, im Unveränderlichen ebenso wie im Veränderlichen, um alles kennen und bestimmen zu
können, was in ihr vorgeht. Dass Platon so viel Wert auf den Umgang mit
Veränderlichem legt, erklärt sich auch daraus, dass die Grundstruktur der
Weltseele später auf die menschliche Seele übertragen wird: die menschliche
Seele ist isomorph mit der Weltseele (41d). Sie wird aus den Überresten ge-
formt, die bei der Schöpfung der Weltseele übrig geblieben sind. Obwohl die
menschliche Seele weniger rein und stabil ist als die Weltseele, funktioniert
sie doch auf die gleiche Weise, hat also die gleichen kognitiven Fähigkeiten,
sowohl mit Ewigem als auch mit Veränderlichem umzugehen. – Wenn nun
diese Erklärung die Frage löst, warum die Seele aus diesen Ingredienzien bestehen soll, nämlich jeweils aus unveränderlichem und veränderlichem Sein,
Selbigkeit und Verschiedenheit, so fragt man sich, warum Platon daraus eine
„Zwangsmischung" macht, statt die beiden Begriffstripel jeweils in ihrer
ewigen und veränderlichen Form für sich bestehen zu lassen. – Die Lösung
dieser Frage liegt in der Aufgabe der Seele. Obwohl die Welt-Seele als „göttlich" und als „ewig" bezeichnet wird, ist sie doch nicht nur etwas Zusam-
mengesetztes, sondern sie ist überdies ein ausgedehntes physikalisches Ding:
Sie erstreckt sich durch die gesamte körperliche Welt hindurch und erhält deren Ordnung aufrecht. Dass dies ein wichtiger Gesichtspunkt in Platons
Strukturierung der Weltseele ist, findet seine Bestätigung in den mathematischen Proportionen, nach denen er das geflochtene „Seelenband" aufteilt
und zu Kreisen zusammenfügt. Hierbei handelt es sich nun um ein besonders
schwieriges Kapitel, das daher nur in kurzer Zusammenfassung präsentiert
werden soll. Die Zahlenverhältnisse von 2, 4, 8 und 3, 9, 27 mit ihren arith-

---

[13] Zu den Einzelheiten vgl. Frede 1996 und Brisson 1994.

metischen, geometrischen, und harmonischen Mittelwerten bestimmen die Abstände und Bewegungen der Sphären der Himmelskörper (Tim. 31c-32c).[14] Sie haben aber auch noch eine weitere Funktion: sie konstituieren auch die menschliche Seele und ihre kognitiven Fähigkeiten. Nach dem Prinzip, dass Gleiches durch Gleiches erkannt wird, besitzt die Seele sowohl die formalen Begriffe, wie auch das mathematische Verständnis für die Erkenntnis der Weltordnung.

Diese Skizze der Seelenstruktur im *Timaios* soll plausibel machen, dass es Platon ausschließlich auf die *formale* Ausstattung der Seele ankommt, und zwar im Sinne ihrer dialektischen, wie auch ihrer mathematischen Fähigkeiten. Von angeborenen paradigmatischen Ideen der Dinge selbst, an die sich die Seele etwa wiedererinnert, ist nicht die Rede.[15] Im Gegenteil: Platon stellt klar, dass die formale Ausstattung alles ist, was die Seele für ihre Funktionen braucht, 37a: „Und weil die Seele aus dem Selben, Verschiedenen und dem Sein besteht, diesen drei Elementen, und in der richtigen Proportion aufgeteilt und zusammengefügt ist, kehrt sie bei ihren Umdrehungen zu sich selbst zurück; wenn sie in Kontakt zu Seiendem tritt, sei es nun in Teile aufgeteilt oder ungeteilt, so wird sie dazu veranlasst, bei sich selbst die Selbigkeit dieser Sache und ihre Verschiedenheit zu allen anderen Gegenständen festzustellen – wie sie auf alles einwirkt oder selbst Einwirkungen erfährt und in welcher Weise und wie und wann – sowohl in der Welt des Werdens als auch in der Welt des unveränderlichen Seins." Obwohl man zunächst einige Mühe hat, sich an Platons semi-bildhafte Sprechweise zu gewöhnen, wird doch soviel deutlich: es geht ihm um die Erklärung der inneren Einheit der Seele und ihre Vereinbarkeit mit einer Vielfalt von Funktionsweisen. Daher gibt es nicht zwei getrennte Seelenteile, einen Welt-*nous*, der sich nur mit dem Ewigen beschäftigt und einen „doxastischen" Seelenteil, der für das Veränderliche zuständig ist. Vielmehr gibt es eine *einzige* Seele, die für alles Denken zuständig ist.[16] Daher spricht Platon von einem zweifachen Selbstgespräch der Weltseele, 37b-c: „Und wenn die Rede (λόγος), die in gleicher Wahrhaftigkeit das Selbe und Verschiedene behandelt, in dem, was durch sie bewegt wird ohne Stimme oder Laut, sich mit Wahrnehmbarem beschäftigt und auf

---

[14] Auf den Zahlenverhältnissen, auf die Platon hier zurückgreift, beruhen auch die harmonischen Tonverhältnisse, die von den Pythagoreern entdeckt worden waren: die Teilung einer Saite im Verhältnis von 2 : 1 liefert die Oktave, die von 3 : 2 die Quinte, 4 : 3 die Quarte, 9 : 8 die große und 28 : 27 die kleine Sekunde.

[15] Die paradigmatischen Ideen dienen dem Demiurgen zu Vorbildern bei der Gestaltung der Welt, Tim. 29a-b; 30c.

[16] Die Wahrnehmungen und Affekte sind beim Menschen von dem unsterblichen Seelenteil getrennt. Sie sind am Herzen bzw. im Unterleib lokalisiert (64a-65a), während die Denktätigkeit im Kopf stattfindet (44d-e).

geradem Weg auf dem Kreis des Verschiedenen ihre Botschaft der ganzen
Seele weitergibt, dann entstehen sichere und verlässliche Meinungen (δόξαι)
und Überzeugungen (πίστεις). Wenn die Rede aber mit Intelligiblem befasst
ist, sich auf dem Kreis des Selben bewegt und der Seele davon berichtet, dann
entstehen notwendigerweise Erkenntnis (νοῦς) und Wissen (ἐπιστήμη). Und
wenn jemand behauptet, dass dasjenige, worin diese beiden zu finden sind,
etwas anderes ist, als die Seele, dann sagt er das Gegenteil der Wahrheit."

Obwohl die Seele gewissermaßen in zwei verschiedenen Kreisen verkehrt, ist Platon doch darum bemüht, diese eng beisammen zu halten. Er
scheint sich nicht mehr um die Aporie aus dem *Parmenides* zu kümmern, dass
die Ideen für sich genommen nur durch die Vernunft selbst erkannt werden
können, Veränderliches nur durch Veränderliches, so dass die Götter nichts
Sterbliches erkennen können, Sterbliche dagegen nichts Ewiges (Parm. 133b-
134e). Die gemischte Seelenstruktur soll offensichtlich eine Isolierung des
Intellekts vom Rest der Seele und einem großen Teil der Welt ausschließen.
Vielmehr geht die Seele mit Leichtigkeit vom einen Bereich zum anderen
über. Diese Synthese entspricht auch ganz Platons Intentionen in den Spätdialogen. Dort spricht er nirgends mehr davon, „dass der Philosoph die Welt
der Sinne verlassen muss, um die wahren Objekte des Geistes erfassen zu
können. Vielmehr betont er, dass der Dialektiker in beiden Bereichen zu
Hause sein muss, um angemessen bei seiner „Sortierarbeit" vorgehen zu
können. Denn er muss bei den Gegenständen seiner Wissenschaft das Kon-
tingente und Veränderliche vom Unveränderlichen und Notwendigen unterscheiden können. Denn wenn von angeborenem Wissen nicht die Rede sein
kann, muss der Wissenschaftler selbst durch den Prozess, den wir heute als
Abstraktion bezeichnen, das unveränderliche Sein, Selbe und Verschiedene
vom Veränderlichen an den Objekten zu unterscheiden lernen, mit denen er
es zu tun hat. Wie Platon sich das vorstellt, lässt sich leicht an den Beispielsfällen von Expertenwissen zeigen, die sich in den Spätdialogen besonderer
Beliebtheit erfreuen, nämlich an der Musik und der Schreibkunst. Der Meis-
ter-Musiker muss nicht nur alle ewig feststehenden Kombinationen der Töne
und ihre harmonischen bzw. disharmonischen Verhältnisse kennen, sondern
er muss dieses Wissen auch auf hörbare Töne anwenden können. Daher muss
er also auch die „veränderliche" Selbigkeit und – Verschiedenheit kennen.
Nicht nur muss er sein Instrument stimmen können, sondern er muss auch
erkennen können, ob an einer Disharmonie eine fehlerhafte Komposition
oder ein verrutschter Wirbel schuld ist. „Dieses F sollte eigentlich ein Fis
sein", ist seine Erklärung für Fehler solcher Art. Das gleiche gilt auch für den
Schreiblehrer. Er kennt die invarianten Selbigkeiten und Verschiedenheiten
der Buchstaben und ihrer Kombinationen ebenso, wie er die hörbaren Pho-
neme und sichtbaren Grapheme kennen muss, selbst wenn sie unklar ausgesprochen oder unklar geschrieben sind. Wenn sich diese Beispiele allzu trivial

anhören mögen, um Platons Theorie gerecht zu werden, ist darauf hinweisen, dass er selbst wohl kaum so beharrlich an diesen beiden Künsten als
Musterbeispielen festgehalten hätte, wenn es ihm nicht auf genau diese Unterschiede ankäme.

Diese Unterscheidungen lassen sich nun auch ohne Schwierigkeiten auf
die Aufgaben des Dialektikers anwenden. Wenn wir uns kurz an die Dihäresen am Anfang des *Sophistes* erinnern, können wir sehen, wie das funktioniert. Anfangs gibt der Eleat einen Überblick über die verschiedenen Künste
und unternimmt dann eine weitere Unterteilung zur Bestimmung des Sophisten, wie sie ihm gerade einfallen. Viele der Kriterien bei der Unterteil-
lung wirken improvisiert oder aus der Alltagserfahrung gegriffen. Kommen-
tatoren von Cornford an haben denn auch oft angemerkt, dass die Aufteilungen so wirken, als habe Platon sich da an den ihm bekannten Sophisten und
ihren Eigenheiten orientiert. Der Jäger nach reichen jungen Leuten erinnert
z.B. an Gorgias, der Großhändler, der Tugend zu vermitteln verspricht, an
Protagoras. Der Ringkämpfer in Worten erinnert an die beiden sophistischen
Clowns Dionysiodoros und Euthydemos in dem nach letzterem benannten
Dialog. Der Sophist edler Abkunft, der eigentlich gar kein Sophist ist, sondern Seelenreinigung von falschen Meinungen betreibt, erinnert natürlich an
Sokrates. – Auch wenn sich das alles recht improvisiert und nach Orientierung an den eigenen Erfahrungen anhört, so spricht das doch nicht gegen das
Verfahren als solches. Natürlich orientiert sich der Dialektiker zunächst an
den Phänomenen, so wie er sie aus der Welt kennt.[17] Wichtig ist nur, nicht
auf dieser Ebene der bloßen Meinungen zu bleiben, sondern *permanente* Defi-
nitions- und Unterscheidungsmerkmale zu finden. Zur ordnungsgemäßen
Durchführung der Untersuchung muss der Dialektiker insbesondere das
oben erwähnte Kriterium aus dem *Philebos* anwenden, nämlich auf Vollständigkeit der Dihäresen zu achten und so das ganze Feld abzudecken. Diese
Vollständigkeit garantiert, dass nur unveränderliche Einteilungskriterien angewandt worden sind und keine bloß akzidentellen mit durchgerutscht sind.
Statt auf „überhimmlische Einsichten" verlässt sich Platon also auf streng methodisches Vorgehen.

Nicht nur der *Timaios*, auch die Struktur des *Sophistes* zeigt, dass Platon
sich des Unterschiedes zwischen den formalen und den generellen Ideen genau bewusst war. Die informelle Durchführung der Dihäresen am Anfang illustriert nämlich die Notwendigkeit, sich auch des für das methodische Vorgehen erforderlichen Instrumentariums zu versichern. Die Fähigkeit des
sachgerechten Aufteilens erfordert nicht nur hinreichende Vertrautheit mit
dem generischen Feld der Untersuchung, sondern auch die Reflexion auf die

---

[17] Bereits im *Phaidon* (75a) und in der *Politeia* (523d–524a) werden Wahrnehmungen als notwendige Bedingungen des Erkennens bezeichnet.

formalen Bedingungen jedes korrekten Vorgehens und dazu gehört die Klärung der Basisbegriffe wie Sein, Nicht-Sein, Identität, Verschiedenheit, Veränderung und Ruhe im mittleren Teil des Dialogs. Erst diese Überlegungen erklären, warum Platon diesen Dialog in die Form gebracht hat, die man nach Ryle so gern mit einem schwer genießbaren Sandwich vergleicht (Ryle 1996, 139 f., vgl. Krohs 1998; Notomi 1999, 7 f.). Zum Geschäft des Dialektikers gehört sowohl die systematische Ermittlung der generellen, wie auch die Klärung der formalen Ideen. Man erinnere sich an die Mahnung, dass dem Philosophen kein Gegenstand zu gering sein darf (Soph. 227a-b)!

6.Die Ideen und die ungeschriebene Lehre

Bei der Erläuterung der Zweiteilung der Ideen in Platons Spätwerk standen bisher vor allem die drei formalen Begriffe im Zentrum, die für die dihäretische Methode besonders wichtig sind, nämlich Sein, Identität und Differenz. Es dürfte klar sein, dass je nach Untersuchungsgegenstand auch die anderen Begriffe eine wichtige Rolle spielen, die auf den verschiedenen „Listen" in den Spätdialogen zu finden sind, wie Ähnlichkeit und Unähnlichkeit, Bewegung und Ruhe, Einheit und Vielheit. Einheit und Vielheit spielen nicht nur im dihäretischen Verfahren eine zentrale Rolle, sondern auch – in anderer Bedeutung – in Platons später Metaphysik. Damit ist die Unterscheidung zwischen dem Einen (ἕν) und der Unbestimmten Zweiheit (ἀόριστος δυάς) gemeint, die in der Tradition als „Platons ungeschriebene Lehre" bezeichnet wird. Die sogenannte „Tübinger" Interpretation sieht darin den Schlüssel zu Platons Philosophie überhaupt.[18] Obwohl diese Schlüsselfunktion für das Gesamtwerk höchst problematisch ist, lässt sich doch deutlich machen, dass Platon diesem Begriffspaar eine zweifache Funktion zugedacht hat. (1) Im *Philebos* löst er das Problem der Einheit und Vielheit der Dinge durch die vollständige Aufteilung des Feldes in generische und spezifische Einheiten und Vielheiten. Damit wird der Unbegrenztheit (ἄπειρον) der Einzelgegenstände eine Grenze (πέρας) gesetzt (16c-17a). Neben dieser *methodischen* Funktion hat dieses Begriffspaar im Philebos auch noch eine *ontologische*. (2) Zur Bestimmung des Wesens von Lust und Wissen teilt Sokrates später alles Seiende in vier Klassen ein, in Grenze, Unbegrenztes, deren Mischung und die Ursache dieser Mischung (23b-27c). Unbegrenzt sind hier alle Gegenstände, die keinen bestimmten Grad oder kein Maß haben, wie etwa Hitze oder Kälte, Trockenes oder Feuchtes, Schnelligkeit und Langsamkeit; die Grenze dage-

---

[18] Auf eine umfassende Darstellung dieser Interpretation ist hier zu verzichten, wie auch auf eine bibliographische Aufarbeitung der Kontroverse. Eine Zusammenfassung bietet Krämer 1990.

gen verleiht solchen an sich unbestimmten Qualitäten ein festes Maß. So hat ein gesunder Körper eine bestimmte Temperatur – nach Platon eine harmonische Mischung von Wärme und Kälte. Im *Philebos* erweist sich die Lust als eine an sich unbegrenzte Sache, die Vernunft dagegen als Ursache harmonischer Mischungen – und daraus ergibt sich dann ihre Einordnung in einen Güterkatalog am Schluss des Dialogs, in dem das Maß an erster Stelle steht, Vernunft an dritter, Wissen an vierter, die reinen Formen von Lust dagegen nur den fünften und letzten Rang einnehmen (66a-c). Neben der taxonomischen Bedeutung haben Einheit/Grenze und Vielheit/Unbegrenztheit also auch noch eine ontologische Funktion.

In Platons Dialogen findet sich nur im *Philebos* ein Hinweis auf diese wohl sonst dem mündlichen Vortrag vorbehaltenen Lehre, die von Reflexionen auf die innere Struktur der Ideen zeugt (vgl. Frede 1997, 403-417). Dies erklärt, warum in späteren Berichten über die Ideenlehre, angefangen bei Aristoteles, von Ideen als Zahlen oder Ideenzahlen die Rede ist und von einer „unbestimmten Zweiheit", die Aristoteles mit seinem eigenen Begriff der Materie vergleicht. Ganz unrecht hat er mit diesem Vergleich nicht. Denn wenn Platon für jede wohlbestimmte Gegenstandsart eine Strukturierung von an sich unbestimmten Qualitäten durch bestimmte Maßverhältnisse annimmt, dann liefern diese Maße die Form der betreffenden Gegenstände, die durch sie begrenzten Qualitäten ihren Stoff. Wie weit Platon diese strukturelle „Mathematisierung" seiner Ideenlehre vorangetrieben hat, lässt sich nicht mit Sicherheit sagen, denn trotz der Schärfe von Aristoteles" Ablehnung dieser Version von Platons Ideenlehre lassen seine Ausführungen sehr an Deutlichkeit zu wünschen übrig und die spätere Überlieferung hängt beinah ganz von Aristoteles ab.[19]

Auch ohne eine nähere Kenntnis dieser Tradition bieten die Dialoge hinreichenden Aufschluss darüber, was Platon zu einer solchen Mathematisierung seiner Ideenlehre veranlasst hat. Die Erfassung bestimmter Ideen in Zahlen ist, wie schon angedeutet, eine Art Supplement zur Bestimmung der paradigmatischen Ideen. Werden diese durch die dihäretische Methode taxonomisch bestimmt, nach Gattung und Spezies, so bestimmen die mathematischen Verhältnisse ihre interne Ordnung, die Proportionen ihrer Elemente. Wenn diese Vermutung richtig ist, dann stellen die Ideenzahlen keine weitere Form von Ideen dar, sondern spezifizieren nur die innere Seite der paradigmatischen Ideen. Von den formalen Begriffen dürfte es keine Ideenzahlen geben, da sie passe-partout-Begriffe sind, die als solche keine innere Struktur haben. Der Gedanke an eine „mathematische Physik" dürfte Platon durch die enge Verbindung zwischen dem Guten und dem Einen nahe gelegt haben: Alles,

---

[19] Zentral sind dafür Aristoteles" *Metaphysik* A 6 und 9, sowie die Bücher M und N (vgl. die Übersicht bei Ross 1924, lvii-ixxi).

was eine Einheit bildet, ist auch gut, weil es in sich harmonisch strukturiert ist. Kennt man die Struktur einmal, kann man den Gegenstand mit Hilfe dieser Formel charakterisieren, so wie das heute die Naturwissenschaftler tun. Von Platons Zutrauen in eine solche mathematisch spezifizierbare Ordnung zeugen im Timaios das geometrisch-harmonische Modell des Makrokosmos, der Mikrokosmos der geometrisch konstruierten Atome, wie auch der Versuch, den „Mesokosmos" des menschlichen Körpers und der Seele als gelungene Synthese aus beidem darzustellen. Vom Glauben an Maß und Zahl zeugt aber auch die Konzeption des guten Lebens als harmonische Mischung im Philebos. Dass Platon seine Möglichkeiten einer Mathematisierung der Ordnung im Großen wie im Kleinen nicht überschätzt hat, ist der Tatsache zu entnehmen, dass er sich in beiden Dialogen wohlweislich jeder Art numerischer Spezifizierung enthält. Sein Zutrauen zur Mathematik mag nicht mehr gewesen sein als eine Hoffnung, dass es solche harmonischen Verhältnisse gibt und dass sie sich finden lassen, wenn man nur lang genug danach sucht.

7. Zusammenfassung

Wie sich gezeigt hat, stehen die paradigmatischen oder generellen Ideen auch in Platons späterer Dialektik insofern im Mittelpunkt, als sie die eigentlichen Gegenstände der Untersuchung sind. Zur Entschlüsselung ihrer inneren Struktur – wie auch der Ordnung in der Natur überhaupt – rekurriert Platon auf Zahlen und Zahlenverhältnisse. Die Annahme von Idealtypen bereitet keine Schwierigkeiten, wenn klar ist, dass die Rede von der „Teilhabe" oder „Nachahmung" nicht wörtlich gemeint ist, sondern jede Art von Repräsentation der fraglichen Charakteristik in einem Einzelfall bezeichnet. Dies dürfte alles sein, was über das berühmt-berüchtigte Problem der „Teilhabe" von Einzeldingen an Ideen zu sagen ist; es wäre jedenfalls eine ziemlich seltsame Frage, ob Sokrates den „Menschen an sich" auf die gleiche Weise repräsentiert wie eine an die Tafel geschriebene Zahl 9 die „Neun an sich". Die formalen Begriffe bezeichnen keine dichotomisch aufteilbaren Genera, sondern liefern dem Dialektiker das für seine Untersuchungen notwendige Handwerkszeug. Sie tun aber nicht nur das. Sondern auch sie kennzeichnen die Strukturen der Wirklichkeit: die Dinge selbst haben Sein, Selbigkeit und Verschiedenheit, Einheit und Vielheit. Daher kann auch von einer „Teilhabe" der paradigmatischen Ideen an den formalen Ideen gesprochen werden: sie kennzeichnen die Beziehungen, die zwischen ihnen bestehen. Wenn Platon sich in seinen Spätdialogen, mit wenigen Ausnahmen, weit mehr auf die formalen Begriffe als auf die Vorbild-Ideen konzentriert, so bedeutet das nicht, dass er die paradigmatischen Ideen aufgegeben hat, wie manche „Revisionisten" meinen. Noch bedeutet es, dass für ihn formale Beziehungen wichtiger geworden wären als die inhaltlichen Bestimmungen. Es zeugt nur von seiner Einsicht, dass die formalen Beziehungen zwischen den Ideen, die er zunächst als selbstverständlich vorausgesetzt hatte, sorgfältiger Reflexion bedürfen, damit die dialektische Methode erfolgreich angewandt werden kann. Zur gleichen Zeit, in der Platon diese Methodik verfeinerte, dürfte ihm auch aufgegangen sein, dass auch die innere Struktur der Ideen des alten Typs der Aufklärung bedarf. Und das erklärt seine seltsame Vorliebe für eine mathematische Symbolisierung seiner Ideenlehre.

CHRISTOPH HORN

„Niemand handelt freiwillig schlecht"
Moralischer Intellektualismus in Platons *Nomoi*?

Die These, dass niemand freiwillig schlecht ist oder Schlechtes tut, gehört zu
den grundlegenden Überzeugungen Platons. Wir stoßen auf diese These in
Platons Werken aus allen biographischen Phasen.[1] Bemerkenswerterweise
wird sie an keiner Stelle anders als zustimmend angeführt. Sprechen wir im
Folgenden von der *Unfreiwilligkeitsthese*. Nun wissen wir, dass es sich bei ihr
um eines der drei Paradoxa handelt, mit denen bereits der historische Sokrates das landläufige Moralverständnis und die philosophische Moraltheorie
seiner Zeitgenossen herausforderte.[2] Neben der Unfreiwilligkeitsthese gehören zu diesen drei Provokationen auch die Überzeugungen „Tugend ist Wissen" und „Alle Tugenden bilden eine Einheit". In der Summe begründen sie
eine Auffassung, die man als moralischen Intellektualismus bezeichnet. Dem
Intellektualismus zufolge ergibt sich das angemessene oder richtige Handeln
einer Person präzise aus ihrer vernünftigen Einsicht. Das bedeutet: Jemandes
vernünftige Einsicht garantiert sein individuelles Gutsein und gutes Handeln,
und dies sowohl im Sinne einer notwendigen als auch im Sinn einer hinreichenden Bedingung. Die Pointe des Sokratischen Intellektualismus besteht
darin, dass es in jedermanns Hand liegt, ob er oder sie sich durch eine konsequente Vernunftorientierung von verfehltem Handeln frei macht oder nicht.
Denn jedem soll seine Vernunft unmittelbar zugänglich sein; wer sie aber
vollständig aktiviert, vermag damit sowohl prudentielles Fehlhandeln zu vermeiden, nämlich Willensschwäche (*akrateia*, *akrasia*), als auch moralisches
Fehlhandeln auszuschließen, d.h. Unrechttun (*adikia*). Der Grund, weswegen
Platon so sehr an der These von der Unfreiwilligkeit des Fehlhandelns gele-
gen ist, scheint mithin sein Versuch zu sein, am moralischen Intellektualismus des Sokrates festzuhalten.

So weit, so gut. Es ergibt sich jedoch ein nahe liegender Einwand gegen
die These von der Unfreiwilligkeit des Unrechttuns, und zwar aus der gängigen Strafrechtspraxis. Schon in der Antike folgte man in der alltäglichen

---

[1] Apol. 25e, Hipp. Min. 376b, Prot. 345d-e, 352b ff., 358c-e, Gorg. 468c-e,
509e, Men. 77b ff., Resp. II 382a, III 413a, IV 444a ff., IX 589c, Soph. 228c7 f., Tim.
86d-e.

[2] Dass es sich ursprünglich um eine These des Sokrates handelt, ergibt sich u.a.
aus Aristoteles' Behandlung in *Nikomachische Ethik* III 7 sowie VII 3. – Zu den Paradoxa und ihrem Kontext vgl. O'Brien 1967.

Strafjustiz häufig dem einleuchtenden Grundsatz, dass unfreiwillige Fehlhandlungen ohne Strafe bleiben müssen oder zumindest ein vermindertes
Strafmaß verdienen. Tötet jemand eine andere Person unabsichtlich und
nicht vorsätzlich, z.B. bei einem Unfall (weil er etwa seine Waffe ausprobiert,
ohne zu wissen, dass sich ein Mensch in ihrer Reichweite aufhält), oder aufgrund äußeren Zwangs (beispielsweise als Soldat im Kampf), dann impliziert
dies eine deutlich geringere Schuld (falls überhaupt eine), als wenn jemand
einen Menschen vorsätzlich umbringt oder sterben lässt, z.B. bei einem
Mord oder einer unterlassenen Hilfeleistung. Eine Tötung im Affekt oder
eine Körperverletzung mit Todesfolge scheinen aus demselben Grund weniger gravierend zu sein als ein Mord: nämlich weil bei ihnen der Tötungsvorsatz fehlt. Freiwilligkeit ist dadurch charakterisiert, dass der Handelnde *weiß,*
was er tut (und nicht in einem Irrtum über sein Tun oder dessen Folgen be-
fangen ist) und dass er es *aus eigenem Antrieb tut* (und nicht unter Bedingungen
äußeren oder psychischen Zwangs agiert). Der Handlung, die er begeht, liegt
keine Tötungsabsicht zugrunde.[3]

Nun wäre es nach modernem Strafrechtsdenken reichlich übertrieben,
wollte man Freiwilligkeit oder Vorsätzlichkeit zum einzigen Kriterium der
Strafwürdigkeit einer Handlung erklären. Man muss sich vielmehr verdeutlichen, dass es Fälle der Tötung aus Notwehr oder Nothilfe gibt, in denen jemand wissentlich sowie zwanglos handelt und dennoch nicht *eo ipso* etwas
Strafwürdiges tut. Bei der Bestimmung der Strafwürdigkeit einer Handlung
spielt vielmehr zusätzlich eine Rolle, welches die genauen Motive des Täters
sind und wie die Kontexte aussehen, in die der Tötungsvorsatz eingebettet
ist. Zu fragen ist daher: Beruht eine zu beurteilende Handlung auf Absichten
des Wohlwollens und der Uneigennützigkeit oder auf solchen des Eigennut-
zes und der Fremdschädigung? Wie auch immer man z.B. Sterbehilfe beurteilt: Sie mag durchaus aus subjektiv redlichen Motiven geleistet werden. So
betrachtet kann auch umgekehrt eine unabsichtliche Tötung zurechenbar
sein, etwa wenn sie (wie beim Autofahren unter Alkoholeinfluss) auf die
schuldhafte Nachlässigkeit ihres Verursachers zurückgeht. Der Schuldaspekt
ergibt sich dabei aus der Unachtsamkeit oder der inakzeptablen Unwissenheit
des Verantwortlichen. Im Hintergrund dieser Überlegungen steht das Prinzip, dass man gute von bösen Handlungsintentionen zu unterscheiden hat.

Wir müssen also klar differenzieren zwischen der Freiwilligkeit oder Vorsätzlichkeit (bzw. Unfreiwilligkeit und Unabsichtlichkeit) einer Handlung *ei-*
nerseits und ihrer Gutwilligkeit (bzw. Böswilligkeit) *andererseits*. Für uns Heu-
tige scheint der Blick auf den zweiten Gesichtspunkt, also auf Gutwilligkeit
oder Böswilligkeit, noch fundamentaler zu sein als die Antithese von Freiwil-

---

[3] Im Folgenden verwende ich „freiwillig" und „vorsätzlich" austauschbar und in
diesem Sinne.

ligkeit und Unfreiwilligkeit. Das ändert aber nichts daran, dass auch wir Vorsätzlichkeit immer noch als wichtiges Konstituens der Zurechenbarkeit und Strafwürdigkeit einer Handlung betrachten.

Doch wie auch immer man die genaue Funktion bestimmt, die der Aspekt der Vorsätzlichkeit bei der Schuldzuweisung innehat: In jedem Fall entsteht ein Konflikt mit der Sokratischen Unfreiwilligkeitsthese. Gerade diejenige Person, die schlecht und strafwürdig handelt, müsste dies unfreiwillig und insofern schuldlos tun. Überdies würde derjenige, der tatsächlich freiwillig handelt, immer angemessen und insofern schuldlos handeln, so dass es niemanden mehr gäbe, der überhaupt strafwürdiges Unrecht beginge. Sollte jedoch niemand vorsätzliche Fehlhandlungen ausführen, hätte dann unsere juristische Strafpraxis noch einen Sinn? Man könnte in diesem Fall jemanden nur noch über seinen Irrtum belehren und nicht mehr für sein Fehlhandeln bestrafen. Was auszuschließen wäre, ist der Fall, dass jemand beim Fehlhandeln über ein klares Bewusstsein von der Falschheit der Handlung verfügt. Aber genau diese Vorstellung ist für unsere moderne Idee von Böswilligkeit fundamental.

Platon stellt sich der skizzierten Problematik im Kontext seiner Strafrechtskonzeption aus dem IX. Buch der *Nomoi*. Dort (860c-864c) findet sich eine Textpassage, die sich ausführlich mit der geschilderten Schwierigkeit befasst. Direkt ergibt sie sich aus der Frage, ob eine Strafe, die für den Gestraften als etwas Schändliches erscheint, nicht ebenso wie alles andere Gerechte als schön angesehen werden kann (860b). Gelingt es Platon, das Wahrheitsmoment der Unfreiwilligkeitsthese und das der Strafrechtspraxis präzise auseinander zu halten und zu einem Ausgleich zu bringen? Oder nimmt er Abstriche an zentralen Inhalten des moralischen Intellektualismus vor? Wird der Intellektualismus vielleicht sogar ganz verabschiedet? In jedem Fall legt sich Platon darauf fest, er wolle den Konflikt zwischen Unfreiwilligkeitsthese und Strafrechtspraxis (sowie die daraus resultierende Gesetzgebung) in allgemein nachvollziehbarer Form behandeln.[4]

Unser Passus enthält folgende Argumentation: Platon lässt seinen Gesprächsführer, den anonymen Fremden aus Athen, zunächst konstatieren, er wolle an dem Satz „Die Schlechten sind insgesamt und in jeder Hinsicht unfreiwillig schlecht" auf jeden Fall festhalten (860d1; vgl. 861d2-4).[5] Auch andernorts in den *Nomoi* kann man affirmative Bezugnahmen auf die Sokratische These identifizieren (Legg. I 646b-c, II 663b, V 731c, 734b2-6). Die im Text gewählte Formulierung πάντες εἰς πάντα zeigt, dass es um die These von der ausnahmslosen, prinzipiellen Unfreiwilligkeit des Schlechtseins ge-

---

[4] Vgl. Legg. IX 861c4-6: πᾶς ἐπακολουθῇ τοῖς λεγομένοις καὶ δυνατὸς ᾖ τό τε πρεπόντως τεθὲν ἀμῇ γέ πῃ κρῖναι καὶ τὸ μή.

[5] Ὡς οἱ κακοὶ πάντες εἰς πάντα εἰσὶν ἄκοντες κακοί.

hen soll. Indem der Athener den Satz anschließt, „Der Ungerechte ist einerseits schlecht, andererseits ist der Schlechte aber unfreiwillig ein solcher",[6] kann man per *modus ponens* schließen, dass auch der Ungerechte stets unfreiwillig ungerecht sein soll. Gleichzeitig bekennt sich der Athener dazu, er wolle für die Strafrechtspraxis der neu zu gründenden Stadt zwischen vorsätzlichen oder freiwilligen und unabsichtlichen oder unfreiwilligen Fehlhandlungen (ἀκούσιά τε καὶ ἑκούσια ἀδικήματα) unterscheiden. Der Athener legt seinem Gesprächspartner Kleinias nun, wie uns Heutigen scheint, eine zu weitgehende Gleichsetzung zur Annahme vor, nämlich die von „freiwillig" mit „schuldhaft" und von „unfreiwillig" mit „schuldlos" (Legg. IX 860e7-861a1):

> Wirst du also für sie (sc. für die Bürger der neu zu gründenden Stadt) differenzieren zwischen unfreiwilligen und freiwilligen Fehlhandlungen, und sollen wir größere Strafen gegen freiwillige Fehlhandlungen und Ungerechtigkeiten verhängen, gegen die anderen aber geringere?

Dem Prinzip, Strafen seien relativ zur Vorsätzlichkeit einer Fehlhandlung zuzuweisen, wird von den Dialogpartnern zugestimmt. Bezeichnen wir es als Prinzip der Proportionalität von Vorsätzlichkeit und Strafe oder kurz als *Vorsätzlichkeitsprinzip*. Im nächsten Schritt wird verlangt, man müsse nunmehr versuchen, die These von der Unfreiwilligkeit des Schlechtseins mit dem Vorsätzlichkeitsprinzip in Einklang zu bringen (861b-c). Der Athener bietet dafür folgende Lösung an (861e-862b): Unterschieden werden muss ihm zufolge zwischen dem neutralen Begriff der „Schädigungen" (*blabai*) und dem moralisch eingefärbten Begriff der „Ungerechtigkeiten" (*adika*). Bei Schädigungen handle es sich ausschließlich dann um Ungerechtigkeiten, wenn sie auf Freiwilligkeit beruhten. Unfreiwillige Schädigungen sollen hingegen selbst dann keine Ungerechtigkeiten sein, wenn sie sich in ihrer Intensität oder Schwere nicht von freiwilligen unterscheiden. Dem Text zufolge macht also nicht die Schwere, sondern die Vorsätzlichkeit eine Schädigung zum Unrecht. Um Unrecht könne es sich umgekehrt auch bei einer Wohltat (*ôphelia*) handeln, und zwar dann, wenn diese nicht mit einer angemessenen Motivlage verbunden ist. Jedoch ist es nicht das Vorsätzlichkeitsprinzip, das Platon hier im Visier hat. Es wäre sachlich falsch (wie wir vorhin an den Beispielen von Notwehr und Nothilfe sahen), das Wissen um den Schädigungscharakter einer Handlung *eo ipso* für schuldkonstitutiv zu erklären. Was an dieser Stelle bemerkenswerterweise ins Spiel kommt, ist das über die Vorsätzlichkeit hinausgehende Motiv der moralisch angemessenen Gesinnung. Der Athener behauptet nämlich (Legg. IX 862b1-5; Übersetzung K. Schöpsdau):

---

[6] Legg. IX 860d5: Ὡς ὁ μὲν ἄδικός που κακός, ὁ δὲ κακὸς ἄκων τοιοῦτος.

Denn in der Regel, meine Freunde, darf man doch nicht, wenn einer jemandem etwas gibt oder umgekehrt etwas wegnimmt, so etwas ganz ohne weiteres für gerecht oder ungerecht erklären. Sondern ob jemand aus gerechter Gesinnung und Denkweise heraus (ἤ9ει καὶ δικαίῳ τρόπῳ χρώμενός) einem anderen nützt oder schadet, darauf muss der Gesetzgeber sehen … .

Über die moralische Qualität einer Handlung entscheiden dem Text zufolge ihre Gutwilligkeit oder Böswilligkeit. Anders gesagt: In der zitierten Passage führt Platons Athener die Güte oder Schlechtigkeit einer Handlung erkennbar nicht auf die jeweils vorliegende Handlungsart zurück (also nicht darauf, ob eine Handlung in die Klasse der Schädigungen oder Wohltaten fällt), aber auch nicht auf deren Freiwilligkeit oder Unfreiwilligkeit, sondern auf eine gute bzw. schlechte Charaktereinstellung. Schädigungen können aus moralisch guter Gesinnung hervorgehen, und ebenso Wohltaten aus einer moralisch schlechten Einstellung. Erstere sind dann kein Unrecht, Letztere dagegen sehr wohl. Das Prinzip der Strafzumessung besteht hier also nicht im Schadensumfang, sondern im Grad an unmoralischer Gesinnung, der mit einer Schädigungshandlung verbunden ist. Sprechen wir von einem *Böswilligkeitsprinzip*.

Im nächsten Schritt wird der ohne eine böse Absicht entstandene Schaden unter das Gebot der Wiedergutmachung gestellt. Der Gesetzgeber soll darauf achten, dass der für den Geschädigten entstandene Verlust ausgeglichen werde, und zwar am besten aufgrund von freiwilliger Kompensation (862a-b). Dagegen wird die schlechte Gesinnung mit der Vorstellung von einer Krankheit in der Seele in Verbindung gebracht (862c7 f.: ὡς οὐσῶν ἐν ψυχῇ νόσων); und es liegt auf der Hand, dass eine solche Krankheit Platon zufolge nach Heilung verlangt. Die Deutung von Ungerechtigkeit im Sinne einer Krankheit in der Seele ruft daher eine Diskussion der gesetzlichen Sanktionsformen hervor, mit denen man solche Krankheiten heilen kann. Auffällig ist dabei, dass Platon keineswegs intellektualistische „Therapieformen" favorisiert (wie Aufklärung, Erziehung oder kognitives Training), sondern gröbere Lockmittel bzw. Abschreckungsmethoden gutheißt (nämlich auf der Basis von Lust- und Schmerzempfindungen oder der Selbstachtung: besonders das Zuteilwerden von Ehren und Ehrenentzug oder Geldgeschenke bzw. Geldzahlungen). Ferner wird zwischen heilbaren Seelen und unheilbaren differenziert; und für Letztere kommt nur noch die Todesstrafe in Betracht (862d-e). Fast unbemerkt kehrt der Athener jetzt wieder zum Gebrauch des Terminus „Freiwilligkeit" (statt der zwischenzeitlich unterstellten „Böswilligkeit") zurück, um dasjenige zu bezeichnen, was schlechte Handlungen schlecht macht (vgl. 862d3: μηδέποτε ἑκόντα τολμῆσαι ποιεῖν).

Soweit hat der Athener aber weder die Unfreiwilligkeitsthese gerettet noch das Vorsätzlichkeitsprinzip korrekt angewandt. Was er getan hat, ist lediglich, dass er aus Letzterem eine größere These über das seelische Übel als Ursache schlechten Handelns ableitete: das Böswilligkeitsprinzip. Es ist insofern mehr als berechtigt, wenn Kleinias jetzt näheren Aufschluss darüber verlangt, wie das Begriffspaar *adikia* und *blabê* mit der Dichotomie der *hekousia* und der *akousia* (*adikêmata*) zusammenhängt (863a). Platons Athenischer Fremder nimmt hierfür eine dreifache Einteilung vor, deren Sinn nicht sogleich deutlich wird: Er unterscheidet zwischen drei seelischen Phänomenen, nämlich dem Zorn (*thymos*), der Lust (*hêdonê*) und der Unwissenheit (*agnoia*); Letztere wird nochmals differenziert in eine einfache (*haploun*) und eine doppelte (*diploun*), je nachdem, ob sich jemand wenig oder viel auf seinen eingeschränkten Wissenszustand zugute hält.[7] Dabei wird offen gelassen, ob dieser Dreiteilung der Gedanke einer Trichotomie der Seele wie in *Politeia* IV zugrunde liegt oder nicht. Immerhin muss man die Möglichkeit in Betracht ziehen, dass sich der hier genannte *thymos* als eine Tätigkeit des *thymoeides* der *Politeia* interpretieren lässt, dass man entsprechend die *hêdonê* auf das *epithymêtikon* zurückbeziehen und die *agnoia* mit dem *logistikon* in Verbindung bringen könnte. Zu beachten ist in diesem Zusammenhang, dass Platon den *thymos* ausdrücklich als „einen Zustand oder einen Teil der Seele" bezeichnet, welcher „ihr von Natur als aggressives und kaum bezwingbares Eigentum eingepflanzt" sei (863b2-4: ... εἴτε τι πάθος εἴτε τι μέρος ὢν ὁ θυμός, δύσερι καὶ δύσμαχον κτῆμα ἐμπεφυκός).[8] Aber gleichgültig, ob hier die dreifache Seelenteilungslehre im Hintergrund steht: Zu fragen ist, was mit dieser Dreiteilung seelischer Phänomene behauptet werden soll. Allem Anschein nach geht es darum, wie die Bemerkung zum dritten dieser Phänomene plausibel macht, drei *Gründe* für die Fehlhandlungen der Seele (vgl. 863c1 f.: τῶν ἁ-μαρτημάτων αἰτίαν) anzuführen: Fehlhandlungen der Seele können sich aus Zorn, Lust oder Unwissenheit ergeben.

Daraus erwächst allerdings ein Interpretationsproblem: Meint Platon gemäß seiner Differenzierung von 861e-862b, dass alle drei seelischen Phänomene Ursachen von Unrecht (*adika*) sein können, oder will er nur sagen, dass sie als Ursachen von (moralisch neutralen) Schädigungen (*blabai*) in Betracht kommen? Oder verursacht das eine Vermögen moralisch relevante, das andere moralisch neutrale Schädigungen?

Platon scheint sich dafür zu entscheiden, dass alle drei Phänomene als Gründe für *Unrecht* in Betracht kommen. So versteht beispielsweise H. Görgemanns unseren Text (Görgemanns 1960, 163). Alle drei psychischen Vorkommnisse können bei einem Akteur die Situation auslösen, dass dieser sich

---

[7] Zur näheren Einteilung der Arten von Vernunftschwäche und Unwissenheit vgl. Sharafat 1998, 97-99.

[8] Dieses Indiz spricht gegen die Deutung von Ch. Bobonich 2003, nach der die *Nomoi* keine Seelenteilungslehre mehr enthalten sollen.

nicht nur in die Richtung seines eigenen Willens gezogen fühlt, sondern zudem in die Gegenrichtung (vgl. 863e2 f.). Mit dieser Formulierung scheint
die Situation moralischen Unrechttuns bezeichnet zu sein. Was jedoch gegen
Görgemanns' Sicht spricht, ist der Umstand, dass die drei Gründe nicht auf
ein und derselben Erklärungsebene angesiedelt sind – und irgendwie scheint
in dieser Ebenentrennung Platons Lösungsvorschlag für unser Problem ver-
borgen zu sein. Während nämlich Lust und Zorn die Eigenschaft aufweisen
sollen, Machtfaktoren der Seele zu sein, so dass manche Individuen stärker
und andere schwächer als sie seien, wäre es nach Platon unsinnig zu sagen,
man sei stärker oder schwächer als die eigene Unwissenheit (863d6-11). Klarerweise charakterisiert die Formulierung „stärker oder schwächer sein als die
seelische Kraft *x*" (*kreittôn–hêttôn*) den Umgang eines Individuums mit seinen
psychischen Antrieben: für das harmonische Seelenleben einerseits und für
das akratische bzw. moralische Versagen andererseits. Aber inwiefern besteht
hier ein Unterschied? Was meint Platon damit, dass Unwissenheit – anders
als Zorn oder Lust – ein Verhältnis der Herrschaft oder Knechtschaft ausschließt? Nicht gemeint sein kann, dass die betreffende Person bereits eine
rationale Seelenverfassung erreicht hat und dass sie deswegen mit irrationalen
Momenten wie Zorn und Lust in Harmonie lebt; sie soll ja gerade noch unwissend und folglich zumindest partiell seelisch desorganisiert sein. Wenn ich
richtig sehe, ist Platons Pointe so zu verstehen, dass er Unwissenheit, nicht
aber Zorn und Lust, als einen ich-nahen, einen bewussten Seelenzustand
deutet. Wenn sich jemandes Bewusstsein in der Verfassung der Unwissenheit
befindet, unterliegt der Betreffende keiner fremden Macht, sondern einer
selbstverschuldeten Einschränkung. Fremdbestimmung besteht hingegen
dann, wenn Lust und Zorn ihre „Tyrannenherrschaft in der Seele" (863e8:
ἐν ψυχῇ τυραννίδα) errichten. Während es prinzipiell jedermanns Macht
offen steht, sein Bewusstsein in eine günstigere kognitive Verfassung zu bringen, scheinen Zorn und Lust einem direkten Zugriff entzogen zu sein. Gedacht ist so gesehen an die Unterscheidung zwischen einem autonomen, verfügbaren Teil der Seele (dem rationalen Vermögen, auch wenn dieses faktisch
unwissend sein sollte) und zwei Teilen, die eher heteronom und unverfügbar
sein sollen (dem emotionalen und dem lustorientierten Teil).

Angenommen, diese Deutung wäre soweit korrekt. Was ergäbe sich dann
für die Vereinbarkeit von Unfreiwilligkeitsthese und Vorsätzlichkeitsprinzip?
Die Antwort hierauf hängt weitgehend davon ab, wie man das Verhältnis
zwischen *Protagoras* und den *Nomoi* einschätzt. Nehmen wir zunächst einmal
an, Platon habe einen fundamentalen Meinungswechsel vollzogen. Vergleicht
man unsere Stelle mit der Behandlung des mentalen Konflikts im *Protagoras*
(352a-358d), so gewinnt man ja tatsächlich den Eindruck einer solchen
grundlegenden Revision. Denn der Gedanke, man könne seinen Lüsten unterliegen (Prot. 352e6-353a1: ὑπὸ τῶν ἡδονῶν ἡττᾶσθαι), wird dort als

prinzipiell falsch bekämpft, und zwar mit der Begründung, dass die Vernunft das Herrschende (Prot. 352b4: ἡγεμονικὸν sowie ἀρχικὸν) in der Psyche sei, also das, was sich gegen die Lüste immer dann durchzusetzen vermag, wenn volle Rationalität in Erscheinung tritt. Hingegen wäre es in unserer *Nomoi*-Passage nach dieser Lesart so, dass die Ungerechtigkeit durch die irrationalen Kräfte der Seele zustande käme, wenn diese über die Vernunft herrschten (ein Zustand, der im *Protagoras* gerade ausgeschlossen wird).

Unterstellen wir also zunächst einmal einen Bruch zwischen *Protagoras* und *Nomoi*. Inwiefern wären dann in unserer Passage die Unfreiwilligkeitsthese und das Vorsätzlichkeitsprinzip gewahrt? Man könnte meinen, dass Lust und Zorn den Menschen zum *unfreiwillig* Falschhandelnden machten (welcher konsequenterweise nur milden Strafen ausgesetzt sein darf) und dass Unwissenheit die wahre die Ursache seines *freiwilligen* Fehlverhaltens sei (weswegen sie gravierende Strafen verdient hätte). Denn wer sich im Zustand des Beherrschtwerdens befindet, scheint seiner Autonomie in starkem Maße beraubt zu sein und ist insofern nicht für seine Handlungen verantwortlich. Doch augenscheinlich ist dies nicht die Pointe, die Platon in unserem Text im Blick hat. Vielmehr redet er hier über die seelischen Wurzeln der Ungerechtigkeit (*adikia*) und bringt sie ursächlich mit der Herrschaft von Zorn oder Furcht sowie von Lust oder Schmerz in Verbindung.[9] Der Akzent muss folglich auf einer Negativbewertung von Zorn und Lust und einer Positivbewertung der rationalen psychischen Kräfte liegen. Während Ungerechtigkeit auf ihre Wurzeln in den irrationalen Seelenkräften zurückgeführt wird, scheint Vernunftorientierung grundsätzlich positiv beurteilt zu werden, und zwar auch im Fall ihres Versagens. Dies kommt an folgender Stelle zum Ausdruck (Legg. IX 864a1-8; Übersetzung K. Schöpsdau):

> Wenn dagegen die Vorstellung vom Besten, wie auch immer ein Staat oder einzelne Bürger dies zu erreichen glauben, in den Seelen herrscht und einen jeden durchwaltet, dann muss man, auch wenn sie einmal einen Irrtum begeht, dennoch sagen, dass alles gerecht ist, was in diesem Sinne getan wird und was sich in jedem Menschen einer solchen Herrschaft unterwirft, und dass es für das ganze Leben der Menschen das beste ist, während doch von den meisten eine so entstandene Schädigung für eine unfreiwillige Ungerechtigkeit gehalten wird.

Der zitierte Text verfolgt erkennbar die Absicht, gemäß einem moralischen Intellektualismus die Vernunftorientierung der Seele als entscheidenden Leitfaden eines gelingenden politischen sowie individuellen Lebens herauszustellen. Was Platon hier intendiert, ist mithin, die Irrationalität der Seele

---

[9] Daran zeigt sich übrigens, dass er Lust und Zorn bislang als *pars pro toto*-Begriffe verwendete, wodurch die Lesart plausibler wird, nach der Platon hier auf die Trichotomie-Lehre zurückgreift

zum zentralen strafrechtlichen Schuldkonstituens zu machen. Ein Vernunft-
versagen wird hingegen als Schuldfaktor bagatellisiert, es sei denn, dass ein
gravierender Wissensdünkel im Spiel wäre. Die drei (oder genauer fünf) von
Platon unterschiedenen Arten von Fehlleistungen (864b1: τῶν ἁμαρ-
τανομένων τρία εἴδη), nämlich solche aus Zorn oder Furcht, solche aus Lust
und Begierden und solche aus Unwissenheit (mitsamt ihren zwei
Unterarten), werden also in der Absicht aufgezählt, irrational fundierte Fehlleistungen von rational verwurzelten abzusetzen. Nur Erstere sind gravierende Versagensfälle, nicht aber Letztere (von der erwähnten Ausnahme abgesehen, dass jemand trotz seines Nichtwissens kognitiv allzu überheblich agiert).

Doch wenn dies Platons Lösung wäre, würden sich sogleich beträchtliche
Einwände erheben. Man müsste sich dann einerseits fragen, warum jemand
einer Situation der Unwissenheit nicht genauso schuldhaft erliegen kann wie
den seelischen Phänomen Lust und Zorn. Zwar ist wohl keiner schuld daran,
dass er kognitiv minderveranlagt ist oder über falsche Informationen zu einem konkreten Sachverhalt verfügt oder in seiner Herkunftskultur mit pseu-
dowissenschaftlichen Vorstellungen oder verfehlten Lebensidealen aufgewachsen ist. Aber gerade wenn einem der eigene Bewusstseinszustand leichter verfügbar ist als das irrationale Seelenleben, müsste gelten, dass man einen
höheren Verantwortungsgrad für den kognitiven Zustand als für die emotio-
nal-appetitive Verfassung der eigenen Psyche hat. Folglich müsste jemand
härter bestraft werden, wenn er einen Wissensmangel aufweist als wenn er
aufgrund seiner Zornausbrüche oder seiner hedonistischen Neigungen Unrecht tut. Noch schwerer dürfte der entgegengesetzte Einwand wiegen: Warum sagt Platon hier nicht, die Herrschaft von Lust und Zorn *ergebe sich* überhaupt erst aus Unwissenheit, oder auch: die Herrschaft von Lust und Zorn *sei
Ausdruck* der Unwissenheit? Sicher, was Platon zum Ausdruck bringen will,
ist die Verantwortung, die jemand dafür trägt, dass er ein desorganisiertes
Seelenleben aufweist, in dem Lust und Zorn eine übermächtige Rolle spielen. Aber warum konstatiert er dann nicht, Vernunft, Wissen oder Rationalität seien dazu imstande, die Herrschaft von Lust und Zorn zu beenden, die
Heteronomie der Gesamtseele aufzuheben und die entsprechenden Seelen-
funktionen zu harmonisieren? Erst dies wäre die Position eines moralischen
Intellektualismus. Trifft also doch das Urteil von G. Müller 1960 zu, nach
dem die Unfreiwilligkeitsthese in den *Nomoi* nur noch äußerlich präsent ist?
Jedenfalls ergibt diese These nach der hier eingeschlagenen Interpretations-
richtung keinen Sinn mehr.

Weiter, sollte es sich hierbei um Platons Lösung handeln, inwiefern wäre
dann überhaupt das Vorsätzlichkeitsprinzip gewahrt? Hielte er an diesem fest,
so müsste er behaupten, dass eine Handlung umso schuldhafter ist, je größer
ihr Wissens- und Absichtsanteil ausfällt. Was er aber sagt, ist umgekehrt, dass
die Vernunftorientierung den größeren Reflexionsgrad aufweist und den-

noch strafrechtlich weniger gravierend ist. Platon deklariert einerseits die üble Grundorientierung der Seele, wie sie in einem chaotischen irrationalen Seelenleben zum Vorschein kommt, als Quelle aller schuldhaften Fehlhandlungen; und entsprechend erklärt er kognitive Irrtümer für Bagatellfälle falschen Handelns. Andererseits behauptet er, dass in der Freiwilligkeit das zentrale Schuldkonstituens liege, weswegen überlegte, wissentlich vollzogene Fehlhandlungen gravierender sein sollen als unbewusste. Ist diese Beschreibung der Passage 860c-864c korrekt, so wird Platon weder dem moralischen Intellektualismus mitsamt seiner Unfreiwilligkeitsthese gerecht noch dem strafrechtlichen Vorsätzlichkeitsprinzip.

Der Eindruck gravierender Konfusion verdichtet sich, wenn wir einen knappen Blick darauf werfen, wie sich Platons Lösung auf die vorgeschlagene konkrete Gesetzgebung auswirkt. Einerseits meint Platon, die Strafzumessung müsse milder ausfallen, wenn jemand ein Verbrechen im Zustand des Wahnsinns oder in einer wahnsinnsähnlichen Verfassung begangen habe; zu Letzteren rechnet er Krankheit, Alter oder kindliche Unreife (864d). Dies spricht für eine Theorie, der zufolge es heteronome oder unverfügbare Umstände sind, die das Schuldprinzip limitieren. (Auch dann allerdings wäre es noch immer störend, dass weder Krankheit noch Alter noch kindliche Unreife seelische Ursachen im Sinn von Lust und Zorn sind. Sie markieren vielmehr körperliche Grenzen der individuellen Selbstverfügung.) Aber wir sahen ja, dass dies nicht Platons These ist; vielmehr will er sagen, dass irrationale Regungen das eigentlich Schuldhafte und Ungerechte in der Seele darstellen. Befremdlich ist aber auch hier, dass bei unabsichtlichen, auf Unwissenheit zurückgehenden Tötungen ein mildes Urteil oder ein Freispruch erfolgen soll, z.B. wenn ein Arzt ohne Vorsatz einen Patienten tötet oder wenn jemand ohne Absicht das Leben eines Sklaven auslöscht (865b). Gemäß dem Vorsätzlichkeitsprinzip müsste Platon gerade Wissensdefizite als selbstverschuldet ansehen und unter harte Strafe stellen. Und schließlich wirkt überraschend, dass er sowohl Tötungen als auch sonstige Schädigungen, die mit Lust oder Zorn zu tun haben, milder beurteilt als solche, die „mit Überlegung und vorsätzlich" (873a6: ἐκ προνοίας ἑκουσίως; vgl. 874e7, 877b6 u.ö.) vollzogen werden; was hier irritierenderweise zu fehlen scheint, ist die Vorstellung, dass jemand auch für den Zustand seines Seelenlebens bzw. für seine aktuelle Seelenverfassung verantwortlich ist.

Wenn die Passage aus *Nomoi* IX so weit richtig wiedergegeben ist, scheint sie ein völlig problematisches Bild abzugeben. Platon hatte sich zum Ziel gesetzt, die Unfreiwilligkeitsthese mit dem strafrechtlichen Vorsätzlichkeitsprinzip in Einklang zu bringen. Folglich hätte es ihm darum gehen müssen, die zwei Ebenen gegeneinander abzugrenzen, auf denen die beiden Theoreme unabhängig voneinander ihr jeweiliges Recht erhalten. Zumindest hätte er eine einfache Lösung vorschlagen müssen wie diejenige von M.M. Mackenzie, die den Punkt zu bewältigen sucht, indem sie zwischen einem Handeln unterscheidet, das *voluntarily* vollzogen wird, und einem, das *deliberately* geschieht (Mackenzie 1981, 201). Darüber hinausgehend hätte Platon geltend machen können, dass die Unfreiwilligkeitsthese auf sehr grundsätzliche Probleme einer Philosophie des Mentalen und Emotionalen hinführt (nämlich z.b. auf die Frage, ob seelische Akte oder Vermögen als relativ selbständige Teile, separate Kräfte und unabhängige Bezirke zu verstehen sind oder nicht), während das Vorsätzlichkeitsprinzip eher zu moralpsychologischen Fragen der konkreten Handlungsmotivation führt. Es scheint alles andere als aussichtslos, die eine Ebene gegen die andere sauber abzugrenzen. Eine theoretische Möglichkeit bestünde etwa darin, den Intellektualismus als eine maximalistische Position, als Optimum im Verhältnis von vernünftigen und unvernünftigen Seelenvermögen zu verstehen: Wenn jemand ein vollkommen klares, uneingeschränkt reflektiertes Bewusstsein von der Richtigkeit bzw. Falschheit bestimmter Handlungsoptionen oder Charakterhaltungen besitzt, dann wählt er zwangsläufig auch die richtigen Optionen (bzw. verwirft die falschen) und führt sie aus (bzw. unterlässt sie). Dagegen ist das Seelenleben bei allen minderen Bewusstseinsstufen konflikthaft (nämlich noch nicht dauerhaft vernünftig rektifiziert); in diesem Fall ließen sich schuldkonstitutive Grade der Vorsätzlichkeit und der Bosheit voneinander unterscheiden. Platon differenziert jedoch stattdessen zwischen einem seelischen Phänomen, das der Freiwilligkeitsthese Genüge tut (der Vernunftorientierung), und zwei weiteren, die dem Vorsätzlichkeitsprinzip entsprechen sollen. Wer die Unfreiwilligkeitsthese vertritt, darf jedoch nicht behaupten „Die Seele hat zu einem bestimmten Zeitpunkt sowohl autonome Anteile als auch heteronome – wobei schuldhaftes Falschhandeln nur auf Letztere zurückgeht", sondern er muss sagen: „Die nicht-harmonische, kranke Seele befindet sich unter der Herrschaft der irrationalen Seelenteile, während die harmonische, gesunde Seele unter Herrschaft der Vernunft steht". Wer das Vorsätzlichkeitsprinzip verteidigt, darf dem verfügbaren psychischen Vermögen, der Rationalität, nicht den geringeren Schuldanteil zuweisen.

Aber was spricht eigentlich dafür, in den *Nomoi* eine solche konfuse Position vertreten zu sehen? Wäre sie mit dem explizit genannten Grundsatz vereinbar, hier werde in allgemein nachvollziehbarer Form die Unfreiwilligkeitsthese mit dem Vorsätzlichkeitsprinzip versöhnt (861c4-6)? Wir entschieden uns oben dafür, das Verhältnis von *Protagoras* und *Nomoi* probeweise als eines der Diskontinuität anzusehen. Aus der Unterstellung, Platon habe in den *Nomoi* den moralischen Intellektualismus aufgegeben, ergeben sich jedoch die unsinnigen Konsequenzen, die ich eben vorgeführt habe. Sie ließen sich vermeiden, sollte man nicht gezwungen sein, zwischen den beiden Texten einen scharfen Kontrast zu eröffnen. Nun, prinzipiell scheint mir eine Kontinuitätsthese durchaus vertretbar zu sein: Denn zum einen betont Platon ja, wie wir sahen, auch in unserer *Nomoi*-Passage, dass der rationale Teil der Seele nicht unter einer Fremdherrschaft steht (863d6-11), und d.h. unmittelbar verfügbar bleibt. Zum anderen könnte es so sein, dass er auch in den *Nomoi* nicht zum Ausdruck bringen möchte, die Vernunft müsse sich *generell* mit übermächtigen irrationalen Seelenregungen arrangieren. Er könnte lediglich meinen, dies sei der Fall für eine konkrete, noch unentwickelte Vernunft, die in einer desorganisierten Seele gegen starke irrationale Faktoren anzukämpfen hat. Um Letzteres plausibel zu machen, müssen wir eine wichtige Unterscheidung einführen: Die Seele eines bestimmten Individuums könnte in ihrer konkreten Ausprägung *einerseits* autonom oder heteronom verfasst sein – je nachdem, welche Rolle die irrationalen Kräfte in ihr spielen. Im Fall der Heteronomie besäße das rationale Vermögen eine eher bescheidene Kompetenz; es könnte sich nicht gegen Zorn und Lust durchsetzen. Doch auch wenn das rationale Vermögen in einer unfreien Seele agieren müsste, verbliebe ihm *andererseits* immer noch die Möglichkeit, als Konstituens der Harmonie und der Autonomie des Ganzen aufzutreten. Zu unterscheiden wäre so gesehen zwischen einer *derivativen* Vernunft(deren Identität sich aus der jeweiligen Seelenverfassung ableitet und die von Unwissenheit und Ohnmacht gekennzeichnet sein mag), von der Platon an unserer *Nomoi*-Stelle spricht und einer *konstitutiven* Vernunft (die die Seele umzuformen vermag), welche an unserer Stelle ungenannt bliebe, die aber auch in diesem Zustand prinzipiell noch verfügbar wäre.

Wenn diese Interpretationsidee richtig ist, so wäre es unnötig anzunehmen, dass sich die menschliche Seele nach Platons *Nomoi* immer in einem Zustand der Zerrissenheit zwischen vernünftigen und unvernünftigen psychischen Anteilen befände. Vielmehr wäre es weiterhin so, dass Platon die Möglichkeit vorsähe, die Seele definitiv auf einen rationalen Weg zu führen und zu harmonisieren. Abgesehen davon, dass uns diese Sicht die aufgezählten Inkonsistenzen im Text ersparen würde, spricht als ein Indiz zu ihren Gunsten, dass Platon die hier behandelte Rationalitätsform lediglich als „Meinung über das Beste" (864a1: τοῦ ἀρίστου δόξαν) gelten lässt. Anders gesagt, die rationalen Kräfte gelangen hier nicht über bloße Annahmen und Vorstellungen vom Besten hinaus – mithin nicht zu einem Wissen (*epistêmê*), das Platon aber kontrastiv dazu unverändert anzunehmen scheint (sonst hätte die Rede von einer *doxa* wenig Sinn).[10] In dieselbe Richtung weist der Umstand, dass Platon in den *Nomoi* an exponierter Stelle die Ansicht vertritt, die Herrschaft der irrationalen Seelenkräfte sei die schlimmste Form von Unwis-

---

[10] Auch die Textpassage *Nomoi* II 653a-c setzt als Kognitivitätsform lediglich die *alêthês doxa* und nicht die *epistêmê* voraus. Dies deutet darauf hin, dass Platon seine Thesen in den *Nomoi* auf rational suboptimale Zustände überträgt und nicht grundlegend revidiert.

senheit (Legg. III 689a f.). Wenn wir diese Äußerung auf unsere Textstelle beziehen dürfen, würde daraus klar werden, warum es sich bei einer desolat organisierten Seele um eine strafwürdige Grundlage individuellen Unrechttuns handelt: nämlich weil diese einen moralischen Mangelzustand darstellt, der auf ein unfreiwilliges Rationalitätsdefizit zurückgeht. Dass etwa Zügellosigkeit als unfreiwillig charakterisiert wird (etwa in V 734b), braucht dann gerade nicht zu heißen, dass sie ein außerrationales und übermächtiges Phänomen ist, sondern dass sie ein behebbares Rationalitätsdefizit darstellt, für dessen Bestehen ein Akteur verantwortlich ist. Die vom Gesetzgeber vorzusehende Strafe erhält so betrachtet den Sinn, die Seele von ihrer Unwissenheit zu heilen (vgl. X 908e5-909a2).

Aber verträgt sich meine Interpretation mit den Grundaussagen der *Nomoi*? Zweifellos ist es richtig festzustellen, dass der Platon der *Nomoi* den inneren Konflikt auf der Basis einer ziemlich „pessimistischen" Akzentsetzung beschreibt. Er betont nachdrücklich die moralresistenten Aspekte der menschlichen Psyche wie Ignoranz, Überheblichkeit, Verstocktheit, Unbelehrbarkeit, Luststreben oder Böswilligkeit. Beispielsweise wird an der prominenten Stelle IX 875b-c die menschliche Natur als fundamental selbstsüchtig und eigeninteressiert geschildert. Zu beachten ist allerdings, dass selbst diese Klage über die menschliche Natur in eine intellektualistische Feststellung einmündet (Legg. IX 875c3-d4; Übers. K. Schöpsdau):

> Wenn allerdings einmal durch göttliche Fügung ein Mensch mit jener natürlichen Fähigkeit geboren würde und imstande wäre, eine solche Machtstellung zu erlangen, so bräuchte er keinerlei Gesetze, die über ihn herrschen müssten. Denn dem Wissen ist keinerlei Gesetz und keine Ordnung überlegen; und es widerspräche auch der göttlichen Satzung, wenn die Vernunft etwas anderem untertan und dessen Sklavin wäre, sondern sie muss über alles herrschen, sofern sie wirklich in ihrem Wesen wahrhaft und frei ist. Nun aber findet sich ja doch nirgends eine solche Fähigkeit, es sei denn in geringem Maße; darum gilt es das Zweitbeste zu wählen, die Ordnung und das Gesetz ... .

Der moralische Intellektualismus bleibt deutlich als Theorierahmen gewahrt; er erweist sich, wie die Stelle zeigt, lediglich als ungeeignet für die Formulierung konkreter politisch-juridischer Institutionen. Auch der Marionettenvergleich (I 644d-645c) bringt näher betrachtet nur zum Ausdruck, dass staatliche Gesetze notwendig seien, weil die Vernunft faktisch, nicht aber prinzipiell „sanft und nicht durchsetzungskräftig" sein soll. Wir sind mithin keineswegs zu der Annahme gezwungen, dass der späte Platon den moralischen Intellektualismus preisgegeben hat. Er braucht durchaus nicht zu der Ansicht übergegangen sein, die menschliche Vernunft könne sich grundsätzlich nicht gegenüber irrationalen psychischen Kräfte durchsetzen. Die Schwäche der mentalen Vermögen muss also nicht prinzipieller Natur sein, sie kann auf einen empirisch-politischen Erfahrungswert zurückgehen. Sieht man genauer zu, so ist daran zu erinnern, dass der moralische Intellektualismus bereits in der *Politeia*, was seine Übertragbarkeit auf die Realität anlangt, mit einer extremen Unwahrscheinlichkeit versehen wird. Der Kontrast zwischen *Politeia* und *Nomoi* verringert sich also in dem Maße, in welchem bereits die *Politeia* einen extremen Ausnahmefall beschreibt. Zudem muss man sich klarmachen, wie viele Indizien dafür sprechen, dass Platon auch in den *Nomoi* an dieser Position festhält.[11] Neben der wiederholten Nennung der Unfreiwilligkeitsthese ist es insbesondere die intellektualistisch verstandene Einheit der Tugenden, die in der Güterliste der *Nomoi* herausgestellt wird (I 631b6-d2; vgl. II 661a-662a).

In jedem Fall bleibt jedoch ein Unbehagen zurück. In den *Nomoi* versucht Platon die Unfreiwilligkeitsthese mit der Strafrechtspraxis zu verknüpfen. Der Kontext, in dem dies geschieht, ist eine moralische Akzentsetzung: Platon stößt auf einen Zusammenhang, den ich oben als Böswilligkeitsprinzip bezeichnete. Im *Protagoras* dagegen erscheint die Unfreiwilligkeitsthese im Rahmen eines hedonistischen Kalküls. Sie bildet somit ein Derivat der eudämonistischen Grundthese „Jeder will glücklich sein". Dem antiken Eudämonismus zufolge ist Glück dasjenige, was sich aus allen Gütern (oder doch aus allen maßgeblichen Gütern) zusammensetzt. Wenn jeder die glückskonstitutiven Güter haben will, kann niemand rationalerweise etwas erstreben, das sich als schlecht für ihn selbst erweist. An dieser Stelle zeigt sich, dass die Nichtunterscheidung von Unfreiwilligkeit und Böswilligkeit destruktive theoretische Konsequenzen mit sich bringt. Offenkundig impliziert das Böswilligkeitsprinzip den Gedanken, dass sich der Unrechttuende bei klarer Einsicht in die Falschheit einer Handlungsoption für diese entscheidet. Es kommt somit tatsächlich zu einem fundamentalen Konflikt zwischen der Unfreiwilligkeitsthese und den motivationalen Grundlagen unmoralischen Verhaltens – allerdings nicht aufgrund des Vorsätzlichkeits- , sondern aufgrund des Böswilligkeitsprinzips.

Zu diesem Problem scheint Platon nichts zu sagen zu haben. Was ihm zu fehlen scheint, ist ein bewusstes Dezisionsvermögen, mit dem ein Übeltäter das Falsche trotz klarer Einsicht zu wählen vermag. Es ist jedoch immerhin bemerkenswert zu sehen, dass Platon in den *Nomoi* den Gedanken erwägt, die menschliche Seele könnte der Ursprung des Bösen sein. Was Platon diese Überlegung ermöglicht, ist sein in Buch X entwickelter Begriff der Selbstbewegung. Die zentrale Passage zu diesem Punkt findet sich in 893b-896d im Rahmen einer Diskussion der verschiedenen Bewegungsarten. Platon zeichnet dort die Selbstbewegung als vorzüglichste Form von Bewegung aus. Er

---

[11] Mit dieser Tendenz argumentiert neuerdings v.Ackeren 2003, 327-338.

schließt dann weiter, dass alles, was sich selbst bewegt, lebt und eine Seele besitzt. Wenn es nun richtig sei, dass Selbstbewegung vorrangig sei, müsse das Seelische auch vorrangig gegenüber allem Körperlichen oder Materiellen sein und den Körper beherrschen. Daraus ergibt sich eine bemerkenswerte Konsequenz. Zumindest andeutungsweise wird die Möglichkeit diskutiert, die Seele (hier die des Kosmos) sei aufgrund ihrer Spontaneität als Ursache des Übels anzusehen (Legg. X 896d5-9):

> Athener: Müssen wir also nicht das, was nach dieser Zustimmung notwendig ist, (ebenfalls einräumen), nämlich dass die Seele die Ursache der Übel und des Schönen ist, des Unmoralischen und des Gerechten sowie des Ungerechten und aller Gegensätze, wenn wir sie denn als Ursache von allem ansetzen wollen? Kleinias: Wie sollten wir es nicht einräumen?

Was Platon hier wenigstens in knapper und deliberativer Form thematisiert, ist die Vorstellung, die Seele verfüge über eine spontane Dezisionsfähigkeit, die es erlaubt, dass sich ein Akteur gleichermaßen bewusst für nachteilige und böse wie für vorteilhafte und moralisch gute Handlungsoptionen entscheiden kann.[12] Zweifellos wäre es erst diese Dezisionsfähigkeit, die Zurechenbarkeit und Strafbarkeit im Vollsinn gewährleisten würde und die dem von Platon *en passant* diskutierten Böswilligkeitsprinzip angemessen wäre.

---

[12] Diese Beobachtung wird ausführlich behandelt bei Baumgarten 1998.

JAN SZAIF

Die Alêtheia in Platons Tugendlehre

In den antiken Erörterungen über die menschliche Aretê findet sich die Unterscheidung zwischen der eigentlichen Aretê, die eine entwickelte praktische Vernünftigkeit oder Einsicht voraussetzt, und den *natürlichen* Anlagen, die die Entwicklung eigentlicher Aretê begünstigen. Diese Unterscheidung steht in einem sachlichen Zusammenhang mit der schon in der Sophistik bekannten Differenzierung zwischen drei grundlegenden Faktoren der charakterlich-intellektuellen Entwicklung des Menschen: natürliche Veranlagung (φύσις), Übung oder Eingewöhnung, und drittens sprachliche Wissensvermittlung. Von Aristoteles werden die günstigen seelischen Anlagen bisweilen auch als „*natürliche* Tugenden" etikettiert, gleichwohl von den eigentlichen Tugenden strikt unterschieden, da letztere sich nicht naturwüchsig, sondern erst im Verbund mit einer ausgebildeten praktischen Rationalität und einer damit im Einklang stehenden Habitualisierung unserer affektiven Reaktionen entwickeln, also auch auf die Faktoren des Lernens und der Einübung verweisen.[1] Im Grundsatz vertritt auch Platon (wenigstens in seinem mittleren und späten Werk) die Auffassung, dass alle drei genannten Faktoren bei der Entfaltung menschlicher Aretê mitwirken müssen. Was den Faktor natürliche Veranlagung betrifft, so ist bei Platon die These bedeutsam, dass unter den natürlichen Prädispositionen, die einen Menschen für die Paideia qualifizieren, die Wahrheitsliebe den Vorrang genießt.[2] Es ist diese These vom Primat der

---

[1] Zur Unterscheidung von φυσικὴ ἀρετή und eigentlicher (κυρία) ἀρετή bei Aristoteles vgl. EE III, 7, 1234a23-34; III, 1, 1229a27-29; NE VI, 13, 1144b1 ff.; III, 11, 1117a4 f.; vgl. a. NE II, 1, 1103a23-26; Hist. anim. VIII, 1, 588a18-b3, sowie in den vermutlich pseudo-aristotelischen MM I, 34, 1197b36-1198a21; II, 3, 1199b36 ff.; II, 7, 1206b7 ff. Zum Zusammenwirken der drei genannten Faktoren siehe u. a. auch NE X, 10, 1179b20-31; Pol. VII, 13, 1332a38-b11.

[2] Es sei darauf hingewiesen, dass von der Thematik der natürlichen Prädispositionen der platonische Begriff der gleichsam „landläufigen" Tugend (δημοτικὴ/ δημώδης ἀρετή, Phd. 82a11, Resp. 500d8, Legg. 710a5) zu unterscheiden ist. Letzteres meint eine uneigentliche Tugend, die durchaus auf der Basis natürlicher Veranlagungen, im Übrigen aber durch bloße Gewöhnung, ohne Einsicht in das Gute, zustande gekommen ist (Phd. 82b: „... ἐξ ἔθους τε καὶ μελέτης γεγονυῖαν ἄνευ φιλοσοφίας τε καὶ νοῦ", vgl. auch Resp. 619c-d). Die Formulierungen in Legg. 710a-b verunklaren allerdings den Unterschied zwischen naturwüchsiger Veranlagung und durch Eingewöhnung und günstige soziale Einflüsse bedingter Formung und rü-

Wahrheitsliebe, die ich hier zum Gegenstand meiner Ausführungen machen möchte, wobei im Mittelpunkt zwei Textstücke der *Politeia*, 485a-487a und 489e-490d, stehen werden.³

In den eben genannten Textstücken bezieht sich Platon zwar speziell auf die Frage, welche seelische φύσις jemand mitbringen muss, um zur *Philosophie* geeignet zu sein. Doch ist seine Argumentation keineswegs nur für die Philosophie im Sinne eines spezifischen Tätigkeitstyps neben anderen maßgeblich. Denn wenn Platon von philosophischer Veranlagung spricht, so hat er nicht ein akademisches Fach im Sinn, oder ein eigentümliches und merkwürdiges Steckenpferd (wofür es viele seiner Zeitgenossen hielten), sondern die den Menschen generell auszeichnende und auf seine eigentliche Bestimmung verweisende Veranlagung der rationalen Seele zu Wahrheit und Einsicht. Dementsprechend bezeichnet er das rationale Seelenvermögen, das er auch für den Kern des menschlichen Selbst hält, bisweilen schlicht als φιλόσοφον (581b9, c4). Des weiteren setzt nach seiner Auffassung die volle menschliche Aretê die Erkenntnis des Guten voraus, welche aber nur im Zusammenhang einer umfassenden, „philosophischen" Ausbildung der intellektuell-wissenschaftlichen Fähigkeiten des Menschen zu verwirklichen ist, weshalb auch aus diesem Grund die Frage, welche natürliche Veranlagung für die volle Realisierung menschlicher Aretê vorauszusetzen ist, auf die Frage nach den Aspekten einer günstigen *philosophischen* Veranlagung verweist, ja mit ihr zusammenfällt. Dementsprechend ist für Platon der in der *Politeia* beschriebene ideale Philosoph zugleich der Prototyp menschlicher Exzellenz, was Platon auch dadurch zum Ausdruck bringt, dass er ihn als καλός τε κἀγαθός bezeichnet (489e f.), wobei der Begriff *Kalokagathie* hier für die bestmögliche Realisierung menschlicher Aretê überhaupt steht.

An Platons Darstellung der günstigen philosophischen Veranlagung (φιλόσοφος φύσις) ist nun bemerkenswert, dass, wie eben schon angedeutet, die Wahrheitsliebe, oder auch schlicht die ἀλήθεια (verstanden als seelische Auszeichnung), an die erste Stelle unter den natürlichen seelischen Auszeichnungen gesetzt wird. Platon gebraucht auch das Bild von der ἀλήθεια als der Chorführerin im χορός oder „Reigen" der Tugenden (490a1-3, c2 f., 8).

---

cken den Begriff der δημώδης ἀρετή ganz in die Nähe jenes von Aristoteles gelegentlich gebrauchten Begriffes der φυσική (auf Naturveranlagung beruhenden) ἀρετή.

³ Ein anderer wichtiger Gesichtspunkt, unter dem natürliche seelische Veranlagungen für Platon von großem Interesse sind, ergibt sich aus seiner Vorstellung, dass in diesen Veranlagungen bestimmte Polaritäten auftreten, die er u. a. mit den Begriffen des Zahmen versus Wilden oder des Schnellen und Heftigen versus Langsamen und Bedächtigen bezeichnet und deren Ausgleich er als eine zentrale Aufgabe der Erziehung, aber auch schon der Gattenwahl sieht (Resp. 375c, 410b-412a, 503b-d, 535a-b, Tht. 144a-b, Plt. 306e ff., Legg. 731b-c, 773a ff.).

Diese These, die mit Nachdruck in den *Nomoi* wiederaufgegriffen wird (730c ff., siehe aber auch bereits Gorg. 525a, 526c-d), ist schon darum auffällig, weil ἀλήθεια im Sinne von Wahrhaftigkeit in den griechischen Tugenddarstellungen ansonsten allenfalls eine nachgeordnete Position einnimmt – wobei sie dann aber auch nur als eine spezielle, das kommunikative Verhalten betreffende ethische Tugend verstanden wird.[4] Platons These vom Primat der ἀλήθεια unter den guten natürlichen Veranlagungen zielt dagegen nicht nur auf diese intersubjektive Wahrhaftigkeit, sondern auch, und sogar primär, auf jenen philosophischen Eros, der zum Bemühen um Erkenntnis antreibt. Es geht hier, mit anderen Worten, um die These, dass die volle Entfaltung menschlicher Aretê einen umfassend wahrheitszentrierten Charakter voraussetzt.

In der Forschungsdiskussion, gerade auch der jüngeren, zu Platons Ethik ist das Thema der natürlichen Tugendveranlagungen und des Primats der ἀλήθεια merkwürdig unterbelichtet geblieben.[5] Es wird darum ein Ziel meiner Ausführungen sein, die Bedeutung von ἀλήθεια als Tugendbegriff in den Blick zu rücken. Dabei wird auch das Verhältnis zum Lehrstück von den vier (später so bezeichneten) *Kardinaltugenden* zu erörtern sein, das erst durch Platon in die philosophische Tugendlehre eingeführt worden zu sein scheint. Ich werde im übrigen natürlich auch auf die Frage eingehen, wie Platon, wenn er das Wahrheitsethos so in den Mittelpunkt rückt, zugleich die „wohlmeinende Lüge" verteidigen und ihr einen wichtigen Platz in seinem Idealstaat einräumen kann.

Ich werde im Folgenden zuerst und ausführlicher die Leitfunktion erörtern, die der ἀλήθεια unter den günstigen natürlichen Veranlagungen zukommt, und dabei auch die Frage behandeln, wie sich diese spezifische Rede von ἀλήθεια in das generelle Bedeutungsspektrum von ἀλήθεια bei Platon einzeichnen lässt. Abschließend werde ich in thesenhafter Form etwas zu Pla-

---

[4] Vgl. die Tugendlisten in EE II, 3 und NE II; 7, s. a. EE III, 7, 1233b-34a3; NE IV, 13; MM I, 32. Als eine der sozialen Tugenden erscheint die ἀλήθεια auch im Peripatos-Referat des Areios Didymos (Stobaios II, 7, p. 146, l. 12). Gemäß der pseudo-aristotelischen Schrift *De virtutibus* ist sie eine nachgeordnete Tugend sowohl zur δικαιοσύνη (1250b24, vielleicht beeinflusst durch NE 1127a33 ff.) als auch zur μεγαλοψυχία (1250b42, in Anknüpfung an EN 1124b30). Die Unterordnung der ἀλήθεια (= veritas) qua ethischer Tugend unter die Kardinaltugend der Gerechtigkeit bleibt für die weitere klassische tugendethische Tradition maßgeblich, vgl. etwa Cicero *De off.* I, 23, Thomas von Aquin, *S. Th.* II-II, q. 109, a. 3.

[5] Bezeichnend dafür und keineswegs aus dem Rahmen fallend ist, dass in der einflussreichen neueren Gesamtdarstellung von Platons Ethik von Terence Irwin: *Plato's Ethics*, New York/Oxford 1995, diese Thematik übergangen wird.

tons Auffassung von der psychagogischen Funktion und Bedeutung der *Un-wahrheit* bemerken.

1.

Betrachten wir zunächst einmal die Abschnitte Resp. 485a-487a und 489e-490d in ihrem Kontext. Platons Sokrates hat in 473c-d gleichsam die Katze aus dem Sack gelassen mit seiner paradoxalen These, dass das beste Gemeinwesen erst dann gelingen kann, wenn die Philosophen Herrscher oder die Herrscher Philosophen geworden sind. Um den Anschein völliger Unplausibilität zu beseitigen, entwickelt er zunächst einen Begriff davon, was man unter einem Philosophen zu verstehen hat, was die Vorzüge, aber auch die Gefährdungen der philosophischen Veranlagung sind, und weshalb Philosophie, zu Unrecht, in einem schlechten Ruf steht. Diese Darlegungen münden dann in einen Entwurf des Bildungsganges der Philosophen-Herrscher und eine Darstellung der zugrunde liegend erkenntnismetaphysischen Voraussetzungen. Der hier zu erörternde Abschnitt 485a-487a setzt jene erste, in 474c ff. gegebene Charakterisierung des Philosophen voraus, gemäß der der φιλόσοφος mit Bezug auf Wissen nicht wählerisch sei, sondern jegliche Wissensinhalte (μαθήματα) liebe – so wie auch ein jeder andere, der eine bestimmte Art von Sache liebt, alles liebe und schätze, was von dieser Art ist. Dabei wird die in dem zusammengesetzten Wort „φιλό-σοφος" angelegte Nominaldefinition ins Spiel gebracht: Philosoph ist derjenige, der die σοφία (Weisheit/Kundigkeit) liebt. Im Ausgang hiervon wird dann schrittweise eine vertiefte Begriffsbestimmung des Philosophen entwickelt. Die Feststellung, dass der Philosoph, qua Philosoph, jegliches Wissen bzw. sämtliche Wissensinhalte (μαθήματα) liebe, bedarf nämlich einer Präzisierung. Es gibt Formen der Wissbegierde, die laut Platon nicht auf Wissen im eigentlichen Sinne ausgerichtet sind, so etwa die Wissbegierde derjenigen, die zu den neuesten Schauspielen laufen oder sich unbedeutende Kunststückchen aneignen (475d-e). Der φιλόσοφος bzw. φιλομαθής sei selbst zwar auch, wenigstens in einem metaphorischen Sinne, ein „Schaulustiger" (φιλοθεάμων), aber seine Schaulust gelte ausschließlich der Wahrheit (ἀλήθεια).

Diese Spezifizierung des Wissens auf das Erkennen von *Wahrheit* stellt in Platons Verständnis keineswegs eine Negation der These dar, dass der philosophische Mensch *jegliches* Wissen liebe. Denn Wissen im eigentlichen Sinne hat gemäß Platon immer Wahrheit zum Gegenstand bzw. Inhalt (vgl. Parm. 134a). Die platonische Pointe bei diesem analytischen Zusammenhang von Wissen und Wahrheit liegt in der Eingrenzung der ἀλήθεια auf einen ausgezeichneten Bereich von Gegenständen, nämlich die eidetischen Gehalte („Ideen"), denen allein die Eigenschaft zukomme, uneingeschränkt erkenn-

bar zu sein. Dies wird sogleich in dem Passus 475e-476d verdeutlicht, der ein
Beispiel für die Art und Weise der thetischen Formulierung der Ideenlehre in
Platons mittlerem Werk ist: Nicht jene Konkretionen des Schönen, des Gerechten etc., die schon der δόξα vertraut sind, sondern erst das diesen gleichsam als eidetisches Urbild zugrunde liegende Schöne selbst, das Gerechte
selbst etc. seien eine erkennbare Wirklichkeit und Wahrheit. Und weil sich
also nur an diesen letzteren Wissen realisieren könne, gelte das im Begriff des
φιλόσοφος gemeinte Lieben und Begehren eben spezifisch allen und nur den
eidetischen Gegenständen.

Nach dem sich anschließenden Argumentationsgang in 476e-480a, der
sich primär an diejenigen richtet, die noch nicht die ontologische Scheidung
zwischen Ideen und sinnlich-doxastisch vertrauten Konkretionen akzeptieren, nimmt das Gespräch die praktisch-politische Bedeutung des Ideen-Wis-
sens in den Blick (484a ff.). Allein durch die Erkenntnis dieser bleibend gülti-
gen Maßstäbe lasse sich verlässlich entscheiden, ob etwas wirklich gut, sitt-
lich-schön, gerecht u. dgl. ist. Allerdings seien die Philosophen, die diese Erkenntnis erarbeiten, nur dann auch für das Herrscheramt geeignet, wenn sie
zugleich die notwendige praktische Erfahrung und die notwendigen charakterlichen Auszeichnungen (μέρη ἀρετῆς) mitbringen (484d). – Damit werden von Platon zwei wesentliche Punkte angesprochen, die das Problem der
Umsetzung allgemeinen, theoretischen Wissens in gelingende Praxis betreffen: Erstens kann diese Umsetzung oder Anwendung scheitern durch mangelnde Erfahrung im Umgang mit dem Konkreten und Praktischen. Zweitens kann die angemessene Umsetzung scheinbar auch dadurch vereitelt werden, dass der Betreffende statt an das Wohl des Gemeinwesens nur an seinen
eigenen Vorteil denkt. In späterer Terminologie könnte man sagen, dass es
hier um das Problem geht, dass Wissen nicht auch schon einen guten Willen
impliziert. Allerdings wäre das mit Bezug auf Platon doch eine irreführende
Formulierung, denn für Platon hat das vernunftgeleitete Wollen immer das
Gute zum Gegenstand. Verfehlen des Guten kann darum nur aus einem Irrtum hinsichtlich des Guten oder aus mangelnder motivationaler Durchset-
zungsfähigkeit des rationalen Urteils gegenüber anderen seelischen Antrieben
resultieren.

Das Problem, ob der Philosophenherrscher, der als vollendeter Philosoph
die Einsicht in das Gute gewonnen hat und durch seine praktische Erfahrung
diese Einsicht auch in Praxis umzusetzen vermag, nicht doch durch mangelnde Kontrolle über seine appetitiven und affektiven Strebungen die richtige
Handlungsweise verfehlen kann, wird in der *Politeia* im Rahmen einer Konzeption der Entwicklung des philosophischen Charakters beantwortet: Die
Einsicht in das Gute ist nicht Resultat eines rein theoretischen Lernprozesses.
Sie ist vielmehr Abschluss einer Paideia, die immer sowohl eine theoretische
(mathematische und dialektische) als auch praktisch-sittliche Seite haben

muss, weil ansonsten die mangelnde Ordnung der motivationalen Triebkräf-
te, die sich als sittliches Fehlverhalten manifestiert, die volle Entfaltung der
theoretischen Einsicht, die den notwendigen Rahmen für die Wesenser-
kenntnis des Guten bildet, gar nicht erst zustande kommen lassen würde.
Derjenige, der das Gute theoretisch wirklich versteht, ist also immer schon
ein Mensch, der auch einen charakterlichen Entwicklungsprozess hinter sich
hat, in dem seine seelischen Antriebsfaktoren die rechte innere Ordnung gewonnen haben, weshalb hier Akrasie kein Problem mehr darstellt.

Für die richtige Paideia, die Einsicht, Erfahrung und, in Verbindung mit
beidem, charakterliche Formung vermittelt, werden im Idealstaat die Philosophen-Herrscher zu sorgen haben. Allerdings gibt es noch einen anderen
Faktor, der nicht durch die Paideia beeinflusst werden kann, aber von ihr zu
berücksichtigen ist, eben den Aspekt der geeigneten natürlichen Anlagen.
Die Argumentation in unserem Abschnitt 485a-487a stellt sich nun die Aufgabe, diese natürlichen Anlagen aus dem definitionsgemäßen Erkenntnisstreben des „φιλό-σοφος" abzuleiten. Dabei geht es nicht um charakterliche
Entwicklungsschritte, die einander zeitlich nachfolgen, sondern darum, mit
welchen intellektuellen und ethischen Dispositionen die Veranlagung zur
Wissens- und Weisheitsliebe sachlich zusammenhängt.

Der erste wesentliche Schritt der Argumentation stellt die Verbindung des
Erkenntnisstrebens des philosophisch veranlagten Menschen mit der Charak-
terdisposition zur Wahrheitsliebe heraus, die dementsprechend an die erste
Stelle der natürlichen Tugenden des Philosophen gesetzt wird: Ein solcher
Mensch werde das ψεῦδος nicht freiwillig annehmen, sondern hasse es und
liebe (στέργειν) die ἀλήθεια. Schließlich sei nichts der σοφία verwandter
oder eigener (οἰκειότερον) als die ἀλήθεια. Ich habe oben bereits angedeutet
– und werde noch weiter erläutern müssen –, dass bei der Disposition der
Wahrheitsliebe zuerst an das philosophische Erkenntnisstreben, das im Erkennen und Erschließen der Wahrheit seine Erfüllung findet, und an zweiter
Stelle auch an die ἀλήθεια im Sinne von Wahrhaftigkeit gegenüber anderen
gedacht ist. Doch werfen wir zuerst noch einen Blick darauf, wie an die
Wahrheitsliebe die Liste der übrigen günstigen Aspekte einer natürlichen
philosophischen Veranlagung angeschlossen wird:

Aus der Wahrheitszentriertheit dieses Charakters folge, dass ihm der Wis-
senserwerb vor allen anderen Dingen Lust bereite und dass sein Interesse an
den sinnlichen Lüsten dementsprechend von vornherein schwächer sei, indem sein Strebensdrang in Richtung der „Lustobjekte" der Theoria „kanali-
siert" werde, wie Platon es bildlich ausdrückt (485d, vgl. Cornford 1950,
119-131). Er habe dementsprechend die natürliche Disposition zur Besonnenheit (σωφροσύνη). Damit zusammenhängend werde ihm der Besitz ma-
terieller Güter, die letztlich sinnlichen Zwecken dienen, nicht leitendes Stre-
bensziel sein (οὐ φιλοχρήματος).

Dem philosophisch Veranlagten werde es aber auch nicht an der Disposition zur Hochgesinntheit (μεγαλοπρέπεια) fehlen, denn Kleinlichkeit bzw. Engherzigkeit (ἀνελευθερία, σμικρολογία) stehen im Widerspruch zu einem Streben, das der Erkenntnis des Ganzen der göttlichen und menschlichen Dinge zuneigt. – Die Disposition zur μεγαλοπρέπεια wird hier auf das philosophische *Denken* und die Großartigkeit seiner bevorzugten Erkenntnisgegenstände bezogen, schließt aber wohl auch die damit einhergehende praktische Haltung der Hochherzigkeit ein. Mit einem auf solch großartige Erkenntnisgegenstände ausgerichteten Denken sei des weiteren die Disposition zu Furchtsamkeit (δειλός) nicht vereinbar, da sich in der Perspektive eines solchen Denkens das menschliche Leben nicht mehr als etwas sehr Bedeutsames darstellen werde.

Ferner würde mit dem sich ergebenden Charakterbild eines Menschen, der maßvoll, nicht geldversessen, nicht engherzig, nicht prahlerisch (Wahrheitsliebe) und auch nicht furchtsam ist (486b6 f.), die Neigung, Vereinbarungen zu brechen (δυσσύμβολος), nicht zusammenpassen. Die philosophisch veranlagte Seele werde folglich im Umgang mit anderen Menschen „gerecht" und „zahm" sein.

Auffällig an Platons Herleitung dieser weiteren natürlichen Vorzüge philosophischer Veranlagung ist, dass sie, wie schon die σωφροσύνη, insgesamt aus der intellektuellen Ausrichtung eines solchen Menschen abgeleitet werden, während Platon in anderen Zusammenhängen der Prädisponiertheit der anderen Strebensfaktoren in der menschlichen Seele eine eigenständige Bedeutung für diese Charakterveranlagungen zuschreibt – etwa bei der Veranlagung zu Mut und Tapferkeit, für die der Prädisposition des affektiven, mutartigen Seelenvermögens eine tragende Bedeutung zukommt. Sehr auffällig ist auch, dass die Bemerkungen zur Gerechtigkeit an dieser Stelle nach Platons eigenem Verständnis sehr an der Oberfläche bleiben, da sie nur den Aspekt der Gemeinschaftstauglichkeit („Zahmheit") berühren, nicht aber im Sinne der in *Politeia IV* entwickelten Wesensbestimmung Gerechtigkeit als einen primär inneren Ordnungszustand ansprechen.

Als weitere Qualitäten werden noch genannt zum einen die Lernfähigkeit (εὐμαθής) und die Gedächtnisstärke (οὐκ ἐπιλήσμων). Dies sind für Platon zwei verschiedene Fähigkeiten, die keineswegs immer zusammen vorliegen (vgl. Tht. 194d-e) und von denen sich die eine auf das Aufnehmen von Wissensinhalten, die andere auf das Festhalten über einen längeren Zeitraum hin bezieht. Zum anderen – und damit schließt die Liste ab – wird noch hervorgehoben, dass dem Denken des philosophisch veranlagten Menschen von Natur aus Maß und Anmut innewohnen (ἔμμετρος καὶ εὔχαρις διάνοια φύσει), und zwar weil Maß und Anmut Kennzeichen der natürlichen Anlage eines Denkens seien, das leicht zur Erkenntnis der „jeweiligen Idee des Seienden" (d. h. der jeweiligen Wesensbestimmung) hingeführt werden kann

(486d9-11). Denn die ἀλήθεια sei der ἐμμετρία verwandt, während die ἀμμετρία Resultat einer unmusischen und ungestalten (ἄμουσος, ἀσχήμων) Veranlagung sei. – Dieses Stück der Argumentation bleibt an dieser Stelle dunkel, wenn es isoliert betrachtet wird. In welcher Weise die musische Disposition mit der Fähigkeit zum Erkenntnisaufstieg zusammenhängt, dazu liefert aber u. a. der Passus 401d-402a deutliche Anhaltspunkte. Darauf, und ebenso auf die These von der Verwandtschaft von ἀλήθεια und ἐμμετρία werde ich weiter unten zurückkommen (Teil 3).

Die Benennungen für charakterliche und intellektuelle Anlagen, die in diesem Abschnitt vorkommen, kann man zu einer Liste von acht Eigenschaften zusammenfassen, wie dies in der abschließenden Formulierung in 487a geschieht (487a2 ff.):

> Ist es nun etwa möglich, eine solche (sc. die philosophische) Tätigkeit
> zu tadeln, zu der wohl niemand hinreichend in der Lage sein dürfte,
> wenn er nicht von Natur aus gedächtnisstark, lernfähig, hochgesinnt,
> voll Anmut,[6] sowie freund und verwandt mit der Wahrheit, der Ge-
> rechtigkeit, der Tapferkeit und der Besonnenheit ist?

Die Wendung, dass der Betreffende „freund und verwandt mit der Wahrheit, der Gerechtigkeit, der Tapferkeit und der Besonnenheit" sei (φίλος τε καὶ συγγενὴς ἀληθείας, δικαιοσύνης, ἀνδρείας, σωφροσύνης), verweist auf die Liste der Kardinaltugenden, mit dem einen Unterschied, dass an die Stelle der σοφία die ἀλήθεια tritt. Allerdings kann die Disposition, φίλος τε καὶ συγγενὴς ἀληθείας zu sein, ohne weiteres als die Hinneigung, σοφία oder φρόνησις zu entwickeln, verstanden werden. Demnach werden hier also aus der Achter-Liste vier natürliche Tugendprädispositionen besonders herausgehoben, die von der ἀλήθεια bzw. Liebe zur ἀλήθεια angeführt werden und aus denen, in Verbund mit den übrigen guten natürlichen Anlagen, die vollendete Tugend in ihren vier wesentlichen Teilaspekten (den Kardinaltugenden) entwickelt werden kann.[7]

---

[6] Das von mir (mit O. Apelt) durch „voll Anmut" übersetzte „εὔχαρις" nimmt hier, verkürzend, die Stelle von „ἔμμετρον ... καὶ εὔχαριν ... διάνοιαν φύσει" in 486d9 f. ein. Die χάρις (Reiz, Anmut), die dem philosophisch veranlagten Menschen, genauer seinem Denken, hier zugeschrieben wird, betont eine quasi ästhetische Komponente, die jener primär vom Intellektuellen her gedeuteten φιλόσοφος φύσις eignet und die auch im Begriff des inneren Maßes mitschwingt. Ich werde in Teil 3 auf diesen ästhetischen Aspekt mit Blick auf den Ausdruck ἐμμετρία näher eingehen.

[7] Eine Bestätigung für das Vorhandensein einer Konzeption im platonischen und altakademischen Kontext, die den tugendethischen Begriff der ἀλήθεια als natürliche Prädisposition zur Entwicklung handlungsleitender Weisheit deutet, lässt sich wohl dem Passus 1234a23-34 in Aristoteles' EE III 7 entnehmen. Aristoteles scheint dort

In der oben zitierten resümierenden Formulierung von 487a folgt die δι-καιοσύνη unmittelbar auf die ἀλήθεια. So verfährt auch die Darstellung in dem Passus 489e-490d, der sich explizit auf 485a-487a zurück bezieht und an die zweite Stelle im Reigen das „gesunde und rechtliche Ethos" (ὑγιές τε καὶ δίκαιον ἦθος, 490c) setzt. Die Verbindung mit dem Begriff des Gesunden lässt dabei an die Ausführungen in *Politeia IV* denken, die die Tugend als einen inneren Ordnungszustand der Seele in Analogie zu körperlicher Gesundheit analysieren (444c-e) und dabei die innere δικαιοσύνη der Seele mit dem primären Merkmal dieser Ordnungsstruktur identifizieren, nämlich dass ein jedes Teil genau nur seine naturgemäße Funktion ausübt und sich auf diese Weise „rechtlich" verhält (433b-c). Während also in 485a ff. δικαιο-σύνη nur unter dem äußeren Aspekt der gemeinschaftsdienlichen Vertrags-treue betrachtet wurde, der für Platon nicht der wesentliche Aspekt ist, tritt sie in 490c entsprechend ihrer eigentlichen Wesensbestimmung als die ausge-wogene innere Seelenverfassung in den Blick und wird darum in der Rei-hung gegenüber den weiteren seelischen Vorzügen vorgezogen.[8]

den einzelnen Kardinaltugenden (ein für ihn ansonsten untypisches Lehrstück) je eine entsprechende, gleichnamige natürliche Tugend zuzuordnen, die wiederum je mit einer natürlichen παθητική μεσότης assoziiert wird. Der natürlichen φρόνησις wird anscheinend eine als ἀλήθεια bezeichnete μεσότης zugeordnet. In EE 1233b38 ff. ist ἀλήθεια als Mitte zwischen Prahlerei und einem überzogenem Understatement der eigenen Person definiert worden (wie in NE IV 13), und es ist zunächst rätselhaft, was diese recht spezielle homiletische Tugend mit der natürlichen Prädisposition zu Weisheit zu tun hat. Die Details bleiben recht unklar, aber man muss hier doch das Fortwirken eines platonischen oder altakademischen Lehrstückes vermuten. Denn erst im Horizont des platonischen Verständnisses der ἀλήθεια als natürlicher Tugend-disposition, das die Wahrhaftigkeit an das allgemeine Wahrheitsstreben des φιλο-μαθής (1234a3) rückbindet, wird verständlich, wieso mit der natürlichen Anlage zur praktischen Weisheit die Disposition zu Wahrhaftigkeit verknüpft wird (vgl. Wil-pert1940, 334). Zu diesem Passus der EE s. a. Walzer 1929, 198 f.; Dirlmeier 1937, 40 f.; ders. 1962, 356-358, von Fragstein 1974, 157-161; und allgemein zu Aristoteles' Theorie der ἀλήθεια als Wahrhaftigkeit Wilpert 1940.

[8] Die ἐμμετρία wird in 489e ff. gar nicht mehr eigens genannt. Dies könnte eine Nachlässigkeit sein, was bei Platon aber eher unwahrscheinlich ist. Die ἐμμετρία war ja in 486d ganz besonders durch ihre Verwandtschaft mit der ἀλήθεια gekennzeich-net worden, und sie meinte eine Disposition zum inneren Maß. Diese herausgehobe-ne Stellung eines „nächsten Verwandten" der ἀλήθεια nimmt in der Liste von 490c-d das ὑγιές τε καὶ δίκαιον ἦθος ein. Im Grunde zielen wohl in Platons Ver-ständnis die Begriffe des inneren Maßes und des gesunden und rechtlichen Ethos auf dieselbe natürliche Anlage zu einer durch Maß und Ausgleich ausgezeichneten See-lenverfassung.

Wenn wir die Formulierung in 490c als die maßgeblichere betrachten, da sie dem in *Politeia IV* entwickelten Begriff von δικαιοσύνη sehr viel näher steht, erhalten wir eine Liste von natürlichen seelischen Vorzügen des philosophisch veranlagten Menschen, die so geordnet ist, dass die ersten vier direkt auf die vier Kardinaltugenden zu beziehen sind und dabei an erster Stelle die ἀλήθεια bzw. Liebe zur ἀλήθεια steht, an zweiter die Prädisposition zur δικαιοσύνη. Die δικαιοσύνη fungiert dabei gleichsam als der Inbegriff der Veranlagung zu vollkommener seelischer Ordnung, was allerdings nicht bedeutet, dass sie auch gegenüber der Ausrichtung auf Wahrheit einen Vorrang besitzt.[9] Der Primat der Wahrheitsliebe ergibt sich für Platon schon daraus, dass die Teleologie der menschlichen Seele (bzw. ihres rationalen Kerns, der das eigentliche Selbst des Menschen ausmacht) auf den transzendierenden Erkenntnisaufstieg in der „Ideenschau" verweist, der zugleich die Erfüllung ihres ursprünglichen Wahrheitsstrebens ist. Hinzu kommt, dass die Aretê als seelische Ordnung nach Platon zwar durch gute natürliche Anlagen begünstigt sein muss, sich aber nicht auf naturwüchsige Weise, sondern nur unter der Leitung und Fürsorge der Rationalität vollendet. Zunächst ist dies die Rationalität der guten Erzieher. Schrittweise wird sich dann aber, wenn die Paideia erfolgreich ist, die Fürsorge (θεραπεία, ἐπιμέλεια) der rationalen Seele für sich selbst entfalten, und zwar auf der Grundlage der Einsicht in das Gute und Zuträgliche. Und hierin liegt der Vorrang der intellektuellen Tugend der σοφία, der die natürliche Prädisposition der Wahrheitsliebe zugeordnet ist. (In *Politeia IV*, 442c, wird die σοφία als eben diese Einsicht in das Gute und Zuträgliche definiert, um sich dann in der Perspektive der zentralen Bücher der *Politeia* zum umfassenden philosophischen Wissen zu erweitern.)

Was die weiteren Elemente dieser Liste von natürlichen seelischen Auszeichnungen betrifft, so müssen wir keineswegs annehmen, dass es Platon hier um Vollständigkeit geht.[10] Diese Liste im Ganzen ist nicht in der Weise systematisch herzuleiten, wie das für die Liste der vier so genannten Kardinaltugenden gilt. Während letztere einen fest umrissenen Bezug zu Platons Analyse der seelischen Antriebsfaktoren haben, bleibt die systematische Stellung

---

[9] Den Passus 433b7-c3 könnte man zwar in diesem Sinne auslegen. Allerdings machen Platons unmittelbar anschließende Formulierungen in c4-d6 (es sei δύσκριτον, welcher der vier Aspekte am meisten zum Gutsein der Polis beitrage) deutlich, dass er mit der Aussage zuvor keine Rangbehauptung gemeint hat. Die Frage wird an dieser Stelle schlicht offen gelassen.

[10] So werden z. B. die intellektuellen Merkmale εὐμαθής und μνήμων in 503b-c (mit Rückverweis auf die Erörterung in 485a ff.) noch um ἀγχίνους und ὀξύς ergänzt.

etwa der μεγαλοπρέπεια unklar.[11] – Im Weiteren werde ich, wie angekündigt, zuerst einmal genauer erörtern, welche Bedeutung der Ausdruck „ἀλήθεια" im Kontext der natürlichen Tugenddispositionen hat, und als nächstes dann versuchen, die Verbindung von ἀλήθεια und Maß noch etwas näher zu beleuchten.

2.

In Platons Verständnis des Ausdrucks „ἀλήθεια" kann man, das habe ich anderenorts eingehend untersucht (vgl. Szaif 1998), zwei Grundperspektiven unterscheiden, an die sich dann allerdings noch andere Bedeutungsaspekte und -varianten anschließen: Zum einen ist ἀλήθεια das *zu Erkennende*, der Erkenntnis und ihrer assertorischen Artikulierung Vorgegebene (ontologisch-gnoseologische Wahrheit), zum anderen eine Eigenschaft und Leistung von Urteilen oder Aussagen, wenn sie mit der Wirklichkeit übereinstimmen (logische Wahrheit). Was den zuletzt genannten Aspekt betrifft, so ist Wahrheit, auch in Platons Verständnis, insofern eine *Leistung* der menschlichen Urteilshandlung, als das Urteil auch fehlgehen kann und nur dadurch wahr ist, dass es sich im Möglichkeitsspielraum von bejahender oder verneinender Stellungnahme in Übereinstimmung zu einem vorgegebenen Sein oder Nichtsein setzt.[12] Gegenstand theoretischer Reflexion, welche spezifisch von den Aporien des Falschen ausgeht, wird dieser semantische Begriff von Falschheit und Wahrheit in den Dialogen *Kratylos*, *Theaitetos* und *Sophistes*. Für die *Politeia* ist eine andere Unterscheidung wichtig (Resp. 535d-e, vgl. 382b-c, Hipp. min. 370e, Legg. 730c), nämlich die zwischen unfreiwilligem

---

[11] Gauthiers Versuch, diese Liste bei Platon eindeutig nach ethischen und intellektuellen Tugenden aufzugliedern und die μεγαλοπρέπεια dabei den intellektuellen Tugenden zuzuordnen, scheint mir letztlich nicht plausibel (vgl. Gauthier/Jolif 1970, 99 f.). Schon dass die ἀλήθεια eine sowohl intellektuelle als auch ethische Tugend ist, zeigt, dass diese Aufgliederung hier nicht anwendbar ist. Eher scheint es so zu sein, dass diese natürlichen Tugendanlagen jeweils sowohl einen intellektuellen als auch einen ethisch-affektiven Aspekt haben, wobei aber in diesem ganzen Abschnitt die intellektuelle Ausrichtung jeweils im Vordergrund steht und den Erklärungsgrund liefert, so etwa auch bei der σωφροσύνη, die als eine Mäßigkeit der sinnlichen Begierden *durch* Ausrichtung des Denkens auf höhere, intellektuelle Gegenstände beschrieben wird. – Weitere Beispiele bei Platon für die Auflistung der μεγαλοπρέπεια zusammen mit anderen Tugenden sind, neben den hier diskutierten Stellen, Men. 74a4 ff., 88a6 ff., Resp. 402c2 ff., Legg. 710c5 f., 837c6 ff.

[12] Zu der Frage, wie dies mit Platons Analyse der Aussage als Etwas-*über*-etwas-Sagen und des Begriffs *Nichtsein* zusammenhängt, siehe Szaif 1998, 454 ff.

und freiwilligem ψεῦδος. Das unfreiwillige ψεῦδος ist die Täuschung, der man selbst unterliegt – der Irrtum –, das freiwillige oder absichtliche ψεῦδος dagegen die bewusste Täuschung eines anderen. Während das eigene innere Urteil immer wahr zu sein trachtet – letztlich weil der Irrtum ein offensichtliches Übel für den Betreffenden selbst ist und niemand dasjenige will, was ihm schadet (Resp. 382a-b, 412e-413a) –, kann die gesprochene, mitteilende Aussage mit der Zielsetzung verbunden werden, den anderen zu täuschen. Hier kommt darum die soziale Tugend der *Wahrhaftigkeit* ins Spiel, die auch durch das Wort „ἀλήθεια" bezeichnet werden kann (z. B. Hipp. min. 370e2 f., Resp. 331c2) und im landläufigen Sinn die sittliche Disposition meint, die Wahrheit, die man weiß, nicht zu verhehlen und andere nicht durch irreführende Reden oder irreführendes Verhalten (ἐν λόγῳ ἢ ἐν ἔργῳ Resp. 383a5, vgl. 382e8 f.) zu täuschen.

Die andere grundlegende Perspektive in Platons Wahrheitsverständnis, der ontologisch-gnoseologische Wahrheitsbegriff, steht im Zentrum seiner erkenntnismetaphysischen Konzeption, so wie sie vor allem im mittleren Werk entfaltet wird. Ein sprachlicher Ausgangspunkt dieses ontologisch-gnoseologischen Wahrheitsbegriffes liegt darin, dass das Wort „ἀλήθεια" im Sinne erkennbarer *Wirklichkeit* verstanden werden kann, wie sich u. a. darin zeigt, dass die Ausdrücke „ἀλήθεια" und „τὰ ἀληθῆ" in bestimmten Kontexten ersetzbar sind durch den Ausdruck „das Seiende" (τὰ ὄντα), und zwar insbesondere als Objekte kognitiver Verben (vgl. Szaif 1998, 38 ff., 68-71, 93 f.). Als diese dem Erkenntnisvermögen vorgegebene Wirklichkeit ist die ἀλήθεια das durch Erkenntnis zu Erschließende, und in Antithese zu den Inhalten der doxastischen Kognition auch das zunächst kognitiv noch Verborgene, auf das wir aber in unserem Sprechen und Urteilen immer schon bezogen sind, insoweit die Termini unserer Urteile in dieser erkennbaren, eidetischen Wirklichkeit ihre eigentlichen Denotate haben. Diese Konzeption wird von Platon auch in bildhafter Weise zum Ausdruck gebracht, indem er die Erkenntnis als einen Aufstieg zur Wahrheit oder dem Wahren darstellt, der uns gleichsam hinter oder über die im sinnlich-doxastischen Bereich gegebenen „schattenhaften" Repräsentationen erkennbarer Gehalte zu jenen Gehalten selbst führt, die von sich her für ein Erkennen uneingeschränkt „transparent" sind und zugleich, wenn sie erkannt worden sind, den Maßstab für die verlässliche Beurteilung der abbildhaften Repräsentationen liefern.

Auch jener kognitive Zustand von Einsicht und Erkenntnis, der aus dem Aufstieg zu der dem Denken vorgegebenen ἀλήθεια resultiert, wird von Platon verschiedentlich als ἀλήθεια bezeichnet. So spricht er etwa bildhaft davon, dass durch die kognitive Berührung mit dem wahrhaft Seienden ἀλήθεια in der Seele erzeugt werde und bezeichnet diesen Vorgang zugleich als Erzeugen von Einsicht (νοῦς, φρόνησις). „ἀλήθεια" darf an den Stellen, die diesen besonderen Sprachgebrauch belegen (vgl. Szaif 1998, 65-67), nicht einfach mit wahren Urteilen bzw. Meinungen gleichgesetzt werden, weil es hier eben nicht bloß um wahre Urteile, sondern um jenen Zustand der vollen Einsicht geht. Indirekt ist die so verstandene kognitive ἀλήθεια gleichwohl mit dem Gegensatz von wahrem Urteil und Irrtum verbunden, da erst die systematische Erkenntnis der maßstabgebenden Ideen die Grundlage dafür liefert, auch mit Bezug auf die Gegenstände der sinnlich gegebenen Welt aus Einsicht heraus zu urteilen und so verlässlich wie möglich Irrtum zu vermeiden. Da die Ideenerkenntnis die grundlegenden sittlich-evaluativen Maßstäbe mit einschließt, stiftet diese Wahrheit des Denkens im Übrigen auch ein objektiviertes sittliches Urteilsvermögen.

Wie ist nun in dieses Bedeutungsspektrum der tugendethische Begriff von ἀλήθεια oder Liebe zur ἀλήθεια einzuzeichnen, der in den hier thematisierten Textstellen über die natürlichen Tugenden begegnet? Primär bezieht sich die Wahrheitsliebe des philosophisch veranlagten Menschen, von der in 485c die Rede ist, auf die beiden eng zusammengehörenden Aspekte erstens der Liebe zum erkennbaren Seienden, also der ἀλήθεια als Inbegriff der erkennbaren Wirklichkeit der Ideen, und zweitens des Strebens nach einem durch Meinen und Scheinen unverstellten Erkennen, also nach ἀλήθεια als der inneren kognitiven Verfassung dessen, der zur Erkenntnis gelangt ist. Da aber die philosophisch veranlagte Seele die Wahrheit in jeder Form liebt, die Falschheit in jeder Form hasst, schließt dies sodann auch Liebe zur Wahrhaftigkeit in der Rede und die Abneigung gegen Falschheit und Täuschung im kommunikativen Verhalten zu anderen mit ein, also die soziale Tugend der Wahrheitsliebe. Dass letzteres allerdings nur ein sekundärer Aspekt ist, deutet Platon u. a. schon dadurch an, dass er das ψεῦδος im Sinne der Lüge als unreines „Abbild" (382b-c) des „eigentlichen ψεῦδος", d. h. der Selbsttäuschung oder Falschheit im eigenen Urteil, darstellt. (Mit dieser Charakterisierung kann weder der Widersinn gemeint sein, dass der Irrtum die „eigentliche Lüge" sei,[13] noch der, dass die Lüge einen Irrtum artikuliere. Vielmehr denkt Platon vermutlich daran, dass *Falschheit* qua Lüge erstens *künstlich* er-

---

[13] In der englischsprachigen Literatur wird die Charakterisierung des ψεῦδος in der Seele als „… ὡς ἀληθῶς ψεῦδος" (382b7 f.) zumeist mit „true lie" wiedergegeben (z. B. Adam 1902, 122; Annas 1981, 107 f. Page 1991, 16 f.). Aber man sollte Platon nicht ohne Not die widersinnige These zuschreiben, Irrtum sei die echte oder eigentliche Form der *Lüge*. Lüge ist immer etwas Absichtliches, und der Ausdruck „ψεῦδος" ist keineswegs auf die Bedeutung „Lüge" festgelegt, sondern kann auch (unfreiwillige) Selbsttäuschung bezeichnen (zu „ψεύδομαι" im Sinne von „sich täuschen, sich irren"), oder noch allgemeiner Falschheit („falsehood"), wie Cornford an dieser Stelle übersetzt. (Dass Platon unter dem ψεῦδος auch ganz allgemein das Falsche oder Falschheit verstehen kann, wird etwa durch seinen Sprachgebrauch im *Sophistes* eindeutig belegt.) Siehe auch Wilpert 1940, 331 f.

zeugt und zweitens etwas mit Wahrheit Vermischtes und in diesem Sinne „unreines" ψεῦδος ist, nämlich weil der Lügende selbst ja die Wahrheit kennt. Dass Platon Verhältnisse der Vor- und Nachordnung durch die Antithese von reinem „Urbild" und vermischtem „Abbild" bzw. unvollkommener Mimesis beschreibt, entspricht seiner Praxis insbesondere in den Dialogen *Politeia* und *Timaios*.)

Die Formulierung, mit der in dem Passus der *Politeia* über die natürlichen Tugendprädispositionen die Charakterauszeichnung der Wahrheitsliebe an erster Stelle im Reigen der natürlichen Tugenden der philosophisch veranlagten Seele eingeführt wird (485c), lässt für sich genommen dieses Vorordnungsverhältnis zwischen Erkenntnisstreben und intersubjektiver Wahrhaftigkeit noch im Unklaren. Die entscheidende Wendung lautet dort, dass der seelischen φύσις des so veranlagten Menschen innewohne, „truglos zu sein (ἀπσεύδεια) und in keiner Weise freiwillig das ψεῦδος (Täuschung, Irrtum, Falschheit) zu akzeptieren (προσδέχεσθαι), sondern es zu hassen und die ἀλήθεια zu lieben". Dass diese Nicht-Akzeptanz des ψεῦδος die Vermeidung sowohl von absichtlicher Täuschung anderer als auch von Irrtum umfasst (mit dem Primat des letzteren), wird dann aber in 535d-e explizit, wo das Gespräch auf die ἀλήθεια als Aspekt des philosophischen Naturells zurückkommt. Es wird dort nämlich ausdrücklich festgestellt, dass es nicht ausreiche, nur die absichtliche Täuschung anderer zu hassen, und dass die Wahrheitsliebe „verkrüppelt" sei, wenn sie damit einhergehe, dass man „leichtfertig (εὐκόλως) das unabsichtliche ψεῦδος (d. h. den Irrtum) akzeptiere (προσδέχεσθαι) und sich nicht daran störe, wenn einem Unwissenheit nachgewiesen werde, sondern sich in der Unwissenheit gleichsam wie ein Schwein wohlig suhle".

Man muss in dieser Passage einerseits die begriffliche Distinktion zwischen absichtlichem und unabsichtlichem (ἑκούσιον/ἀκούσιον) ψεῦδος und andererseits die Frage, ob jemand leichtfertig bzw. bereitwillig (εὐκόλως 535e3, ἑκὼν εἶναι 485c3) das ψεῦδος akzeptiert, auseinander halten. Bei ersterer Distinktion geht es um den Unterschied von Lüge und Irrtum, in der an zweiter Stelle genannten Formulierung hingegen um die Frage der charakterlichen Einstellung und Willenshaltung zum Irrtum. Das Bemühen, Irrtum und Unwissenheit bei sich selbst zu vermeiden, ist ja auch Sache einer charakterlichen Haltung.[14]

---

[14] Den Primat des Erkenntnisstrebens für Platons Auffassung davon, was die ἀλήθεια eines philosophisch veranlagten Menschen ausmacht, bestätigen auch die Passagen 485d und 489e-490b, die die Wahrheitsliebe mit der Liebe zu den μαθήματα (485d) bzw. mit dem philosophischen Eros gleichsetzen, den es zur Vereinigung mit dem Seienden und zur Zeugung der seelisch-kognitiven ἀλήθεια drängt (489e-490b).

Eine gewisse terminologische Unklarheit ergibt sich daraus, dass Platon in diesem Kontext bald von der *Liebe zur* ἀλήθεια, bald schlicht von der ἀλήθεια im Sinne einer seelischen Auszeichnung spricht. Letzteres wäre im landläufigen Verständnis die charakterliche Auszeichnung der Wahrhaftigkeit. Doch für Platon ist intersubjektive Wahrhaftigkeit, wie sich jetzt zeigt, nur ein nachfolgender Aspekt, weil die charakterliche ἀλήθεια der philosophisch veranlagten Seele für ihn primär in der Disposition liegt, durch kritische Selbstprüfung das innere ψεῦδος, die Selbsttäuschung, zu meiden und der Wahrheitserkenntnis nachzustreben. Wenn der Erkenntnisaufstieg der wahrheitsliebenden Seele sein Ziel erreicht hat, dann erfüllt sich die Wahrheitsliebe als kognitive ἀλήθεια eines nicht mehr in der Doxa befangenen Denkens, das die eidetischen Grundkonstituentien des Wirklichen für sich erschlossen hat und dem somit das Wahre im Sinne des erkennbaren Seienden transparent geworden ist.

3.

Wie versteht Platon die Verwandtschaft von ἀλήθεια und ἐμμετρία, die er in Resp. 486d behauptet hat? Der fragliche Passus lässt sich in etwa wie folgt wiedergeben, wobei ich die Schlüsselworte „ἐμμετρία" und „ἀμετρία" unübersetzt lasse, die das Innewohnen bzw. Fehlen des Maßes konnotieren:

> Ferner sagen wir doch wohl über die unmusische und ungestalte Naturveranlagung (τό γε τῆς ἀμούσου τε καὶ ἀσχήμονος φύσεως), dass sie nirgendwo anders hinführt als in die ἀμετρία. / Gewiss. / Hältst du aber Wahrheit (ἀλήθεια) für verwandt mit ἀμετρία oder mit ἐμμετρία? / Mit ἐμμετρία. / Wir suchen also ein Denken (διάνοια), das, zusätzlich zu den anderen Dingen, von Natur aus (φύσει) mit Maß (ἔμμετρος) und Anmut (εὔχαρις) ausgestattet ist und durch seine natürliche Veranlagung (τὸ αὐτοφυές) leicht zur jeweiligen Idee des Seienden hinzuführen sein wird.[15]

Indem Platon hier die Ametrie einer unmusischen und ungestalten Veranlagung des Denkens zuordnet, werden wir implizit auf die Erörterung der Funktion musischer Erziehung im Bildungsgang der Wächter zurückverwiesen. Dabei ist vor allem der Abschnitt 400c ff. signifikant, in dem zuerst die Perspektive auf die ethische Funktion aller künstlerischen oder kunsthandwerklichen Gestaltungsformen erweitert und dann die besondere Wirkung der musischen, durch Tonart (ἀρμονία[16]) und Rhythmus erfolgenden Gestal-

---

[15] Zur grammatischen Analyse dieses Satzes vgl. Adam 1902, *ad loc.*
[16] Zur Bedeutung des Ausdrucks „ἀρμονία" im Griechischen vgl. Barker 1984-89, 163 ff. – Die griechische Musik kannte keine Harmonik im neuzeitlichen Sinne

tung hervorgehoben wird. Unter allen ihren Aspekten – nämlich Wohlge-
staltetheit, Eurhythmie, Wohlgestimmtheit (εὐαρμοστία), Angemessenheit
der erzählerischen und dramatischen Inhalte (400d-e) – sind die Produkte
der richtigen künstlerischen und musischen Gestaltung zum einen Anzeichen
eines wahrhaft guten und schönen Ethos des Denkens (διάνοια). Sie besitzen
zum anderen auch eine bedeutsame pädagogische Funktion, da sie durch ihren Einfluss beim Heranwachsenden die Herausbildung gerade eines solchen
Ethos fördern, indem sie gleichsam wie eine gute Weide und ein gesundes,
gedeihliches Klima (401b-d) schon von Kindheit an das richtige Umfeld für
den geistigen Werdegang schaffen. Dabei erweisen sich, wie Platon meint,
die spezifisch musischen Faktoren der rechten ἁρμονία und guten Rhythmik
als besonders förderlich zur Herausbildung des Vermögens, gleichsam intui-
tiv, noch bevor man es rational analysieren kann, das Schöne und Richtige
vom Hässlichen und Ungestalten zu unterscheiden. Es bilde sich durch diesen Einfluss schon eine Art Freundschaft und Übereinstimmung mit jenem
καλὸς λόγος heraus, der dann später dem in der Paideia Fortschreitenden –
der diesen λόγος wie etwas längst schon Vertrautes und Verwandtes begrüßt
(401d-402a) – diese Qualitäten auch rational verständlich machen wird
(401c-d, 402a). (Allerdings hat nicht jede Form von Stimmung oder Rhythmus diesen förderlichen Einfluss. Deshalb muss die Reglementierung der Erziehung im Idealstaat die Begrenzung auf die zuträglichen Formen und deren
ausgewogenen Einsatz gewährleisten.)

Die Bedeutung der musischen Formung ist für Platon keineswegs nur auf
die Entwicklungsphase vor der rationalen Einsicht begrenzt. Vielmehr spielt
sie in Verbindung mit dem λόγος auch in der vollendeten Tugend noch eine
maßgebliche Rolle: λόγος in Verbindung mit μουσική sei das einzige, was die
Aretê durch ein ganzes Leben hindurch bewahren könne, heißt es in 549b.
Der Grund für diese Auffassung Platons liegt in seiner Anthropologie. Der
Mensch ist eben nicht reiner λόγος. Auch wenn für Platon der Kern des
menschlichen Selbst im intellektiven Vermögen liegt, ist dieses doch zugleich
in einen Körper eingelassen und darum notwendigerweise auch durch leib-
lich verursachte Antriebe bestimmt. Allein ein geordnetes Denken kann der
Wahrheit und Einsicht teilhaftig sein, aber geordnet kann das Denken nur

des Wortes. „ἁρμονία" („Zusammenfügung") bezeichnet, wenn auf Töne angewendet, konkret die Tatsache des Zusammenstimmens der Töne einer Tonfolge, abstrakt
je ein bestimmtes Muster von Intervallen, bzw. eine entsprechende Stimmung etwa
der Lyra, die eine solche harmonische Tonfolge ermöglichen. Im letzteren Sinne ist
auch im Plural von ἁρμονία die Rede, da die griechische Musik unterschiedliche In-
tervallmuster oder Stimmungen unterschied, denen auch je ein unterschiedliches
Ethos zugeschrieben wurde (wohl schon beim Musiktheoretiker Damon, auf den Platon sich beruft).

sein, wenn zugleich die seelischen Antriebskräfte im Ganzen jenes „zusammenklingende" Ordnungsgefüge (443d-e) bilden, das die seelische Aretê ausmacht. Und diese innere Ordnung kommt zwar unter der Leitung der Rationalität zustande, aber nicht allein *durch* Rationalität. Sie muss durch andere psychagogische Faktoren mit gestützt werden, zu denen für Platon wesentlich auch der Einfluss musischer Harmonie und Rhythmik gehört.

Diese Sichtweise kommt in den Bemerkungen des *Timaios* zur Teleologie des Gehörs ebenfalls zum Ausdruck, die im Übrigen auch darum aufschlussreich sind, weil sie eine Verbindung herstellen zu der psychologischen Theorie dieses Dialoges. Gemäß den bildhaften Analogien des im *Timaios* entfalteten εἰκὼς μύθος gibt es in der individuellen, aus den eidetischen Gehalten des Seienden, des Identischen und des Anderen geschaffenen menschlichen Seele im Prinzip dieselben „Umläufe" wie in der die Himmelskörper bewegenden Weltseele, deren innere Ordnung u. a. mit einer musikalischen ἁρμονία verglichen wird. Allerdings verlieren im Fall des menschlichen Neugeborenen die Seelenumläufe zunächst gänzlich ihre Ordnung, weil sie starken leiblich-sinnlichen Einflüssen ausgesetzt sind, die sie nicht beherrschen können (42e ff.). In diesem irrationalen Zustand ist die Seele noch nicht zu wahrem Urteil fähig. Erst wenn der verwirrende äußere Einfluss sich langsam abschwächt, finden die Umläufe wieder zu ihren richtigen wechselseitigen Proportionen zurück, was ein Bild dafür sein dürfte, dass die grundlegenden Begriffe unseres Denkens wieder in ihr richtiges Verhältnis zueinander treten – die für Platon maßgebliche Bedingung des Wissens.[17] Dementsprechend kehrt auch erst in diesem Zustand das Vermögen zurück, mit Verlässlichkeit wahr zu urteilen.[18] Die Entwicklung dahin müsse jedoch durch einen angemessenen Bildungsstoff (ὀρθὴ τροφὴ παιδεύσεως 44b-c) unterstützt werden.

Dass hierfür auch dem Musischen eine wichtige Rolle zukommt, zeigen seine Ausführungen zur Teleologie des Gehörs. Dieses habe nämlich das Verdienst, uns nicht nur dem λόγος, sondern auch den Einflüssen von ἁρμονία und ῥυθμός zu öffnen (Tim. 47d2-e2):

> Die harmonische Tonfolge, deren Bewegungen den seelischen Umläufen in uns verwandt sind, ist für den, der sich der Musen mit Ver-

---

[17] Zur Funktion begrifflicher Kohärenz als Erkenntniskriterium bei Platon, siehe Szaif 2000 und ders. 2001.

[18] Es ist hier spezifisch vom Irrtum bzw. richtigen Urteil hinsichtlich des Identischen und Anderen die Rede (44a2 f., b6 f.). Wie mit diesen Formulierungen das falsche oder wahre Urteilen überhaupt gemeint sein kann (ohne dass fälschlich das prädikative Urteil mit der Behauptung der Identität von Subjekt und Prädikat gleichsetzt wird), ergibt sich meines Erachtens aus Platons Analyse des prädikativen Urteils in Soph. 251-263; vgl. meine Deutung von Soph. 263d in Szaif 1998, 487 ff.

stand bedient, nicht zur irrationalen Lust nützlich, wie man jetzt
meint. Vielmehr ist sie mit Blick auf den in uns entstandenen disharmonischen (ἀνάρμοστος) Seelenumlauf als ein Verbündeter der Seele
von den Musen geschenkt worden, um die Ordnung (κατακόσμησις)
und den Zusammenklang (συμφωνία) hervorzubringen. Und der
Rhythmus wiederum ist wegen unserer in den meisten Fällen des
Maßes und der Anmut entbehrenden (ἄμετρος καὶ χαρίτων
ἐπιδεής) inneren Verfassung (ἕξις) zum selben Zweck von denselben
geschenkt worden.

Es sei darauf hingewiesen, dass die Wendung „ἄμετρος καὶ χαρίτων
ἐπιδεής" das exakte negative Pendant zu der Charakterisierung des philosophischen Naturells als „ἐμμετρία und εὔχαρις" in Resp. 486d ist (also in
dem Passus, der in diesem 3. Teil meiner Ausführungen gedeutet werden
soll). Dies ist immerhin bereits ein Indiz für die gedankliche Nähe beider
Passagen.

Durch diese Passage im *Timaios* und ihren Kontext wird noch anschauli-
cher, was Platon meint, wenn er die musische Veranlagung, als eine Form
von ἐμμετρία, unter die für den philosophischen Bildungsgang notwendigen
natürlichen Prädispositionen einreiht, und zwar spezifisch als eine Prädisposition des denkenden Teils: Die Einwirkung der musischen Faktoren trägt dazu
bei, jenen Verlust von Maß und Proportion und d. h. von Ordnung im Denken, der als chaotische Verkehrung und Disharmonie der Seelenumläufe des
rationalen Seelenteils dargestellt wird, wieder zu beheben. Dementsprechend
wird einem Denken, das sich leicht solchen günstigen, Ordnung restituieren-
den Einflüssen öffnet, von Platon eine musische Natur zugeschrieben.

Dass hier überhaupt der Begriff der Harmonie in Zusammenhang mit
den „Seelenumläufen" gebracht wird, dafür ist der Hintergrund sicherlich die
Anknüpfung an pythagoreische Vorstellungen von der „Sphärenharmonie".
Mit diesen „harmonischen" Umläufen der Himmelssphären korrespondieren
die ihnen zugrunde liegenden Umläufe der Weltseele, und unsere eigenen
rationalen Seelen sind schwächere Nachbildungen der Weltseele. Darüber
hinnaus kommen hier noch weitere grundlegende Voraussetzungen Platons
ins Spiel: Da ist zum einen der Gedanke, dass der Ideenbereich selbst eine
umfassende Ordnungsstruktur ist und dass das Denken in sich analoge Ordnungsstrukturen realisiert, wenn es die eidetischen Strukturen rational erfasst
(und zwar zuerst in jener dem kosmischen Geschehen zugrunde liegenden
Weltseele). Da ist zum anderen die Vorstellung, dass die *sinnlichen* Exemplifizierungen von Maß und Harmonie eidetische Prinzipien widerspiegeln, die
für den Ideenbereich qua Ordnungsstruktur im Ganzen maßgeblich sind.
Darum kann gerade die Einwirkung dieser Exemplifizierungen von Maß und
Harmonie auf die „Umläufe" des Denkens die Seele in besonderem Maße

auf das rationale Erfassen der transzendenten eidetischen Strukturen vorbe-
reiten und einstimmen.

Hieran zeigt sich, dass für Platon Sinnlichkeit keineswegs nur in einem
antithetischen Verhältnis zu rationalem Erfassen steht. Der zentrale Begriff,
wenn es um diese Vermittlung des sinnlich Ansprechenden mit dem rationalen Erkenntnisstreben geht, ist bei Platon zweifellos der des καλόν. „καλόν"
kann im Griechischen, unter verschiedenen Hinsichten, insbesondere etwas
intrinsisch Wertvolles bezeichnen. Seine besondere Färbung gewinnt dieser
Ausdruck durch seine ästhetischen und ethischen Konnotationen, wobei die
ästhetische Bedeutungskomponente auch einen charakteristischen erotischen
Bezug aufweist. In Platons Deutung dieses Begriffes sind die ethische und die
ästhetische Komponente nicht scharf geschieden. Denn einerseits erklärt er
sich das Phänomen des ästhetisch Ansprechenden (entsprechend dem griechischen Verständnis seiner Zeit) durch Proportionsbegriffe, andererseits
führt er auch die ethischen Haltungen auf eine seelische Ordnungsstruktur
zurück, die den ästhetischen Proportionsbegriffen verwandt ist. Für Proportionen generell gilt, dass sie sich, wie zum Beispiel die musikalischen ἁρμο-
νίαι (530d ff.), idealerweise mathematisch-geometrisch exakt fassen lassen,
so dass auch jener ethisch-ästhetische Komplex, der durch das καλόν bezeichnet wird, mit dem Ideal mathematisch-geometrischer Analyse eine Verbindung eingeht. Überdies kann, da das Ganze der eidetischen Gehalte einen
geordneten, proportionierten Zusammenhang bildet, das καλόν auch (wie
im *Symposion*) als höchstes Prinzip oder Aspekt des höchsten Prinzips fungieren. Es ergibt sich damit gleichsam ein Spannungsbogen, der über das sinnlich erfahrbare καλόν, die sittlich-praktischen Formen des καλόν, schließlich
das καλόν der reinen Erkenntnisgegenstände und ihrer geordneten Struktur,
bis hin zur Idee des καλόν (scheinbar als Aspekt des Höchsten) reicht – ein
Spannungsbogen, den der kognitive Aufstieg des Erkennenden nachvollzieht,
indem die Attraktion ästhetischer Ordnungsstrukturen durch die mathematische und dialektische Paideia in ein Streben nach rationaler Erkenntnis der
eidetischen Strukturen umgemünzt wird.

Allerdings ist die Wirkung des sich sinnlich manifestierenden καλόν
durchaus zweischneidig. Am heftigsten und mit den größten Gefährdungen
wirkt das καλόν in jenem Eros, der sich an der schönen Gestalt eines anderen
Menschen entzündet, und gerade mit Bezug auf diesen Fall unternimmt Platon bekanntlich die größten Anstrengungen, um zu zeigen, wie es in der
menschlichen Seele eine sowohl negative als auch positive Kontinuität der
Wirkung zwischen sinnlichem und rationalem Streben gibt: Der zuerst durch
körperliche Schönheit stimulierte Eros kann bis zur Ideenschau erhöht werden. Er kann aber, in Verkehrung seiner eigentlichen Bestimmung, auch
Despot einer instrumentalisierten Vernunft werden und das naturgemäße innere Maß der Seele zerstören. Gerade darum ist es für die Paideia wesentlich,

dass jenes erotische Potential des sinnlichen καλόν von vornherein durch den Einfluss der künstlerisch und musisch gestalteten Formen von εὐσχημοσύνη, εὐαρμοστία und εὐρυθμία in die richtige Bahn gelenkt wird.[19]

Im Lichte der in diesen Festellungen sich manifestierenden ethisch-ästhetischen und erotischen Komponenten der platonischen Erkenntniskonzeption können wir nun auch Platons Diktum in Resp. 486d interpretieren, dass die ἀλήθεια mit der (musikalisch verstandenen) ἐμμετρία verwandt sei. Wie sich gezeigt hat, zielt der Begriff der natürlichen Veranlagung zu ἐμμετρία im Denken darauf, dass das Denken dieses Menschen sich von den sinnlichen Formen des καλόν in der richtigen Weise stimulieren lässt und leicht in jenen geordneten (harmonischen, „zusammenklingenden") Zustand übergeht, in dem sich seine Begriffe richtig zueinander verhalten. Dieser Zustand ist zugleich jene Verfassung des Denkens, in dem es sich den vorgegebenen eidetischen Strukturen angeglichen hat und wissend geworden ist. Entsprechend den Grundbedeutungen von ἀλήθεια im Kontext der Ideenlehre lässt sich dieser kognitive Zustand, für den das zu ἐμμετρία veranlagte Denken prädisponiert ist, darum entweder selbst als ἀλήθεια bezeichnen (nämlich insofern ἀλήθεια das in sich wahr gewordene, nicht mehr bloß doxastische Denken meint), oder er wird als Zustand der Angleichung an die ἀλήθεια gefasst (nämlich insofern ἀλήθεια als Inbegriff der erkennbaren Wirklichkeit der Ideen fungiert).

Da für ein solches durch ἀλήθεια und ἐμμετρία ausgezeichnetes Denken vorausgesetzt ist, dass auch die seelischen Antriebe insgesamt geordnet sind und entsprechend ihren naturgemäßen Funktionen (unter der naturgemäßen Leitung der Rationalität) „zusammenstimmen", geht dieser kognitive Zustand des weiteren mit charakterlich-sittlicher Aretê einher. Die Harmonie der übrigen Antriebe mit der rationalen Einsicht wird dann auch zur Folge haben, dass der Betreffende sich nicht durch das Erstreben von Dingen, die ihm nicht zustehen, außerhalb der *rational einsehbaren* Ordnung des Gemeinwesens, dessen Teil er ist, stellt. Wahrhaftigkeit (ἀλήθεια) als soziale Tugend ist ein Aspekt dieses in rationalem Bestimmtsein und innerem Maß wurzelnden äußeren sittlichen Verhaltens.

---

[19] Es ist bezeichnend, dass Platon im Anschluss an jene Ausführungen, die die besondere pädagogische Rolle der μουσική herausstreichen, in 402d-403c das Thema des ὀρθός ἔρως und seiner Gefährdungen durch die ἀφροδίσια anspricht. 403c6 f.: „δεῖ δέ που τελευτᾶν τὰ μουσικὰ εἰς τὰ τοῦ καλοῦ ἐρωτικά."

4.

Unsere bisherigen Ausführungen ergeben ein Bild des Platonischen *Wahrheitsethos*, das in den Mittelpunkt das Streben nach Erkenntnis des wahrhaft Seienden und nach einem in sich wahr gewordenen, nicht mehr bloß doxastischen Denken stellt. Dieses Wahrheitsethos, zu dem auch der Anspruch auf Objektivität im sittlichen Urteil gehört, ist das tragende Moment der philosophischen Paideia, die nicht nur ein spezifisches Anliegen neben anderen, sondern die grundlegende Bestimmung des Menschen verwirklicht. Es stellt nicht nur Anforderungen an unser rationales Denken, sondern setzt eine Einstimmung der seelischen Antriebe insgesamt auf dieses Ziel voraus.

Ein wesentliches Kennzeichen dieses Wahrheitsethos ist die ständige Bereitschaft zur kritischen Selbstprüfung, gleichsam das Auf-Der-Hut-Sein vor selbstzufriedener Unwissenheit, was auch die Bereitschaft einschließt, im λόγον διδόναι sich der kritischen Prüfung durch andere auszusetzen. Aber auch die Wertschätzung für Wahrheit und Wahrhaftigkeit im kommunizierenden Verhalten zu anderen ist für Platon ein Merkmal dieser Haltung. Aus Platons Gestaltung der Sokrates-Figur wissen wir, dass nicht zuletzt das sokratische Engagement, andere aus der selbstzufriedenen Unwissenheit wachzurütteln und ihnen zur Überprüfung der eigenen Vormeinungen und Entfaltung ihrer eigenen Erkenntnismöglichkeiten zu verhelfen, ein Aspekt dieses Wahrheitsethos ist. Im Idealstaat der *Politeia* wird dieser pädagogische Impetus in die patronal-erzieherische Funktion der Philosophen-Herrscher transformiert.

Nun muss man sich natürlich auch fragen, wie dieses Wahrheitsethos mit Platons Auffassung von Nutzen und Legitimität der „wohlmeinenden" Lüge und mit den manipulativen Strukturen seines Idealstaates vereinbar ist. Es ist ja nicht zuletzt von Popper in seiner einschlägigen, aber oft am Text vorbeigehenden Platonkritik mit Vehemenz auf diese manipulativen Strukturen hingewiesen worden.[20] Zu diesem Problem werde ich hier nur noch thesenhaft etwas bemerken können, wobei es mir hier nicht um die politische, sondern allein um die ethische Dimension geht – soweit sich das bei Platon überhaupt trennen lässt.

Erstens ist festzuhalten, dass Platon keinen Zweifel daran lässt, dass man die Wahrhaftigkeit im kommunikativen Verhalten hoch schätzen muss (389b) – in den *Nomoi* weist er auch darauf hin, dass Lüge Vertrauen zerstört (730c). Gleichwohl ist Platon (im Gegensatz zu Augustinus und Kant) mit Bezug auf die Lüge kein moralischer Rigorist, wie er denn überhaupt die Vorstellung der ausnahmslosen Geltung allgemeiner moralisch-rechtlicher Normen im Handlungsbereich nicht zu billigen scheint, mit Ausnahme vielleicht der

---

[20] Eine seriösere Form der Auseinandersetzung mit diesem Thema bei Platon findet sich beispielsweise in Brickhouse/Smith 1993 und Page 1991.

Norm, dass man im Idealstaat nichts tun darf, was dem Wohl des Ganzen abträglich wäre, oder positiv gewendet, dass man das Wohl des Ganzen (der Polis) fördern solle. Was aber im Einzelfall eine solche Handlung ist, lässt sich nicht in ausnahmslos gültige allgemeine Gesetze fassen und ist darum am besten dem Urteil der weisen Herrscher zu überlassen. Dass Wahrhaftigkeit nicht ausnahmslos der Lüge moralisch vorzuziehen sei, dies verdeutlicht er schon in *Politeia I* anhand des Beispiels eines Freundes, der in einem Zustand der Raserei die Waffen verlangt, die er hinterlegt hat. In diesem Fall wäre es nämlich, so Platon, unangemessen, das Geliehene zurückzuerstatten oder eine wahre Auskunft zu geben, weil damit ein größeres Übel befördert würde (331c-d).

Eine stärker systematische Erörterung erfährt dieses Thema im Kontext des theologischen Grundrisses, in Resp. 382c-e. Drei Gründe, aus denen ein Mensch berechtigt ist zu lügen, werden genannt. Man dürfe lügen *erstens* zur Abwehr von Feinden (Notwehrlüge) sowie *zweitens* einem unverständigen oder wahnbefangenen Freund gegenüber, wenn es dazu dient, ihn von einer falschen Handlungsweise abzuhalten bzw. zu einer besseren Handlungsweise zu motivieren (fürsorgliche Lüge). *Drittens* habe die Lüge (oder besser: die wissentliche Unwahrheit) ihren berechtigten Platz auch in der μυθολογία weil wir in den Mythen Antworten auf Fragen geben zu Dingen, von denen wir nie ein exaktes Wissen werden haben können, die uns aber doch bewegen, wie etwa die Fragen zur urtümlichen Erd- und Menschheitsgeschichte (τὰ παλαιά d6). Die Geschichten, die wir dazu erzählen, sind im Ganzen fingiert und somit wissentlich unwahr, können aber doch auch Wahrheit enthalten – und gerade darauf kommt es gemäß Platon an. Denn es ist keineswegs so, dass er jedwede Form mythischer Erzählung als ein legitimes ψεῦδος erachtet. Gerade weil die Mythen eine wichtige pädagogische und psychagogische Funktion haben, müssen sie im Idealstaat einer strikten Reglementierung unterliegen. Wenn sie richtig eingesetzt werden, so wird durch sie sogar das Falsche zu einem wenn auch unvollkommenen Instrument der Wahrheitsvermittlung.

Platon stellt auch heraus, dass die Legitimität der Lüge in ihren drei Formen beim Menschen eine Folge von dessen Schwäche ist. Ein göttliches Wesen brauche keine Mythen, da es alles wisse, noch brauche es die Notwehrlüge, da ihm nichts schaden könne, noch werde es sich der fürsorglichen Lüge bedienen, da der Unverständige oder Wahnbefangene ihm nicht freund sein könne.[21]

---

[21] Es sei erwähnt, dass man gegen diesen letzten der in 382d-e genannten Gründe dafür, dass die Götter nicht lügen, einwenden kann, dass sich das Verhältnis der Götter zu den Menschen doch auch als fürsorglich-patronal denken ließe analog zum Verhältnis zwischen den Philosophen-Herrschern und den Beherrschten – und von Pla-

Was nun die von den Philosophen-Herrschern gegenüber ihren Mitbürgern angewandte Lüge betrifft, so rekurriert Platon zur Erläuterung auf die Arzt-Analogie (389b-c). Solange der Idealstaat funktioniert, gibt es ja innerhalb seiner keine Feindschaft, so dass die Notwehrlüge zur Abwehr von Feinden innerhalb dieser Polis nicht am Platze sein wird. Wohl aber habe die *fürsorgliche Lüge* der weisen Herrscher gegenüber den Angehörigen der beiden unteren Stände ihre Berechtigung. Für letztere hingegen könne es niemals legitim sein, den oder die Philosophenherrscher zu belügen. Denn der weise Herrscher verhalte sich zu dem Beherrschten wie ein Arzt zu einem Patienten, und der Patient müsse dem Arzt ja offen Auskunft geben. (Genau genommen geht es bei der Arzt-Patient-Beziehung nur um einen spezifischen Bereich, den der körperlichen Gesundheit, nicht um das Leben im Ganzen. Der weise Herrscher des Idealstaates hat dagegen die Position des Erziehers inne, der von seinen „Zöglingen" in allen Dingen des Lebens und Zusammenlebens wahre Auskunft verlangen darf.)

Die Unwahrheit, der sich der weise Herrscher gegenüber seinen Mitbürgern gleich einem Heilmittel (φάρμακον, 382c10, 389b4, 459d1) bedienen darf, schließt auch die Bildung von Mythen mit ein, für die ja der Grundsatz gilt, dass sie, auch wenn sie im Ganzen falsch sind, doch eine Wahrheit enthalten und vermitteln sollen. So hat der Mythos von den drei Metallen (414b ff.) die Funktion, die Zuordnung zu den drei Ständen und die Rangordnung unter ihnen akzeptabel zu machen. Die Wahrheit, die er enthält, liegt darin, dass es in der Tat unterschiedliche Talente gibt, die eine unterschiedliche Funktion und Stellung in der Polis zur Folge haben, und dass zweitens Funktion und Rang in der Polis nicht als eine erbliche Angelegenheit betrachtet werden dürfen, sondern bei jedem Heranwachsenden, unabhängig von der Stellung seiner Erzeuger, die Prüfung und Bewertung seiner Bildungsfähigkeit vorgenommen werden muss. Dass den Bürgern durch diesen Mythos die Überzeugung von der Richtigkeit dieser Maßnahmen vermittelt wird, die auch in Wahrheit gut und richtig sind, wiegt den Nachteil auf, dass sie, die ja zu wirklicher Einsicht ohnehin nicht fähig sind, zur Billigung dieser Wahrheit durch eine Unwahrheit geführt werden.

Der entscheidende Punkt, aus dem sich die Rechtfertigung der manipulativen Maßnahmen in Platons Idealstaat ergibt, liegt nicht in der mangelnden ethischen Wertschätzung für Wahrheit und Wahrhaftigkeit. Es dürfte wenige Philosophen geben, für die Wahrheit eine so zentrale Rolle spielt wie für Platon. Entscheidend ist vielmehr Platons Vorstellung von der Stellung der Bürger zu den weisen Herrschern im Idealstaat. Dieser ist für Platon im Kern eine Erziehungsgemeinschaft, in der alle, die nicht das höchste Ziel der Erziehung, die wirkliche Einsicht in die Wahrheit und das Gute, erreichen kön-

ton in anderen Kontexten auch so dargestellt wird.

nen, im Grunde unmündig sind und zu ihrem eigenen Besten der gleichsam elterlichen Fürsorge und Erziehung der Philosophenherrscher anvertraut bleiben. Jeder, der bis an das Ziel der Paideia gelangt, ist auch dazu berufen, mitzuherrschen, nur sind das eben ganz wenige, da die erforderliche Kombination günstiger Anlagen nur sehr selten vorkommt.

Dass Platon keinen moralischen Rigorismus hinsichtlich des Verbots der Lüge vertritt, entspricht durchaus auch unserem moralischen *common sense*. Dass er die fürsorgliche Lüge gegenüber Unmündigen für moralisch zulässig, ja geboten hält, sofern damit tatsächlich Schaden von ihnen abgewendet wird, dürfte ebenfalls noch gängigen ethischen Intuitionen entsprechen (auch wenn sich große Diskrepanzen ergeben können, wenn es darum geht, dies zu konkretisieren). Worin Platon aber radikal von unserer Sicht abweicht, ist seine Vorstellung, dass in dem bestmöglichen Gemeinwesen die Bürger sich ihr ganzes Leben lang in einer unmündigen Stellung gegenüber den weisen Herrschern befinden müssen. Ich will dies hier gar nicht weiter ausbuchstabieren, da uns dies in eine Diskussion des politischen Modells führen würde, was hier nicht mein Thema ist. Es muss mit dem Hinweis sein Bewenden haben, dass Platon sich hier schlicht in fundamentaler Weise von unserer Auffassung der Stellung des Individuums in Staat und Gesellschaft abhebt und dass er in diesem Punkt auch in keiner Weise zu modernisieren ist. (Der stärker empirisch orientierte Ansatz im *Politikos* mit seiner Argumentation für die Gesetzesherrschaft ist uns da schon näher.)

Nachdem ich die *politisch*-psychagogische Funktion von Mythen bzw. Fabeln im Idealstaat kurz skizziert habe, möchte ich im Folgenden noch auf einen Aspekt hinweisen, der ihre psychagogische Funktion für die Philosophierenden selbst betrifft, im Sinne einer selbstbezüglichen Psychagogik in grober Analogie zur Selbststeuerung der Polis in ihren Mythen.[22] Hierzu können wir

---

[22] Eine weiterführende Erörterung der Funktion der Mythen in Platons Dialogen müsste die Beziehungen zu anderen Formen des ψεῦδος bzw. der bloßen Wahrheitsapproximation ausloten, die m. E. auch in den rein argumentativen Teilen der platonischen Dialogik eine gewichtige Rolle spielen. Auch die nicht-aporetischen Dialoge Platons sind ja im Allgemeinen keine als Dialoge verkleidete Traktate, sondern argumentieren immer relativ zu einer Dialogsituation, in der es Gesprächspartner mit spezifischen Voraussetzungen gibt, denen die Argumentationen und Darstellungsformen anzupassen sind. Da sie im Allgemeinen nicht mehr zu leisten beabsichtigen als eine noch „ungenaue" und vorläufige oder unvollständige Approximation an die Wahrheit (wobei es, was die Situation noch komplexer werden lässt, gleichzeitig verschiedene Adressatenebenen geben kann), eröffnet sich hier ein breiter Anwendungsraum für Gleichnisse und Allegorien, welche sich dann auch zu mythologischen Darstellungen erweitern können. Dementsprechend gibt es in den Dialogen bisweilen geradezu fließende Übergänge von strikt argumentativer Erörterung und erzählend-mythischer

einen wichtigen Hinweis dem *Phaidon* entnehmen, einen Hinweis, der sich zuerst auf einen besonderen Aspekt der Wirkung von Argumenten bezieht, dann aber auch mit Bezug auf den Schlussmythos wiederholt wird. Innerhalb des argumentativen Teils der Unsterblichkeitsbeweise findet sich in 77e folgender Wortwechsel:

> Darüber lachte Kebes und sagte: „Versuche uns umzustimmen, so als ob wir uns fürchten, Sokrates. Oder vielmehr nicht so, als ob *wir* uns fürchten, sondern vielleicht ist auch in uns ein Kind, das sich vor derartigem fürchtet. Dieses versuche zu überreden, dass es sich nicht fürchte vor dem Tod wie vor einem Schreckbild." „So müsst ihr es denn (sc. das Kind in euch) jeden Tag besprechen (ἐπᾴδειν), bis ihr es kuriert habt", antwortete Sokrates.

„ἐπᾴδειν" ist ein technischer Begriff aus der asklepiadischen Heilkunde und steht für eine Form der magischen Besprechung von Krankheiten. Er wird hier in übertragenem Sinn auf Argumente angewendet, die die Seele von der Todesfurcht „heilen" sollen, indem sie den Tod als etwas nicht zu Fürchtendes erweisen. Wenn es heißt, dass dabei nicht so sehr wir selbst, sondern das Kind in uns beeinflusst werden muss, so steht im Hintergrund die Unterscheidung zwischen unserem rationalen Vermögen und der affektiv-sinnlichen Seite unserer Seele. Ob wir etwas fürchten, das hängt nicht allein von unserer Rationalität ab, weil wir eben nicht rein rationale Wesen sind. Deshalb bedarf es dafür auch besonderer therapeutischer Mittel. Schon mit Bezug auf die philosophischen Argumente (die sich qua Argumente ja an den rationalen Seelenteil richten) kann man sagen, dass das Verweilen bei ihnen, der wiederholte Durchgang durch sie, die Bestätigung ihrer Ergebnisse aus

Veranschaulichung, z. B. in der Palinodie des *Phaidros*. (Umgekehrt können auch in die mythologischen Erzählungen wissenschaftliche Einsichten einfließen, wie z. B. im Schlussmythos der *Politeia*, der den kosmologischen Wissensstand seiner Zeit aufgreift). Es ist aber nicht nur so, dass Sachverhalte, die einer höheren Kognitionsform grundsätzlich zugänglich sind, zunächst in einer ungenauen, aber anschaulichen Weise durch allegorische und mythologische Konkretisierungen nahegebracht werden können. Sondern es gibt auch Bereiche, die sich prinzipiell der sicheren eidetischen Erkenntnis entziehen, die das Erkenntnisinteresse des Menschen aber gleichwohl bewegen, und zwar ganz generell jener Bereich des Werdens, den der εἰκὼς μῦθος des *Timaios* zum Gegenstand hat (der im Übrigen ein Beispiel dafür ist, wie eng Platon mythologische und wissenschaftliche Erörterungsformen ineinander arbeiten kann), sowie auch die Fragen bezüglich der Widerfahrnisse der unsterblichen Seele vor der Geburt und nach dem Tod. – Dass die platonischen Mythen keineswegs nach einem einheitlichen Schema gedeutet werden können, zeigt auch die Erörterung bei Friedländer 1928, 1999-241. Einige Aspekte der kognitiven Funktion der Mythen reflektiert Scott 1989.

anderem Blickwinkel etc. eine Art von Therapie für die Seele im Ganzen ist. Um so mehr trifft der Therapie-Begriff auf die Seelenlenkung durch Mythen zu. Dies wird auch durch eine abschließende, die Metapher des ἐπᾴδειν wieder aufnehmende Bemerkung des Sokrates am Ende des Schlussmythos im *Phaidon* bestätigt. Und zwar bemerkt Sokrates dort, in 114d, dass ein verständiger Mann keineswegs für die sichere Wahrheit dieses Mythos eintreten könne (διισχυρίσασθαι οὕτως ἔχειν), dass es sich aber doch gezieme anzunehmen, dass es sich „so oder so ähnlich" (d2 f.) verhalte, da sich ja zumindest erwiesen habe, dass die Seele unsterblich sei. Das Wagnis, an diesen Mythos zu glauben, sei von edler Art, und man müsse sich selbst mit derartigem „gleichsam besprechen (ἐπᾴδειν)" – also therapieren.

In diesen Bemerkungen zum Mythos deutet sich zum einen bereits der Gedanke an, der dann in der *Politeia* ausgesprochen wird, nämlich dass ein solcher Mythos zwar nicht die Wahrheit sei, aber doch eine Weise der Annäherung an die Wahrheit („so oder so ähnlich"). Anders als in der *Politeia* wird hier aber die *selbst*-therapeutische Funktion herausgestellt. Mythen haben ihren Platz also nicht nur als Fiktionen, mit denen der intellektuell Überlegene die intellektuell Unterlegenen in die richtige Richtung steuert, sondern der Philosophierende selbst braucht sie, obwohl er, anders als die Angehörigen der unteren Stände im Idealstaat, um den begrenzten Wahrheitsgehalt dieser Mythen weiß. Er braucht sie, um in einer Art selbstbezüglicher Psychagogik gleichsam das Kind in ihm, das der größeren Anschaulichkeit und Konkretion bedarf, und damit auch die Seele in ihrer Ganzheit in die richtige Richtung zu lenken.

Zu diesem Gedanken kann man – und damit möchte ich meine Bemerkungen abschließen – auch aus der Erörterung des Verhältnisses von rationalem und sinnlich-begehrendem Seelenteil im *Timaios* einen aufschlussreichen Hinweis entnehmen (70d ff.): Die Rationalität kann den sinnlich-begehrenden Seelenteil nicht direkt steuern, weil dieser für den λόγος nicht empfänglich ist. Die ehrbezogenen Affekte des θυμός sind zwar ein Verbündeter des λόγος, da sie eine größere Nähe zum wahren Urteil und zugleich eine unmittelbare leibliche Wirkung haben. Doch muss es auch eine direkte Einflussmöglichkeit des rationalen auf den sinnlich-begehrenden Seelenteils geben, wenn er seine Steuerungsfunktion wirklich wahrnehmen können soll. Bezeichnenderweise spricht Platon hier von der „Psychagogik", die der rationale Seelenteil gegenüber dem ἐπιθυμητικόν anwendet (71a6 f.). Diese innere Psychagogie erfolgt gemäß dieser Passage im *Timaios* durch Bilder (εἴδωλα), die vom rationalen Seelenteil ausgehend sich auf der Leber spiegeln und, indem sie mit unangenehm bitteren oder angenehm süßen Ausströmungen einhergehen, die Begierden steuern (71a-d). Der Begriff „εἴδωλον" ist bei Platon ein Gegenbegriff zu „ἀληθές", steht also für eine Form des ψεῦδος. Dementsprechend kann man sagen, dass diese Veranschaulichung des Verfahrens innerer Seelenleitung durch εἴδωλα eine Art von physiologisch-psychologischem Analogon zu jener durch mythologisches Nachdenken erfolgenden Selbsttherapie des Philosophen ist, dank der die zur Wahrheit hinordnende Unwahrheit der Mythen zu einer Hilfe für das philosophische Leben wird.*

* Diese Abhandlung geht auf einen Vortrag zurück, den ich im Dezember 1998 auf Einladung von Herrn Dominic O'Meara in Fribourg gehalten habe. Der Text wurde 1999 zur Veröffentlichung fertiggestellt. Der geplante Band ist aber bisher offenkundig nicht zustande gekommen. Ich danke Dominic O'Meara und den Teilnehmern der Tagung in Fribourg herzlich für die erhaltenen Anregungen. Ein besonderer Dank gilt auch Herrn Marcel van Ackeren und der WBG, die diesen seit längerem der Veröffentlichung harrenden Text zu einer in der Forschung stark vernachlässigten Seite der Platonischen Ethik in diese Sammlung aufgenommen haben.

MARTIN F. MEYER

Platon als Erfinder und Kritiker der Rhetorik

Sokrates, immer verspottest du die Redner!
Menexenos 235c

Der deutsche Ausdruck *Rhetorik* ist abgeleitet von dem griechischen Terminus ῥητορικὴ τέχνη. Das Adjektiv *rhetorike* (zu dem das Substantiv τέχνη ergänzt wird) stammt seinerseits von dem Nomen ῥήτωρ, von dem die *Ilias* (9.443) eine Vorform (ῥητῆρ) überliefert. Das Wort ῥήτωρ ist erstmals im 5. Jahrhundert in einer griechischen Inschrift belegt (IG I² 45, 20; zitiert nach Martin 1974, 2 Anm. 2). Es meint hier einen Antragsteller vor Gericht und hat schon bald (als die Praxis der juristischen Verleumdung inflationär zunimmt) einen negativen Klang, da es sich auch auf missliebig gewordene Politiker bezieht (vgl. Martin 1974, 2). *Rhetor* bedeutet deshalb zunächst nicht selbstverständlich „Redner" oder „Rededlehrer". Das Adjektiv ῥητορικὴ kommt zuerst bei dem Sokratiker Aischines vor; es bedeutet hier allerdings nicht mehr als „zum Redner gehörig" (Aischines, 3.163). Der Ausdruck ῥητορικὴ τέχνη ist vor dem 4. Jahrhundert nicht belegt. Er wird *erstmals* in Platons *Gorgias*, und dort gleich sehr häufig, gebraucht. Die Tatsache, dass Platon den Ausdruck „Rhetorik" geprägt hat, wurde erst jüngst durch eine Analyse des erhaltenen Wortbestandes abgesichert (Schiappa 1990, 457-470). Die These von Platon als dem Erfinder der Rhetorik bedarf insofern eigentlich keiner neuen Erörterung.

So gelten die folgenden Überlegungen weniger dem Faktum dieser Erfindung als vielmehr ihrem *philosophischen Motiv* – der Frage, was Platon mit dieser Erfindung überhaupt wollte. Damit ist zugleich gefragt, wie Platon das, was er unter dem neuen Begriff zu fassen suchte (die Rhetorik, ihre Leistungen und Möglichkeiten) *philosophisch* beurteilt. Diese Frage tangiert Platons Verhältnis zur Rhetorik überhaupt. Die Erfindung der Rhetorik, auch dies soll gezeigt werden, geschieht nicht plötzlich, sondern in einem mindest zweistufigen Prozess, der sich seinerseits als Antwort auf die polemische Herausforderung eines Konkurrenten deuten lässt. Überdies unterliegt diese Antwort bis ins Spätwerk hinein einer stetigen Reformulierung, welche ihrerseits auf die im platonischen Denken gewonnenen Resultate zurückgreift. So gesehen lässt sich an Platons Verhältnis zur Rhetorik auch ein Gutteil seines philosophischen Selbstverständnisses ablesen.

1. Die Herausforderung – Isokrates' Sophistenrede

Etwa im Jahre 392, Platon ist kaum 35 Jahre alt und noch keineswegs der berühmte Autor, der er bald werden soll, wird in Athen eine Schule gegründet, die schon bald einige der talentiertesten Jugendlichen an sich bindet.[1] Der Schulgründer ist etwa zehn Jahre älter als Platon. Wie dieser stammt er aus dem Kreis derjenigen, die den Sokrates gehört haben und genau wie Platon begreift er sein Wirken als Philosophie. Anders aber als Platon hat er auch den Gorgias, vielleicht sogar dessen Lehrer Teisias gehört. Der Mann, von dem die Rede ist, heißt Isokrates.

Schon vor der Schulgründung war Isokrates als begabter Redenschreiber (λογογράφος) aufgefallen.[2] Die Logographie war eine Reaktion auf jene Vorschrift der attischen Prozessordnung, der gemäß ein Angeklagter vor Gericht sich selbst verteidigen musste und also keinen „Anwalt" zur Hilfe nehmen durfte. Da vom Ausgang solcher Prozesse viel abhing (nicht selten ging es um Leben und Tod), beauftragten eher unerfahrene Prozessteilnehmer sog. Logographen, die eine Rede schriftlich ausarbeiten sollten, damit der Klient diesen Text dann auswendig lernen konnte (siehe weiter Bleicken 1991, 142 ff.; Lotze 1991, 116-123). Neben den sachlichen und stilistischen Fähigkeiten kam es für den Logographen darauf an, den Redetext dem Charakter des Mandanten so auf den Leib zu schneidern, dass das Publikum im Idealfall von dem Ghostwriter nichts merken würde. Zur Meisterschaft in dieser Fähigkeit (vgl. Hagen 1966) – des „Charaktermachens" (ἠθοποιΐα) – hatte es neben Isokrates vor allem Lysias gebracht, von dem noch Quintilian erzählt, er habe dem angeklagten Sokrates angeboten, eine Verteidigung auszuarbeiten, Sokrates habe diese Offerte indes als „ehrenrührig" ausgeschlagen (Quintilian, 2.15.30). Für den vorliegenden Kontext ist bedeutsam, dass es in diesem Metier erstens vorrangig darum ging, Reden *schriftlich* auszuarbeiten, zweitens genau diese Fertigkeit etwa seit der Jahrhundertwende als eine *Kunst* (τέχνη) begriffen wurde und drittens diese Kunst auch (und keineswegs kostenlos) *gelehrt* wurde.

Um für das neue Lehrinstitut öffentlich zu werben, verfasste Isokrates eine kleine programmatische Schrift, die unter dem Titel *Gegen die Sophisten* überliefert ist. Sie sollte eine Probe der stilistischen Qualitäten des Verfassers abliefern und zugleich dessen pädagogische Ziele offen legen. Sofort im ersten Satz tadelt Isokrates alle, deren erklärtes Ziel die „Ausübung der Erzie-

---

[1] Über diese (teils von weither angereisten, teils später hochdekorierten) Schüler informiert der 82-jährige Isokrates in seiner *Antidosis*, 87-94 bzw. 224.

[2] Die frühen der (insgesamt 21 überlieferten) Reden des Isokrates sind forensischer Natur.

hung" ist. Diese vorgeblichen Erzieher seien in so schlechtem Ansehen, dass man fast annehmen müsse, es sei besser, ein träges Leben zu führen als sich mit der Philosophie zu beschäftigen (Isokrates, Sophistenrede 1). Gegen wen richtet sich dieser Angriff? Isokrates nennt zwar keine Namen, gleichwohl lassen sich die Adressaten der Polemik in zwei Gruppen teilen: Die erste Gruppe umfasst diejenigen, die im sokratischen Sinne zur εὐδαιμονία erziehen. Hierzu zählen diejenigen, die (i) als „Weisheitslehrer und Glücksverteiler" auftreten, (ii) die versprechen, das Zukünftige vorherzusagen (τὰ μέλλοντα προγιγνώσκειν), aber beim Streit verweilen und (iii) vorgeben, dass man durch Wissen glücklich werde (διὰ τῆς ἐπιστήμης εὐδαίμονες). Zur zweiten Gruppe zählen diejenigen, die zwar nicht an der Wahrheit interessiert sind, aber entweder durch das *Abhalten politischer Reden* oder das *Schreiben von Reden* vorspiegeln, Meister einer τέχνη zu sein, und somit in Aussicht stellen, ihre Schüler würden gute Redner. Der Text verrät ferner, dass die Erwartung, zum Redner ausgebildet zu werden, auf viele Schüler attraktiv wirkt. All seinen Konkurrenten wirft Isokrates (allerdings in unterschiedlicher Weise) vor, sie verlangten Geld für ihren Unterricht (siehe dazu Eucken 1983, 20-22, 63-65).

Welche Ziele aber hatte Isokrates sich selbst gesteckt? Ausdrücklich ist die *Sophistenrede* der „Sorge um die Seele" (ἐπιμέλεια ψυχῆς) verpflichtet. Deshalb hält Isokrates den logo-technizistischen Bildungsstrang, dem es einzig um Überredung geht, für verfehlt. Anders aber als die Sokratiker ist er nicht der Ansicht, man könne durch Wissen zu Tugend und Glück gelangen. Aus diesem Grunde müsse die Meinung (δόξα) stärker akzentuiert werden, was sich etwa durch das Einüben politischer Reden (πολιτικοὶ λόγοι) erreichen lasse.[3] Trainiert werden solle v.a. die Fähigkeit, den λόγος auf den passenden Moment hin zu gestalten, d.h. den für die Überzeugung günstigsten Zeitpunkt (καιρός) zu erkennen (Isokrates, Sophistenrede, 12).[4] Insgesamt lässt sich das Bildungsideal der psychischen Wohlfahrt nach Ansicht des Isokrates am besten durch *sprachliche Formung* erreichen (ähnlich Rapp 2003, 211). Der Redner soll v.a. lernen, eurhythmisch, melodisch und musisch wohllautend zu sprechen.[5]

[3] In der Betonung der δόξα folgt Isokrates seinem Lehrer Gorgias, der seinerseits den Wert der δόξα durch eine Umdeutung des von Parmenides herkommenden Begriffs unterstreicht. Vgl. dazu Buchheim: 1986, 19-23.

[4] Isokrates' καιρός-Theorie wird noch im *Phaidros* verspottet, wenn Phaidros am Ilissos bemerkt: „Zur *rechten Zeit* (εἰς καιρόν) bin barfuss, denn du bist es immer" (229a).

[5] Mit der Betonung der musischen Seelenbildung knüpft Isokrates fast wortgleich an Überlegungen des Protagoras in Platons gleichnamigem Dialog an (vgl. Prot. 326a-b).

Inwiefern war die *Sophistenrede* für Platon eine Herausforderung? Die gegen die Redenschreiber gerichteten Vorwürfe trafen auf ihn nicht zu. Zweifellos war er auch (allein schon, weil er nie Geld für das Philosophieren verlangte) nicht Hauptadressat der gegen die Sokratiker vorgebrachten Kritik. Dennoch musste Platon (abgesehen von dem pädagogischen Monopol, das Isokrates für sich beanspruchte) mindestens drei Punkte auf sich beziehen: Erstens gehörte die (von Isokrates angefeindete) Auffassung, man könne durch Wissen tugendhaft und mithin auch glücklich werden, zu jenen programmatischen Grundsätzen, die Platon in den bereits zu dieser Zeit publizierten Dialogen ausgearbeitet hatte. Zweitens ist für Platon der Philosoph zu dem auf Wahrheit zielenden Streit über die Logoi verpflichtet: Bereits im Frühdialog *Protagoras* erklärt Sokrates, wie die „beste Prüfung des Logos" auszusehen hat. Als Ziel derartiger Untersuchungen gibt er an, man unterrede sich miteinander, um „die Wahrheit und uns selbst auf die Probe zu stellen" (Prot. 331c-d, 348a). Drittens war Platon von dem Vorwurf betroffen, ein Wissen von der Zukunft sei nicht nur unmöglich, sondern auch unnütz. Der *Protagoras* hatte darauf insistiert, die Planung des Zukünftigen sei ein Gradmesser für ein gutes und gelungenes Leben. Es komme deshalb alles darauf an, zwischen den augenblicklich je groß und den zukünftig je klein erscheinenden Lüsten zu unterscheiden und zum Zwecke dieser Unterscheidung eine Messkunst zu etablieren. Diese Messkunst (μετρητική τέχνη) wurde am Ende des *Protagoras* als ein Wissen (ἐπιστήμη) bezeichnet. Die Suche nach diesem Wissen hatte Platon als eigentliche Aufgabe der Philosophie bestimmt (vgl. Meyer 1994). Platon hatte also gute Gründe, in der *Sophistenrede* des Isokrates eine Provokation zu sehen, die es energisch zurückzuweisen galt.

2. *Apologie* – Bestimmung des Redner-Seins

Wie reagiert Platon nun auf diese Provokation? Der erste Teil seiner Antwort findet sich in der *Apologie*. Diese Schrift entsteht kurz nach der *Sophistenrede*, etwa im Jahre 387.[6] Um mit dem Wichtigsten zu beginnen: Platon publiziert dieses eine Mal in seinem Leben eine Rede – und diese Rede ist gleich ein „rhetorisches" Meisterstück. H. Gomperz hat bereits 1912 nachgewiesen, wie die *Apologie* Stück für Stück Redewendungen aus dem *Palamedes* des Gor-

---

[6] Kurz vor der *Apologie* hat Platon mit dem *Menon* einen auffallend „unrhetorischen" Dialog geschrieben. In Hinsicht auf Isokrates ist bemerkenswert, dass der *Menon* den Unterschied zwischen δόξα und ἐπιστήμη akzentuiert: Die *wahren Meinungen* werden erst durch die Anbindung von Vernunftgründen in der Seele zu Wissen. Das Ende des *Menon* lässt allerdings offen, ob für das richtige Handeln nicht die wahre Meinung ausreicht.

gias verarbeitet (vgl. Gomperz 1985, 9 ff.). Den zeitgenössischen Lesern präsentiert sich Platon mithin als gründlicher Kenner aktueller „rhetorischer"
Entwürfe. Gleich der Eingangssatz der *Apologie* reflektiert auf die vor Gericht
typischen Redeweisen – und vor allem darauf, welche Wirkung solche Reden haben. Sokrates hat sich „beinahe selbst vergessen", so überzeugend
(πιθανῶς) hätten seine Ankläger geredet (17a). Schon dies ist ein Affront. Er
trifft die von ISokrates' Lehrer Gorgias formulierte These, der Logos sei eine
große Macht (μεγάς δυνάστες), da er (indem er Schrecken stillen, Schmerz beheben, Freude eingeben und Mitleid erregen könne) bewirke, dass die Seele durch die
Rede etwas erleide (Gorgias, Helenarede, 8-10). Für Sokrates ist die Klagerede so
mächtig, dass er sich beinahe selbst vergessen hat. Das Vergessen, so lehrt der
kurz vor der *Apologie* verfasste *Menon*, ist ein Feind des Wissens. Wer etwas
vergisst, kennt das Vergessene nicht – und wer sich vergisst, weiß nicht, wer
er ist. Wie der Fortgang der *Apologie* zeigt, kommt es dem Philosophen aber
gerade darauf an, sich selbst zu erkennen. Die ethisch motivierte Bemühung
um Selbsterkenntnis ist das eigentliche Geschäft (πρᾶγμα) des Philosophen
(vgl. Meyer 2003; van Ackeren 2003, 5-13). Nun hat sich Sokrates allerdings
nur „beinahe" selbst vergessen. Er fährt fort: „Nur Wahres haben sie nicht
gesagt." (17a). Überzeugung und Wahrheit treten in einen scharfen Gegensatz. Diese Antithese impliziert erstens, dass, wer sich nicht kennt, schnell
überredet ist. Sie impliziert zweitens, dass nicht jede Überzeugung auf Wahrheit beruht (was keinesfalls umgekehrt bedeutet, dass die Wahrheit nicht
überzeugend ist). Nur von der Wahrheit, sagt Sokrates, halten die Ankläger
eben nicht viel. Unter dem vielen aber, was sie lügen, besteht die unver-
schämteste Lüge darin, von ihm zu behaupten, er sei „im Reden gewaltig"
(17b). Dieser Ausdruck, das δεινὸς λέγειν, wird gleich dreimal gebraucht. Er
richtet sich gegen die sophistische Sprachauffassung, und hier insbesondere
gegen die des Gorgias.[7] Seiner Ansicht nach war das „gewaltig Reden" geradezu das Maß dafür, dass jemand das Metier des Redens beherrscht. Für Sokrates hingegen geht es gerade nicht um die *Wirkung* von Reden, sondern
einzig um ihre Wahrheit. Aus diesem Grunde will er in seiner Verteidigung
auch nicht „schönreden", die Rede gestelzt gliedern, schmücken oder künstlich aufputzen. Er will so reden, wie man ihn auf dem Markt kennt, *einfach*
und *kunstlos* (ἀτεχνῶς) – eben so, *wie sich ihm* die Worte fügen (17c-d). Der
Gedanke, dass nicht die Reden über den Redner herrschen sollen, sondern
der Redner über die Reden, gehört, wie noch gezeigt wird, zu den in ganz
unterschiedlichen Dialogkontexten variierten Grundeinsichten der platonischen Rhetorikkritik. In der *Apologie* fasst Sokrates die Verpflichtung zur

---

[7] Zur Begriffsgeschichte vgl. Buchheim 1986, 10-12. Für Pleger 1991, 139-167 ist
„Die Macht der Worte" das gemeinsame Charakteristikum von Sophistik und Rhetorik.

Wahrheit in der Formel zusammen, er stimme mit den Anklägern nur dann über das δεινὸς λέγειν überein, wenn sie mit ihm darin überein kämen, das *Redner-Sein* bedeute, die Wahrheit zu sagen. Seine Macht verdankt das Reden also gerade nicht der Täuschung, sondern der Wahrheit. Es ist deshalb die Tugend der Richter, gerecht zu richten, die Tugend des Redners aber, das Wahre zu sagen (18a: ῥήτορος δὲ τἀληϑῆ λέγειν). Dies bestimmt in zweifacher Hinsicht, was es heißt, ein Redner zu sein (εἶναι ῥήτωρ): Redner zu sein, meint erstens, die Wahrheit zu sagen, und zweitens besteht die Tugend (ἀρετή) des Redners darin, das Wahre zu sagen. Platon füllt hier jenen Begriff mit Inhalt, der in der *Sophistenrede* als attraktives Erziehungsziel galt. Isokrates aber hatte es unterlassen, zu sagen, was ein Redner ist. Stattdessen hatte er sich unmittelbar darauf verlegt, zum Redner *ausbilden* zu wollen. Wegen dieser fehlenden Begriffsbestimmung war es ihm nicht gelungen, Philosophen und Redner auseinander zu halten (vgl. dazu Eucken 1983, 6-18).

Genau genommen macht aber auch die *Apologie* keine echte Opposition zwischen Rhetor und Philosoph auf. Nach *seiner eigenen Definition* verkörpert Sokrates beides: In der ihm aufgedrängten Rolle vor Gericht ist er ein Redner, dessen erklärtes Ziel es ist, das Wahre zu sagen. Dieser Redner Sokrates verteidigt den Philosophen Sokrates. Das eigentliche Pragma dieses Philosophen (dies wird später deutlich) besteht in der nur dialogisch zu leistenden *Prüfung von Reden* auf ihre Wissens- und Wahrheitsgehalte. Für den Philosophen ist dieses Geschäft so wesentlich, dass er es sogar einem Leben vorziehen würde, in welchem er eben genau hierauf verzichten müsste. Mehr noch: Sogar dem Tod ist sein Schrecken genommen, wenn die attraktive Aussicht besteht, diese dialogische Prüfung ende auch nach dem Leben nicht. Motiviert ist die Wahrheitssuche von der Sorge um die Seele. Insofern besteht der eigentliche Dissens zwischen Platon und Isokrates in der kontroversen Auslegung des Terminus ἐπιμέλεια τῆς ψυχῆς. Gemäß der *sokratischen Definition* unterscheiden sich Rhetor und Philosoph nicht in dem Ziel der Wahrheitssuche, wohl allerdings in den kommunikativen Bedingtheiten dieser Suche. Der Wirkungskreis des Redners ist auf die gerichtliche Situation beschränkt und durch die dort vorgegebenen Regeln determiniert. Das philosophische Pragma indes ist eine Lebensaufgabe, die sich in der *prüfenden Unterredung* mit andern Menschen und deren Meinungen vollzieht.[8]

Die *sokratische Bestimmung* des Redner-Seins ist freilich an die Bedingung der Zustimmung durch die Ankläger geknüpft. Da dieses Einverständnis aber keineswegs vorliegt, deutet Platons Formulierung bei genauer Lesart an, dass es (neben dem sokratischen) ebenfalls ein *unphilosophisches Verständnis* des

---

[8] Dieses Unterreden wird in Apol. 19a; 21c; 33a; 38a und 41c sieben Mal als διαλέγειν, nicht aber als Kunst des διαλέγεσϑαι bezeichnet. Der Weg zur Erfindung der Dialektik führt über den Komparativ διαλεκτικώτερον im *Menon* 75d.

Redner-Seins gibt. Dieses Verständnis hat seine Grundlage in dem (von Gorgias geprägten) „gewaltig reden" – wobei Gorgias' Auslegung des δεινός gerade nicht auf die Macht der Wahrheit abhebt, sondern sich einzig von der wahrheitsindifferenten Wirkung des λέγειν, von dem Aspekt der Überzeugung, leiten lässt. Diese Position lehnt Sokrates nicht nur explizit theoretisch, sondern auch in praxi ab, wenn er darauf verzichtet, die Richter mit der in solchen Prozessen üblichen Mitleidstour zu erweichen.[9] Der Text lässt indes keinen Zweifel daran, dass die um den Begriff der Überzeugung kreisende Auffassung die herkömmliche und übliche Meinung über das wiedergibt, was ein Redner ist. So beginnt erst mit Platons *Apologie* eine echte Kontroverse über den Begriff des Redners. Der herkömmlichen Auffassung, um Redner zu sein, müsse man nur wirkungsmächtig überreden, widerspricht nun die von Platon selbst ins Spiel gebrachte Variante, der gemäß die ἀρετή des Redners auf wahre Reden abzielt.

3. *Gorgias* – Die Erfindung der Rhetorik

Bisher hatte Platon bestimmt, was es heißt, ein Redner zu sein. Der *Gorgias* (dessen Titelfigur inzwischen der berühmteste Redner und reichste Redelehrer Griechenlands war[10]) geht nun einen Schritt weiter. Er untersucht, ob das, was einem Redner eigentümlich ist – das „rednerische" (ῥητορική) – auch eine τέχνη ist. Τέχνη war seit dem 5. Jahrhundert ein zentraler Begriff, da er eine dem Menschen typische und gegen die göttliche Willkür resistente Wissensform charakterisiert (siehe Kube 1969; Wieland 1982, 252-262 und Wilms 1995). Auch Platons *Protagoras* operiert mit diesem Begriff, wenn er das vom Philosophen gesuchte Wissen als Messkunst (μετρητική τέχνη) definiert. Erst aber der *Gorgias* untersucht systematisch, was eine τέχνη ist. Anders als

[9] Dies richtet sich gegen Thrasymachos, von dem der *Phaidros* berichtet, er habe besonders jammervolle und klagende Reden vorgebracht, und sei ebenfalls im Erzürnen der Menge gewaltig gewesen (266e). Dass Thrasymachos die emotionale Wirkung der Rede zum Gegenstand rhetorischer Reflexion gemacht hat, bestätigt Aristoteles, der ihn als Autor einer Schrift zum *Mitleid* (ϸΕλέοι) nennt (vgl. 1404a13; 1413a). Quintilian (3.1.12) bezeichnet Thrasymachos (in einer Reihe mit Prodikos, Hippias und Protagoras) als Begründer der rhetorischen Pathoslehre. Wie Platon ist Isokrates der Ansicht, die Erregung von Mitleid schicke sich nicht vor Gericht, vgl. Antidosis, 321. Dies widerspricht allerdings seinen Reflexionen über das Mitleid in 20-23.
[10] Gorgias war im Jahr 392 Festredner bei den Olympischen Spielen. Seinen Reichtum als in ganz Hellas herumziehender Rhetoriklehrer bezeugt Isokrates, Antidosis 20-23.

die *Apologie* handelt es sich bei dem *Gorgias* um einen Dialog. Dies ist deswegen bedeutsam, weil sich Erfindung und Kritik der Rhetorik im Gespräch vollziehen – und exakt dieses dialogische Moment wird der Rhetorik von Anfang an diametral entgegengesetzt.

Der Prozess der Erfindung der Rhetorik lässt sich anhand der im Dialog gestellten Fragen nachvollziehen. Begonnen wird mit der Frage: Was ist Gorgias? Das τί dieser *Was-ist-Frage* zielt auf Können und Wissen des Gefragten. Wenn gefragt ist, was Gorgias ist, so ist gefragt, auf welches Wissen sich Gorgias versteht. Welche τέχνη übt er aus? Anstatt hierauf zu antworten, gibt Polos (der für seinen Lehrer antwortet) eine Erklärung, wie die Kunst *entstanden* ist: τέχνη entstehe durch Erfahrung (ἐμπειρία), denn Erfahrung mache es, dass unser Leben nach der Kunst (κατὰ τέχνην) verlaufe. Unerfahrenheit hingegen sei verantwortlich, wenn es nach dem Zufall (κατὰ τύχην) geschehe.

Als Polos die τέχνη des Gorgias als beste aller Künste rühmen will, schaltet sich Sokrates ein: Polos habe die ihm gestellte Frage nicht beantwortet. Er habe zwar die Kunst des Gorgias gerühmt, aber nichts darüber gesagt, was sie ist. Daher sei offenkundig, dass sich Polos „weit mehr um die *so genannte Rhetorik* gekümmert habe als um die Führung des Gesprächs" (448d). An dieser Stelle fällt zum ersten Mal in der überlieferten Literatur der Ausdruck ῥητορική. Sofort steht dieser Ausdruck in striktem Gegensatz zum „sich Unterreden" (διαλέγεσθαι). Bereits im *Protagoras* hatte Platon auf den Gegensatz zwischen Reden und διαλέγεσθαι insistiert (336b). Sokrates war hier von Alkibiades als unübertroffener Meister des sich Unterredens ausgezeichnet worden. Für das „öffentliche Reden" (τὸ δημηγορεῖν) hatte Platon indes noch keinen spezifisch an der Tätigkeit des Redens orientierten Terminus zur Hand. So lässt sich in der Tat sagen, dass erst der *Gorgias* den Ausdruck ῥητορική auf den Begriff gebracht hat – und genau dies meint die These von Platons Erfindung.

Gegen die These von der Erfindung der Rhetorik durch Platon hat M. Scofield eingewandt, im Text sei von der *so genannten* (καλουμένη) Rhetorik die Rede (siehe dazu Schiappa 1990, 463). Dieser Einwand ist berechtigt, da Platon selbst darauf hinweist, dass das Wort *rhetorike* bereits im Umlauf war. Indes: Die These von der Erfindung der Rhetorik klebt nicht am Wort. Sie meint vielmehr Platons Leistung, das Wort auf einen Begriff zu bringen, dessen sachlicher Gehalt in einem philosophischen Gespräch problematisiert wird. Als Gorgias gefragt wird, auf welche τέχνη er sich verstehe, antwortet er: „Auf die rhetorische." (τῆς ῥητορικῆς, 449a). Sokrates bindet diesen Begriff sogleich an den des Redner-Seins: „Einen *Redner* müssen wir dich also nennen?" (449a). Gorgias bejaht und besteht sogar darauf, ein vollkommener Redner zu sein. Gemäß dieser Antwort ist das „ein guter Redner sein" identisch damit, sich in der Kunst der Rhetorik auszukennen. Infolge der in der

Apologie vorgelegten Definition würde derjenige, der die Wahrheit sagt, sich auch auf die Kunst der Rhetorik verstehen. Aber von dieser (der sokratischen) Bestimmung der Rhetorik ist hier nicht die Rede. Vielmehr ist jetzt danach gefragt, was Gorgias unter Rhetorik versteht; also danach, was die *so genannte* Rhetorik ist.

Sokrates zeigt zunächst, dass jede Kunst sich auf etwas Reales (περὶ τί τῶν ὄντων) bezieht. Das περὶ τί kennzeichnet das, was, modern gesprochen den *Gegenstand eines Wissens* ausmacht. Für Sokrates ist beispielsweise das περὶ τί der Webkunst die Herstellung von Kleidern. Nach Gorgias handelt die Rhetorik von Reden (περὶ λόγους). Reden sind demnach der Gegenstand der Rhetorik. Hiergegen wendet Sokrates ein, auch andere Künste handelten von Reden. Gorgias sieht das Problem seiner Antwort. Er schlägt deshalb vor, zwei Arten von Künsten zu unterscheiden: (i) solche Künste, die ein Wissen von handwerklichen Dingen und Praktiken voraussetzen, und (ii) solche Künste, deren ganze Praxis (πᾶσα ἡ πρᾶξις) sich durch Reden (διὰ λόγων) vollzieht. Die Rhetorik handelt demnach nicht *von Reden*, sondern *durch Reden*. Reden sind hiernach nicht Gegenstand der Rhetorik, sondern ihr Mittel. Damit ist freilich die sokratische Frage nach dem Gegenstand der Rhetorik nicht beantwortet. Sokrates versucht nun dadurch eine Lösung, dass er die Künste teilt in solche, die (i) fast ohne das Mittel der Reden auskommen (z.B. Malerei), die (ii) alles durch Reden vollbringen (z.B. Arithmetik) und solche, die (iii) ihre Werke teils durch Reden und teils durch Taten vollbringen. Der Passus belegt, in welch unterschiedlichen Bedeutungen λόγος gebraucht wird. Gegen Ende des Dialoges gibt Sokrates dann eine viel spezifischere Bestimmung: Im Kontrast zu dem musischen Rhetorikideal des Isokrates wird λόγος als dasjenige bestimmt, das übrig bleibt „wenn man von der Dichtkunst den Gesang, den Tonfall und das Silbenmaß wegnimmt" (vgl. 502c, zur Entwicklung des Logos-Begriffs siehe Meyer 1999). Gorgias gibt nun zu, Arithmetik und Geometrie nicht für Rhetorik zu halten. So stellt sich jetzt in viel präziserer Weise die Frage, *durch* welche Reden die Rhetorik eine Kunst ist. Um was für λόγοι handelt es sich – und worauf beziehen sie sich?

Nach Gorgias beziehen sich die fraglichen Reden auf „die größten aller menschlichen Güter" (τὰ μέγιστα τῶν ἀνθρωπείων πραγμάτων, 451d). Mit dieser Antwort gerät die Unterredung in ein ganz anderes Fahrwasser. Statt um Rhetorik geht es nun um Fragen des guten Lebens. Es ist keineswegs zufällig, dass der Begriff des höchsten menschlichen Gutes die Gelenkstelle dieser beiden (schon in der antiken Rezeption des *Gorgias* unterschiedenen, wie Dodds 1959, 1-2 bemerkt) Themen markiert. Platon hatte in der *Apologie* das höchste menschliche Gut bestimmt als "sich täglich über die Tugend zu *unterreden*". In diesem (sich selbst er-) forschenden Leben soll der Mensch herauszufinden, was für ihn das Beste ist (Apol. 38a). Für die Titelfigur des *Gorgias* hingegen besteht das höchste Gut darin, andere Menschen zu beherrschen. Das Mittel zu diesem Zweck sieht er in der Überredung (τὸ πείϑειν). Alles komme darauf an, vor Gericht und in den politischen Versammlungen zu überzeugen. Sokrates folgert, hiernach sei die Rhetorik eine *Meisterin der Überredung* (πειϑοῦς δημιουργός, 453a). Dies ist die berühmte Definition der (so genannten) Rhetorik, der Gorgias ausdrücklich zustimmt.

Diese Definition ist von nun an Gegenstand der Kritik. Zunächst fragt Sokrates, auf welche Art von Überzeugung die Rhetorik abzielt. Als Gorgias antwortet, auf das Gerechte, zeigt Sokrates, dass die von Gorgias gemeinte Rhetorik nur zum *Glauben* über das Gerechte bzw. Ungerechte überreden kann, nicht aber zum *Wissen*. Es könne zwar einen falschen Glauben geben, niemals aber ein falsches Wissen. So erweist sich die von Gorgias gemeinte Rhetorik nur als Meisterin einer „Glauben machenden", nicht aber einer belehrenden Überredung bezüglich des Gerechten bzw. Ungerechten. Am Beispiel von Themistokles, Miltiades, Kimon und Perikles versucht Gorgias zu illustrieren, dass die Macht der Rhetorik darin besteht, dass die großen Redner – und nicht die Sachkundigsten – die mächtigsten Berater der Polis sind. In einer längeren Rede will er dies verdeutlichen (456a-457c). Zuerst verspricht er, einen Beweis (τεκμήριον) von der (alle anderen Künste übersteigenden) Macht der Redekunst zu geben. Oft schon sei er mit Ärzten zu therapieunwilligen Kranken gekommen. Nicht die Ärzte, sondern die Rhetoren hätten die Widerspenstigen dann überredet. Diesen Fall überträgt er auf andere Sachverhalte. Er folgert, es gebe nichts, worüber nicht ein Redner überzeugender sprechen könne als irgendein Sachverständiger. Die δύναμις der rhetorischen τέχνη sei daher in der Tat gewaltig. Zweitens hebt Gorgias darauf ab, dass es dem Redner auf den richtigen Gebrauch der Rede ankommen müsse. Wenn sich ein Fechtkünstler verfehle (und z.B. seine Eltern schlage), so sei dies keineswegs ein Argument gegen die Fechtkunst als solche. Offenbar seien weder die Lehrer noch die Kunst schuld an solchen Verfehlungen. Das Problem liege vielmehr in einer inkorrekten *Anwendung* des Gelernten. Dies gelte auch für die Rhetorik. So dürfe man auch seinen Lehrer nicht hassen und ihn der Polis verweisen! Es ist signifikant, dass Gorgias (ähnlich wie Isokrates) auf das schlechte öffentliche Ansehen der Rhetorik hinweist, darauf, dass sie gelegentlich sogar Hass auf sich zieht.[11]

Sokrates bemängelt an Gorgias' These, hiernach finde der unwissende Redner bei den Nichtwissenden mehr Anklang als einer, der sich mit den konkreten Sachverhalten auskenne. Ein Redner bräuchte, wenn Gorgias

---

[11] Ähnlich wie Sokrates in der *Apologie* sagt Gorgias, dieser Hass richte sich in erster Linie gegen die Lehrer. Anders aber als Sokrates (der behauptet hatte, nichts zu lehren) schiebt Gorgias den Schülern die Schuld zu, da nicht die Kunst als solche, sondern ihre *Anwendung* über Gut und Böse entscheide.

Recht hätte, „die Sachen selbst" nicht zu kennen (459b). Gorgias aber hält genau dies für den größten Vorteil der Rhetorik: Ohne die andern Künste gelernt zu haben, stehe der Redner um nichts hinter den anderen Technikern zurück (vgl. 459c). Sokrates widerlegt dies mit dem Hinweis, dass, wer das Gerechte kenne, gar nicht anders könne als auch gerecht zu handeln. Dieser Grundsatz gelte auch für den Redner, weswegen es einen unrechtmäßigen Gebrauch der Rhetorik (wie Gorgias in 457b behauptet hatte) nicht geben könne. Die Pointe dieser Argumentation liegt darin, dass die Rhetorik (wie Gorgias sie versteht) überhaupt keine Rhetorik ist. Sie ist weder eine τέχνη, noch – so das Gesamtresümee des Dialogs – ist sie irgend etwas wert.

Diese freilich sehr provokative These entwickelt Sokrates allerdings nicht im Gespräch mit Gorgias (der Dialog selbst enthält in 463a den Hinweis, dass Gorgias nicht Hauptadressat der Vorwürfe ist), sondern mit dessen Schülern. Gegen Polos (den 462b als Verfasser eines rhetorischen Lehrbuchs kennt) wird zunächst die These entfaltet, die Rhetorik sei keine τέχνη, sondern nur eine Übung, die auf die Bewirkung von Lust und Wohlgefallen aus sei. Hierin ähnele sie der Kochkunst. Während diese ein nur *scheinbares* leibliches Wohl produziere, bewirke die Rhetorik einen solchen Schein in der Seele. Insofern sei sie nur eine der Putz- und Kochkunst ähnliche schmeichelnde Übung. Im System der Künste ist die Rhetorik nur ein „Schattenbild eines Teils der Politik" (πολιτικῆς μορίου εἴδωλον, 463d).[12] Dieses Urteil ist vernichtend. Im weiteren Verlauf wird der Gedanke entfaltet, die so genannte Rhetorik sei überhaupt nichts wert. Gorgias hatte ja die These aufgebracht, die Rhetorik diene dem Ziel, möglichst viel Macht auszuüben. Polos greift dies auf und Kallikles radikalisiert es noch. Die grundlegenden ethischen Einsichten, die Platon gegen diese Position in Anschlag bringt, können hier nicht detailliert dargestellt werden. Der Kerngedanke liegt darin, dass man, (i) bevor man über andere herrscht, zunächst sich selbst beherrschen muss und (ii) Unrechttun schlimmer als Unrechtleiden ist, weil (iii) ungerechtes Handeln die eigene Seele schädigt. Eine Rhetorik, die aber dem Unrechttun entweder durch politische Reden Vorschub leistet oder vor Gericht dafür sorgt, dass Unrecht nicht (wie es für die Seele das Beste wäre) bestraft wird, eine solche Rhetorik ist eben überhaupt nichts wert. Zurecht haben moderne Deutungen betont, es gehe dem *Gorgias* nicht bloß um eine *terminologische* Entgegensetzung von Philosophie und Rhetorik, sondern um eine scharfe Opposition von rhetorischer und philosophischer *Lebensform* (Kobusch 1996 47-49; Rapp 2002, 212-218).

Mit seiner harschen Kritik wollte Platon allerdings nur die unphilosophische (so genannte) Rhetorik, nicht aber jede Rhetorik schlechthin treffen. Dies wird deutlich, wenn er das Ideal des „rechtschaffenden und kunstmäßi-

---

[12] Vgl. zu dem Schema dieser Künste Rapp 2002, 216.

gen" Redners vorstellt, dessen Reden auf die Bildung der Tugend in der Psyche zielen (505d ff.). So enthält Platons *Gorgias* nicht nur eine Kritik der so genannten Rhetorik, sondern, genau genommen sogar eine bemerkenswerte *Legitimation* des im öffentlichen Ansehen tief gesunkenen Faches. Nicht Rhetorik schlechthin, so Platons philosophische Analyse, ist für diesen schlechten Ruf verantwortlich, sondern nur die *so genannte* (wahrheits- und moralisch indifferente) Rhetorik. Insofern führt die Kritik der eben erst auf den Begriff gebrachten herkömmlichen Rhetorik zu einer Legitimation der im Gespräch entfalteten philosophischen Rhetorik. Diese Deutung hat einen Anhalt ebenfalls im *Phaidon*. Dort heißt es, Redefeindschaft sei nichts anderes als Menschenfeindschaft, die aus der Enttäuschung inadäquater (und deshalb) unverständiger Erwartungen resultiere, und zuerst in Skepsis und schließlich in Hass umschlage (vgl. 89c ff.).

4. *Menexenos* – Kritik der öffentlichen und schriftlichen Lobrede

Die Rhetorikkritik des *Gorgias* hatte sich an der von Gorgias selbst vorgeschlagenen Zweiteilung der Reden in gerichtliche und politische orientiert (452d-e). Wenn Platon beide Redeformen (erst die politische, dann die gerichtliche) aburteilt, so trifft diese Kritik folglich die *gesamte* so genannte Rhetorik. Im *Menexenos* erweitert Platon seine Kritik auf solche Reden, die seit Aristoteles der *epideiktischen Gattung* (γένος ἐπιδεικτικόν) zugeschlagen werden. Der Ausdruck ἐπίδειξις wird zwar auch am Anfang des *Gorgias* gebraucht, meint hier aber keine Festrede, sondern eher eine „Audienz" (anders Kobusch 1996, 47). Gorgias hatte nämlich versprochen, auf jede nur erdenkliche Frage zu antworten (vgl. 447a-c).[13] Auch im *Menexenos* wird nicht explizit von epideiktischen Reden gesprochen.[14] Genau genommen thematisiert er nur eine Unterart der epideiktischen Gattung, die Grabrede. Aristoteles zitiert diesen platonischen Dialog deshalb auch schlicht als „*Epitaphios*" (Rhet. 1415b32).

Wie C.W. Müller gezeigt hat, antwortet Platon mit dem *Menexenos* auf den *Panegyrikus* des Isokrates (vgl. Müller 1991, 140-156). Dieses im Jahre 380 publizierte Schriftstück steht in der (besonders seit der Periklesrede des Jahres 431 belangreichen) Tradition des attischen Epitaphios. Isokrates thematisiert mehrfach den Unterschied von epideiktischen (Fest-) und anderen Reden (Isokrates, Panegyrikus 17). Der *Panegyrikus* verherrlicht in massiver Form die Athenische Polis, um ihren Führungsanspruch gegenüber Sparta zu

---

[13] Vgl. ebenfalls die unspezifische Verwendung des Ausdrucks in 449c.

[14] Anders Isokrates, Helenarede 11, wo die epideiktischen Reden gegenüber den politischen abqualifiziert werden. Weiterführend Buchheit 1960.

unterstreichen. Platons *Menexenos* zielt weniger auf die tagespolitischen Implikationen dieser Schrift als vielmehr auf das Genre der Lobrede schlechthin. Bereits die Eingangsszene stellt dies klar: Menexenos kommt von der Ratsversammlung, wo er (vergeblich) gehofft hatte, zu einem Grabredner gewählt zu werden. Sokrates kommentiert die Situation voller Ironie: Es sei ja eine geradezu herrliche Sache, im Krieg zu sterben. So erlange selbst der einfache und arme Mann ein prachtvolles Begräbnis. Belobigt würden sogar jene, die im Leben nichts geleistet hätten (vgl. 234c). Die Lobredner hielten ihre Reden nicht aus dem Stehgreif, sondern bereiteten sie „lange Zeit" vor (234c-d).

Deutlicher noch als in der *Apologie* ist hier auf den rhetorischen Produktionsprozess angespielt; darauf, dass die so „weisen Männer" umfangreiche Vorbereitungen brauchen, um ihre Loblieder auszufeilen. Anschließend beschreibt Sokrates die außerordentliche *Wirkung* solcher Reden: Wie die mit herrlichen Worten und Redeweisen geschmückten, lobenden Reden „alle im Staate" – sowohl die Lebenden wie die Toten – beehrten und so „unsere Seelen bezaubern"![15] Im Zustand dieser Verzauberung sei Sokrates oft dem Gefühl erlegen, selbst „vornehmer und edler" geworden zu sein. Mehr noch, dieses Gefühl halte oft länger als drei Tage, „so einsiedeln kann sich die Rede und der Ton des Redners, dass ich mich kaum am vierten oder fünften Tag wieder besinne und merke, wo auf der Erde ich bin, bis dahin aber fast glaube auf den Inseln der Seligen zu wohnen, so gewaltig sind unsere Redner (ῥήτορες δεξιοί)" (235a-c). Nach dieser beißenden Polemik sieht sich Menexenos zu dem Ausspruch veranlasst: „Sokrates, immer verspottest du die Redner!" (235c). Indem Platon die Sokratische Ironie nun selbst ironisiert, deutet er an, dass auch seine eigene Beschreibung der rhetorischen Wirkungen als rhetorisch überspitzt empfunden werden könnte. So ist auch der Ton des *Menexenos* insgesamt leichter als die vernichtend scharfe Kontroverse im *Gorgias*.

Hiernach kommen abermals die Bedingungen der rhetorischen Produktion zur Sprache. Menexenos erwähnt, der für die Grabrede gewählte Redner werde diesmal (wegen einer Vertagung der Ratsbeschlüsse) nur wenig Zeit haben und deshalb die Rede fast unvorbereitet halten müssen (235c). Wie schon eingangs wird das Problem angeschnitten, ob man eine Rede besser (schriftlich) vorbereitet oder aus dem Stehgreif (αὐτοσχεδιάζειν) halten solle. Sokrates wirft ein, jeder Lobredner bereite seine Reden stets gründlich vor. Selbst aber wenn der Redner nicht vorbereitet sei, sei es nicht schwer, die Athener vor den Athenern zu rühmen. Hier wechselt das Thema von der rednerischen Produktion zu den Inhalten der Lobreden. Zugleich liefert der

---

[15] Im *Protagoras* unterscheidet Prodikos zwischen Loben und Ehren: „Geachtet nämlich wird man in den Seelen der Hörenden ohne Betrug, gelobt aber mit Worten von solchen, die oft gegen ihre Überzeugung Unwahres reden." (337b).

Themenwechsel eine Begründung dafür, wieso das Lobreden oft so lächerlich wirkt. Es ist eben leicht, „Athen vor den Athenern zu loben". Deshalb kann die fulminante Wirkung solcher Reden kein ernstliches Kriterium für ihre Güte sein. Wenn Aristoteles in seiner *Rhetorik* diese Formel gleich zweimal zitiert, so belegt dies, welch „beachtlichen Eindruck [sie] auf die zeitgenössischen Intellektuellen gemacht hat." (Müller, 1991, 150; siehe Aristoteles, Rhetorik 1367b8 bzw. 1415b30-32). In der Tat trifft Platon hier den wunden Punkt der epideiktischen Kommunikationssituation: den selbstreferentiellen Prozess, in dem der Redner – infolge der von seiner Rede evozierten Gefühlslage – Bestätigung von dem zwar unterhaltungssüchtigen, aber unkritischen Publikum erfährt und auch genau hierauf abzielt (Treu 1991, 124-130).

Der Dialog erhält eine neue Richtung, als Menexenos fragt, ob denn auch Sokrates selbst (wäre er dazu gewählt) eine solche Rede halten könnte. Sokrates bejaht mit der Begründung, er habe mit Aspasia immerhin dieselbe Rhetoriklehrerin gehabt wie Perikles.[16] Es würde ihn nicht wundern, angesichts solcher Lehrer auch zu den „im Reden gewaltigen Rednern" (236a) zu zählen. Dies scheint den Eingangssätzen der *Apologie* zu widersprechen. Tatsächlich liegt hierin ein hintersinniger Spott über Isokrates: Sokrates gibt vor, er sei einzig *durch seine Lehrer* ein so bedeutender Redner geworden. En passant wird auch Antiphon (der eher als nüchterner Forensiker denn als großer Laudator in Erscheinung getreten ist) als minderwertiger Lehrer abqualifiziert: Selbst wenn Sokrates bei ihm in die Lehre gegangen wäre, sei es noch einfach, Athen vor den Athenern zu loben (236a).

Sokrates will nun (auch dies spricht für sich!) nicht selber reden, sondern eine erst am Vortag gehörte Rede der Aspasia vortragen. Aufschlussreich ist seine Vorbemerkung zu dieser Rede: „Aber der Aspasia habe ich noch gestern zugehört, wie sie eine Standrede für eben diesen Fall vortrug. Sie hatte nämlich gehört, eben was du sagst, dass die Athener einen Redner dazu wählen wollten; da hat sie mir dann vorgetragen einiges aus dem Stegreif, wie man es sagen müsste, anderes auch wohl früher Überlegtes, als sie, denke ich, jene Standrede ausarbeitete, welche Perikles hielt, so dass sie hier einiges dort Übriggelassene zusammenkittete." (236a-b). Für Platon sind die Lobreden gewissermaßen mit Schere und Klebstoff zusammengestückelt. Die darin benuzten Gemeinplätze sind dermaßen austauschbar, dass sie in jede beliebige Rede eingebaut werden können.[17] Der Aspasia-Anachronismus bekommt

---

[16] Während Perikles im *Gorgias* 516d-e nicht als guter Staatsmann gilt (was später z.B. bei Aelius Aristides zu heftigen anti-platonischen Affekten führt), wird er im *Menexenos* (235e) als vortrefflichster aller griechischen Redner; ein ähnlich positives Urteil findet sich auch in Symp. 215e bzw. 221c und Phaidr. 269a.

[17] Eine ähnliche Kritik bringt auch der *Phaidros* vor, wenn Sokrates von dem fol-

hierdurch eine besondere Spitze: Die rhetorischen Versatzstücke lassen sich so wahllos überall einfügen, dass auch Redeteile einer 50 Jahre alten Rede in eine aktuelle Version passen, ohne dass diese ihren „Zauber" einbüßt. Doch nicht nur die Redeteile, sondern die Reden insgesamt sind austauschbar. Menexenos ist es ganz gleichgültig, *was* geredet wird: „Sprich nur, Sokrates, magst du nun eine Rede der Aspasia vortragen oder von wem auch sonst." (236c). Die Athener sind süchtig nach Reden (Isokrates, Antidosis 311: „Wir alle sind unersättlich im Reden."). Ob im Hause des Kallias, ob Phaidros oder Menexenos – entscheidend ist, *dass* geredet wird. Um die Sache selbst geht es dem Publikum nicht.[18] Folgt man Platons Analyse, so können die Redner gerade deshalb so wahllos loben, weil ihr Auditorium so unkritisch ist. Bevor Sokrates nun mit der Rede beginnt, bemerkt er, er fürchte Menexenos werde ihn auslachen, wenn er als alter Mann solche „Spielerei betreibe" (236c). Der Topos des Spielens (παίζειν) scheint nicht zufällig gewählt. Gorgias hatte seine *Helenarede* im Schlusssatz als ein „Spiel für sich selbst" charakterisiert (Gorgias, Helenarede, 21; dazu siehe Zajonz 2002). Isokrates hatte in seiner *Helenarede* gerügt, einige Redner führten unter dem Decknamen πολιτικοὶ λόγοι eigentlich eine ἐπίδειξις vor – und hatte die epideiktischen Reden als „Spielerei" abgetan (Isokrates, Helenarede 9-11; dazu Eucken 1983, 66-69). Dies nimmt der *Menexenos* hier auf. Noch subtiler wird der Topos im *Phaidros* gebraucht, wenn Sokrates am Ende eines langen Diskurses über das Reden-Schreiben mit kaum zu überbietendem Hintersinn bemerkt, „über das Reden sei ja nun genug gescherzt" (278b).

Die Leichenrede der Aspasia, die zuerst das attische Land, dann die Toten lobt und schließlich im Namen der Toten die Lebenden ermahnt, spielt überall auf Parallelstellen des *Panegyrikus* an. Treffend wurde zum *Menexenos* festgestellt, dass „alles im Folgenden zum Ruhme Athens Vorgetragene eine leichte Drehung zu viel aufweist" (Müller 1991, 152). Auf Einzelheiten kann hier nicht eingegangen werden. Entscheidend ist, die philosophisch ernst gemeinten Gehalte von der rhetorischen Karikatur zu sondern. Insofern ist Müllers Interpretation zu unterstreichen, wonach die Rede ein ständiger Appell an die Urteilskraft des Lesers ist, sachlich richtiges von falschem zu sondern. Dabei sei die „gleiche Lesehaltung verlangt, wie auch sonst in der Dia-

---

genden Gedicht bemerkt, die Verse ließen sich in jeder beliebigen Reihenfolge vortragen: „Eherne Jungfrau bin ich und lieg an dem Grab des Midas. Bis nicht Wasser mehr fließt, noch erblühen hochstämmige Bäume. Immer verweilend allhier an dem vielbeweinten Denkmal. Dass auch der Wanderer wisse, wo Midas liege begraben." (264d).

[18] Vgl. Protagoras 335e-338e. Von Phaidros heißt es in dem gleichnamigen Dialog, niemand (außer Simmias) habe mehr Reden ans Licht gebracht, teils selbst redend, teils andere auf irgendeine Weise dazu nötigend. (242a-b).

lektik der platonischen Dialoge" (Müller 1991, 152). Das philosophisch zentrale Diktum der Rede, die Politik sei die Erzieherin der Menschen (πολιτεία τροφὴ ἀνϑρώπων ἐστίν, 238c) kündigt nicht nur das platonische Hauptwerk an, sondern fordert zugleich auf, nach dem Gerechten zu suchen und sich nicht von schönen Reden täuschen zu lassen.

Als Sokrates geendigt hat, verspricht er, wenn Menexenos der Aspasia nicht verrate, dass er ihre Rede referiert habe, werde er auch in Zukunft noch „viele schöne Staatsreden" halten. Hiernach wäre Sokrates ein Lügner, der (so wie Phaidros zu Beginn des gleichnamigen Dialogs) seine wahren Absichten verbirgt – und dies alles zu dem Zweck, auch in Zukunft noch viele Staatsreden vorzubringen! Wenn Platon die Aspasia-Rede abschließend als „politische Rede" qualifiziert, so ist dies ein Indiz dafür, dass er die von Isokrates vorgeschlagene Unterscheidung von epideiktischen und politischen Reden für belanglos hält.[19] Platon favorisiert, dies bestätigt – wie unten noch zu zeigen ist – später der *Sophistes*, eine andere Systematisierung der λόγοι.

5. *Symposion* – Kritik der privaten und improvisierten Lobrede

Ebenfalls das *Symposion* dokumentiert Platons Beschäftigung mit dem epideiktischen Genre. Der Vergleich von *Menexenos* und *Symposion* lässt schließen, dass Platon (i) zwischen zum öffentlichen bzw. zum privaten Gebrauch bestimmten und (ii) zwischen lange vorbereiteten (schriftlich ausgearbeiteten) bzw. spontanen (aus dem Stehgreif verfertigten) Reden unterscheiden wollte. Anders als im *Menexenos* sind die im *Symposion* gehaltenen Reden für einen rein privaten Zweck bestimmt. Zu Ehren des (am Vortag im Tragödienwettbewerb erfolgreichen) Agathon veranstaltet man einen Redewettbewerb.[20] Ziel ist es, die beste Rede auf den Eros zu halten. Keiner der Redner hat Zeit, seine Rede vorzubereiten oder gar schriftlich auszufeilen. Dennoch ist jede dieser Reden von höherer, nicht nur rhetorischer, sondern auch philosophischer Qualität als der Aspasia-Epitaphios im *Menexenos*.[21]

---

[19] Isokrates tadelt an Gorgias' Helenarede, diese sei keine Lobrede (Enkomion), sondern eine Apologie.

[20] Folgt man dem *Protagoras*, so ist diese Form der Unterhaltung typisch für die Sophistik, z.B. hält Protagoras seine Unterredung mit Sokrates für einen solchen ἀγὼν λόγων (335a). Siehe dazu Buchheim 1986, 12-18. Als Redewettbewerb ist auch Xenophons *Symposion* konzipiert.

[21] Völlig missraten ist die Deutung von Zehnpfennig 2002, XXII ff., die nicht begreift, dass die philosophische Botschaft des Werkes vor allem aus der Dynamik des Gesamtverlaufs erschlossen werden muss. Zur Bedeutung der sokratischen Vorredner gibt sie eine krude feministische Interpretation, die jedes Philosophem der sokrati-

Zwischen den ersten fünf Reden und der (schließlich siegreichen) des Sokrates (worin wie im *Menexenos* eine Frauenrede referiert wird), ist ein Inter-
ludium eingestreut, dessen rhetorikkritische Intentionen unverkennbar sind
(198a-201c). So sieht sich Sokrates (trotz eines zuvor gegebenen Verspre-
chens) außer Stande, selbst eine Lobrede auf den Eros zu halten. Er sei „ratlos" nachdem Agathon eine so "schöne und reich verzierte Rede" vorgebracht habe (198b). Fast wortgleich beginnt die Rhetorikkritik auch in der
Apologie. Die Schönheit der Wörter und Redensarten – „gerade am Ende der
Rede" (wo diese besonders kunstlos ist) – sei geradezu erstaunlich. Sokrates
gibt vor, sich heftig darüber zu schämen, nicht etwas vergleichbar Schönes
vorbringen zu können. Hier wird das in den vorigen Reden verschiedentlich
behandelte Thema der Scham auf Sokrates selbst angewandt: Sokrates schämt
sich vor den redebegeisterten Hörern. War jedoch für die Vorredner Scham
das Resultat einer besonderen Erotik gegenüber einer besonderen Person, so
zeugt diese Bemerkung davon, wie wenig (philosophische) Erotik von der
Rhetorik ausgeht. Gemünzt ist dieses Urteil auf denjenigen, der für alle anderen das Maß aller Dinge im Reden ist – auf Gorgias. In 198c sagt Sokrates,
ihn erinnere die Rede des Agathon an Gorgias. Die Bemerkung deutet an,
dass Platon das *Symposion* (zumindest in Hinsicht auf die Rhetorik) als Fortsetzung des *Gorgias* verstanden wissen wollte. Signifikant ist überdies das
Wortspiel mit den Namen Gorgias bzw. den Gorgonen (in der Mythologie
die missgestalteten Töchter des Meergottes Phorkys). Es bezeugt (i) *in praxi*
das Gegenteil von dem, was Sokrates von sich selbst behauptet, nämlich im
Reden inkompetent zu sein; (ii) spielt die Metapher von der (gorgonischen)
Versteinerung auf jene quasi magische Wirkung der Reden an, die geistig un-
flexibel macht und die für philosophische Gespräche nötige Denkbewegung
verhindert; (iii) wird ebenfalls ausdrücklich in Bezug auf Gorgias das δεινὸς
λέγειν ironisiert. Der Kern der Kritik ist derselbe wie in *Apologie* und *Gorgias*:
„Ich dachte nämlich in meiner Einfalt, man müsse die Wahrheit sagen in jedem Stück von dem zu Preisenden." (198d). Erneut treten Wirkung und
Wahrheit von Reden in einen scharfen Gegensatz. Der folgende Passus liefert
(gegenüber den früheren Dialogen) nun eine präzisere Begründung für diese
Antithese.

Bis zu diesem Punkt ist die Rhetorikkritik eher allgemein formuliert. Ab
198d bezieht sich die Kritik auf die Mängel der zuvor gehaltenen Reden. Ihr
philosophisches Defizit liegt darin, dass sie dem Eros alles mögliche Gute
und Schöne „beilegen" – unabhängig davon, ob sich die Sache so verhält
oder nicht. Deshalb *erscheint* Eros in *vielen* Facetten – eben so, wie die Reden

schen Vorredner außer Acht lässt und stattdessen den gesamten ersten Teil als männliche Hybris missversteht, die die Liebe „zum Selbstbestätigungs- und Herrschaftsin-
strument verkommen" ließ.

ihn gerade erscheinen lassen. Die Vorredner vernachlässigen zu sagen, was der Eros *ist* – was also jenes Eine ist, das die vielen Erscheinungen des Eros überhaupt ermöglicht. Erst im Dialoggeschehen wird Sokrates bewusst, dass er sich auf diese Form des Lobes nicht versteht. Da der Zusammenhang von Einheit und Vielheit erst durch die verschiedenen (in den Vorreden vorgelegten) Hinsichten auf den Eros aufleuchtet, erweist sich sein Versprechen, eine Lobrede auf den Eros zu halten, als leichtfertig. Doch dies habe nur „die Zunge versprochen, nicht aber die Seele" (199a). Die Zunge kann vieles versprechen, die Seele aber kann nicht wider ihre Einsichten denken – und etwa verschiedene, einander widersprechende λόγοι für wahr halten.

Sokrates kündigt folgerichtig an, er wolle die Wahrheit über den Eros herausfinden. Bezeichnenderweise hat diese Untersuchung nicht die Form einer Rede, sondern die eines prüfenden Gesprächs. Dieses Gespräch bereitet die in der von Sokrates referierten Diotimarede entfalteten Ergebnisse über den Eros gründlich vor. Im Anschluss an diese Rede hält der eben erst in die Gesellschaft hereingeplatzte, schwer betrunkene Alkibiades eine Lobrede auf Sokrates, worin dessen philosophischer Eros belobigt wird. Während also zuvor die mangelhafte Erotik der Rhetorik gerügt wurde, wird nun umgekehrt die besondere erotische Ausstrahlung des philosophischen Gesprächs betont. Da dies aber nur eine der vielen Erscheinungsformen, nicht aber das Wesentliche des Philosophierens ist, wird diese Erkenntnis in der Form jenes Mediums (der Lobrede) präsentiert, das der kritischen Prüfung im Gespräch nur bedingt – als Erzeuger von Schein und Vielheit – stand gehalten hatte.

6. *Phaidros* – Kritik der nur technizistischen Rhetorikauffassung

Die Thematisierung des Zusammenhangs von Erotik und Rhetorik wird im *Phaidros* fortgeführt (vgl. Niehues-Pröbsting 1987, 152-202). Schon die Eingangsszenerie macht dies deutlich: Sokrates und Phaidros verlassen die Stadt, um ihre Unterredung in der Idylle eines von der „höchsten Platane" beschatteten *locus amoenus* zu führen. Hier herrscht eine ähnlich intime Atmosphäre wie im *Menexenos*, wo Sokrates unverhohlen flirtet, Menexenos in allem zu Willen zu sein – falls er es nur wolle, sich sogar zu entkleiden und für ihn zu tanzen (vgl. 236c-d).

Was die Rhetorik angeht, so fokussiert der *Phaidros* insgesamt – und nicht nur die sog. „Schriftkritik"– das Problem der Schriftform von Reden. Es sei hier an das oben erwähnte Metier der Logographie erinnert; ebenfalls daran, dass für Gorgias das Kunstgemäße im Umgang mit dem Logos gerade durch die Schrift garantiert war (Gorgias, Helenarede 13). Isokrates war dieser Auffassung prinzipiell gefolgt. Er selbst hatte wegen seiner schwachen Stimme und seiner Publikumsscheu nie öffentlich *geredet* (Isokrates, Panathenaikos 10-

11). Die *Apologie* enthielt Andeutungen auf die schriftliche und gekünstelte Ausarbeitung von Gerichtsreden. Der *Menexenos* hatte die lange vorbereiteten und aus beliebigen Versatzstücken zusammen gekitteten Lobreden kritisiert. Außerhalb der Akademie war derweil zwischen Isokrates und Alkidamas ein Streit ausgebrochen, ob es besser sei, spontan oder vorbereitet zu reden. In der Forschung ist zwar umstritten, wann genau diese Diskussion stattgefunden hat, was der Anlass war und wer die Diskussion motiviert hat.[22] Einigkeit herrscht indes über die grundsätzlichen Positionen in dieser Auseinandersetzung und (zunehmend) über ihre herausragende Bedeutung für die platonische Philosophie (siehe kurz und präzise Eucken, 1983, 121-130 und Heitsch 1993, 197). Für Alkidamas (der indes selbst nicht völlig auf die schriftliche Publikation von Reden verzichtet hat) kommt die *schriftliche Ausarbeitung* von Reden (i) eher den untalentierten Rednern entgegen, (ii) hemmt sie die Redner eher als sie zu fördern, (iii) wird sie den praktisch-situativen Erfordernissen vor Gericht und in der Politik nicht hinreichend gerecht und (iv) entspricht sie nicht den Erwartungen des (urteilenden) Publikums.

Der *Phaidros* stellt sich ganz auf die Seite des Alkidamas. Noch bevor die erste der drei in dem Dialog gesprochenen Reden vorgetragen ist, wird der beschämende Mechanismus des Einübens schriftlicher Reden vorgeführt. Phaidros verbirgt eine von Lysias verfasste Liebesrede unter seinem Gewand, weil er sich schämt, Sokrates die Schriftrolle zu zeigen. Als er die Rede dann, von Sokrates (der den Redesüchtigen mimt) gedrängt, doch *vorliest* (dies war eher das Verfahren, wie mit Isokrates-, denn mit Lysiasreden umgegangen wurde), bezeigt sich das Schriftstück schon in formaler Hinsicht als ungelenkes und ziemlich wirres Geschreibsel. Sokrates gibt vor, von den Inhalten abstrahiert und (außer auf Phaidros' Schönheit) nur auf die „rhetorischen" Aspekte geachtet zu haben (235a). Allein um den *rhetorischen* Mängeln der Lysiasrede abzuhelfen, stellt er – obgleich er von vornherein zu erkennen gibt, dass sich für Lysias' These (es sei besser, einem Nichtverliebten als einem Verliebten entgegenzukommen) kaum stichhaltige Argumente finden ließen – in Aussicht, eine bessere Rede zu halten (235b-c). Er könne freilich nicht alles besser machen als Lysias. In Hinsicht aber auf das Rhetorische komme es weniger auf die Erfindung (εὕρεσις) als auf die Anordnung (διά9-εσις) an (236a). Hier sind zum ersten Mal die v.a. in der lateinischen Rhetoriktheorie so wichtigen Termini *inventio* bzw. *dispositio* überliefert. Wie das doxographische Referat weiter unten im *Phaidros* verrät, standen Überlegungen zur richtigen Anordnung der Rede im Zentrum der zeitgenössischen Rhetoriktheorien.

---

[22] Einen ausführlichen Überblick über die Forschungsgeschichte gibt Mariß, 2002.

Phaidros ist so gierig nach einer neuen Rede, dass er Sokrates erst eine goldene Statue in Delphi, dann sogar ein Denkmal in Olympia stiften will. Schließlich – als Sokrates noch zögert – schreckt er sogar mit Gewalt. Als allerletztes Mittel droht er an, dem Sokrates nie wieder eine Rede zu halten oder auch nur zu melden! Der solchermaßen zum Reden gezwungene Sokrates beginnt seine Rede, indem er sein Haupt verhüllt, um nicht aus Scham in Verwirrung zu geraten. Überdies bemerkt er, er werde seine Rede (im Unterschied zu dem „vortrefflichen Dichter" Lysias) als frei improvisierender Laie (ἰδιώτης αὐτοσχεδιάζων) halten (236d). Die rhetorikkritische Bedeutung dieser Rede, die im ersten Teil Wesen und Macht der Liebe, im zweiten die Nachteile der Liebe unterstreicht,[23] liegt erstens darin zu zeigen, wie ein Redner schon in formaler Hinsicht die Orientierung verliert, wenn er über Dinge redet, deren Wesen er nicht kennt – so nimmt der zweite Teil der sokratischen Rede die Ergebnisse des ersten gar nicht wieder auf. Zweitens gibt Platon ein Exempel, wie sich der unkundige Redner vom Reden fortreißen lässt. Statt über die Rede zu herrschen, lässt er sich von ihr beherrschen. Sokrates redet am Ende ganz enthusiastisch nur noch in Dithyramben. Weil der Philosoph Sokrates dies gerade noch merkt, will er nun endgültig abbrechen. Doch Phaidros zwingt ihn zu einer weiteren Rede. Diese „Palinodie" spielt kurz aber prägnant auf die Helenareden von Gorgias und Isokrates an.[24] In der Dramaturgie des *Phaidros* ist sie eine Reinigung wegen der zuvor erfolgten Versündigung an Eros. Auf die bedeutsamen philosophischen Gehalte dieser Rede (die Würdigung des philosophischen Wahnsinns, die Bestimmungen der Liebe, des Menschen und der Seele) kann hier nicht eingegangen werden (zu alledem siehe Heitsch 1993, 90-121). Ihr rhetorikkritischer Impuls besteht, etwas vereinfacht gesagt, darin, dass der wahre Redner zu all diesen Dingen dialektische Überlegungen anstellen müsste, bevor er geordnete Reden vorbringen kann.

Für den vorliegenden Kontext ist das dann folgende Gespräch über das Reden*schreiben* von zentraler Bedeutung (257b-279c). Zunächst wird betont, dass nicht jede Form der Logographie schlecht ist, sondern nur das schlechte Redenschreiben. In diesem Zusammenhang werden politische und private Schriften unterschieden – die privaten dann noch weiter in poetische und

---

[23] Vgl. Brown/Coulter 1979, 239- 264. Hiernach ist diese Rede unplatonisch und auf Isokrates gemünzt. Dies könnte einen Anhalt darin haben, dass Isokrates in der *Antidosis* tatsächlich die Verliebten als verwirrt bezeichnet. Davon indes konnte der Autor des *Phaidros* noch nichts wissen.

[24] Die philosophisch ausgezeichnete Deutung von Niehues-Pröbsting 1987, 167-169 verweist ihrerseits auf den grundlegenden Passus bei Eucken 1983, 80-120. Zu den literaturgeschichtlichen Hintergründen vgl. ebenfalls Heitsch 1993, 89 (insb. Anmerkung 127).

nicht poetische, die poetischen schließlich in prosaische und durch Versmaß gebundene (258d). Durchaus in der Tradition von Gorgias und Isokrates steht Platons Bestimmung der *rhetorike techne* als Seelenführung durch Reden (ψυχαγωγία διὰ λόγων, 261a). Diese Zuschreibung gilt ausdrücklich für alle Redeformen (Gerichtsreden, politische, private, und „überall sonst"). Anders aber als bei Gorgias dient bei Platon die Seelenführung nicht dazu, die Seele des Zuhörers für die je eigenen Interessen zu instrumentalisieren, sondern sie besser – und das meint hier im *Phaidros* v.a. *menschlicher* in dem Sinne zu machen, als sie soweit als menschenmöglich am Göttlichen partizipieren soll. Sokrates fordert zudem, die Rede müsse wie ein „lebendiger Organismus" gebaut sein (ὥσπερ ζῷον συνεστάναι, 264c).

Diese Forderung führt zu einem kurzen doxographischen Referat (266d–267c) über den bisherigen (bereits schriftlich publizierten) Wissensstand auf dem Gebiet der Rhetorik (vgl. dazu Heitsch, 151–161. Rapp 2002, 194–197). Dieser älteste erhaltene Text zur Frühgeschichte der griechischen Rhetorik informiert über alle wichtigen „Theoretiker" der Rhetorik und ihre Leistungen. Nach Platons Darstellung haben sich Teisias, Gorgias, Protagoras, Prodikos, Hippias, Polos, Eueneos, Thrasymachos und Theodoros neben eher randständigen Überlegungen zu Fragen des Ausdrucks in der Hauptsache um die Anordnung und die Unterscheidung der Redeteile gekümmert – und zwar in einer von Sokrates ironisch verspotteten Tiefsinnigkeit und Distinktionswut. Die Passage rückt die zuvor nur beiläufig vorgeschlagene Unterscheidung von εὕρεσις und διάθεσις in ein helleres Licht: Eine der Sache angemessene Anordnung der Redeteile zu einer geschlossenen Rede verlangt zunächst die Auffindung der für eine solche Zusammenstellung nötigen Ingredienzien. Exakt dies aber ist, wie der Dialog soeben erst bestimmt hatte, die Aufgabe der philosophischen Dialektik (vgl. 265e–266c). Daher ist es konsequent, wenn der *Phaidros* die rhetorisch-technischen Theoreme nur als „*notwendige Vorkenntnisse*" (τὰ πρὸ ἀναγκαῖα μαθήματα) zum philosophischen Gebrauch der Rede charakterisiert. Diese Formulierung wird zwischen 268e und 269b gleich viermal verwandt. Insofern ist E. Heitsch rundweg zuzustimmen, Platon habe den Lesern die These von den *notwendigen Vorkenntnissen* nachdrücklich einschärfen wollen (Heitsch 1993, 160 Anm. 336). Hinter Platons Formel steckt nicht nur eine vorsichtige Zurücknahme der vernichtenden Kritik des *Gorgias*, ἀναγκαῖα kann sogar als innerakademische Aufforderung verstanden werden, sich mit den gängigen rhetorischen „Theorien" zu beschäftigen. Mindestens einer von Platons Schülern scheint dieser Aufforderung ja sehr ernsthaft gefolgt zu sein![25] Wie notwenig diese

---

[25] Detel 1993, 143 ist sogar der Auffassung, dass Platon in der Akademie auf eine Ausarbeitung der Rhetorik gedrängt habe: „Soweit wir wissen, hat er Aristoteles auf diese Aufgabe angesetzt und ihn auch dazu bewogen, einen Rhetorik-Kurs innerhalb

μαθήματα auch sein mögen, mehr als *Vor*kenntnisse zur philosophischen Dialektik sind sie für Platon eben doch nicht.

In dem als „Schriftkritik" bekannten Passus (274b–278b) werden die geschriebenen Reden als Schattenbilder der lebendigen Reden bezeichnet und das Schreiben wird als Spiel abgetan, das allenfalls der späteren Erinnerung dient. Kritisiert wird insbesondere, dass man die Schrift nicht befragen könne. Versuche man dies, so antworte sie stets nur dasselbe. Hintergrund dieser Schriftkritik ist keinesfalls die Desavouierung der Platonischen Dialoge durch ihren Verfasser, sondern die bei Platon vielfach präsente, und durch den Streit zwischen Isokrates und Alkidamas auch institutionell polarisierte Kontroverse darüber, ob es besser sei, spontan zu reden oder die Reden vorher schriftlich auszuarbeiten (bzw. ausarbeiten zu lassen).

Akzentuiert wird hier (wie die Form des *Phaidros* selbst verdeutlicht) das philosophische Gespräch. Insgesamt gilt die Rhetorikkritik des *Phaidros* der von den zeitgenössischen Rhetoriktheoretikern favorisierten technizistischen Auffassung, wonach Rhetorik in erster Linie darin besteht, formale Regeln und Anleitungen zur schriftlichen Ausarbeitung von Reden zu geben. Diese Auffassung von Rhetorik hatte auch Isokrates von Anfang an als verfehlt zurückgewiesen und deshalb auch nie solche technischen Anleitungen formuliert. Insofern ist es keineswegs verwunderlich, dass der „schöne Isokrates" am Ende des Dialogs als „Gefährte des Sokrates" bezeichnet wird, dem Sokrates die Weissagung überbringen will, ihm stünde aufgrund seiner, der des Lysias', überlegenen Begabung und seines ausdrücklich besseren Charakters eine erfolgversprechende Zukunft bevor, denn es stecke „etwas Philosophisches im Denken dieses Mannes" (vgl. 278e–279b).[26] Mit dieser Prophezeiung nimmt Platon Isokrates aus der Schusslinie der zuvor kritisierten Rhetorik, die der *Phaidros* insgesamt als eine unphilosophische Disziplin abqualifiziert, die sich bloß um formale Regeln des Ausdrucks, der Anordnung und der Gliederung von Reden kümmert, nicht aber – wie die Dialektik – um eine begriffliche Problematisierung des Geredeten selbst.

7. *Theaitetos* – Verschärfte Kritik der rhetorischen Lebensform

Im Grunde genommen hat Platon mit dem *Phaidros* sein abschließendes Urteil über die zeitgenössische Rhetorik gefällt: Sie ist eine zwar notwendige, aber bestenfalls vorbereitende Übung für die philosophische Dialektik. Die

der Akademie abzuhalten. Wir wissen auch von einer Materialsammlung, die Aristoteles dazu angelegt hat."
[26] Insofern kann ich Heitsch 1993, 219 nicht zustimmen, die Einführung des Isokrates sei „unbegründet". Siehe auch Erbse: 1976, 329–359.

sog. „Episode" (172c-177c) des *Theaitetos* verschärft, inmitten der für Platons Denken zentralen Debatte über die Frage *Was ist Wissen?*, dann noch einmal die Antithese von Philosophie und Rhetorik.[27] Wo liegen die Gründe für dieses hier so scharfe Urteil?

Als die epistemologische Untersuchung in immer komplexere Erklärungen mündet, fragt Theodoros: „Haben wir denn nicht genug Muße?" Sokrates' Antwort scheint auf den ersten Blick mit dieser Frage wenig zu tun zu haben: Ihm sei oft der Gedanke gekommen, dass diejenigen, die sich lange mit der Philosophie beschäftigten, vor Gericht als Redner einen lächerlichen Eindruck hinterließen (172c). Hier spricht jemand, der – wie die Dialogregie vorgibt – selbst auf halbem Wege zum Gericht ist: „Meletos hat bereits die Klage gegen mich eingereicht." (210d). Im Gesamtkontext des *Theaitetos* wirft die Episode mithin die Frage auf, ob sich der Philosoph Sokrates vor Gericht lächerlich macht, wenn er in die Rolle des Redners *gezwungen* wird. Hinter dieser Frage steht ein (für das Verständnis der ganzen platonischen Philosophie) zentrales Problem, nämlich das, wie tauglich der Philosoph für die Lebenspraxis ist. Aus dem Umfeld der Rhetorik kam immerhin der rüde Angriff, gerade das Beispiel des Sokrates zeige, wie wenig die Philosophie für die Lebenspraxis tauge. Der Philosoph wisse sich, selbst wenn es auf Leben und Tod ginge, nicht zu verteidigen, sondern stehe ratlos nur mit „offenem Maul" da.[28] Schon die *Apologie* hatte diesen Vorwurf energisch zu entkräften versucht. Für Platon war Sokrates keineswegs erfolglos. Sokrates wird nicht aufgrund rhetorischer Unfähigkeit verurteilt, sondern weil er sich bewusst eher für die Philosophie als für das nackte Leben entscheidet. Ein unphilosophisches Leben gilt dem Philosophen als nicht lebenswert – und dies verleugnet er weder vor Gericht noch im Gefängnis. Diese Grundentscheidung erhellt zugleich die problematischen Termini der *Theaitetos*-Episode. Der Philosoph ist frei. Diese (insbesondere für das Verhältnis zum Leben als solchem geltende) Freiheit lässt er sich auch nicht in einer Situation abringen, die ihn in die Rolle des Redners drängt. Die Unfreiheit des Redners ist hingegen nicht nur durch die gerichtsspezifischen Beschränkungen bedingt, sondern auch dadurch, dass der Redner diese selbst für seine ultimativen Grenzen *hält*. Indem er das Leben selbst als letzte Grenze dieser Freiheit begreift, ignoriert er den für Platon wesentlichen Unterschied von Leben und gut Leben.

Diese diametral entgegengesetzten Lebensauffassungen werden in der Episode als Antithese von philosophischer und rhetorischer Lebensform begriffen: „Die sich von Jugend an im Gericht und ähnlichen Orten herumtreiben, scheinen im Vergleich zu denjenigen, die mit der Philosophie und ähn-

---

[27] Zum Terminus „Episode" vgl. Niehues-Pröbsting 1987, 43 ff.
[28] Vgl. Kallikles in *Gorgias* 486a. Aufschlussreich ebenfalls Xenophon, Memorabilien 4.8.

lichen Beschäftigungen aufgewachsen sind, wie *Sklaven* im Gegensatz zu *Freien* ausgebildet worden zu sein." (172c-d). Während die Philosophen die für ihre Reden erforderliche Muße haben, stehen die Redner (i) stets unter dem Druck der Wasseruhr, (ii) können sie aufgrund der vor Gericht geltenden Zwänge ihre λόγοι nie selbst wählen, (iii) müssen sie sich streng an die Prozessordnung (die sog. „Antomosie"[29]) halten, (iv) handeln ihre Reden immer von einem „Mitsklaven", und (v) sind sie immer von der Gunst des (richtenden) Publikums abhängig. Die Internalisierung dieser permanenten Zwänge macht die Gerichtsredner zu sklavischen und hässlichen Charakteren. Sokrates beschreibt sie als engstirnige, hartnäckige, eingebildete und skrupellose Schmeichler, die weder vor Lügen noch vor „gegenseitigem Unrechttun" zurückschrecken (173a). Die *Begründung* der (in dieser Schärfe nicht mal vom *Gorgias* übertroffenen) Aburteilung der rhetorischen Lebensform legt Platon in den Mund des Theodoros: „Denn du [Sokrates] hast sehr treffend gesagt, dass wir hier in diesem Kreise nicht Knechte der Reden, sondern die Reden gleichsam unsre Diener sind. Und jede von ihnen muss auf ihre Abfertigung warten, wie es uns passt. Denn bei uns führt weder ein Richter noch wie bei den Dichtern ein Zuschauer den Vorsitz." (173b-c). Dieses Urteil gehört, wie schon mehrfach bemerkt, zu den Kernsätzen der platonischen Rhetorikkritik. Der Philosoph entscheidet selbst über die Auswahl seiner Themen und insbesondere darüber, wie lange und wie gründlich er den einzelnen Argumenten nachgeht (vgl. 173b).

Das Ende des *Theaitetos* macht zugleich unmissverständlich klar, dass auch der Philosoph über keine unbegrenzte Muße verfügt. Die Sterblichkeit des Menschen setzt dieser Freiheit eine Grenze. Gerade deshalb muss der Philosoph *wissen*, wie er seine Untersuchung zu führen hat. Dies erfordert eine *Kunst*. (Nicht zufällig wird direkt nach der Episode die τέχνη als eine Form des Wissens qualifiziert.) Die gesuchte Kunst kann nicht die Rhetorik sein, da der Gerichtsredner nicht einmal seine λόγοι selbst wählen kann. In Hinsicht auf die im *Phaidros* bestimmte Dialektik deutet die Episode an, dass die dialektischen *Einteilungen und Zusammenfassungen* nur dann kunstgemäß sind, wenn sie dem Faktum der menschlichen Sterblichkeit Rechnung tragen – und beispielsweise nicht zu infiniten Regressen tendieren.[30] Insofern hat der Dialektiker sich stets zu vergewissern, dass er die Herrschaft über die Rede behält. Die Tragweite dieses Gedankens reicht weit über den hier greifbaren rhetorikkritischen Impuls hinaus. Er berührt die anthropologische Sprach-

---

[29] Erläutert bei Martens 1981, 232 (Anmerkung 45 zu 172e.).

[30] Ein solcher Regress drohte in dem sog. Peritopé-Argument, das Sokrates mit der Bemerkung „wer weiß, ob wir nicht am Richtigen vorbei gehen" abgebrochen hatte (170a-171c). Die Episode unterstreicht also, dass Protagoras mit *dieser* Argumentation nicht zu widerlegen ist.

auffassung Platons insgesamt: Der Appell, der Mensch solle über die Rede, und nicht sie über ihn herrschen, fordert Selbstbeherrschung. Genau von dieser σωφροσύνη ist am Ende des Dialoges die Rede, wenn Sokrates bemerkt, dass man, obgleich man das gesuchte Wissen nicht gefunden habe, immerhin durch die Unterredung besser und freundlicher geworden sei, insbesondere aber besonnener in Hinsicht darauf, nicht etwas für Wissen zu halten, was man nicht wisse. Ohnehin – vielmehr als zu dieser Freundlichkeit und Besonnenheit anzuleiten, könne *seine* Kunst nicht leisten (vgl. 210c). Während die philosophische Praxis des Gesprächs also zu „besseren Gedanken" führt, bewirkt die rhetorische Lebensform eine permanente Verschlechterung des Charakters.

Die besondere Schärfe dieser Kritik hat hier wie im *Gorgias* denselben Grund. Angespielt ist in beiden Dialogen auf den (aus Kreisen der Gerichtsrhetorik stammenden) Vorwurf, die Philosophie tauge für das Leben nicht. Dieser Vorwurf ist für Platon nicht nur ein Angriff auf die ursprünglich praktischen Intentionen des Philosophierens. Er gipfelt vielmehr darin, dass Sokrates als Beispiel für diese These herhalten soll, indem er als rhetorisch erfolglos hingestellt wird. Genau dies pervertiert aus Platons Sicht Recht und Unrecht im Sokratesprozess, indem hiermit der Justizskandal im Nachhinein noch legitimiert wird. Wenn der *Theaitetos* am Ende auf die Fähigkeit des bereits angeklagten Sokrates hinweist, durch seine Kunst die „Gedanken zu bessern", so ist dies auch eine Widerlegung der in der Anklage vorgebrachten Vorwürfe. Welche Geisteshaltung aber hinter den Anklägern steckt, dies macht die scharfe Verurteilung der rhetorischen Lebensform in der Episode deutlich.

Bei genauer Lesart zeigt sich allerdings, dass es der Episode weder um die ganze Philosophie noch um die ganze Rhetorik geht. Die Rhetorikkritik richtet sich nur gegen jene, die sich vor den Gerichten herumtreiben. Als Philosophen wiederum gelten nur diejenigen, die *ganz* in der Philosophie aufgehen. Der Text lässt offen, wer diese Philosophen sind. Mit guten Gründen: Zum einen präjudizierte eine solche Bestimmung eine Antwort auf die Frage nach dem Wissen. Zum andern hatte Platon die Dialoge *Theaitetos, Sophistes* und *Politikos* ursprünglich als Tetralogie geplant, deren letztes Stück das Wesen des Philosophen bestimmen sollte. Von dieser Intention ist Platon offenbar wieder abgerückt.

Über die Rhetorik indes fällt im *Sophistes* dann tatsächlich das letzte Wort: Hier wird die „überredende Kunst" (τέχνη πιθανουργική) in zwei Gattungen geteilt, die eine betrifft die privaten (ἰδία), die andere die öffentlichen Reden (δημοσία). Die auf die öffentlichen Reden bezogenen Künste werden wieder in drei Arten gegliedert: gerichtliche (δικανική), volksführende (δημηγορική) und unterhaltende (προσομιλητική). Die privaten unterhaltenden Reden werden noch weiter differenziert in solche, die vom Hörer Bezahlung fordern und solche, die als Liebesreden, dem Hörer Geschenke bieten (vgl. 222c-e). An dieser Einteilung ist vor allem bemerkenswert, dass ihre Gegenstände weitgehend mit den in *Apologie, Gorgias, Menexenos, Symposion* und *Phaidros* kritisierten Redeformen identisch sind. Die Themen, der in diesen Dialogen vorgebrachten Rhetorikkritik sind also keineswegs willkürlich gewählt. Vielmehr hat Platon *sämtliche* für ihn relevanten Formen der so genannten *Rhetorik* behandelt. Diese herkömmliche Rhetorik wird im *Sophistes* insgesamt als Seitenarm einer Disziplin begriffen, die nur auf die Erzeugung von Schein aus ist. In den Kanon der im Spätwerk behandelten Wissenschaften gehört die *herkömmliche Rhetorik* deshalb nicht. Noch mehr muss allerdings auffallen, dass es der *Sophistes* vermeidet, den Ausdruck ῥητορικὴ τέχνη überhaupt zu erwähnen. Stattdessen ist von einer „überredenden Kunst" die Rede. Dies lässt sich nur so deuten, dass Platon von seiner Erfindung, dem Konzept einer *philosophischen Rhetorik*, nicht ablassen wollte.

JÖRG HARDY

Was wissen Sokrates und seine Gesprächspartner? Überlegungen zu perfektem und menschlichem Wissen bei Platon

Die Frage, die diesem Aufsatz seinen Titel gibt, klingt sehr anspruchsvoll. Deshalb möchte ich zunächst die Erwartungen, welche die Titelformulierung zu wecken vermag, etwas dämpfen: Einiges, nur einiges von dem, was Sokrates und seine Gesprächspartner in Platons Dialogen wissen, wirklich wissen, möchte ich im Folgenden untersuchen, nämlich diejenigen wahren und gut begründeten Meinungen über die Ideen, die das auszeichnen, was Sokrates in der *Apologie* (20d) als „*menschliches* Wissen" bezeichnet – ein Wissen, das ebenfalls eine klare Vorstellung von einem anderen – uns Menschen unerreichbaren – Wissen einschließt, das ich *perfektes* Wissen nennen möchte.

Gelungen ist nur ein von Wissen (ἐπιστήμη) geleitetes Leben. Diese Überzeugung bildet das Lebenselixier der Platonischen Philosophie. Ein von Wissen geleitetes Leben ist ein „geprüftes Leben", und nur ein solches Leben ist wirklich lebenswert. Mit dieser Überzeugung verteidigt Sokrates seine Lebensweise in der *Apologie* (38a). Bei dem Wissen, von dem Sokrates spricht – in der *Apologie* ebenso wie in Platons Dialogen –, handelt es sich um das Wissen davon, was das Gutsein (ἀρετή) ist. Das Wissen um das Gutsein ist die jedenfalls notwendige – vielleicht sogar hinreichende (so etwa in *Phaidon* 69a-c) – Bedingung für das gelungene Leben, die εὐδαιμονία. Es ist dieses Wissen, das Sokrates in Platons Dialogen als das höchste Gut des Menschen bestimmt – dieses Wissen zu verlieren, so heisst es im Protagoras, ist das einzig wahre Übel (345b, 352d).

Wirkliches Wissen ist für Platon Wissen von den Ideen. Das gelungene Leben erfordert demnach das Wissen von der Idee des Gutseins. Das Ideenwissen ist das Ziel der Platonischen Dialektik resp. des Elenchos.[1] Genau betrachtet ist dieses Wissen für uns Menschen jedoch unerreichbar. Entweder erlangen wir, so Sokrates im *Phaidon* (66e5-67a1), „wirkliches Wissen niemals oder erst nach dem Tode". In der *Apologie* spricht Sokrates denn auch von einem „menschlichen Wissen" (20d); diese Form von Wissen, die wesentlich in dem Verfahren der Prüfung von Wissensansprüchen besteht, das

---

[1] „Dialektik und „Elenchos" bedeuten dieselbe Methode; „(z)u sagen: die Idee des Guten und die anderen Ideen werden auf dialektische Weise erkannt, und zu sagen: sie werden auf elenktische Weise erkannt, bedeutet ... dasselbe. Das dialektische Verfahren ist das elenktische Verfahren" (Stemmer 1992, 199).

Platon seit der *Politeia* „Dialektik" nennt (534b-d),[2] nimmt Sokrates ausdrücklich – in der *Apologie* wie andernorts – für sich in Anspruch. Einigen Implikationen dieses menschlichen Wissens möchte ich im Folgenden nachgehen.

1. Ideenwissen als perfektes Wissen

Ich beginne damit, einige Beobachtungen über Platons Begriff von Wissen, genauer gesagt: über Platons *Begriffe* von Wissen in Erinnerung zu rufen. Platon charakterisiert Wissen zum einen durch bestimmte Fähigkeiten, zum anderen mit Blick auf die Gegenstände, auf die man sich in der Ausübung von Fähigkeiten jeweils bezieht. In der erstgenannten Hinsicht versteht Platon unter Wissen die Fähigkeit zur Rechenschaftgabe (vgl. z.B. Lach. 187d, Charm. 165b, Gorg. 501a, Resp. 531e, Tht. 148d, 201c). Rechenschaft geben zu können, heisst auch, den Gegenstand der Meinungen, über die man Rechenschaft gibt, erklären zu können (vgl. z.B. Tht. 201e-202c).

Die Dialektik ist eine *spezielle* Form der Rechenschaftgabe. Das Wissen auf das die Dialektik zielt, ist das Wissen von den Ideen; die Ideen sind der Gegenstand jener „Was ist F?"-Fragen, deren Beantwortung mit einer dialektischen Erörterung intendiert ist (vgl. z.B. Men. 72a-c, Phd. 75d-e, Resp. 490a-b, 523d-e, 534b). Auch die Dialektik ist in erster Linie ein dispositionales Wissen, eine Kompetenz (vgl. Crat. 390c, Resp. 534d, Phaidr. 276e). Das dialektische Verfahren zielt jedoch selbstverständlich auch auf ein entsprechendes propositionales Wissen; auf entsprechende *Aussagen* darüber, *was* etwa das Gerechtsein oder das Tapfersein *ist*.[3] Das Ideenwissen ist, wie gesagt,

---

[2] Mit „Dialektik" meine ich im Folgenden stets das Verfahren der dialektischen Erörterung von Ideenbestimmungen, wie es in der *Politeia* beschrieben wird. Auf dieses Verfahren beziehen sich, wie ich denke, auch diejenigen Passagen aus dem *Phaidon* und dem *Symposium*, die ich in den folgenden Überlegungen heranziehe, denn auch in diesen Passagen geht es Sokrates (resp. Diotima) um Möglichkeiten, Verfahrensweisen und Grenzen des Erwerbs des Ideenwissens. Für eine detaillierte Analyse des elenktischen Verfahrens vgl. Stemmer 1992.

[3] Wieland (1999) gebührt das Verdienst, die Formen und Funktionen dispositionalen Wissens in Platons Werk transparent gemacht zu haben. Wielands Auffassung (297-300), die Dialektik intendiere kein propositionales Wissen, trifft jedoch nicht zu (vgl. auch die berechtigte Kritik von Stemmer 1992, 196, Anm. 22). Dispositionales und propositionales Wissen schließen sich keineswegs aus. Wieland (300) zieht aus richtigen Beobachtungen einen falschen Schluss: „Sicher bewährt sich das den Dialektiker auszeichnende Wissen in der Anwendung der Fähigkeit, zu fragen und zu antworten, Rechenschaft zu geben, ein Gespräch zu führen. Doch dieses Wissen des

Gegenstand dialektischer Erörterungen: Wer weiß, was F ist, der ist in der Lage, eine Definition (λόγος) von F in dialektischen Gesprächen *verteidigen*, das heisst, auf entsprechende Fragen danach, was F ist, antworten zu können.[4] Epistemische Fähigkeiten beziehen sich nun – wie jede Fähigkeit – auf einen bestimmten Gegenstandsbereich (Charm. 168a-171a, Resp. 438a-d, 477b-e). Die Möglichkeit, etwas im engeren Sinne zu wissen, besteht Sokrates zufolge ausschließlich dann, wenn man sich auf die unveränderlichen Ideen bezieht (Resp. 477d-e). Die Ideen sind perfekte Gegenstände; eine Idee ist *genau* das F, deren imperfekte Instantiierungen die wahrnehmbaren Einzeldinge sind.[5] Ebenso wie die in jeder Hinsicht unveränderlichen Ideen perfekte Gegenstände sind, so ist das Ideenwissen ein perfektes Wissen. Dass das Ideenwissen diesen Titel verdient, geht aus dem folgenden, zentralen Textstück der *Politeia* hervor (534b3-d1, eigene Übersetzung):

Dialektikers liegt nicht etwa in den von ihm gegebenen Antworten … vor. Der Dialektiker verfügt über die Fähigkeit, Meinungen als Meinungen gerecht zu werden. Diese Fähigkeit hat selbst nicht die Struktur einer Meinung. Sie ist keine Antwort auf eine wie auch immer geartete Frage. *Deshalb* kann es auch keine dialektischen Sätze geben" (Kursivierung: J. H.). Es ist richtig, dass die Dialektik bei Platon in erster Linie als Fähigkeit thematisiert wird, und eine Fähigkeit ist natürlich etwas anderes als ein Inbegriff von Meinungen (vgl. 248f.). Beides ist kategorial verschieden. Nur folgt daraus keineswegs, dass die *Anwendung* der Dialektik *nicht* zu entsprechenden Meinungen führt und es in diesem Sinne keine „dialektischen Sätze" geben kann. Für Platon kommt es vielmehr darauf an, dass jedes propositionale Wissen auf eine entsprechende Fähigkeit zurückgeht, weshalb propositionales Wissen bei Platon, anders als in der modernen Epistemologie, nur im Zusammenhang mit bestimmten Fähigkeiten thematisiert wird, vgl. Hardy 2001, 289-301.

[4] Vgl. Resp. 490a8-b7, 523d3ff., 524c11, 531e4-5, 532a5-7, 534b3-6, 534d9-10, 538d6-e3. Das Ideenwissen umfasst zugleich das Wissen eines komplexen, d. h. in sich gegliederten Gegenstandsbereichs: Wer weiß, was F ist, kennt die Relationen, die zwischen den Elementen des Bereichs bestehen, zu dem F gehört (Tht. 201e-202c, 206a-c, 207b, Soph. 253a-e, Polit. 277d-278d, Phil. 17b-18d). Die Ideen selbst sind bei Platon zwar jeweils einheitlich, eingestaltig, also nicht ihrerseits aus Elementen zusammengesetzt. Da sich eine Idee freilich stets in bestimmten Relationen zu anderen Ideen befindet, heisst, eine Idee zu kennen, auch die Relationen zu kennen, in denen sie zu anderen Ideen steht (Soph. 254b-c). In diesem Sinne weist Sokrates der Dialektik im *Sophistes* die Aufgabe zu, den Zusammenhang der Ideen zu erkennen (253d).

[5] Dazu Patzig 1996. Eine klärende Charakterisierung der verschiedenen Aspekte des Platonischen Ideenbegriffs gibt D. Frede in ihrem Philebos-Kommentar 1997, 332-340.

Nennst nun auch du denjenigen einen Dialektiker, der dazu in der Lage ist, eine Erklärung des Wesens einer jeden Sache zu geben? Und wirst du nicht dem, der über eine solche Erklärung nicht verfügt, sofern er nicht in der Lage ist, sich und einem anderen Rechenschaft zu geben, die Einsicht in den betreffenden Gegenstand absprechen? ... Ebenso verhält es sich mit dem Guten. Wer *nicht* dazu fähig ist, (die Idee des Guten) in einer Definition zu bestimmen und sich wie in der Schlacht durch alle Widerlegungsversuche zu kämpfen, indem er sich bemüht, die Dinge nicht der Meinung, sondern dem Wesen nach zu untersuchen, und sich so in all diesen (Widerlegungsversuchen) mit einer widerstandsfähigen Erklärung durchsetzt – von dem wirst du sagen, dass er weder das Gute selbst noch irgend eine andere gute Sache kennt. Vielmehr wirst du sagen, dass er, wenn er auf irgendeine Weise ein Bild davon erfasst, (das Gute) dann in der Art einer Meinung und nicht mit Wissen auffasst und dass er sein Leben verträumt und verschläft und dass er, noch bevor er (in diesem Leben) erwacht, in den Hades gelangen und dort in endgültigen Schlaf versinken wird, oder etwa nicht?

Sokrates stellt offenkundig höchste Ansprüche an das dialektische Wissen. Über dieses Wissen verfügt man dann – und nur dann – wenn man *alle* Fragen, die sich auf F beziehen, zutreffend zu beantworten, also *alle möglichen Elenchoi*, alle Widerlegungsversuche erfolgreich zu bestehen vermag. Eines ist klar: Vollkommener könnte ein Wissen nicht sein. Und es leuchtet sofort ein, dass ein solches Wissen ein unfehlbares Handeln ermöglicht: Wer die Idee des Gerechtseins kennt, der könnte mit Blick auf alle möglichen Situationen sagen, ob eine bestimmte Handlung oder ein bestimmter Zustand gerecht oder ungerecht ist. Und wer zudem über die Motivation verfügte, stets in Übereinstimmung mit seinem Wissen zu handeln – und beides, das unfehlbare Wissen vom Gutsein, und die unbeirrbare Motivation zum guten Handeln, fällt offenbar in der Idee des Guten zusammen (Resp. 517b-d) –,[6] der wäre wie niemand sonst befähigt, ein Gemeinwesen zu leiten. Genau das ist es, was den Philosophenregenten auszeichnet, um dessen Ausbildung es Sokrates in seiner Bestimmung der Dialektik geht (Resp. 534d-e).

Nennen wir das dialektische Wissen „perfektes Wissen", und definieren wir dieses Wissen auf die folgende Weise: Eine Person verfügt über perfektes Wissen von F genau dann, wenn sie über eine Erklärung (Definition) von F verfügt, mit deren Hilfe sie jeden elenktischen Test zu bestehen vermag.[7]

---

[6] Vgl. Wieland 1999, 167-171, 185.

[7] Platon prägt freilich keinen eigenen Ausdruck, der soviel wie „perfektes Wissen" bedeutete. Es ist aber klar, dass er *der Sache nach* zwischen „Wissen" (ἐπιστήμη) im engeren Sinne des Ideenwissens, d. h. des, wie ich es nenne: perfekten

Dieses Wissen übertrifft alle menschlichen Möglichkeiten. Denn man kann sich niemals sicher sein, über ein solches Wissen wirklich zu verfügen. So verwundert es nicht, dass Sokrates im *Phaidon* sagt, dass wir „wirkliches Wissen entweder niemals oder erst nach dem Tode" zu erlangen vermögen.[8] Mit einem Wort: Perfektes Wissen ist göttliches Wissen.[9] Konsequenterweise bleiben alle Versuche einer Ideenbestimmung, die Sokrates' Gesprächspartner in Platons Dialogen unternehmen, erfolglos.

Innerhalb der Bedingungen des menschlichen Lebens können wir uns diesem Wissen nur *annähern* – und zwar mit Hilfe der Dialektik. Einerseits ist das dialektische Wissen unerreichbar. Andererseits gibt es zur Dialektik keine Alternative; die dialektische Methode ist Sokrates zufolge der *einzige* Weg, „das wirkliche Wesen einer jeden Sache in umfassender Weise in jedem einzelnen Falle zu erfassen" (Resp. 533a8-9, vgl. 532a-b).[10] Die Dialektik ist der Weg, dem Wissen, nämlich dem perfekten Wissen, „möglichst nahe zu kommen" (Phd. 65e4, vgl. 67a2-5). Auf diesem Wege gelangen wir im besten Falle „zu den besten und *widerlegungsresistentesten* aller menschlichen Auffassungen" (Phd. 85c-d).[11] Diese Meinungen hält Sokrates für wahr (Crit. 46b, Gorg. 527b-c), und folglich hält er Behauptungen, die aus ihnen folgen, ebenfalls für wahr und Behauptungen, die mit ihnen unvereinbar sind, für

Wissens, und „Wissen" in einem weiteren Sinne unterscheidet. Das geht aus den Beschreibungen klar hervor, in denen er Sokrates die notwendigen und hinreichenden Bedingungen für das Ideenwissen – und das heisst zugleich: für das mit der Dialektik intendierte (propositionale) Wissen – nennen lässt, so etwa in der oben genannten Passage der *Politeia*.

[8] Dass die zweitgenannte Möglichkeit, der Erwerb perfekten Wissens nach dem Tode, tatsächlich besteht, ist für den Sokrates des *Phaidon* (64a, 68b, 84e-85b) der Grund für seine begründete Zuversicht darin, dass es für jemanden, der sich zeit seines Lebens um Einsicht bemüht hat, irrational wäre, sich vor dem Tod zu fürchten.

[9] Vgl. Apol. 20 d, Symp. 204a, Phaidr. 246 d-e, Tim. 51e.

[10] Im *Phaidon* heisst es, dass man nur dann das Wesen einer Sache zu erfassen vermag, wenn man sein Denken auf die Sache selbst konzentriert, von den empirischen Dingen also soweit wie möglich absieht und dadurch dem Erkennen der Sache „möglichst nahe kommt" (65e5). Mit dem so charakterisierten Nachdenken ist das dialektische Verfahren gemeint (Phd. 73a, 75d, 76b).

[11] Den treffenden Ausdruck „widerlegungsresistent" übernehme ich von Stemmer 1992, 147ff.

falsch (Gorg. 480e, Phd. 100a).[12] Mit solchen Meinungen unternehmen wir Platon zufolge die „zweitbeste Fahrt" durch das Leben.[13]

Doch was muss man wissen, um wissen zu können, wie nahe man dem perfekten Wissen mit Meinungen, die speziellen Widerlegungsversuchen standhalten konnten, gekommen ist? Diese Frage wird mich im Folgenden beschäftigen. Doch zunächst möchte ich mich dem Verständnis der Unveränderlichkeit der Ideen etwas zu nähern versuchen. Wenn wir uns klar zu machen versuchen, was es heisst, dass die Ideen aufgrund ihrer Unveränderlichkeit die exklusiven Gegenstände (perfekten) Wissens sind, stoßen wir auch auf das – vergleichsweise unvollkommene – Wissen, über das Sokrates und seine einsichtigen Gesprächspartner trotz der prinzipiellen Unerreichbarkeit des Ideenwissens verfügen.

2. Was bedeutet Unveränderlichkeit aus epistemologischer Sicht?

Bekanntlich sind Platons Ideen vor allem eines; sie sind unveränderlich, und zwar *in jeder Hinsicht* unveränderlich und deshalb nicht von dieser Welt.[14] Was kann es nun heissen, dass etwas ein unveränderlicher Gegenstand von *Wissen* ist? Genauer gesagt: Was kann es heissen, dass etwas deshalb, *weil* es *unveränderlich* ist, Gegenstand wirklichen (perfekten) Wissens ist?

Betrachten wir das Gespräch über das Tapfersein im *Laches*. Auf Sokrates' Frage danach, was das Tapfersein ist, gibt Laches zur Antwort, er sehe in dieser Frage nicht die geringste Schwierigkeit, denn tapfer sei doch derjenige, der nicht wegrennt, d. h. seinen Posten nicht verlässt und mit seinen Feinden kämpft (190d-e). Sokrates stimmt dieser Auskunft ausdrücklich zu (191a1-3), freilich nur insofern, als diese Charakterisierung lediglich auf bestimmte Fälle des Tapferseins zutrifft. Laches nennt lediglich eine bestimmte Form tapferen Verhaltens. Sokrates fragt jedoch nach der Gemeinsamkeit, die alle einzelnen tapferen Handlungen aufweisen, mit einem Wort: nach der Idee des Tapferseins (191c-e).

Diese Frage beantwortet Laches mit dem Hinweis auf die tapferen Hopliten natürlich nicht. Doch stellen wir uns einmal vor, Sokrates fragte Laches

---

[12] Zu diesen Meinungen gehört im übrigen Sokrates' Überzeugung davon, dass das Gerechtsein ein Konstituens des gelungenen Lebens ist und deshalb das Unrechtleiden dem Unrechttun vorzuziehen ist (Gorg. 470e-472e, 527b-c). Und zu ihnen gehört auch die Annahme der Unsterblichkeit der menschlichen Seele – und in gewisser Hinsicht auch die Ideenannahme selbst (Phd. 100a-c).

[13] Vgl. Stemmer 1992, 150f., 221ff., 272f., Hardy 2004.

[14] Die wohl ausführlichste Beschreibung dieses Sachverhalts lässt Platon Diotima von der Idee des Schönen im *Symposium* (210e-211b) geben.

dies: „Mein lieber Freund Laches, nennst du eigentlich auch diejenigen tapfer, die während der Flucht (d. h. auf dem Rückzug) gegen ihre Feinde kämpfen, oder *nur* diejenigen, die auf ihrem Posten (d. h. innerhalb ihrer Position in der vorrückenden Hoplitenphalanx) kämpfen?" Eine ähnliche Frage stellt Sokrates im *Laches* tatsächlich (191a-c), freilich nur deshalb, um Laches das Ziel der Definitionsfrage vor Augen zu führen. Aber nehmen wir einmal an, Sokrates' Frage beziehe sich lediglich auf ganz *bestimmte* Fälle des Tapferseins. Nehmen wir an, Sokrates fragt: „Was heisst es für einen Hopliten tapfer zu sein?" Oder: „Was heisst es für einen Reiter auf der Flucht tapfer zu sein?" Auf *diese* Fragen *hat* Laches die richtigen Antworten.

Laches verfügt über wahre Meinungen über bestimmte Fälle von Tapferkeit. Aber dürften wir auch sagen, dass Laches *weiß*, was Tapferkeit in diesen Fällen bedeutet? Warum nicht? Was spräche dagegen? Nun, Sokrates zufolge verfügt Laches erst dann über wirkliches Wissen über einzelne Fälle des Tapferseins, wenn er das Tapfersein selbst kennt. Nach diesem Kriterium verfügt Laches lediglich über Meinungen über einzelne Fälle tapferen Verhaltens. Und zwar ausschließlich deshalb, weil sich seine Meinungen ausschließlich auf bestimmte Instanzen des Tapferseins beziehen. Laches' Meinungen sind ansonsten in keiner Weise epistemisch defizitär. Sie als Wissen aufzufassen verbietet sich nur dann, wenn man sie an dem Maßstab des Ideenwissens misst.

Setzten wir dieses Kriterium außer Kraft, so dürften wir Laches *Wissen* zusprechen. Es wäre unter diesen Bedingungen verfehlt, Auskünfte, die sich ausdrücklich auf bestimmte Fälle des Tapferseins, nicht auf das Tapfersein selbst beziehen, am Maßstab eines Ideenwissens zu messen. Würde Sokrates nach den Bedingungen für das Tapfersein in bestimmten Fällen fragen und Laches darauf die richtigen Antworten geben, so dürften wir ihm offenbar ein Wissen über bestimmte Fälle von Tapferkeit einräumen.[15] Mit anderen Worten: Laches kennt bestimmte Fälle tapferen Handelns; er verfügt über hinreichende Kriterien, solche Fälle korrekt zu beurteilen. Mit diesem Wissen kann er bestimmte Fragen, nämlich diejenigen, die sich *nur* auf die ihm vertrauten Fälle beziehen, richtig beantworten.

Mit Blick auf andere Fälle reicht dieses Wissen freilich nicht aus. Nachdem Laches die sokratische Frageintention verstanden hat, gibt er endlich eine Definition. Ihr zufolge ist das Tapfersein eine Art Beharrlichkeit der Seele (192b-c). Auf Sokrates' Kritik dieser Definition reagiert Laches mit einem verbesserten Vorschlag, dem zufolge man genau dann tapfer ist, wenn man auf eine beharrliche *und rationale* Weise handelt (192d). Sokrates erörtert

---

[15] Auch Sokrates bezeichnet gelegentlich, wie wir noch sehen werden, Meinungen, die sich auf empirische, d. h. veränderliche Sachverhalte beziehen, in einem weiteren Sinne als Wissen.

daraufhin einige Beispiele. So fragt er Laches, ob jemand, der auf kluge (rationale) Weise beharrlich Geld in ein Projekt investiert, dabei jedoch überhaupt kein Risiko eingeht, tapfer ist. Angenommen, Laches antwortet: „Nein, diese Person ist nicht tapfer, denn tapfer ist man nur dann, wenn das Handeln auch empfehlenswert ist.[16] Handelt der listige Investor ohne Risiko, so ist dies nicht empfehlenswert. Also ist dieses Handeln nicht tapfer" (192e-193c).

Diese Auskunft können wir nun auf zwei verschiedene Weisen verstehen. Entweder bezieht Laches sich lediglich auf bestimmte Fälle des Tapferseins. Dann bringt er hier eine weitere seiner wahren Meinungen über die Tapferkeit zur Sprache. fasst man diese Meinungen zusammen, so ist jemand tapfer, wenn er auf eine beharrliche, rationale und empfehlenswerte Weise handelt. Das ist zum Beispiel dann der Fall, wenn man standhaft auf seinem Posten kämpft oder auch dann, wenn man sich auf dem Rückzug so gut wie möglich verteidigt. Also handelt es sich bei diesen Fällen Laches zufolge um Fälle des Tapferseins. So verstanden formulierte Laches eine hinreichende, aber *nicht* notwendige Bedingung für das Tapfersein. Er ließe offen, dass es noch andere Bedingungen gibt und er räumte ein, dass die von ihm genannten Bedingungen nur bestimmte Fälle tapferen Handelns erfassen.

Oder Laches will seine Auskunft in einem stärkeren Sinne verstanden wissen, nämlich als eine Definition von Tapferkeit. Angenommen, die Definition ist korrekt, so verfügte Laches mit dieser Definition über Wissen, und zwar über perfektes Wissen davon, was Tapferkeit ist. Mit diesem Wissen könnte er nun *alle möglichen* Fälle tapferen – und nicht-tapferen – Handelns zuverlässig beurteilen. Dieses Wissen versetzte ihn in die Lage, jede Frage nach der Natur des Tapferseins korrekt beantworten, d. h., *jeden Elenchos* – jede Testinstanz seines Wissens – erfolgreich bewältigen zu können. Wer die Idee, d. h. die Definition des Tapferseins kennt, weiß in jedem möglichen Kontext, ob eine Handlung tapfer ist oder nicht. Ein Wissen dieser Art bezieht sich in der Tat auf einen *unveränderlichen* Gegenstand; auf das Tapfersein selbst, auf genau das, was das Tapfersein ist.

3. Einige Implikationen der Dialektik

Ich komme nun auf Sokrates' Charakterisierung der Dialektik aus *Politeia* und *Phaidon* zurück. Sokrates behauptet über die Dialektik resp. das dialektische Wissen das folgende:

---

[16] Mit „empfehlenswert" gcbc ich Sokrates' Rede davon wieder, dass eine Handlung „schön und gut", d. h. objektiv wünschenswert zu sein hat. Genauer gehe ich auf die genannten Passagen des *Laches* unten ein.

1. Das Wissen von den Ideen, das am Ende einer dialektischen Erörterung steht, ist für uns Menschen nicht erreichbar.
2. Die Dialektik ist jedoch der einzige Weg, dem Wissen „nahe zu kommen".
3. Die Dialektik besteht in dem Verfahren, die Definition einer Idee in elenktischen Frage-und-Antwort-Runden zu verteidigen.

Aus diesen drei Thesen folgt, dass es sich bei einer dialektischen Erörterung um einen graduellen Prozess handelt, auf dem man sich dem perfekten Wissen dadurch annähert, dass man eine hypothetische Ideenbestimmung gegen Widerlegungsversuche verteidigt. Im besten Falle gelangt man dadurch zu widerlegungsresistenten Meinungen. Solche Meinungen sind, im Unterschied zum perfekten Wissen, das bestmögliche Ergebnis *menschlicher* Wissensbemühungen. Zwar sind auch diese Meinungen, gemessen am Wissen im engeren Sinne perfekten Wissens, *lediglich* Meinungen. Doch selbst dann, wenn eine abschließende Ideenbestimmung nicht gelingt, führt die elenktische Prüfung von Meinungen doch zu einer stetigen Verbesserung der epistemischen Qualität der Meinungen.

Ist das dialektische Verfahren nun eine Annäherung an (perfektes) Wissen, so sind die Philosophen, die sich um dieses Wissen bemühen, nicht bereits im Besitz des perfekten Wissens. Andererseits verfügen sie nicht über *bloße*, d. h. *unreflektierte* Meinungen. Die Meinungen der „Wissensliebhaber" und diejenigen der „Meinungsliebhaber" (Resp. 476d, 479e, 508d-e) sind von jeweils anderer Art. Die Philosophierenden *wissen*, dass sie lediglich über Meinungen verfügen. Was sie von den Meinungsliebhabern unterscheidet, ist ihre veränderte *Innenperspektive*: Da sie ihre Meinungen nicht fälschlicherweise für Wissen halten, wissen sie, dass ihre Meinungen in der Tat Meinungen sind. Mit einem Wort: Die Meinungen, welche die Philosophen hegen, sind ihnen transparent. Im Unterschied dazu sind sich die Meinungsliebhaber nicht darüber im klaren, dass sie lediglich über Meinungen verfügen. Wer sich auf dialektischem Wege um Wissen bemüht, befindet sich daher in einem epistemischen Interimszustand. Eine aufschlussreich Beschreibung eines solchen Interimszustands gibt Diotima in Platons *Symposium*.

Diotima, der Sokrates seine Initiation in die „erotischen Dinge" verdankt (Symp. 178e, 201d, 207c), charakterisiert den philosophischen Eros als einen Zustand, der sich „zwischen Unkenntnis und Wissen" befindet (204a-b). Die Götter philosophieren nicht, da sie bereits über uneingeschränktes Wissen verfügen. Auch die Unwissenden philosophieren nicht; da sie sich im Besitz von Wissen wähnen, suchen und streben sie nicht danach. Das Philosophieren ist folglich das Streben nach Wissen. Die Philosophen sind nicht im *Besitz* von Wissen, sondern sie *suchen* nach Wissen (vgl. Lys. 218a-b, Phaidr. 276).

Die Wissenssuche nimmt ihren Ausgang von der Einsicht in den *Mangel an Wissen*.[17] Den korrespondierenden epistemischen Zustand bilden diejenigen wahren Meinungen, die Diotima ebenfalls als einen Zustand zwischen Unkenntnis und Wissen charakterisiert. Zum einen handelt es sich bei diesen Meinungen nicht um den Ausdruck von Unkenntnis. Denn Meinungen, die *wahr* sind, können nicht auf völlige Unkenntnis zurückgehen. Zum anderen bringen diese Meinungen jedoch noch kein wirkliches Wissen zum Ausdruck, da sie nicht gerechtfertigt sind (Symp. 202a-b).

Wonach der Philosophierende strebt, ist Wissen von den Ideen. Worüber er verfügt, sind wahre Meinungen. Diese Meinungen bilden den Ausgangspunkt der philosophischen Wissenssuche. Die *wahren Meinungen* der *Philosophierenden*, also derjenigen, welche die in *Politeia* 476d, 479e genannte *Einstellung* der Wissenssuche eingenommen haben, stellen offenbar in der Tat Interimszustände dar. Eine wahre Meinung von etwas zu haben, von der man *weiß*, dass es sich dabei um eine wahre, noch nicht begründete Meinung handelt, wird dazu führen, diese Meinung auch begründen zu wollen. Solche Meinungen sind, im Unterschied zu solchen, die derjenige, der sie hat, für Wissen hält, sehr *flüchtige* Gebilde. Sie drängen geradezu nach Veränderung. Das Empfinden eines Mangels ist, so Diotima im *Symposium*, zugleich der Wunsch nach dessen Überwindung (203b-204c). Die wahren Meinungen, an die Diotima denkt, sind bereits erste Schritte auf dem Weg zum Wissen; es sind reflektierte Meinungen – Meinungen, auf die der Meinende bereits *als* Meinungen aufmerksam geworden ist und um deren Rechtfertigung er sich, sofern er die Einstellung der Wissenssuche eingenommen hat, sodann bemühen wird. Und eine tatsächlich wahre Meinung zu rechtfertigen, heisst zunächst einmal, sich darüber Klarheit zu verschaffen, *dass* sie wahr ist. Wenn man expliziter weiß, dass p, dann weiß man auch, warum die Meinung, dass p, wahr ist.

---

[17] Rowe 1998, 3f.: „Socrates' claim to know nothing, which figures prominently in the *Symposium* itself …, is transformed in Plato into a conception of philosophy as a matter of *searching* for a truth which, perhaps, can never be grasped in its entirety, even if we may sometimes approximate to parts of it. With this conception …, he combines a set of convictions about what the truth might in general be like, if only we could grasp it, and about how such a grasp would improve our lives; and this combination results in a passionate commitment to philosophy, understood as *philo-sophia*, literally ‚love of wisdom', which is to be expressed in a continuous process of rational inquiry."

4. Einige Beobachtungen zu „Wissen" und „Meinung"

Halten wir fest: Sokrates' Gesprächspartner wissen nicht genau, was etwa das Gerechtsein oder das Tapfersein ist. Worüber sie verfügen, sind, gemessen am dialektischen, perfekten Wissen, lediglich Meinungen. Die Unterscheidung zwischen Meinung und Wissen im Sinne (perfekten) Ideenwissens reicht allerdings nicht aus, um Platons Gebrauch dieser beiden Ausdrücke gerecht zu werden. Bereits die wenigen Passagen aus *Politeia*, *Phaidon* und *Symposium*, die wir uns bislang angesehen haben, zeigen, wie komplex das Feld der epistemischen Zustände ist, die Platon unter den Titeln „Wissen" und „Meinung" erörtert.

Ich möchte das terminologische Bild, das sich aus den bislang erörterten Passagen ergeben hat, mit den folgenden Beobachtungen noch etwas abrunden.[18] Wissen und Meinung bedeuten bei Platon zum einen zwei kontradiktorische *Einstellungen*. Diese Unterscheidung ist von einer grundlegenden Relevanz. Von ihr sind die Bücher V–VII der *Politeia* geprägt. Die „Meinungsliebhaber" wähnen sich im Besitz von Wissen, glauben sich daher nicht um Wissen allererst bemühen zu müssen und stellen deshalb ihre Meinungen nicht in Frage (Resp. 476b–c). So kommen sie nicht auf den Gedanken, ihre Meinungen einer Prüfung zu unterwerfen – und das heisst zunächst einmal nur, sich zu *fragen*, ob das, was man meint, wirklich wahr ist –, denn das setzte voraus, sich über die Meinungen *als* Meinungen im klaren zu sein. Sich darüber im klaren zu sein, zeichnet die Wissensliebhaber, die Philosophierenden aus. Die Philosophierenden *streben* nach Wissen; sie *wissen*, dass die unveränderlichen Ideen die Gegenstände wirklichen Wissens sind. Deshalb wissen sie, dass sie über dieses Wissen nicht verfügen (476d, 479e, 508d–e). Das hat zur Konsequenz, dass sich auch die Meinungen der Wissensliebhaber von denen der Meinungsliebhaber unterscheiden; die Wissensliebhaber wissen um die Defizienz ihrer Meinungen, und das heisst, dass sie, wie bereits gesagt, über *reflektierte* Meinungen verfügen.

Das Ideenwissen, nach dem die Philosophierenden streben, bezieht sich nun auch auf die veränderlichen Dinge.[19] Und zwar aus folgendem Grund:

---

[18] Ich notiere hier lediglich einige Beobachtungen zu den Gebrauchsweisen von „Wissen" und „Meinung" bei Platon. Eine ausführliche Untersuchung dieses Sachverhalts wäre lohnenswert. Zu Platons Gebrauch von „Meinung" vgl. die instruktive Untersuchung von Sprute 1962.

[19] Ich skizziere hier nur die grundlegende Unterscheidung der beiden genannten Einstellungen. Für ausführliche Diskussionen sei auf Annas 1981, Borsche 1996, Ebert 1974, Graeser 1991, Horn 1997 und Stemmer 1985 verwiesen. Im Grundsatz stimme ich der in der Literatur so genannten „klassischen Interpretation" zu – wie sie etwa von Horn 1997 mit guten Gründen vertreten wird –, der zufolge Wissen und

Wenn wir uns um Wissen bemühen, richten wir unser Denken auf die Ideen. Nun können wir uns in der Ausübung unserer Urteilskraft im Regelfall jedoch nicht direkt auf die Ideen beziehen. Denn: Wenn wir uns ein Urteil bilden, so findet dieser Vorgang stets unter ganz bestimmten raum-zeitlichen Umständen statt; wir beziehen uns in konkreten Urteilsakten im Regelfall auf ganz bestimmte raum-zeitliche, d. h. wahrnehmbare, veränderliche Dinge (vgl. Phd. 74b-c, Resp. 523B-c). Wenn wir uns über die wahrnehmbaren Dinge ein Urteil bilden, beziehen wir uns in indirekter, unthematischer Weise auf die Ideen. Wir beurteilen die wahrnehmbaren Dinge *im Blick* auf die ihnen zugrunde liegenden unveränderlichen Ideen, als deren jeweils unvollkommene Instanzen wir diese Dinge dann – und *nur* dann – erkennen, wenn wir die Einstellung der Wissenssuche einnehmen.

Die so verstandene Urteilstätigkeit der *Wissensliebhaber* führt nun zu *Meinungen*, und zwar zu Meinungen in dem *weiteren* Sinne, in dem „Meinung" (δόξα) soviel wie *Ergebnis des Nachdenkens* bedeutet (so ausdrücklich in Tht. 189d-e, 206c-d, Soph. 264a-b). In diesem Sinne steht „Meinung" selbstverständlich *nicht* in einem kontradiktorischen Gegensatz zu „Wissen".[20] Damit kommen wir zur zweiten Bedeutung von „Wissen" und „Meinung".

Als „Wissen" und „Meinung" bezeichnet Platon zum anderen zwei epistemische (und mentale) Zustände. Meinungen sind unsicher; sie können wahr oder falsch sein (Gorg. 454d, Tht. 187b-c). Auch *wahre* Meinungen sind unsicher; solange man nur glaubt, dass p, kann man sich vorstellen, dass sich herausstellt, dass diese Meinung nicht zutrifft. Diese Unterscheidung wird freilich erst dann relevant – und wirklich verständlich –, wenn man bereits die Einstellung der Wissenssuche, d. h. die philosophische Einstellung eingenommen hat.

Wer Wissen anstrebt, bemüht sich um eine Absicherung und Verbesserung seiner Meinungen. Die Wahrheit einer Meinung kann abgesichert werden, indem man sie rechtfertigt, mit Platon zu reden: indem man über sie

Meinung sich hinsichtlich ihrer möglichen Gegenstandsbereiche strikt unterscheiden. Die klassische Interpretation bedarf meines Erachtens jedoch der oben genannten Präzisierung.

[20] Interessanterweise werden die „wahren Meinungen", von denen Diotima im *Symposium* (202a) spricht, eingeführt, um mit ihrer Hilfe einen konträren, d. h. einen nicht-kontradiktorischen Gegensatz zu erläutern, nämlich den, der zwischen „Unkenntnis" und „Wissen" (im Sinne des Textstücks 202a5-9) besteht: Es ist unmöglich, dass die Aussagen „X ist ein Fall von Unkenntnis" und „X ist ein Fall von Wissen" zugleich wahr sind, aber es ist durchaus möglich, dass beide Aussagen falsch sind. Dies ist der Fall bei den „wahren Meinungen", die Diotima vor Augen stehen. Auf diese wahren Meinungen trifft weder die eine noch die andere Behauptung zu; sie bilden vielmehr einen Zustand, „der zwischen Wissen und Unkenntnis liegt".

Rechenschaft gibt. Die Rechenschaftgabe ist eine notwendige Bedingung für Wissen (Men. 97d-98d, Symp. 202a, Resp. 531e, Tht. 202c-d). Ist diese Bedingung auch hinreichend? Sokrates und Diotima lassen dies offen.[21]

Ist die Rechenschaftgabe nicht allein eine notwendige, sondern hinreichende Bedingung für Wissen, und zwar für ein vergleichsweise *schwaches*, unvollkommenes Wissen, dann ist ein Übergang von einer Meinung, dass p, zu einem Wissen davon, dass p, möglich. Mit einer wahren und gerechtfertigten Meinung verfügte man dann über Wissen, und zwar über Wissen von empirischen, also veränderlichen Dingen. Die Annahme, dass Platon eine solche vergleichsweise schwache Form von Wissen in der Form gerechtfertigter Meinungen für möglich hält, ist mit dem unterschiedlichen Gegenstandsbezugs von (perfektem) Wissen und Meinung im Sinne der Passage *Politeia* 476b-478b vereinbar. Und sie ist auch mit Platons Sprachgebrauch vereinbar. Als Wissen in einem weiteren Sinne des Wortes bezeichnet Sokrates nämlich auch Meinungen über veränderliche Sachverhalte, die das Ergebnis einer gelungenen Rechenschaftgabe darstellen (Men. 86a, 97e-98a, Phd. 75d, Symp. 208a, Phaidr. 276c, vgl. auch Tht. 197e-198e).

Entsprechend rückt Platon „Meinung" gelegentlich in die Nähe zu „Wissen". Ein instruktives Beispiel bietet der *Theaitet*. Nach dem dritten der dort erörterten Definitionsvorschläge besteht Wissen in einer „wahren Meinung mit einer Erklärung" (201c-d). In der Erörterung dieses Vorschlags wird „Meinung" (δόξα) so verstanden, dass damit diejenigen Zustände gemeint sind, die eine zutreffende Erklärung einer Sache zum Ausdruck bringen (vgl. dazu Hardy 2001, 286-301). Und solche Erklärungen liegen im Bereich der menschlichen Fähigkeiten (202b-d, 207a-c). Ähnlich ist es in dem berühmten Textstück *Menon* 97d-98d. Die Erklärungen, an die Sokrates im *Theaitet*, und die abgesicherten Meinungen, an die er im *Menon* denkt, liegen *innerhalb* des Bereichs des menschenmöglichen Wissens.

Platon zeigt somit eine bemerkenswerte semantische Flexibilität und Toleranz, wenn er über Wissen spricht: „Wissen" im engeren Sinne vollständigen Ideenwissens bedeutet ein perfektes Wissen, das, so die *Politeia*, am Ende des dialektischen Weges steht. Dieses Wissen ist, so der *Phaidon*, uns Men-

---

[21] Im *Menon* behauptet Sokrates, zu *wissen, dass* es einen *Unterschied* zwischen Wissen und Meinung gibt (98b2-5). Und er nimmt an, dass dieser Unterschied darin besteht, dass sich das Wissen von den wahren Meinungen durch das *Absichern* von Meinungen unterscheidet (98a6-8): Zu *wissen* glaubt Sokrates dies jedoch *nicht* (98b1). Nirgends *definiert* Sokrates Wissen als eine abgesicherte, d. h. gerechtfertigte Meinung. Für das dialektische Wissen ist ohnehin eine stärkere Bedingung erforderlich, wie Sokrates in der *Politeia* deutlich macht. Nun sind allerdings die gerechtfertigten Meinungen immerhin Annäherungen an perfektes Wissen. Läge es deshalb nicht nahe, das „menschliche Wissen" in eben diesen Meinungen zu erblicken?

schen unerreichbar. Das menschliche Wissen besteht demgegenüber in den
Meinungen, mit denen man sich dem perfekten Wissen annähern kann. Diese Meinungen sind das Resultat der Rechenschaftgabe resp. das Resultat von
Erklärungsleistungen. Man *kann* sie als Wissen bezeichnen, wobei man den
Ausdruck dann in einem weiteren (und schwächeren Sinne) versteht. Doch
man kann sie ebenso gut ausdrücklich als wahre Meinungen, insbesondere als
gerechtfertigte wahre Meinungen bezeichnen. Und vielleicht *sollte* man sie *im
Zweifelsfall* stets „Meinungen" nennen. Denn auch die „besten Meinungen"
sind, verglichen mit dem perfekten Wissen, „blind" (Resp. 506c).

Möglicherweise ist Platon der Auffassung, dass man die wahren und gerechtfertigten Meinungen, die für jeweils bestimmte Erkenntnisziele ausreichend sind, durchaus als Wissen bezeichnen darf, solange man sich nur darüber im klaren ist, dass auch die besten Meinungen, die sich als widerlegungsresistent erwiesen haben, streng genommen kein wirkliches (perfektes) Wissen darstellen. Denn nur solange man dies in Erinnerung behält, wird man
sich weiter um die Verbesserung der Meinungen bemühen. Jedenfalls verletzt
es nicht den Platonischen Sprachgebrauch von „Wissen" – dies sollten unsere
terminologischen Beobachtungen gezeigt haben –, wenn wir diejenigen wahren und begründeten Meinungen über einzelne Instanzen einer Idee, die sich
Sokrates' Gesprächspartner innerhalb einer dialektischen Erörterung erarbeiten, in einem schwächeren Sinne durchaus als Wissen auffassen.

5. Was Sokrates und seine Gesprächspartner über die Ideen wissen

Dialektische Erörterungen dienen für Platons Sokrates der Annäherung an
das (perfekte) Ideenwissen. Doch erfolgreich kann die philosophische Wissenssuche nur sein, wenn sie sich an einer klaren Vorstellung ihres Ziels, d. h.
an einer klaren Vorstellung des epistemischen *Ideals* orientiert, das zugleich als
Maßstab der jeweils erzielten Annäherung an dieses Ideal fungiert. Sokrates
und seine Gesprächspartner benötigen eine Theorie der Ideen und des Ideenwissens, aus der hervorgeht, welche formalen Bedingungen eine angemessene Ideenbestimmung zu erfüllen hat. Und sie benötigen zudem einen Be-
stand von wahren Meinungen über einzelne Instanzen von F, so etwa über
spezielle Fälle des Tapferseins.

Ohne die Kenntnis der formalen Eigenschaften der Ideen könnte sich Sokrates nicht sicher sein, die Meinungen seiner Gesprächspartner auf eine infallible Weise prüfen zu können.[22] Und ohne spezielle wahre Meinungen

---

[22] Dass Sokrates in der Ausübung seiner maieutischen Fähigkeit in der Tat unfehlbar ist, geht aus der Passage *Theaitet* 147e-151d hervor, in der Sokrates seinem Ge-

über einzelne Fälle von F bliebe die dialektische Erörterung ohne sicheren Boden. Solche Meinungen sind der *heuristische Auftakt* der Dialektik.[23] *Dass* diese Meinungen, einerseits, *wahr* sind und dass man sich mit ihnen genau betrachtet gar nicht auf eine einzelne Instanz von F, sondern auf F selbst, auf die jedem Urteilen zugrunde liegende Idee F bezieht,[24] sowie die Tatsache, dass es sich bei diesen Meinungen, andererseits, eben *nur* um *Meinungen* handelt – dies wird den Gesprächspartnern im Verlauf der dialektischen Erörterung ihrer Meinungen klar.

Dass Sokrates über eine bestimmte Form von Ideenwissen verfügt, folgt, wie gesagt, daraus, dass er in der Lage ist, die Meinungen seiner Gesprächspartner in ihrer Funktion als hypothetische Ideenbestimmungen auf eine *infallible* Weise prüfen zu können. Und wenn es richtig ist, dass sich die Philosophierenden vermöge der Dialektik an ein Wissen *erinnern* (Men. 85b, Phd.

sprächspartner einige Geheimnisse seiner Kunst verrät. Die Prüfung von Meinungen mit dem Geschäft der Hebammen vergleichend, erwähnt Sokrates neben vielen Gemeinsamkeiten auch den gravierenden Unterschied zwischen den beiden Tätigkeiten. In der Geburtshilfe trete nämlich nicht die Schwierigkeit auf, dass die Patienten teils von wirklichen Kindern, teils jedoch von Scheingeburten entbunden werden und beides oft kaum zu unterscheiden sei (150a-b). Sokrates sieht demgegenüber seine größte Aufgabe darin, die Meinungen seiner Gesprächspartner allen erdenklichen Tests (sic) zu unterziehen, um so Irrtümer von lebenskräftigen Gedanken zu unterscheiden (150b-c). Dazu ist Sokrates deshalb in der Lage, weil der Gott ihm „nicht erlaubt, einen Irrtum zu akzeptieren oder etwas Wahres zu verwerfen" (151d2-3). Diese Bemerkungen klingen unscheinbar, haben jedoch einige, nicht-triviale Implikationen (vgl. zur Sokratischen Selbstdarstellung im *Theaitet* auch Burnyeat 1977 und Hardy 2001, 36-39), zu denen die folgende gehört: Dass Sokrates sich mit Gottes Hilfe in der Lage befindet, niemals „einen Irrtum zu akzeptieren oder etwas Wahres zu verwerfen", bedeutet, dass er die Meinungen seiner Gesprächspartner auf eine *unfehlbare* Weise zu prüfen vermag. Bei diesen Meinungen handelt es sich um hypothetische Ideenbestimmungen. Nun behauptet Sokrates aber auch, selber die Antworten auf die Fragen, die er stellt, nicht zu kennen (150c3-d2). Mit anderen Worten: Auch ihm fehlt ein uneingeschränktes (perfektes) Wissen von den Ideen. Sokrates kennt folglich die Ideen auf jeden Fall in der Weise, dass er ihre *formalen* Eigenschaften kennt. Nur so kann er beurteilen, ob eine bestimmte Auffassung über F die *formalen Bedingungen einer Definition* von F erfüllt.

[23] Den ersten Schritt zur Reflexion auf die Meinungen über F bildet die Thematisierung der *Wörter*, mit denen man sich auf die Instanzen von F bezieht (vgl. etwa Tht. 147a-148b, dazu Hardy 2001, 15f., 36-39). Dies scheint mir auch die Botschaft des *Kratylos* zu sein, vgl. Hardy 2003. Grundsätzlich zur dialektischen Thematisierung der Funktionsweise von Wörtern vgl. Stemmer 1992, 247f.

[24] Dazu Wieland 1999, 126-132, 148f., 299f.

72e-73a, 75e-76a, Phaidr. 249b), über das sie bereits verfügen, so wissen auch Sokrates' Gesprächspartner das, was Sokrates über die Ideen weiß – wenn auch in einer unausdrücklichen Weise.[25]

Um welches Wissen es sich dabei handelt, möchte ich in einer exemplarischen Analyse des *Laches* zeigen.

6. Eine exemplarische Analyse: Platons Laches (I)

Das Thema des Laches, die Tapferkeit, kommt auf recht verschlungenen Pfaden zur Sprache. Sokrates' Gesprächspartner tappen zunächst im Dunkeln. Lysimachos und Melesias, die das Eröffnungsgespräch des Dialoges bestreiten, sorgen sich um die richtige Erziehung und Ausbildung ihrer Söhne (179a-180a). Sie ziehen Laches und Nikias zu Rate. Laches meint, in solchen Fragen sei niemand erfahrener als Sokrates (180c), und so wird auch Sokrates hinzugebeten (181c). Sokrates macht seinen Gesprächspartnern zunächst klar, dass das Gutsein, und mit Blick auf die Ausgangsüberlegungen seiner Gesprächspartner, das Tapfersein der richtige Untersuchungsgegenstand ist (185b-190c) und dass die richtige Art und Weise, über das Thema nachzudenken, darin besteht, dass man sich fragt, was das Tapfersein selbst ist (190d-e).

Der erste, von Laches geäußerte Definitionsvorschlag lautet: Tapferkeit ist eine Beharrlichkeit der Seele (192a-b). Mit anderen Worten: Alle Fälle von Tapferkeit sind Fälle von seelischer Beharrlichkeit, und umgekehrt. Sokrates führt dann folgende Behauptungen ein, die Laches akzeptiert: (a) Die Tapferkeit gehört zu den Dingen, die „schön und gut", d. h. objektiv empfehlenswert sind. (b) Empfehlenswert sind aber nur aber nur rationale Handlungen. Wenn diese beiden Behauptungen wahr sind, ist der Definitionsvorschlag jedoch widerlegt. Die Überlegungen in 192b-d lassen sich in der Form des folgenden Arguments darstellen:

---

[25] Auch dies bestätigt der *Theaitet*. Zwar machen Sokrates' Gesprächspartner zuweilen Fortschritte, die sie selbst und andere sehr erstaunen, doch gehen diese Erfolge für Sokrates nicht darauf zurück, dass seine Gesprächspartner etwas von ihm gelernt hätten; es ist vielmehr so, dass sie „in sich selber wunderbare Wahrheiten entdecken und hervorbringen." Doch es ist Sokrates, der ihnen hilft, diese Wahrheiten tatsächlich zu entdecken (Tht. 150d-e). Sofern Sokrates' Gesprächspartner Wahrheiten in sich selbst entdecken, besitzen sie bestimmte wahre Meinungen über die Ideen, denn nur auf diese Gegenstände beziehen sich Diskussionen mit Sokrates. Sofern es jedoch Sokrates ist, der ihnen zur Einsicht darin verhilft – und diese Hilfe eine notwendige Bedingung für ihre Entdeckungen ist – verfügen seine Gesprächspartner über diese Meinungen offenbar in einer impliziten, nicht-ausdrücklichen Weise.

1. Für jede Handlung (H) gilt: H ist tapfer genau dann, wenn H auf beharr liche Weise ausgeführt wird.
2. Also: Wenn eine Handlung auf beharrliche Weise ausgeführt wird, dann ist sie tapfer.
3. Wenn eine Handlung tapfer ist, dann ist sie empfehlenswert.
4. Nun sind aber einige beharrliche Handlungen nicht empfehlenswert.
5. Also sind einige Handlungen beharrlich und *nicht* tapfer.

Es liegt auf der Hand: Wenn die Tapferkeit zu den empfehlenswerten Dingen gehört, und wenn es Fälle von Beharrlichkeit gibt, die nicht empfehlenswert sind, dann sind Tapferkeit und Beharrlichkeit nicht dasselbe. Dieses einfache Eröffnungsargument scheint der Einübung in die Dialektik zu dienen. Dafür spricht auch, dass Sokrates Laches sogleich die richtige Auffassung in den Mund legt. Laches könne mit seinem Gedanken von der Tapferkeit als Beharrlichkeit doch nur eine bestimmte Form von Beharrlichkeit, nämlich die rationale Beharrlichkeit gemeint haben (192e10f.).

Anschließend führt Sokrates zwei weitere Annahmen ein: Alle irrationalen Handlungen sind für den Handelnden unvorteilhaft (192d1f.), und eine unvorteilhafte Handlung kann nicht empfehlenswert sein (192d4f.). Auch diese beiden Annahmen könnten plausibler nicht sein. Wenn wir uns die vorherige Prämisse in Erinnerung rufen, der zufolge nicht-empfehlenswerte Handlungen auch nicht tapfer sein können, so kommen wir zu dem Ergebnis, dass für alle Handlungen gilt: Wenn sie irrational sind, dann sind sie nicht tapfer. Mit anderen Worten:

1. Jede irrationale Handlung ist unvorteilhaft.
2. Wenn eine Handlung unvorteilhaft ist, dann ist sie nicht empfehlenswert.
3. Also: Wenn eine Handlung irrational ist, dann ist sie nicht empfehlenswert.
4. Wenn eine Handlung tapfer ist, dann ist sie empfehlenswert.
5. Also: Wenn eine Handlung irrational ist, dann ist sie nicht tapfer.

Wer nun behauptet, dass eine Handlung dann, wenn sie tapfer ist, empfehlenswert ist, und ebenfalls meint, dass nur rationale Handlungen empfehlenswert sind, der sollte konsequenterweise auch behaupten, dass eine tapfere Handlung auch eine rationale Handlung ist. Bei der Beharrlichkeit, die Laches vor Augen steht, kann es sich demnach nur um eine rationale Beharrlichkeit handeln. Der neue Definitionsvorschlag lautet daher: Tapferkeit ist rationale Beharrlichkeit (192d10-11).

Aber auch dieser Vorschlag wird widerlegt. Sokrates nennt Beispielfälle, in denen jemand zwar sehr rational und beharrlich handelt, aber nicht tapfer ist. So verhält es sich im Falle eines klug kalkulierenden Investors, der kontinuierlich und mit viel Überlegung in ein bestimmtes Projekt Geld investiert, jedoch nur, um am Ende einen großen Profit zu machen (192e). Stellen wir uns vor, ein kluger Reeder lässt über einen längeren Zeitraum seetüchtige Schiffe bauen, und zwar in dem Wissen, dass Athen demnächst in den Krieg ziehen wird. Seine Konkurrenten wissen davon nichts. Sobald ein größerer Bedarf an Schiffen akut ist, wird der kluge Reeder schnell viele Schiffe bereitstellen können und so aufgrund seines Vorteils einen großen Gewinn erzielen. In einem solchen Fall handelt man offenbar nicht nur rational, sondern vielmehr listig und deshalb nicht wirklich tapfer.

Ein zweites Beispiel: Einige wenige Hopliten halten in einer Schlacht eine scheinbar aussichtslose Stellung gegenüber einer feindlichen Überzahl (193a). Wir können uns vorstellen, dass die besagten Soldaten beharrlich und auf umsichtige, rationale Weise ihre Position verteidigen. Und wir dürfen annehmen, dass sie sich in einer günstigen Stellung befinden und mit Rückendeckung kämpfen. In diesen und ähnlichen Beispielen wird auf eine rationale und beharrliche Weise gehandelt, ohne wirklich tapfer zu sein. Das in 192e-193d vorgebrachte Argument lässt sich auf folgende Weise rekonstruieren:

1. Für jede Handlung (H) gilt: H ist tapfer genau dann, wenn H rational ist und auf beharrliche Weise durchgeführt wird.
2. Also: Wenn man rational und beharrlich handelt, dann handelt man tapfer.
3. Wenn eine Handlung tapfer ist, dann ist sie empfehlenswert.
4. Nun gibt es einige rational-beharrliche Handlungen, die nicht empfehlenswert sind.
5. Also sind einige rational-beharrliche Handlungen nicht tapfer.
6. Also ist es nicht der Fall, dass man tapfer genau dann handelt, wenn man rational und beharrlich handelt.

Laches' Definitionsvorschläge sind widerlegt. Doch Laches kann nun wissen, welche Bedingungen seine Vorschläge in *formaler* Hinsicht erfüllen müssen. Wenn er nämlich die Widerlegungen seiner Ideenbestimmungen akzeptiert, so setzt er voraus, dass bestimmte Sätze über die formalen Eigenschaften der Ideen zutreffen.[26] Sokrates' Widerlegungen folgen einem einfachen Muster, das sich auch in den anderen so genannten frühen Tugenddialogen findet.[27]

---

[26] Für das Folgende vgl. die Analysen von Detel 1973, 1974.

[27] Vgl. Detel 1973. Ein Beispiel aus einem späten Dialog, dem *Theaitet* (184b-186e): (1) Wissen ist dasselbe wie Wahrnehmen. Das heisst: Über Wissen von X verfügt man genau dann, wenn man X wahrnimmt. (2) Wenn eine Person über Wissen von X verfügt, dann erfasst sie die allgemeinen Eigenschaften von X. (3) Nun gibt es aber zahlreiche Fälle von Wahrnehmungen – nämlich all diejenigen Wahrnehmungserlebnisse, von denen Sokrates im Namen der protagoreisch-heraklitischen ‚Fluss-

Sokrates bestimmt zunächst das Definiendum und prüft sodann, ob auch dem Definiens diese Eigenschaft zukommt. So bezeichnet er das Tapfersein selbst als empfehlenswert und prüft sodann, ob auch das rationale, beharrliche Handeln empfehlenswert ist. Die Ausgangsdefinitionen der Elenchoi haben jeweils die Form: $\forall(x) (F(x) \equiv A(x))$, wobei „F" für die Idee, so etwa für die Idee des Tapferseins, und „A" für das jeweils definierende Merkmal, so etwa für „beharrlich" steht. Die widerlegenden Argumente haben folgende Form:

$\forall(x) (F(x) \equiv A(x))$

$\forall(x) (F(x) \rightarrow B(x))$

$\exists(x) (A(x) \& \neg B(x))$

$\neg \forall(x) (F(x) \equiv A(x))$

Nach diesem Muster gilt die Definition von F, etwa die Definition von Tapferkeit, als widerlegt. Sokrates setzt zunächst voraus, dass die Idee, so etwa das Tapfersein selbst, die das Definiendum darstellt, von kategorial anderer Art ist als die einzelnen tapferen Handlungen, und dass es sich stets um dasselbe Tapfersein handelt, das die einzelnen Handlungen repräsentieren.

Die entscheidende Prämisse der Argumente, mit denen Sokrates die Definitionsvorschläge widerlegt, ist die Behauptung der Form $\exists(x) (A(x) \& \neg B (x))$. Sokrates geht davon aus, dass die Ideen ausschließlich solche Eigenschaften haben, die ihnen immer – und nicht lediglich in einer bestimmten Hinsicht – zukommen und insofern *unveränderlich* sind. Seine Argumente beruhen mit anderen Worten darauf, dass er ausschließt, dass einer Idee ein Merkmal teils zukommen, teils auch nicht zukommen kann. So ist es ausgeschlossen, dass das Tapfersein in bestimmten Fällen empfehlenswert, in anderen Fällen jedoch nicht empfehlenswert ist.

Nur dann, wenn der zu definierende Sachverhalt, die jeweils gesuchte Idee, so etwa die Idee der Tapferkeit, dieselben Eigenschaften hat wie der Sachverhalt, mit dessen Hilfe die Idee definiert werden soll, so etwa die Beharrlichkeit, stimmen diese beiden Sachverhalte überein. Und wenn Sokrates Ideenbestimmungen deshalb verwirft, weil sie zwar einige, aber nicht alle

lehre' (156a-157c, 179c-d, 181c-182b) spricht –, in denen die allgemeinen Eigenschaften von X *nicht* erfasst werden. (4) Also sind Wissen und Wahrnehmen nicht dasselbe. Zugrunde liegt folgende Überlegung: Wissen zu erwerben erfordert das Erfassen der allgemeinen (kategorialen) Eigenschaften der wahrnehmbaren Dinge. Diese Eigenschaften können nur durch die Urteiltätigkeit der Seele erfasst werden (185c-e). Also können wir nur durch die urteilende Tätigkeit der Seele Wissen erlangen. Das Wahrnehmen erweist sich damit der Sache nach als eine Form des Urteilens (187a). Diejenige Auffassung von Wahrnehmung, die diesen Sachverhalt von Grund auf verkennt, wird von Sokrates deshalb im *Theaitet* widerlegt, vgl. dazu ausführlich Hardy 2001, 125-158.

Merkmale der gesuchten Idee enthalten, so setzt er voraus, dass eine Idee endlich viele Eigenschaften hat, die in einer Definition insgesamt zu erfassen sind.

Wenn Sokrates' Gesprächspartner die Sokratischen Widerlegungen für korrekt halten, dann akzeptieren sie folgende Behauptungen über die Ideen und das Ideenwissen:

(i) Eine Idee F ist verschieden von den einzelnen Dingen, denen wir die Eigenschaft F zusprechen.

(ii) Eine Idee F ist dieselbe in allen Einzeldingen, die Instanzen von F sind.

(iii)Eine Idee F hat immer die gleichen, endlich vielen Eigenschaften.

(iv)Wenn F immer die gleichen, endlich vielen Eigenschaften hat, ist F unveränderlich.

(v) Eine Auffassung von F ist eine Definition von F genau dann, wenn sie die immer gleichen, endlich vielen Eigenschaften von F angibt (Definition des Ideenwissens).

Mit diesen Thesen werden freilich lediglich formale Eigenschaften der Ideen genannt. Zusammen bilden diese Thesen die Grundlage einer Auffassung, die man als eine schwache Theorie der Ideen bezeichnen kann. Wenn man die Definitionsversuche nach dem Muster des Elenchos für widerlegt hält, dann hält man diese Theorie der Ideen, d. h. der Gegenstände perfekten Wissens, für wahr.

Aus (i) und (v) folgt im übrigen sofort, dass es von Einzeldingen kein wirkliches Wissen geben kann. Wenn man nur über empirisches Wissen, d. h. lediglich über richtige Meinungen verfügt, dann weiß man lediglich, ob ein Gegenstand in einer bestimmten Hinsicht die Eigenschaft F hat. Wenn eine Person lediglich einige, aber nicht alle (zusammen hinreichenden) Bedingungen der Idee des Tapferseins kennt, dann kann sie lediglich wissen, ob eine Handlung in der Hinsicht tapfer ist, dass sie die jeweils bekannten Bedingungen erfüllt. Und das heisst, dass die Person genau genommen *nicht* weiß, ob die besagte Handlung tapfer ist oder ob sie es nicht ist. Wer hingegen die Idee des Tapferseins kennt, der kennt der Möglichkeit nach auch alle partikulären tapferen und nicht-tapferen Handlungen. Wer über dieses Wissen verfügt, könnte sich „wie in der Schlacht durch alle Widerlegungsversuche hindurchkämpfen".

Das Gutsein ist bei Platon nun seinerseits eine Art von Wissen. Da das Tapfersein ein Teil des Gutseins ist (Lach. 198a, 199e), handelt es sich auch beim Tapfersein um ein Wissen (194d-196d). Einer Ideenbestimmung des Tapferseins näher zu kommen, setzt deshalb voraus, zu wissen, *um welche Art von Wissen* es sich dabei handelt. Das wird im zweiten elenktischen Hauptteil des *Laches* deutlich.

7. Platons Laches (II)

Im Anschluss an Laches' Vorschläge erörtert Sokrates die folgende, von Nikias erwogene Definition: Die Tapferkeit ist ein Wissen von den gefährlichen und den ungefährlichen Dingen (194d-195a). Danach ist man genau dann tapfer, wenn man weiß, bei welchen Dingen Furcht oder Zuversicht angezeigt sind. In der Annahme, dass die Tapferkeit ein Wissen von den Dingen ist, die man zu fürchten hat, stimmen Sokrates und Nikias überein. Es kommt jedoch darauf an, was man unter „Wissen" versteht. Nikias meint, die Tapferkeit sei ein Wissen der *zukünftigen* Dinge; wer tapfer ist, der weiß, welche der bevorstehenden Ereignisse Anlaß zu Furcht und Zuversicht bieten. Das klingt einsichtig; natürlich richtet sich die Tapferkeit in die Zukunft. Dennoch ist es gerade die Auffassung der Tapferkeit als eines Wissens, das sich auf die zukünftigen Ereignisse bezieht, an der Nikias' Definitionsvorschlag scheitert.

Sokrates führt in 198a-199e drei Behauptungen ein: (i) Die Tapferkeit ist eine Tugend, d. h. ein *Teil* der Tugend insgesamt. (ii) Gefährlich sind diejenigen zukünftigen Dinge, die einem Schaden zufügen können. (iii) Der Gegenstand von Wissen ist in zeitlicher Hinsicht unveränderlich, d. h., wenn etwas Gegenstand von Wissen ist, dann ist es nicht etwa früher einmal der Fall gewesen, gegenwärtig der Fall oder wird zukünftig der Fall sein, sondern es ist immer der Fall. Sokrates' Argument lässt sich wie folgt rekonstruieren:

1. Für alle Personen (P) gilt: P ist tapfer genau dann, wenn es einen Gegenstand O gibt derart, dass P Wissen von O hat und O gefährlich resp. ungefährlich ist.
2. Für alle Erkenntnisgegenstände (O) gilt: Wenn O zeitlos ist, dann ist O kein gefährlicher resp. ungefährlicher Gegenstand. (Das entspricht Nikias' Auffassung, wonach sich das Tapfersein auf zukünftige Ereignisse bezieht.)
3. Für alle Personen und Erkenntnisgegenstände gilt: Wenn P Wissen von O hat, dann ist O zeitlos.
4. Also: Für alle Personen und Gegenstände gilt: Wenn P Wissen von O hat, dann ist O *kein* gefährlicher resp. ungefährlicher Gegenstand.
5. Also ist es *nicht* der Fall, dass für alle Personen (P) gilt: P ist tapfer genau dann, wenn es einen Gegenstand O gibt derart, dass P Wissen von O hat und O gefährlich resp. ungefährlich ist.

Das Definiens erweist sich als widersprüchlich. Sokrates hat den Gegenstandsbereich von Wissen so interpretiert, dass er mit dem von Nikias genannten Gegenstandsbereich der gefährlichen resp. ungefährlichen Dinge unvereinbar ist. Nach Nikias' Definition ist jemand genau dann tapfer, wenn er die gefährlichen resp. ungefährlichen Dinge kennt, und Nikias meint damit die zukünftigen Ereignisse. Sokrates zufolge sind die gefährlichen resp. ungefährlichen Sachverhalte dann, wenn sie an einen bestimmten Zeitpunkt gebunden sind, wenn es sich also in der Tat um empirische *Ereignisse* handelt, gerade *kein* möglicher Gegenstand von Wissen. Was Nikias fehlt, ist somit ein angemessener Begriff von Wissen.

Wir können unserer Liste der formalen Bestimmungen der Ideen nun folgenden Satz hinzufügen: Wenn F Gegenstand von Wissen ist, dann existiert F immer und nicht nur zu einem bestimmten Zeitpunkt. Dieser Satz behauptet allerdings nichts wirklich Neues. Er spezifiziert lediglich die strikte Unveränderlichkeit der Ideen in zeitlicher Hinsicht. Nikias hat recht: Die psychische Disposition, tapfer zu sein, bezieht sich auf die gefährlichen resp. ungefährlichen Dinge. Doch es ist ihm nicht klar, dass er eine falsche Vorstellung vom Tapfersein als einer Form von *Wissen* hegt.

Das Wissen davon, ob etwas gefährlich oder ungefährlich ist, bezieht sich Sokrates zufolge auf Eigenschaften, die den Dingen unabhängig von bestimmten Zeitpunkten zukommen. Man kann sich diesen Gedanken so verständlich machen, dass zu wissen, was gefährlich resp. ungefährlich ist, heisst, über Kriterien zu verfügen, die ihrerseits *unabhängig* von bestimmten Zeitpunkten gelten. Wenn man z.B. zu entscheiden hat, ob ein bevorstehender Prozess gefährlich ist oder nicht, muss man wissen, ob die Anklage bedrohlich ist, ob die Klage Aussicht auf Erfolg hat, wer als Zeuge auftritt etc. Weiß man all dies, so ist der Zeitpunkt des Prozesses unerheblich dafür, ob man ihn zu fürchten hat oder nicht.

Ob eine bevorstehende Seeschlacht gefährlich ist, hängt von Art und Zahl der Schiffe ab, über die der Gegner verfügt, nicht davon, *wann* die Schlacht stattfindet. Ob die englische Fußballnationalmannschaft zu fürchten ist oder nicht, hängt entscheidend von der Form ab, in der sich David Beckham – oder ein vergleichbarer Spieler; m.a.W.: die jeweilige Instanz der Idee „David Beckham" – befindet, nicht jedoch davon, wann das Spiel stattfindet.

Die Gefährlichkeit eines Ereignisses hängt insofern von zeitlich *invarianten* Kriterien ab, und *diese* Kriterien muss der Tapfere kennen, um auf beharrliche Weise angemessen handeln zu können. Tapferkeit ist so verstanden das Wissen um diejenigen Kriterien, nach denen man die Ereignisse unabhängig von ihren speziellen Raum-Zeit-Koordinaten als gefährlich erkennen kann. Es kommt genau betrachtet nicht auf einen speziellen *Bereich von Gegenständen oder Sachverhalten*, sondern auf die zeitunabhängig geltenden *Kriterien* der Beurteilung von Ereignissen an (wobei „Geltung" hier bedeutet, dass man dann, wenn man die Kriterien kennt, diese auf die zu beurteilenden Ereignisse unabhängig davon *anwenden* kann, zu welchem Zeitpunkt die Ereignisse stattfinden; vgl. auch Detel 1974, 132).

Wir verfügen jetzt über eine Explikation des Definiens von Tapferkeit, die dem Sokratischen Wissensbegriff Rechnung trägt. Mit dieser Erklärung von Tapferkeit können wir auch die Definitionsvorschläge des ersten Hauptteils verbinden. Laches zufolge hat der Tapfere eine bestimmte Einstellung gegenüber den Dingen, die sich durch eine gewisse Beharrlichkeit auszeichnet. Das gilt, wie Sokrates betont, auch für die im Laches unternommene Untersuchung selbst; Sokrates ermutigt seine Mitstreiter dazu, sich nicht beirren zu lassen und trotz der Widerlegungen nicht den Mut zu verlieren, sondern die Überlegungen entschlossen fortzusetzen (194a, vgl. Tht. 187b, 204b, 205a).

Eine tapfere Einstellung ist nun in der Tat mit Wissen verknüpft. Mit der richtigen, sokratischen Interpretation des Wissensaspekts des Tapferseins können wir nun das zuvor genannte Merkmal der Rationalität tapferer Handlungen explizieren. Die Annahme liegt nahe, dass ein beharrliches Handeln dann rational ist, wenn es von einem Wissen um die gefährlichen resp. ungefährlichen Dinge geleitet ist, d. h., wenn es sich an den entsprechenden Kriterien für gefährliche resp. ungefährliche Dinge orientiert. Mit anderen Worten: Tapfer ist man genau dann, wenn man die invarianten Kriterien für gefährliche und ungefährliche Situationen und Ereignisse kennt und nach diesen Kriterien beharrlich handelt. (Diese Definition entspricht der Charakterisierung von Tapferkeit in Resp. 429a-430c, vgl. zum Wissensaspekt auch Prot. 360d, Nom. 647c-d.) Der im Laches zuletzt erörterte Definitionsvorschlag ist somit verbal richtig, er bedarf nur der richtigen Interpretation. Nikias gelingt diese Interpretation nicht, weil ihm das Wissen davon fehlt, was das Ideenwissen ist.

Die im Laches erwogenen Bestimmungen des Tapferseins sind nicht von Erfolg gekrönt. Nikias und Laches sind sich darüber im klaren. Sie haben jedoch die Möglichkeit, noch einmal über ihre Vorschläge nachzudenken, indem sie den Einsichten Rechnung tragen, auf denen die Widerlegung ihrer ersten, unzureichenden Ideenbestimmungen beruht. So fehlt Nikias mit Blick auf das richtige Verständnis von Wissen nur ein kleiner Schritt zur richtigen Lösung. Man darf vermuten, dass er, würde das Gespräch mit Sokrates fortgesetzt, der Lösung noch etwas näher kommen würde. Doch dazu kommt es, wie immer bei Platon, nicht mehr, und die Gesprächspartner vertagen sich.

Ich möchte meine Beispielanalyse hier abschließen und hoffe, es ist deutlich geworden, wie man in Erfahrung bringen kann, was man vorher nicht, jedenfalls nicht *ausdrücklich* wusste, und wie man wissen kann, was genau es ist, das man noch nicht weiß.

Sokrates' Gesprächspartner verfügen nicht über ein perfektes, d. h. uneingeschränktes inhaltliches Wissen von den Ideen. Aber sie befinden sich im Ergebnis der Erörterung ihrer Ideenbestimmungen in einer besseren epistemischen Situation, und zwar sowohl in inhaltlicher als auch in formaler Hinsicht: (a) Wenn Sokrates' Gesprächspartner sich die richtigen Meinungen über eine Idee, d. h. die *partiell* angemessenen Ideenbestimmungen, über die sie verfügen, *ausdrücklich* machen und ihre falschen Meinungen aufgeben, so führt dies zu einer größeren Kohärenz ihrer wahren Meinungen. So sind sich Laches und Nikias über bestimmte Eigenschaften des Tapferseins, d. h. der Idee des Tapferseins im klaren. Mit jedem Elenchos wird das inferentielle Netz ihrer Meinungen dichter und transparenter. (b) Sokrates' Gesprächspartner lernen die formalen Eigenschaften der Ideen und damit zugleich die formalen Bedingungen für das Ideenwissen kennen. Diese Theorie der Ideen und des Ideenwissens lässt sich durch einen Kernbestand von Thesen charakterisieren, zu dem vor allem die folgenden gehören:

T(I)

(i) Eine Idee F ist verschieden von den einzelnen Dingen, denen wir die Eigenschaft F zusprechen.
(ii) Wenn F eine Idee ist, dann ist F dieselbe in allen Einzeldingen, die Instanzen von F sind.
(iii) Wenn F eine Idee ist, dann hat F immer die gleichen, endlich vielen Eigenschaften.
(iv) Wenn F immer die gleichen, endlich vielen Eigenschaften hat, dann ist F unveränderlich im strikten Sinn, d.h.: F verändert sich in keiner Hinsicht (weder zeitlich, noch räumlich, noch qualitativ).

Entsprechend ist das Ideenwissen durch folgende Annahmen charakterisiert:

W(I)

(i) Wir beziehen uns mit generellen Termini, die als Prädikate universeller Sätze fungieren, auf Ideen.
(ii) Eine Idee F kann durch eine Definition bestimmt werden. Über Wissen von F verfügen wir dann, wenn wir die Definition von F kennen.
(iii) Wenn wir F definieren können, dann kennen wir alle endlich vielen Eigenschaften von F. Und das heisst:
(iv) Wenn wir F definieren, dann beziehen wir uns auf bereits bekannte Ausdrücke, gehen also von bereits bekannten Eigenschaften von F aus.[28]

---

[28] Das Wissen über die Ideen, zu dem man im Dialog mit Sokrates gelangen kann, umfasst neben den genannten Aussagen über die formalen Eigenschaften der Ideen und die entsprechenden Bedingungen des Ideenswissens auch die Kenntnis elementarer Schlussregeln und gültiger Argumentationsmuster. Die Ideen bilden ja bei Platon nicht zuletzt den spezifischen Gegenstandsbereich der Geltung logischer Gesetze. Die

Dass die hier skizzierte Theorie der Ideen und des Ideenwissens ein kon-stitutives Element der Platonischen Dialektik ist und sich deshalb auch in sei-nen anderen Dialogen findet, kann ich hier freilich nicht nachweisen. Ich möchte vielmehr die Leserinnen und Leser dazu ermuntern, meine Hypo-these in der Lektüre der Dialoge zu überprüfen und fasse abschließend meine Überlegungen zusammen.

8. Zusammenfassung

Wenn meine Überlegungen richtig sind, dürfen wir Sokrates und seinen auf-merksamen Gesprächspartnern folgende Einsichten zusprechen:

(1) Sokrates' Gesprächspartner machen zunächst einmal Erkenntnisfort-schritte in inhaltlicher Hinsicht: Sie entdecken inhaltliche Eigenschaften der Ideen, über die sie sich zuvor nicht im klaren waren. Sie erkennen, dass sie über wahre Meinungen über bestimmte Fälle etwa des Tapferseins, und da-mit auch über ein entsprechendes partielles Wissen von der Idee des Tapfer-seins verfügen. Über diese Meinungen verfügten sie bereits vor der Unterre-dung mit Sokrates. Doch erst aufgrund der dialektischen Prüfung ihrer Mei-nungen *wissen* sie, dass sie sich mit ihren *zutreffenden* Meinungen genau ge-nommen auf Instanzen der entsprechenden Idee beziehen. – Und in einem weiteren Sinne von „Wissen" dürfen wir auch den speziellen Meinungen über einzelne, empirische Instanzen einer Idee mit Sokrates den Status von Wissen zuerkennen (vgl. oben, Abschnitt 4). Gemessen am perfekten Wissen haben diese Einsichten lediglich den Status von Meinungen.

(2) In dem Maße, in dem Sokrates' Gesprächspartner wissen, weshalb ihre Ideenbestimmungen nicht hinreichen, verfügen sie über ein Wissen von den formalen Eigenschaften der Ideen, bei denen es sich zugleich um die forma-len Bedingungen korrekter Ideenbestimmungen handelt. Das heisst: Sokra-tes' Gesprächspartner verfügen – jedenfalls der Möglichkeit nach – über eine Theorie der Ideen und des Ideenwissens, die diejenigen Annahmen umfasst,

Ideen sind die Gegenstände, „in Hinsicht auf die jedermann aufgrund ihrer spezifi-schen Eigenschaften logisch korrekt zu argumentieren gezwungen ist" (Detel 1973, 27). Das Ideenwissen enthält insofern auch eine minimale Theorie des deduktiven Schließens. Dieser Aspekt wird sehr schön in Sokrates' Gespräch mit Polos im *Gorgias* deutlich (466a-481b), in dem Sokrates Polos den Unterschied zwischen zwei Arten der Widerlegung einer Behauptung, d. h. den Unterschied zwischen dem korrekten und dem lediglich suggestiven Argumentieren demonstriert (466c, 467a, 471d-472c, 475e, 479c, 480e, vgl. auch 482b, 527b).

auf denen die Widerlegungen ihrer unzureichenden Ideenbestimmungen be-ruht. Dieses Wissen, von dem Sokrates in seiner Maieutik Gebrauch macht, können seine Gesprächspartner dadurch erwerben, dass ihre Ideenbestim-mungen *mehrere* Elenchoi durchlaufen.

(3) Auf diese Weise lernen sie, auf die richtige Art und Weise „zu fragen und zu antworten" (Resp. 531e, Phd. 76d-e, Polit. 285d) und werden da-durch „dialektischer" (Polit. 285d, 287a). Sich in der Dialektik zu üben, heisst nicht zuletzt, eine bestimmte kognitive Einstellung einzunehmen: Die Aufmerksamkeit auf die eigenen Meinungen zu lenken, bedeutet eine *evalua-tive Distanz* zu den eigenen Überzeugungen aufzubauen.

(4) Sich in der Dialektik zu üben, führt Platon zufolge auch zu einem ver-änderten *Selbstverständnis*.[29] Dass Rechenschaft zu geben, in letzter Instanz be-deutet, die eigene Lebensweise zu prüfen, können wir uns mit dem Begriff der Selbstbestimmung verständlich machen. Selbstbestimmt zu leben erfor-dert die Fähigkeit, sich über die Meinungen Klarheit zu verschaffen, welche die Lebensführung, mit anderen Worten: das Wollen insgesamt betreffen. Das Glück, die εὐδαιμονία, ist bei Platon das übergeordnete Ziel des Wol-lens (Charm. 173c-d, Euthyd. 278e, 280d-e, Symp. 193c, 205a-d, Resp. 254a, Phil. 11D; vgl. Stemmer 1988, 1992, 181ff., Vlastos 1991). Zu wissen, dass etwas dem Glück zuträglich ist, heisst zu wissen, dass es das ist, was man wirklich will, und zwar deshalb, weil es wirklich, nicht lediglich scheinbar gut für einen ist (Gorg. 468b, 472c-d). In diesen Fragen über ein vermeintliches, scheinbares Wissen zu verfügen (Soph. 230d-e), heisst demnach, sich über die Ziele des eigenen Wollens zu täuschen (Gorg. 468a-e, Men. 77b-78b, Resp. 505d-e). Ein vermeintliches Wissen gefährdet insofern die Selbstbe-stimmung. Sich davon – in einem nicht bloß metaphorischen Sinne – zu be-

---

[29] Im *Laches* weist Nikias seine Gesprächspartner darauf hin, „dass jeder, der sich in Sokrates' nächster Nähe befindet und mit ihm ins Gespräch kommt, zwangsläufig, mag er zuvor auch über etwas anderes gesprochen haben, so lange von Sokrates durch die Erörterung geführt wird, bis er dorthin gerät, über sich selbst Rechenschaft zu ge-ben, d. h. darüber, auf welche Weise er jetzt lebt und auf welche er sein bisheriges Le-ben verbracht hat, und dass Sokrates ihn, wenn er dorthin geraten ist, nicht eher ge-hen lassen wird, bis er all dies gut und sorgfältig geprüft hat" (187e6-188a3, eigene Übersetzung).

freien, ist eine Form von Autonomie.[30] Auch dies ist Teil des Wissens, um das es Sokrates geht.

[30] Platon ist freilich der – aus moderner Sicht problematischen – Überzeugung, dass die moralische, auf das Wissen um das Gutsein gegründete Lebensweise die *objektiv* richtige ist, eine Lebensweise also, die jeder Mensch als unbedingt wünschenswert erkennen kann (vgl. Stemmer 1988, 529ff.).

Jens Halfwassen

Platons Metaphysik des Einen

1.

„*Alles Seiende ist durch das Eine seiend.*" (Enn. VI 9, 1, 1) Mit diesen Worten beginnt Plotin seine Programmschrift *Über das Gute.* Sie charakterisieren in der kürzesten möglichen Weise eine Philosophie, die sich selbst als *Metaphysik des Einen* versteht. Genauer betrachtet, enthält der zitierte Programmsatz Plotins *drei* für eine Metaphysik des Einen grundlegende Aussagen:

1. Jedes Seiende existiert als dasjenige, was es jeweils ist, genau aus dem Grunde, weil es Eines ist.
2. Die Gesamtheit aller einzelnen Seienden bildet die Einheit eines Ganzen. Einheit charakterisiert also nicht nur jedes einzelne Seiende, sondern ebenso die Totalität des Seins.
3. Das Prinzip der Einheit des Ganzen und zugleich der Einheit jedes einzelnen Seienden ist *das Eine selbst.* Als der Einheit-verleihende Ursprung ist das Eine das Absolute, durch das alles Seiende Eines und kraft seiner Einheit auch seiend ist (vgl. dazu Halfwassen 1992; ders. 2004, Kapitel III).

Metaphysik des Einen in diesem Sinne ist bekanntlich der Neuplatonismus seit Plotin (vgl. dazu Beierwaltes 1985; auch ders. 1965). Aber nicht nur dieser, sondern die gesamte platonische Tradition bis zu Nikolaus von Kues, Marsilio Ficino und Giordano Bruno und darüber hinaus auch der spekulative deutsche Idealismus von Fichte, Hegel und Schelling ist in dem gekennzeichneten Sinne Metaphysik des Einen (vgl. dazu Beierwaltes 1972; ders. 1980; ders. 1994; ders. 1998; Flasch 1973; ders. 1998; ders. 2001; Halfwassen 1999; Summerell 2003). Blickt man auf das Ganze der europäischen Philosophiegeschichte, so überragt die einheitsmetaphysische oder *henologische* Tradition die ontologische oder seinsmetaphysische an Umfang, Dauerhaftigkeit und sachlichem Gewicht so deutlich, dass man in der Frage nach dem Einen, und nicht in der Frage nach dem Sein oder dem Seienden, die Grundfrage der europäischen Metaphysik zu sehen hat.

Der Begründer der henologischen Tradition, der erste Denker, der eine entwickelte Metaphysik des Einen entworfen hat, ist nun keineswegs Plotin, sondern Platon, als dessen Interpret Plotin sich denn auch verstand (Enn. V 1, 8). Diese Behauptung könnte verwundern, denn in Platons Dialogen ist

von dem Einen verhältnismäßig selten die Rede – sieht man einmal von dem
Dialog *Parmenides* ab, der ganz diesem Thema gewidmet ist, dessen Deutung
aber notorisch umstritten war, seit die neuplatonische Auslegung, die in diesem Dialog das Evangelium der Einheitsmetaphysik sah, im 17. Jahrhundert
ihre Selbstverständlichkeit verlor. Blickt man dagegen auf die indirekte Überlieferung über die *ungeschriebene Lehre* Platons,[1] so ergibt sich ein ganz anderes
Bild. Im Zentrum der ungeschriebenen Lehre steht nämlich eine Prinzipientheorie, die sich im gekennzeichneten Sinne als Metaphysik des Einen charakterisieren lässt, und die die Grundlagen für die gesamte spätere henologische Tradition enthält (dazu bleibt grundlegend Krämer 1959). Diese Prinzipientheorie wurde von Platon unter dem gleichen Titel vorgetragen, den
auch die Programmschrift Plotins trägt: *Über das Gute* (Περὶ τοῦ ἀγαθοῦ).
Und sie kulminierte in der These, das Gute sei seinem eigentlichen Wesen
nach das Eine (z. B. Test. Plat. 7 und 51).

Diese ungeschriebene Prinzipientheorie hat die Platonforschung seit ihrer
Wiederentdeckung durch Leon Robin intensiv beschäftigt (vgl außer Robin
1908 vor allem Wilpert 1949; Merlan 1953; Gaiser 1963; de Vogel 1970;
dies. 1988; Happ 1971; Wippern 1972). Einen epochalen Fortschritt, der unser Bild von Platon und seinem Verhältnis zum Neuplatonismus und damit
zur metaphysischen Tradition insgesamt grundlegend verändert hat, bedeuten dabei die Forschungen von Hans Krämer. Krämer widerlegte nämlich
nicht nur die früher übliche Spätdatierung der ungeschriebenen Lehre, die in
den Quellen gar kein Fundament hat, sondern er revolutionierte die Platon-
deutung durch seinen Nachweis, dass die in der ungeschriebenen Lehre greif-
bare Metaphysik des Einen und seiner Entfaltung in die Vielheit des Seienden spätestens seit dem *Phaidon* und der *Politeia* den systematischen Hintergrund aller großen Dialoge bildet und darum auch den Schlüssel zu ihrem
richtigen Verständnis (vgl. außer Krämer 1959 ders. 1964a; ders. 1964b; ders.
1964c; ders. 1966; ders. 1969; ders. 1982/1990; ders. 1996; ders. 1997; vgl.
auch Szlezák 1985; ders. 1993; ders. 2003; Reale 1993).

Durch diesen Nachweis wird erstmals seit dem Neuplatonismus wieder
eine integrative Interpretation der Philosophie Platons möglich, die nicht
mehr nur jeden Dialog gesondert für sich interpretiert und damit im Extrem-
fall Platon so viele Philosophieentwürfe zutraut, wie er Dialoge geschrieben
hat, sondern die nun die verschiedenen Dialoge als sich ergänzende Aspekte
eines umfassenden Bildes sehen lehrt, dessen Grundriss die ungeschriebene
Prinzipientheorie zeichnet, die darüber hinaus auch in zahlreichen Details
gerade das genau ausführt und ausfüllt, was die Dialoge nur andeuten oder

---

[1] Die wichtigsten Zeugnisse sind gesammelt bei Gaiser 1963, 446-557. – Eine
kommentierte zweisprachige Ausgabe von Hans Krämer und Jens Halfwassen in Re-
clams Universalbibliothek ist in Vorbereitung.

sogar ganz offen lassen. Das integrative, Schriftwerk und ungeschriebene Lehre ergänzend aufeinander beziehende Platonbild, das aus dem Forschungsansatz von Hans Krämer entstand, zeigt uns Platons Philosophie als das Paradigma einer konsequenten Metaphysik des Einen, das die henologische Tradition wohl weiter entfalten und teilweise anders akzentuieren konnte, ohne es aber zu überbieten.

Platons Metaphysik des Einen möchte ich nun im folgenden in vier Schritten vorstellen. Ich beginne mit Platons Begriff von Dialektik, der Platons eigene Beschreibung der Aufgaben einer Prinzipienphilosophie enthält. Dann wende ich mich der grundlegenden philosophischen Einsicht der Metaphysik des Einen zu, die anfangs thesenhaft schon genannt wurde. Von dort aus kommen zwei Themen zur Sprache, die für Platon charakteristisch sind und den Platonismus von anderen Typen von Einheitsmetaphysik wie z. B. dem Monismus der Eleaten oder Spinozas oder auch der dialektischen All-Einheitslehre Hegels unterscheiden: nämlich die radikale *Transzendenz des Absoluten* sowie die Frage nach einem *Prinzip der Vielheit* und seiner systematischen Stellung.

2.

Platons eigener Name für die Prinzipienphilosophie, die die aristotelische Tradition später „Metaphysik" nannte, lautet bekanntlich *Dialektik*. Hegel hat diese Benennung wiederaufgenommen, um damit die spekulative, durch Negation ent-grenzende Denkform der Prinzipienphilosophie zu kennzeichnen (vgl. dazu vor allem Gadamer 1961; Düsing 1976; ders. 1983; Bubner 1980). Ursprünglich bedeutet Dialektik einfach die Kunst der Unterredung, also die Suche nach Wahrheit im philosophischen Gespräch, im methodischen Gebrauch von Frage und Antwort. Grundlegend ist dabei schon in den frühesten Dialogen Platons die Rückfrage nach dem, *was* das in Rede Stehende eigentlich ist, und was in der Verständigung über es jeweils schon vorausgesetzt wird. Dialektik zielt so schon in ihrer einfachsten Bedeutung als Kunst der Gesprächsführung auf die Thematisierung der jeweils gemachten Voraussetzungen.

Diese Voraussetzungen heißen griechisch ὑπόθεσις, wobei jede Assoziation an die moderne wissenschaftstheoretische Bedeutung von „Hypothese" hier fern zu halten ist (vgl. Halfwassen 1994). Es handelt sich bei den Voraussetzungen, die die Dialektik thematisiert, nicht um vorläufige und falsifizierbare Arbeitsannahmen, sondern vielmehr um Voraussetzungen, die für jedes sachbezogene Gespräch grundlegend sind, die also immer schon als gültig in Anspruch genommen werden, wenn sachhaltige Erkenntnis intendiert ist. Platonische Dialektik ist somit in einem ganz allgemeinen Sinne ὑπόθεσις-

Forschung – also philosophische Reflexion von allgemeinen Grundlagen – und sie wird im *Phaidon* ausdrücklich als solche bestimmt (100a - 102a; vgl. dazu Reale 1993, 135-152).

Aus dem *Phaidon* und noch deutlicher aus der *Politeia* geht freilich auch hervor, dass Dialektik für Platon eine ganz besondere Art der Grundlagenreflexion darstellt. Im „Liniengleichnis" – wohl seiner grundsätzlichsten Äußerung über die Vorgehensweise der Philosophie – bestimmt Platon Dialektik als ein solches Wissen, das die grundlegenden Voraussetzungen, von denen jede sachhaltige Bezugnahme auf Wirkliches ausgeht, nicht einfach unbefragt annimmt, sondern eben diese grundlegenden Voraussetzungen ihrerseits auf ihre Begründung hin befragt, wobei sie ihre Suche nach dem Grund solange fortsetzt, bis sie etwas findet, was selbst voraussetzungs-los oder un-bedingt – ἀνυπόθετος – ist (509c - 511e; zusammenfassend dazu Krämer 1997). Dieses einer weiteren Begründung weder fähige noch bedürftige Unbedingte – das ἀνυπόθετον (511b6) –, hinter das nicht weiter zurückgegangen werden kann, weil es selber keinen Grund mehr hat, ist der erste Ursprung von Allem oder der Urgrund der Wirklichkeit im ganzen; Platon spricht vom „unbedingten Ursprung" (ἀνυπόθετος ἀρχή, 510b7) als dem „Urgrund des Ganzen" (ἀρχὴ τοῦ παντός, 511b7).

Dieser Platonische Begriff des ἀνυπόθετον ist der Ursprung unseres Begriffs des *Absoluten*, wobei *absolutum* die wörtliche Übersetzung von ἀπόλυτον ist, einem Ausdruck, den einige Zeugnisse über Platons Prinzipientheorie für das ἀνυπόθετον verwenden (z. B. Test. Plat. 32 § 263). Platonische Dialektik ist der Versuch, die Vielfalt der grundlegenden Voraussetzungen unserer denkenden Bezugnahme auf Wirklichkeit auf einen einzigen absoluten Urgrund zurückzuführen: sie ist also die Suche nach dem Absoluten als dem unbedingten Ursprung und Urgrund des Ganzen der Wirklichkeit.

Fragen wir nun, was für Platon der unbedingte Ursprung ist, und suchen in den Dialogen nach einer Antwort, so werden wir zugleich fündig und enttäuscht. Ausgerechnet dort nämlich, wo Platon den Ursprung von Allem ausdrücklich thematisiert, im „Sonnengleichnis" der *Politeia* (504a - 509c; vgl. dazu Halfwassen 1992, 220-264; Reale 1993, 257-291; Krämer 1997; Szlezák 2003, 109-131), wird uns vorenthalten, was das Absolute eigentlich ist. Der Urgrund von Allem, der das Sein (εἶναι) und das Wesen (οὐσία), also die Existenz und die inhaltliche Bestimmtheit der wahrhaft seienden Ideen und damit letztlich alles Seienden begründet, ist dem „Sonnengleichnis" zufolge *das Gute selbst* (αὐτὸ τὸ ἀγαθόν). Es begründet nicht nur das Sein der Ideen, sondern auch deren Erkennbarkeit und die Erkenntnisfähigkeit unseres Geistes und ist damit gleichermaßen das Seinsprinzip und das Erkenntnisprinzip alles Seienden und Erkennbaren (508b - 509b).

Was dieses absolute Prinzip, das Gute selbst, seinem eigentlichen Wesen nach ist, sagt Platon im „Sonnengleichnis" nicht; er zeigt dort lediglich, dass es weder die Lust noch die Einsicht sein kann (505b-d), und weicht dann in eine Proportionsanalogie aus, die gerade nicht das *Wesen* des Guten zu erkennen gibt, sondern nur dessen Verhältnis zum Seienden und zum erkennenden Geist, also seine Stellung als absolutes Prinzip. Seine Benennung als „das Gute" bringt gar nichts anderes zum Ausdruck als eben diese Stellung als Prinzip des Seins; – denn „das Gute" bestimmte Platon allgemein als „den Grund, der das Seiende im Sein erhält" (τὸ αἴτιον σωτηρίας τοῖς οὖσιν, Def. 414e9; vgl. Resp. 509b7 ff.). Es ist nun aber keineswegs so, dass das Wesen des Guten einfach ein ἄρρητον wäre, über das sich nichts weiter sagen ließe. Platon lässt seinen Sokrates vielmehr ausdrücklich erklären, er besitze eine bestimmte Meinung über das Wesen des Guten, die er seinen Gesprächspartnern aber absichtlich vorenthalte (Resp. 506d-e; vgl. auch 509c).

Damit ist deutlich, dass wir Platons Aussagen über den absoluten Ursprung von Sein und Erkennen nur dann wirklich verstehen können, wenn wir auf die ungeschriebene Prinzipienlehre zurückgreifen. Aristoteles und alle anderen Zeugen berichten übereinstimmend, für Platon sei das eigentliche Wesen des Guten – also genau das, was in der *Politeia* absichtlich zurückgehalten wird – *das Eine selbst* (αὐτὸ τὸ ἕν), das absolute Eine (Aristoteles, Met. 1091b13-15; EE 1218a15-32). Das Wesen des Guten ist für Platon die *reine Einheit*. Die Wesensbestimmung des Absoluten als reine Einheit ist grundlegend für Platons Prinzipienphilosophie, die darum den Charakter einer Metaphysik des Einen hat. Erst von ihr aus lässt sich auch verstehen, wie das Absolute Sein und Wassein, Erkennen und Erkennbarkeit zugleich begründet (grundlegend bleibt dazu Krämer 1959, 474ff., 535-551).

Für den henologischen Charakter von Platons Prinzipienphilosophie ist freilich noch etwas charakteristisch: Platon betont mit allem Nachdruck, dass das Gute kein Seiendes ist und auch nicht das Sein selbst, sondern dass es „jenseits des Seins und des Seienden" steht; das Absolute ist ἐπέκεινα τῆς οὐσίας, wie es am Ende des „Sonnengleichnisses" heißt (509b9; vgl. dazu Krämer 1959, 541ff; ders. 1969). Und damit ist es zugleich jenseits aller überhaupt denkbaren Bestimmungen – denn das Sein ist für Platon der Inbegriff von Bestimmtheit schlechthin – also auch jenseits von Wahrheit, Erkenntnis und Geist (508e - 509a; vgl. Halfwassen 1992, 257-264). Die Zeugnisse der ungeschriebenen Lehre bestätigen diese *absolute Transzendenz* des Einen ebenso wie der *Parmenides*-Dialog (141e; Test. Plat. 50 und 51; Aristoteles, *Über das Gebet* Fr. 1). Ferner hat Platon den innerakademischen Zeugnissen zufolge angenommen, dass die Entfaltung des Seienden aus der Seinstranszendenz des Absoluten nur mit Hilfe eines *zweiten Prinzips*, eines eigenen Prinzips der Vielheit, möglich und einsehbar ist; auch das bestätigt der *Parmenides*-Dialog (142b ff.; 157b ff.).

Die Bestimmung des Absoluten als reine Einheit, die absolute Transzendenz des Einen selbst und die Ansetzung eines eigenen Prinzips für die Vielheit sind die drei grundlegenden Thesen der Platonischen Metaphysik des Einen. Sie ergeben sich unmittelbar auseinander. Um ihren systematischen Zusammenhang einsichtig zu machen, konzentriere ich mich zunächst auf den philosophischen Sinn von Platons Grundthese, dass das Eine das letzte, nicht weiter hintergreifbare Prinzip für Sein und Denken und für ihren Zusammenhang ist.

3.

Platon zeigt, dass nicht das Sein das Ursprünglichste ist, was wir denken können, sondern das Eine. Denn Einheit ist die grundlegende Bedingung für das Sein und die Denkbarkeit alles Seienden. Was auch immer wir als seiend denken, wir denken es eben damit, dass wir es als seiend denken, auch schon als Eines und einheitlich. Wir können nämlich überhaupt nur solches denken, was in irgendeiner Weise Einheit ist; was in keiner Weise Eines ist, ist für das Denken nichts. Das griechische οὐδέν bzw. μηδέν interpretiert Platon in der *Politeia* (478 b12 f.) und im *Parmenides* (144c4-5; vgl. Test. Plat. 22 B = Alexander, In Met. 56, 30 f) als ein οὐδὲ ἕν bzw. μηδὲ ἕν; nichts ist also das, „was nicht einmal Eines ist". Alles, was seine Einheit verliert, wird eben damit unmittelbar zu nichts, es zerstiebt gleichsam ins Nichts.

Auch das Gegenteil des Einen, das Viele, denken wir immer schon und notwendig als Einheit, nämlich als geeinte Vielheit und das bedeutet als ein einheitliches Ganzes aus vielen elementaren Einheiten, so dass der Gedanke des Vielen in doppelter Weise Einheit voraussetzt (Parm. 157c - 158b). Umgekehrt gilt das dagegen nicht: der Gedanke des Einen setzt seinerseits keine Vielheit voraus (Parm. 137c ff. Zwar kennt Platon Bedeutungen von Einheit, in denen Vielheit begrifflich enthalten ist, wie Ganzheit, Einheitlichkeit als Einheit in der Vielheit und sogar Identität (die für Platon eine in Einheit aufgehobene Zweiheit ist: Aristoteles, Met. 1018a7-9 zu Platon, Soph. 254d15; vgl. Parm. 139d4-5). Für andere Einheitsbedeutungen wie Einzigkeit und Einmaligkeit gilt das aber nicht. Und die Einfachheit, für Platon die Grundbedeutung von Einheit, von der alle genannten Einheitsbegriffe abhängen, denken wir sogar nur durch den expliziten Ausschluss aller Vielheit (Parm. 137c4 - d3). Alle mit Vielheit kompatiblen Formen von Einheit sind nämlich als *Einheit* nur dann begreifbar, wenn sie Modifikationen oder Einschränkungen des reinen Wesens von Einheit sind, das an sich selbst nichts anderes als die absolute reine Einfachheit sein kann (Parm. 158 a 3-6). Die reine Einfachheit ist darum, wie Platon im *Parmenides* (137c4 - d3, 140a1-3, 141e9-12, 158a5-6) und im *Sophistes* (245a1-10) hervorhebt, das reine Wesen des Absoluten.

Der Gedanke des Einen ist ferner auch umfassender als der Gedanke des Seins. Denn alles Seiende und auch das Sein selbst müssen wir notwendig als Einheit denken, aber umgekehrt ist nicht jede Einheit notwendig auch schon seiend oder Sein. Denn wir denken ja auch das Nichtsein als das vom Sein Verschiedene (Soph. 256d11 - e3, 257b3-4, 258a11 - b3), das Werden als die Mitte zwischen Sein und Nichts (Resp. 477a6-7, 478d5-7; Tim. 27d6 - 28a4) und sogar das Nichts selber als den vollständigen Mangel an Sein (Resp. 477a3-4, 478b6 - c1; Soph. 237b7 - e2); und dabei denken wir Nichtsein, Werden und Nichts jeweils als einheitliche Bestimmung. Dagegen können wir nichts denken, ohne es zugleich als Einheit zu denken. Denn Einheit ist die ursprünglichste Bedingung von Denken und Denkbarkeit überhaupt. Wie der Schluss des *Parmenides*-Dialogs (165e2 - 166c2) zeigt, wäre mit der Aufhebung des Einen jede denkbare Bestimmung und damit auch das Denken selbst aufgehoben.

Aufgrund dieser Überlegungen kam Platon zu der Überzeugung, das Eine sei ursprünglicher und grundlegender als das Sein und das Seiende; das wahrhaft und absolut Ursprüngliche sei das Eine, das wir im Denken immer schon voraussetzen müssen, über das wir im Denken aber nicht mehr hinausgreifen können, weil mit der Aufhebung des Einen das Denken selbst aufgehoben wäre. Das Eine ist darum das ἀνυπόθετον, das Absolute, das sich nicht wegdenken lässt, weil es von jedem Denkakt schon vorausgesetzt wird. Und weil die Bedingungen des Denkens für Platon zugleich die Bedingungen des Seins sind (Resp. 477a), darum ist alles, was in irgendeiner Weise seiend ist, überhaupt nur darum seiend, weil und insofern es Einheit ist. Das Eine ist darum das absolute Prinzip des Seins wie des Erkennens, das mit der Einheit von Denken und Sein zugleich die Sachhaltigkeit unseres Denkens begründet.

Nun scheint sich hier ein Einwand gegen Platon nahezulegen. Man könnte nämlich einwenden, dass aus dem Einheitsvorgriff unseres Denkens noch nicht zwingend folgt, dass die Dinge auch in sich selbst, unabhängig von unserem Denken, Einheitscharakter besitzen und dass sie nur kraft dieses Einheitscharakters existieren und das sind, was sie jeweils sind. Der Einwand bezweifelt also, dass Einheit darum, weil sie *Bedingung der Denkbarkeit* von allem ist, zugleich auch der *Grund des Seins* von allem sein muss. Dieser Einwand erweist sich aber schnell als haltlos. Er gesteht zu, dass Platon die *begriffliche* Unmöglichkeit von einheitsloser Vielheit bewiesen habe; er bezweifelt aber, dass daraus die reale oder objektive Unmöglichkeit radikal einheitsloser Seiender folgt. Er meint, die Wirklichkeit könne durchaus aus einer unbegrenzten Pluralität unverbundener Einzeldinge bestehen, auch wenn wir sie dann weder denken noch erkennen können.

Der Einwand bestreitet also, dass die Strukturen unseres Denkens mit den Strukturen des Seins fundamental übereinstimmen, – und genau damit erweist er sich als sinnlos. Denn wer meint, die Wirklichkeit könne auch aus einer einheitslosen Vielheit unverbundener Einzeldinge bestehen, der nimmt eben damit Denkbestimmungen wie Wirklichkeit, Vielheit und Einzelnes als realitätshaltig in Anspruch und setzt somit genau das voraus, was er bestreiten will, nämlich die Einheit von Denken und Sein.[2] Außerdem sind Bestimmungen wie Vielheit oder Einzelnes selber nur als einheitliche Bestimmungen überhaupt denkbar, so dass auch der Pluralist den Vorrang der Einheit immer schon voraussetzt, eben indem er seinen Pluralismus formuliert, was er nur in einheitlichen Denkbestimmungen tun kann. Der Einheitsvorgriff unseres Denkens ist also nicht nur subjektiv, für uns, unhintergehbar, sondern ihm wohnt objektive Wahrheit inne, und zwar unbestreitbarerweise darum, weil sie selbst bei ihrer Bestreitung noch vorausgesetzt wird.[3]

Alles Seiende und Denkbare ist also nur darum seiend und denkbar, weil es einheitlich ist, und zwar in der Weise, dass sein Charakter als Einheit die Grundlage seiner Denkbarkeit und das Fundament seines Seins sowie aller weiteren Bestimmungen bildet, die ihm sonst noch zukommen. Daraus folgt zugleich, dass Einheit das Kriterium der Unterscheidung von Sein und Nichtsein ist und der Maßstab, an dem Seiendes von höherem oder geringerem Seinsgrad messbar wird.

Zwar denken wir Sein und Nichtsein gleichermaßen als einheitliche Bestimmungen, aber im Nichtsein denken wir dabei keinen positiven Inhalt, kein eigenes Was oder Etwas (τί), sondern nur die Negation des Seins. Jeder positive Inhalt aber muss positiven Einheitscharakter haben, um als ein bestimmter gedacht zu werden (Soph. 237c7 - d10; vgl. Test. Plat. 22 B = Alexander, In Met. 56, 30-31). Da Sein für Platon eben Bestimmtheit bedeutet, ist jedes vollständig bestimmte Etwas damit auch schon als seiend im Sinne einer Idee gedacht, während das Nichtseiende ein Unbestimmtes bleibt und eben aufgrund seiner Unbestimmtheit nichtseiend ist. Wird das Nichtsein dagegen selber als ein positiv Bestimmtes gedacht, so ist es die *Idee* der Verschiedenheit, die selber eine Seiendheit (οὐσία) ist (Soph. 258b2).

Wenn ferner die Einheit von etwas der Grund seines Seins ist, dann ist jedes etwas auch in dem *Grade* seiend, indem es Eines ist. Je einheitlicher etwas ist, desto *seiender* (μᾶλλον ὄν, Resp. 515d3) ist es dann auch. Erst dieser henologische Ansatz erlaubt Platon die Graduierung von Sein, die der Eleatis-

---

[2] In diesem Sinne kritisiert jetzt Arbogast Schmitt 2003 die antiplatonische Wende der Moderne seit dem Nominalismus, die eben die Realitätshaltigkeit unserer Denkbestimmungen leugnet.

[3] Vgl. die Argumentation des Aristoteles für die Unbestreitbarkeit des Satzes vom Widerspruch Met. IV 4. Dass nicht das Widerspruchsaxiom, sondern der Einheitsvorgriff das grundlegendste und sicherste Denkprinzip ist, zeigt gegen Aristoteles Plotin, Enn. VI 5, 1-2.

mus noch nicht kennt. Einheit als Grund des Seins generiert den *ontologischen Komparativ* und damit die Grundlage der Ideenlehre, der zufolge die einheitliche Wesenheit von etwas *seiender* ist als ihre vielen individuellen Instanziierungen, und zwar genau darum, weil die *eine* Schönheit oder die *eine* Gerechtigkeit selbst den vielen Fällen erscheinender Schönheit oder Gerechtigkeit als die diese Vielheit begründende Einheit zugrunde liegt (Resp. 476a, 479a - 480a, 507b).

4.

Aus der Grundeinsicht, dass Einheit der Grund des Seins wie des Denkens und ihres Zusammenhangs ist, entwickelt Platon die für ihn charakteristische radikale Transzendenz des Einen und seine Auslegung in negativer Dialektik (dazu Halfwassen 1992, Teil II). Platon tut das in kritischer Auseinandersetzung mit dem Eleatismus, mit dem er jene Grundeinsicht teilt (dazu Krämer 1959, Kapitel V; ders. 1969). Parmenides hatte das Eine mit dem im Denken erfassten reinen Sein gleichgesetzt und dieses Eine Sein als ein Ganzes, als Totalität konzipiert (Fr. 8, 4-6). Aus dieser Gleichsetzung des Einen mit dem Sein und dem Ganzen ergibt sich eine Spannung, die den eleatischen Einheitsgedanken von innen her aufsprengt, sobald man das Eine an sich selbst als *reine Einheit* denkt.

Parmenides konnte das Eine Sein nur so denken, dass er es als ein inhaltlich positiv Bestimmtes durch eine Vielheit von unterschiedenen, aber zugleich konstitutiv aufeinander bezogenen ontologischen Bestimmungen wie Einheit, Ganzheit, Identität, Gleichheit mit sich, Ruhe, Abgeschlossenheit, Vollendung usw. gedacht hatte (Fr. 8). Diese vielen Bestimmungen konstituieren zusammen das Sein als die Einheit eines Ganzen seiner Bestimmungen. Als ein solches Ganzes aber ist es eine Einheit, die ebenso sehr Vielheit ist, wie sie Einheit ist (vgl. Soph. 244b - 245d). Die Vielheit und Unterschiedenheit der σήματα des Seins kann dabei nicht als eine rein begriffliche genommen werden, wenn man mit Parmenides und Platon an der Sachhaltigkeit unserer Denkbestimmungen festhalten will.

Also kann das Eine selbst als absolut vielheitslose, reine Einheit weder mit dem Ganzen noch mit dem Sein identisch sein (Soph. 245a; Parm. 137c-d, 141e). Das Eine ist vielmehr als Ursprung des Seins selber jenseits des Seins in seiner Ganzheit, so Platon gegen Parmenides (Test. Plat. 50; vgl. Resp. 509b). Weil Platon dabei an der von Parmenides entdeckten Einsicht festhält, dass Einheit das Fundament von Denken und Sein ist, das zugleich die Sachhaltigkeit unserer Denkbestimmungen garantiert, beansprucht er zu recht, dass seine Kritik an Parmenides kein Vatermord ist (Soph. 241d).

Mit der eleatischen All-Einheit löst sich zugleich die Symmetrie der grundlegenden Denkbestimmungen in ein fundamental *asymmetrisches* Verhältnis auf. Platon zeigt im *Parmenides*-Dialog wie im *Sophistes* (244b ff.), was die innerakademischen Zeugnisse (bes. Test. Plat. 22 B; 32; 39 A; 39 B; 40 A; 40 B; 41 A; 41 B; 42 A; 42 B; 55 A) weiter erhärten: Alle Fundamentalbestimmungen des Denkens wie Sein und Ganzheit, Identität und Verschiedenheit, Ruhe und Bewegung, Gleichheit und Ungleichheit, Ähnlichkeit und Unähnlichkeit usw. stehen in einer gleichermaßen notwendigen wie asymmetrischen Beziehung zum Gedanken des Einen. Denn Bestimmtheit ist nur als Einheit denkbar. Das Eine setzt als solches aber keinerlei weitere Bestimmung voraus, weder das Sein noch das Ganze oder die Identität (Soph. 245a; Parm. 137c - 141e; Test. Plat. 50); es ist von ihnen allen unabhängig und kann genau darum ihr Prinzip sein.

Wie Plotin ergänzend gezeigt hat, gilt das auch für das Verhältnis des Denkens selber zum Einen: denn wenn jeder Denkakt nur als Einheit vollziehbar ist, dann setzt er das Eine damit schon voraus, das also *Prinzip* des Denkens ist und nicht dessen Setzung, die auf den Vollzug des Denkens angewiesen wäre (Enn. VI 6, 13). Das Eine ist also dasjenige, das von allem anderen vorausgesetzt wird, ohne selbst irgend etwas anderes vorauszusetzen; genau darum ist es die ἀνυπόθετος ἀρχή. Dagegen sind die genannten Fundamentalbestimmungen für Platon nur noch Charaktere des Seins, aber nicht mehr auch Charaktere des Einen wie für Parmenides; sie *explizieren* nicht das Eine, sondern *manifestieren* es nur in der Vielheit und sind darum die höchsten und allgemeinsten Ideen, die μέγιστα γένη, als die ersten Prinzipiate des Einen, die alle übrigen Ideen in ihrer Seinsstruktur bestimmen.

Soll nun aber *das Eine selbst* in seiner Absolutheit gedacht werden, so zeigt sich eine Schwierigkeit, die zur Ausbildung einer *negativen Theologie* oder Henologie zwingt. Denn das Denken bewegt sich immer schon im Zusammenhang seiner Fundamentalbestimmungen und insofern in einer Vielheit; anders als im Zusammenhang dieser Vielheit kann inhaltlich positiv Bestimmtes gar nicht gedacht werden. Also kann das Eine selbst als das Prinzip der Einheit dieses Zusammenhangs, das selber nicht mehr durch ihn bedingt ist, überhaupt nur noch so gedacht werden, dass *Es Selbst* durch konsequente Verneinung aus diesem Zusammenhang herausgenommen wird.

Platon führt das in der ersten Hypothesis seines *Parmenides*-Dialogs vor (137c - 142a; dazu eingehend Halfwassen 1992, 265-405). Wird das Eine nur in sich selbst betrachtet, dann weist es als *reine Einheit* jedwede Bestimmung strikt von sich ab; es steht als solches *jenseits* aller Bestimmungen, weil jede denkbare Bestimmung es in die Vielheit hineinziehen würde. Man kann darum nichts von ihm aussagen, noch nicht einmal, dass es ist oder dass es Eines ist, weil es damit bereits eine Zweiheit wäre (141e); die duale Struktur der Prädikation verfehlt prinzipiell die reine Einfachheit des Absoluten. Platon spricht dem absolut Einen darum systematisch alle Fundamentalbestimmungen ab, auch Sein, Einssein, Erkennbarkeit und Sagbarkeit (141e - 142a; vgl. auch Test. Plat. 50, wohl bezogen auf die erste Hypothesis des *Parmenides*; vgl. dazu Halfwassen 1992, 282 ff.; ders. 1993; Dillon 2000).

Das Absolute ist so verstanden „das Nichts alles dessen, dessen Ursprung Es ist, und zwar in der Weise, dass Es – da nichts von Ihm ausgesagt werden kann, weder Sein noch Seiendheit noch Leben – das all diesem Transzendente ist" (Enn. III 8, 10, 28-31), so formuliert Plotin den Sachverhalt durchaus im Sinne Platons. Plotin hebt eigens hervor, was schon Platon gemeint hatte, dass nämlich die auf das jenseitige Eine bezogene Verneinung als *Transzendenzaussage* zu verstehen ist (vgl. z. B. auch Enn. V 5, 6), also nicht etwa bedeutet, dass dem Absoluten fehlt, was ihm abgesprochen wird. Denn das Eine ist ja der absolute Ursprung alles dessen, was ihm abgesprochen wird, so dass ihm seine eigenen Prinzipiate nicht *fehlen* können; wenn sie ihm in seiner reinen Einfachheit gleichwohl nicht zukommen, dann nur in dem Sinne, dass es sie transzendiert. Die Verneinung aller Bestimmungen vom Absoluten meint darum nicht die Leere, den absoluten Mangel, sondern die absolute Transzendenz, sie intendiert die positiv unsagbare und undenkbare Überfülle des Überseins.

Weil die dem Einen entspringenden Fundamentalbestimmungen mit dem Sein zugleich auch positive Denkbarkeit allererst konstituieren, darum bedeutet die Seinstranszendenz des absolut Einen zugleich seine Denk- und Erkenntnistranszendenz. Das Eine selbst ist ebenso sehr jenseits des Geistes und der Erkenntnis (vgl. Resp. 508e-f; Parm. 142a; Aristoteles, *Über das Gebet* Fr. 1), wie es jenseits des Seins ist; es übersteigt den Zusammenhang von Denken und Sein, indem es das Prinzip dieses Zusammenhangs ist; und es begründet ihn gerade kraft seiner Transzendenz. Darum muss sich das Denken in seiner Beziehung zum Absoluten selbst übersteigen, was letztlich zur Mystik führt, eine Konsequenz, die vielleicht erst Plotin mit aller Entschiedenheit gezogen hat, die sich aber aus Platons Konzeption des Absoluten folgerichtig ergibt.

5.

Aus der reinen Transzendenz des Absoluten ergibt sich nun das zweite unterscheidende Charakteristikum der Platonischen Metaphysik des Einen, nämlich die Ansetzung eines *zweiten Prinzips* als Grund der Vielheit.

Da das Eine selbst in seiner Absolutheit alle Denkbarkeit radikal transzendiert, darum ist das Denken auch nicht imstande, die Prinzipiate des Einen, das Sein und die Vielheit seiner Fundamentalbestimmungen, auf eine begrifflich vollziehbare Weise aus dem Einen selbst abzuleiten. Denn das Eine

selbst entzieht sich in seiner Transzendenz dem Denken radikal. Vom Übersein des Absoluten führt kein konstruktiver Rückweg zurück zum Sein. Das
einzige Zeugnis, das über das Motiv Platons zur Einführung seines zweiten
Prinzips Aufschluss gibt, sagt das ausdrücklich:

Speusipp, Platons Neffe und Nachfolger, berichtet – wobei er Platons
Lehre den „Alten", also wohl den Pythagoreern zuschreibt (vgl. Burkert
1962, 56 f.) –: „Sie glauben nämlich, das Eine sei über das Seiende erhaben
und Ursprung des Seienden, und sie haben das Eine sogar von der Verhält-
nisbestimmung als Prinzip befreit. Weil sie aber meinen, dass nichts von den
anderen Dingen entstünde, wenn man das Eine selbst, allein in sich selbst betrachtet, ohne alle weiteren Bestimmungen, rein an sich selbst zugrunde legt,
ohne Ihm irgend ein zweites Element hinzuzusetzen, darum haben sie die
unbestimmte Zweiheit als Prinzip der Seienden eingeführt." (Test. Plat. 50 =
Speusipp, Fr. 62 Isnardi Parente = Proklos, In Parm. VII 40, 1-5 Klibansky; –
Proklos zitiert Speusipp hier *verbatim*, wie er selbst betont, 40, 1)

Platon nimmt also ein zweites Prinzip *nach* dem Einen an,[4] um mit dessen
Hilfe die Prinzipiate überhaupt ableiten zu können. Dieses zweite Prinzip erfüllt seine Funktion dann und nur dann, wenn es spezifisch das generiert, was
die reine Einheit absolut von sich ausschließt: nämlich eben die Vielheit. Das
Prinzip der Vielheit kann freilich selbst kein schon bestimmtes Vieles sein,
sondern es ist als solches unbestimmt und als Unbestimmtes auch nicht seiend, sondern *vorseiend*, aber freilich nicht überseiend wie das Eine, sondern als
unbestimmte Vielheit bloße *Seinslatenz* (vgl. Test. Plat. 31). Platon nennt dieses Vielheitsprinzip die „unbestimmte Zweiheit" (ἀόριστος δυάς), weil *Entzweiung* seine grundlegende, Vielheit allererst generierende Wirkungsweise
ist (Aristoteles, Met. 1082a13-15 = Test. Plat. 60; Alexander, In Met. 57, 4 =
Test. Plat. 22 B; Test. Plat. 32 §§ 276-277; vgl. Parm. 143a1).

Der *Parmenides*-Dialog zeigt übereinstimmend mit den innerakademischen Zeugnissen, wie allein aus dem Zusammenwirken des Einen mit einem
entzweiend wirksamen Zweiten alle ontologischen Fundamentalbestimmungen hervorgehen, welche die Struktur des Ideenreiches und damit die ganze
Welt des Seienden konstituieren. Die Konstitution des intelligiblen Seins er-

---

[4] Proklos referiert das ausdrücklich: „Quare testatur et iste (sc. Speusippus) hanc
esse antiquorum opinionem de Uno, quod ultra ens sursum raptum est et quod *post
Unum* interminabilis dualitas." (In Parm. VII 40, 6) – Auch wenn Proklos hier nicht
mehr *verbatim* zitiert, berichtet er dies ausdrücklich als von Speusipp so referiert, weshalb Gaiser den Satz zu Recht in den Text von Test. Plat. 50 aufgenommen hat. Er
paraphrasiert nicht einfach das zuvor im Wortlaut zitierte Fragment, sondern bringt
eine darüber hinausgehende Information, die eigenen Quellenwert besitzt, da Proklos das Werk Speusipps, aus dem er zitiert und referiert, offenbar noch vorlag, ähnlich wie ein halbes Jahrhundert später Simplikios das Lehrgedicht des Parmenides.

scheint dabei einerseits vom Vielheitsprinzip aus als die Einheit und Bestimmtheit setzende *Begrenzung* der unbegrenzten Vielheit durch die Übermacht des Einen (Parm. 157c - 158d mit Test. Plat. 32 § 277) und andererseits vom Einheitsgrund aus als die Entfaltung des Einen in die Vielheit durch
die entzweiende Wirksamkeit des zweiten Prinzips (Parm. 142e ff. mit Test.
Plat. 32 § 277). Der Konstitutionsvorgang ist dabei so zu verstehen, dass das
Eine nicht in sich selbst Bestimmtheit und Grenze annimmt, sondern sie
kraft seiner Überfülle an Dynamis ausschließlich in seinen Prinzipiaten setzt
(vgl. Parm. 158a1-7).

Die von sich selbst her unbestimmte und nichtige Vielheit wird durch die
Einheit-setzende Übermacht des Einen aus ihrer unbestimmten Nichtigkeit
zu Bestimmtheit und Sein *erhoben*, und dabei artikuliert sie ihre Bestimmtheit
in sich selbst, indem sie ihr Sein entzweiend vervielfältigt und sich damit erst
als seiende Vielheit selbst aktualisiert. Umgekehrt zeigt sich die Artikulation
der Bestimmtheit des Seins in sich selbst als die entzweiende Ausfaltung seiner ursprünglichen, vom absoluten Einen gesetzten Einheit in die seiende
Vielheit seiner Bestimmungen, erscheint also als eine Entfaltung des Einen
ins Viele, durch die das Eine aus dem Übersein ins Sein *absteigt*. Die Konstitution des Seins ist so zugleich und in einem die *Erhebung* der Vielheit ins
Sein durch ihre Einung in eine Einheit und der *Abstieg* des Einen ins Sein
durch seine Entfaltung in eine Vielheit. Dieser Abstieg und diese Entfaltung
ist freilich so zu verstehen, dass das Eine als Es selbst unentfaltet jenseits des
Seins bleibt, seine Transzendenz also bewahrt und gerade kraft ihrer nur in
seinen Prinzipiaten Sein annimmt, so dass das *seiende* Eine – die Totalität der
Ideen – nur die Manifestation des überseienden Absoluten ist.

6.

Das wohl schwierigste Problem der Platonischen Metaphysik ist nun die genauere Bestimmung des Verhältnisses, in dem die beiden universalen Prinzipien des Einen und der unbestimmten Zweiheit zueinander stehen (so ausdrücklich Gaiser 1963, 12 f.; zum Folgenden eingehender Halfwassen 1997).

Aus dem Gesagten ist bereits deutlich, dass das zweite Prinzip *kein* zweites
Absolutes ist, Platon also keinen radikalen Dualismus vertritt. Die unbestimmte Zweiheit ist vielmehr erst das Zweite *nach* dem Einen selbst (Test.
Plat. 50) und eben damit kein ἀνυπόθετον. Platon führt sie nur ein, weil die
absolute Transzendenz des Einen eine konstruktive Herleitung des Seins aus
dem Einen verwehrt. Und sie ist in sich selbst unbestimmt, als bloße Seinslatenz an sich nichtig und unwirksam (Test. Plat. 31). Erst die Übermacht des
Einen erhebt sie ins Sein und *ermächtigt* sie zu ihrer entzweienden, das Sein
artikulierend aufschließenden und entfaltenden Wirksamkeit.

So ist die unbestimmte Zweiheit nur die an sich selbst nichtige Entfaltungsbasis des Einen, dem sie alle Kraft und Wirksamkeit verdankt, denn ihre entzweiende Wirksamkeit vollzieht sich immer nur an einer Einheit, die sie entzweit, und eben diese Entzweiung führt ihrerseits wiederum immer nur zu Einheit, wenn auch zu einer Vielheit von Einheiten (vgl. Parm. 142d ff.), so dass die Macht des Einen die seines Gegenprinzips sowohl ermöglicht als auch übergreift. Gleichwohl ist dieses Gegenprinzip eben damit für das Seiende mit konstitutiv und aus dem Einen begrifflich nicht ableitbar.

Das Verhältnis der unbestimmten Zweiheit zum Einen lässt sich prinzipiell in drei verschiedene Richtungen deuten. Man kann *erstens* aus der begrifflichen Unableitbarkeit des Vielheitsprinzips auf eine metaphysisch irreduzible Dualität der Prinzipien schließen, die freilich den absoluten Vorrang des Einen weder aufheben noch einschränken darf (diese Lösung vertreten Wilpert 1949, bes. 173 ff.; Happ 1971, bes. 141 ff.; Reale 1993, bes. 205 ff.). *Zweitens* kann man die unbestimmte Zweiheit als eine Art von Selbstexplikation des Einen deuten, die freilich dessen absolute Einheit nicht aufheben darf (für diese Deutung plädieren Gaiser 1963, bes. 12 f., 27, 200; Hösle 1984, 478–490; vgl. schon Hegel 1986, I 242 ff.). Und *drittens* kann man annehmen, dass die unbestimmte Zweiheit ursprünglich auf eine begrifflich nicht explizierbare Weise aus der Überfülle des Einen hervorgeht, wobei der Urakt dieses Hervorgangs selbst im strengen Sinne unvordenklich und unbegreiflich bleibt (so Halfwassen 1997; angedeutet bei Krämer 1964a, 332 ff.).

Zwischen diesen drei Optionen ist eine *sichere* Entscheidung wohl nicht möglich, da unsere Quellen zu unbestimmt sind, um eine von ihnen zu erzwingen oder mit Sicherheit auszuschließen. Gleichwohl legt die Wirkungsgeschichte die *dritte* Option nahe, für die mir die meisten und besten Indizien zu sprechen scheinen, und die systematisch mit den wenigsten Aporien belastet ist.

Gegen eine metaphysisch irreduzible Dualität der Prinzipien spricht nämlich vor allem, dass die unbestimmte Zweiheit als Prinzip selber eine *Einheit* sein muss. Aristoteles berichtet sogar, Platon habe sie als eine zugleich begriffliche und numerische Einheit konzipiert, ohne zwischen ihrer begrifflichen und ihrer numerischen Einheit überhaupt zu unterscheiden (Met. 1087b9-12 = Test. Plat. 49; vgl. Phileb. 23e4-6, 25a1-4, 25c10 f.). Als Einheit ist die unbestimmte Zweiheit aber selber ein Prinzipiat des Einen. Darüber hinaus ist das *Zusammenwirken* der beiden Prinzipien eine Form von Einheit und bedarf eines einigenden Grundes (vgl. Phileb. 27b mit 30ab; Aristoteles, Met. 1075b17-20), der nur das Eine selbst sein kann. Ferner konstituieren die Prinzipien das Sein als die Einheit eines Ganzen (ἓν ὅλον, Parm. 157e4, 158a7), als das seiende Eine, in dem alle entfaltete Vielheit einbegriffen bleibt. Nähme man nun an, dass der Koordination der Prinzipien ihre ursprünglich irreduzible Dualität vorausginge, so ginge die Zweiheit der Einheit voraus, was nicht nur für Platon, sondern auch in der Sache undenkbar ist.

Dagegen findet sich die Deutung der unbestimmten Zweiheit als Selbstexplikation des Einen in einem unserer wichtigsten Testimonien, dem wahrscheinlich auf Xenokrates zurückgehenden Bericht bei Sextus Empiricus (Test. Plat. 32 § 261; auf Xenokrates zurückgeführt von Gaiser 1968, bes. 38, 78, 80). Sie erscheint dort aber als zirkulär, da die unbestimmte Zweiheit aus der Selbstunterscheidung und Selbstentzweiung des Einen hervorgehen soll, Unterschied und Entzweiung aber selber Prinzipiate der Zweiheit sind. Außerdem ist eine immanente Selbstunterscheidung des Einen weder mit dessen Transzendenz noch mit seiner reinen Einfachheit vereinbar und wird dem absoluten Einen von Platon ausdrücklich abgesprochen *(Parm.* 139b4 ff.).

Dagegen bietet die dritte Option eine sachlich befriedigende Lösung: ein unvordenklicher und unbegreiflicher Hervorgang des Vielheitsprinzips aus der Überfülle des Einen, wobei dieses sich nicht in sich selbst unterscheidet, sondern seine Überfülle nur *ad extra* manifestiert. Dass nicht erst Plotin (Enn. V 1, 5, 6 ff), sondern schon Platon so dachte, lässt sich nicht beweisen, es scheint sich aber aus der inneren Konsequenz seiner Absolutsetzung des Einen zu ergeben. Zudem gibt es eine Reihe von Indizien, von denen ich nur die wichtigsten nenne (weiteres dazu bei Halfwassen 1997).

Platon spricht im „Sonnengleichnis" von der Sein-setzenden *Übermacht* des Absoluten (δυνάμει ὑπερέχοντος, Resp. 509b9 f.), und er gebraucht dafür bereits die Metapher der *Emanation.* Denn wenn das Auge seine Sehkraft „wie eine Emanation" (ὥσπερ ἐπίρρυτον, 508b7) der Sonne besitzt, dann ist der erkennende Geist in strenger Analogie dazu eine Emanation des Absoluten; das Sein und die Wahrheit „scheinen" (καταλάμπει, 508d5) dem Gleichnis zufolge auf analoge Weise aus dem Übersein des Absoluten hervor wie das Licht aus der Überhelle der Sonne. Auch die Rede vom Ursprung als *Quelle* (πηγή) im *Phaidros* (245c9) verweist auf die Emanation, die freilich nur ein analoges Bild für ein begrifflich nicht fassbares Ursprungsgeschehen sein kann, eine absolute Metapher, die einen unvordenklichen Akt ursprünglichen Hervorgehens vorstellt, ohne ihn zu begreifen. Von einem „Hervorgehen der Wirklichkeit des Seienden" aus dem Übersein des Einen spricht auch Speusipp in zwei Fragmenten (Fr. 58 und 72 Isnardi Parente).

Dass Platon und Speusipp die ursprüngliche Setzung des Seins durch die Metaphern des *Überfließens* und *Hervorgehens* vorstellen, spricht entschieden dafür, dass auch die unbestimmte Zweiheit in dieser Weise aus dem Übersein des Einen hervorgeht. Denn das Bild vom Überfließen und Hervorgehen setzt kein Substrat voraus, *an dem* sich der ursprünglich Sein-setzende Akt vollzieht, wie das bei den begrifflichen Verhältnissen der Bestimmung des Unbestimmten und der Einung der Vielheit der Fall ist, sondern es schließt ein solches Substrat gerade aus. Diese begrifflichen Verhältnisse, in denen die

Konstitution des Seins dialektisch begriffen wird, scheinen darum jenen in ungleicher Analogie nur bildlich vorstellbaren, aber nicht begreifbaren Ursprungsakt schon vorauszusetzen.

7.

Platons Metaphysik des Einen, deren Grundzüge ich nachgezeichnet habe, ist die erste vollständig entfaltete und in sich konsistente Theorie des Absoluten in der Geschichte des westlichen Denkens. Sie bleibt nicht archaisch unentwickelt wie der Eleatismus, die einzige überhaupt vergleichbare Vorgängertheorie, deren ganzes Potential erst Platons nicht-vatermörderische Kritik fruchtbar macht. Aus Platons Theorie des Absoluten speist sich der Neuplatonismus und sie ist systematisch anschließbar an Cusanus wie an Fichte, an Hegel wie an Schelling. Damit bleibt sie über ihre eminente historische Bedeutung hinaus eine lebendige philosophische Option, deren Einsichten aktuell sind, mögen sie dem Zeitgeist auch noch so sehr widersprechen (dazu Halfwassen 2002).

Literaturverzeichnis

1. Textausgaben

Aischines Socraticus, Ed. H. Krauss (griechisch). Leipzig 1911

Aristoteles: *Aristoteles Opera*, Aristoteles Graecae ex recensione Immanuelis Bekkeri. Ed. Academia Borussica, Berlin 1831

Alcinous, *Enseignement des doctrines de Platon [Didascalicus]*, intr., texte établi et comm. par J. Whittaker et trad. par P. Louis, Paris 1990

Antholgia Graeca, Herausgegeben von H. Beckby, München 1957

Appendix proverbiorum, cent. II, par. 48, in: *Corpus paroemiographorum Graecorum*, vol. 1, ed. E. L. von Leutsch, F. G. Schneidewin, Göttingen 1839, Nachdr. Hildesheim 1965, 379-467

Apuleius Madaurensis, *De Platone et eius dogmate*, lib. I, cap. 25, in: ders., *De philosophia libri*, ed. C. Moreschini, Stuttgart, Leipzig 1991, 87-145

Aulus Gellius, *Noctes Atticae*, 2. vol., ed. P. K. Marshall, Oxford 1968

Cicero: *De officiis*, ed. M. Winterbottom, Oxford 1994

Corpus paroemiographorum Graecorum, vol. 1, ed. E. L. von Leutsch, F. G. Schneidewin, Göttingen 1839, Nachdr. Hildesheim 1965

Der Platonismus in der Antike. Grundlage – System – Entwicklung, Bd. 2: *Der hellenistische Rahmen des kaiserzeitlichen Platonismus. Bausteine 36-72*, Text, Übers., Komm. von H. Dörrie aus dem Nachlaß hrsg. und bearb. von M. Baltes unter Mitarbeit von A. Dörrie, F. Mann, Stuttgart-Bad Cannstatt 1990

Der Platonismus in der Antike. Grundlage – System – Entwicklung, Bd. 3: Der Platonismus im 2. und 3. Jahrhundert n. Chr. Bausteine Nr. 73-100, Text, Übers., Komm. von H. Dörrie, M. Baltes, Stuttgart-Bad Cannstatt 1993

Commentarius in Platonis Theaetetum, par. 70: *Anonymer Kommentar zu Platons Theaetet (Papyrus 9782) nebst drei Bruchstücken philosophischen Inhalts (Pap. N. 8; P. 9766. 9659)*, unter Mitwirkung von J. L. Heiberg bearb von H. Diels, W. Schubart, Berlin 1905

Fabius Marcus Quintilianus: *Ausbildung des Redners*, Zwölf Bücher, Herausgegeben und übersetzt von Helmut Rahn, Darmstadt ²1988

Gorgias von Leontinoi: *Reden, Fragmente und Testimonien*, Griechisch/Deutsch, Herausgegeben mit Übersetzung und Kommentar von Thomas Buchheim, Hamburg 1986

Hesiodus: *Theogonia*, ed. M.L. West, Oxford 1966

Homer: *Ilias*, Griechisch/Deutsch. Griechischer Text nach Hans Hermann Hagedorn, deutsch nach Johann Heinrich Voss, bearbeitet von Hans Rupé. Mit einem Nachwort von Bruno Snell, Darmstadt 1956

Isokrates: *In three volumes* (gr./engl.), transl. by George Norlin (Bd.1 u. 2), Larue van Hook (Bd.3). London/Cambridge (USA), 1951/1952/1956

Jamblique de Chalcis: *Exégète et philosophe. Appendice. Testimonia et fragmenta exegetica*, rec. par B. D. Larsen, Aarhus 1972

Kant, I.: *Von einem neuerdings erhobenen vornehmen Ton in der Philosophie*, in: ders., *Gesammelte Schriften*, hrsg. von der Königlich Preußischen Akademie der Wissenschaften, Bd. 8, Berlin ²1923

Lexicon Platonicum, ed. F. Dübner, in: Platonis opera quae feruntur omnia, ed. J. G. Baiter, J. K. Orelli, A. W. Winckelmann, Zurich 1839

Luciani: *Opera*, Herausgeben von M.D. Macload, Oxford 1972 ff.

Macarius Chrysocephalus, *Paroemiae*, cent. III, par. 65, in: Corpus paroemiographorum Graecorum, vol. 2, ed. E. L. von Leutsch, Göttingen 1851, Nachdr. Hildesheim 1958, 135-227

Numenius: *Fragments*, texte établi et trad. par É des Places, Paris 1973

Pausanias, *Description de la Grèce* (*Descriptio Graeciae*), lib. I, cap. 30, par. 1, texte établi par M. Casevitz, trad. par J. Pouilloux, comm. par F. Chamoux, tom. 1, Paris 1992

Philo Judaeus, *De vita contemplativa*, in: ders., *Opera quae supersunt*, vol. 6, ed. L. Cohn, S. Reiter, Berlin 1915 (Nachdr. 1962), 46-71

Plato: *Symposium*, ed. by K. Dover, Cambridge 1980

Plato: *Symposium*, ed. with an intr., trans. and comm. by C. J. Rowe, Warminster 1998

Plato: *Symposion*, übersetzt und herausgegeben von B. Zehnpfennig, Hamburg 2000 (=Zehnpfennig 200)

Platon: *Convivium*, in: Platonis philosophi quae exstant Graece ad editionem Henrici Stephani accurate expressa cum Marsilii Ficini interpretatione accedit varietas lectionis, vol. X, Zweibrücken 1787, 163-275

Platon: *Convivium*, in: Platonis quae exstant Opera accedunt Platonis quae feruntur scripta ad optimorum librorum fidem recensuit in linguam Latinam convertit annotationibus explanavit indicesque rerum ac verborum accuratissimos adiecit F. Ast, tom. 3, Leipzig 1821, 429-548

Platon, *Œuvres complètes*, texte établi et trad. par L. Robin, tom. IV/2: Le Banquet, Paris ⁷1962

Platon: *Sämtliche Dialoge*, in Verbindung mit Kurt Hildebrandt, Constantin Ritter und Gustav Schneider herausgegeben und mit ein Einleitungen, Literaturhinweisen, Anmerkungen und Register versehen von Otto Apelt. Philosophische Bibliothek 178, Leipzig ²1922

Platon: *Phaidros*, Göttingen (Werke, Bd. I, 2), Übersetzung und Kommentar von Ernst Heitsch, Göttingen 2002 (= Heitsch 2002)

Platon: *Phaidros*, Übersetzung und Kommentar von Ernst Heitsch, Göttingen 1993 (=Heitsch 1993)

Platon: Das *Gastmahl oder Von der Liebe*, in: Werke des Plato. Dritter Band, welcher das Gastmahl, den Phädrus, die Apologie des Sokrates, den Kriton und Protagoras enthält, übers. von J. F. Kleuker, Lemgo 1783, 1-142

Platon: *Das Gastmahl von Plato oder Gespräch über die Liebe*; Übers. von Anonymus (F. I. Niethammer): in: Neue Thalia, hrsg. von F. Schiller, Bd. 2, Leipzig 1792, 5. Stück, 170-228

Platon: *Das Gastmahl oder von der Liebe*, in: Auserlesene Gespräche des Platon. Erster Theil, übers. von F. L. Graf zu Stolberg, Königsberg 1796, 173-324

Platon: *Das Gastmahl*, in: Platons Werke, von F. Schleiermacher, Zweiten Theiles Zweiter Band, Berlin 1807, 371-452

Platon: *Symposion.* Vollständige Ausgabe. Eingel. und komm. von H. Reynen, Kommentar, Münster ⁶1994

Platon: *Platonis dialogi duo Philebus et Symposium* Graece e recensione H. Stephani varietate lectionis animadversionibusque criticis illustrati ab I. F. Fischero, Leipzig 1776

Platon: *Platonis Opera omnia.* Recensuit et commentariis instruxit G. Stallbaum, vol. I sect. III continens *Symposium*, Gothae ³1852

Platon: *Platonis Symposium et Alcibiades primus*, rec. F. Ast, Landshut 1809

Platon: *Platonis Symposium in usum studiosae iuventutis et scholarum cum commentario critico*, ed. G. F. Rettig, Halle 1875

Platon: *Platons Gastmahl. Ein Dialog*, hin und wieder verbessert und mit kritischen und erklärenden Anm. hg. von F. A. Wolf. Neue, nach den vorhandenen Hülfsmitteln durchgängig verbesserte Ausgabe, Leipzig 1782

Platon: *The Symposium of Plato*, ed. with intr., critical notes and comm. by R. G. Bury, Cambridge 1932

Plutarchus: *Quaestiones conviviales*, 618D8-F1, in: ders., Moralia, vol. IV, ed. C. Hubert, Leipzig 1938 (Nachdr. 1971)

Porphyrius, *Vita Plotini*, in: Plotinus, *Opera*, ed. P. Henry, H.-R. Schwyzer, vol. 1, Leiden 1951

Proclus: *In Platonis rem publicam commentarii*, ed. W. Kroll, vol. 2, Leipzig 1901

Proclus: *Commentary on the First Alcibiades of Plato (In Platonis Alcibiadem i)*, Critical Text and Indices by L. G. Westerink, Amsterdam 1954

Scholia in Symposium, in: *Scholia Platonica*, ed. W. C. Greene, Haverford/Penn. 1938, 55-67

Platon: *The Symposium of Plato*, ed. with intr., critical notes and comm. by R. G. Bury, Cambridge 1932

Proklos: *Procli Commentarium in Platonis Parmenidem*, in: Proclus (Diadochus): Procli Philoosophi Platonici inedita, 3. Teil., Unveränd. Nachdruck d. Ausg. Paris 1864, Hildesheim 1961

Testimonia Platonica. Quellentexte zur Schule und mündlichen Lehre Platons, in: K. Gaiser, Platons Ungeschriebene Lehre. Studien zur systematischen und geschichtlichen Begründung der Wissenschaften in de Platonischen Schule, Stuttgart ²1968, 441–458

Timaeus Sophista Grammaticus, *Lexicon Platonicum*, 984b32-34, ed. F. Dübner, in: Platonis opera quae feruntur omnia, ed. J. G. Baiter, J. K. Orelli, A. W. Winckelmann, Zürich 1839

Xenophon: Die sokratischen Schriften (Memorabilia, Symposion, Oikonomikos, Apologie), Deutsch von Ernst Bux (Hg.), Stuttgart 1956

2. Literatur

Ackeren, M., v., 2003: *Das Wissen vom Guten. Bedeutung und Kontinuität des Tugendwissens in den Dialogen Platons*, Amsterdam/Philadelphia

2003b: *Von Sackgassen und Crossroads. Neue Sammelbände zu Platon*, in: Bochumer Philosophisches Jahrbuch für Mittealter und Antike 7, 199-218

Ackrill, J. L., 1965: ‚*Symplokê Eidôn*', in: R.E. Allen (Hg.), Studies in Plato's Metaphysics, London, 199-206

1970: *In Defence of Plato's Divisions*, in: G. Pitcher/O.Wood (Hg.), Ryle, New York 372-392

Adam, J., 1902: *The Republic of Plato*, I, Cambridge

Allen, R.E., 1970: *Plato's Euthyphro and the Earlier Theory of Forms*, London

Anderson, D.E., 1993: *The mask of Dionysos. A commentary on Plato's "Symposium"*, Albany

Annas, J., 1976: *Aristotle's Metaphysics. Books M and N*, Oxford

1981: *An introduction to Plato's Republic*, Oxford

Arndt, A., 1996: *Schleiermacher und Platon*, in: Schleiermacher, F.E.D.: Über die Philosophie Platons. Geschichte der Philosophie. Vorlesungen über Sokrates und Platon (zwischen 1819 und 1823). Die Einleitungen zur Übersetzung des Platon (1804-1825), hg. und eingel. von P. M. Steiner mit Beiträgen von A. Arndt, J. Jantzen, Hamburg, VII-XXII

Arnim, H., von, 1914: *Platos Jugenddialoge*, Berlin/Leipzig

Baumgarten, H.-U., 1998: *Handlungstheorie bei Platon. Platon auf dem Weg zum Willen*, Stuttgart/Weimar

Barker, A., 1984-89: *Greek Musical Writings*, 2 Bd., Cambridge

Beierwaltes, W., 1965: *Proklos. Grundzüge seiner Metaphysik*, Frankfurt a. M.

1972: *Platonismus und Idealismus*, Frankfurt a. M.

1980: *Identität und Differenz*, Frankfurt a. M.

1985: *Denken des Einen. Studien zur neuplatonischen Philosophie und ihrer Wirkungsgeschichte*, Frankfurt a. M.

1994: *Eriugena. Grundzüge seiner Philosophie*, Frankfurt a. M.

1998: *Platonismus im Christentum*, Frankfurt a. M.

Bengtson, H., 1975: *Die Staatsverträge des Altertums*, Bd. II, München[2]

Bernadete, S., 1994: *On Plato's Symposium – Über Platons Symposium. Vortrag gehalten in der Carl Friedrich von Siemens Stiftung am 15. Juni 1993*, München

Bleicken, J., 1991: *Die athenische Demokratie*, Paderborn[3]

Bobonich, Ch., 1991: *Persuasion, Compulsion, and Freedom in Plato's Laws*, in: Classical Quarterly 41, 421-437

1994: *Akrasia and Agency in Plato's Laws and Republic*, in: Archiv für Geschichte der Philosophie 76, 3-36.

2002: *Plato's Utopia Recast. His Later Ethics and Politics*, Oxford

Blössner, N, 1997: *Dialogform und Argument*, Stuttgart 1997

2001: *Sokrates und sein Glück, oder: Warum hat Platon den Phaidon geschrieben?*, in: A. Havlícek/F. Karfík (Hg.), Plato's Phaedo, Proceedings of the Second Symposium Platonicum Pragense, Prag, 96-139

Blondell, R., 2002: *The Play of Character in Plato's Dialogues*, Cambridge

Blundell, M.W., 1989: *Helping Friends and Harming Enemies: A study in Sophokles and Greek Ethics*, Cambridge

Bonitz, H., 1868: *Platonische Studien*, Berlin[3]

Borsche, T., 1996: *Die Notwendigkeit der Ideen: Politeia*, in: Kobusch, T./ Mojsisch, B. (Hg.): Platon. Seine Dialoge in der Sicht neuer Forschungen, Darmstadt, 96-114

Braga, G.C., 1947: *Il "Fanciullino" Di Cebete*, Giornale di Metafisica 2, 60-62

Brickhouse, T.C./Smith, N.D., 1983: *Justice and Dishonesty in Plato's Republic*, in: Southern Journal of Philosophy 21, 79-95

Brisson, L., 1994: *Le Même et L'autre dans la Structure ontologique du Timée de Platon*, St. Augustin

Bröcker, W., 1959: *Platons ontologischer Komparativ*, in: Hermes 87, 401-423

1972: *Plato über das Gute*, in: J. Wippern (Hg.), Das Problem der Ungeschriebenen Lehre Platons. Beiträge zum Verständnis der platonischen Prinzipienlehre, Darmstadt, 217-240

1985: *Platos Gespräche*, Frankfurt a. M.[3]

Brown, M./Coulter, J.,1979.: *The Middle Speech of Plato's Phaedrus*, in: K. V. Erickson (Hg.), Plato: True and Sophistic Rhetoric, Amsterdam, 239-264

Bubner, R., 1980: *Zur Sache der Dialektik*, Stuttgart

1995: *Die Entdeckung Platons durch Schelling und seine Aneignung durch Schleiermacher*, in: ders., Innovationen des Idealismus, Göttingen, 10-42

Buchheim, Th., 1986: *Die Sophistik als Avantgarde des normalen Lebens*, Hamburg

Buchheit, V., 1960: *Untersuchungen zur Theorie des Genos Epideiktikon von Gorgias bis Aristoteles*, München

Burger, R., 1984: *The Phaedo: A Platonic Labyrinth*, New Haven

Burnyeat, M. 1977: *Socratic Midwifery, Platonic Inspiration*, in: Bulletin of the Institute of Classical Studies 24, 7-16

1987: *Platonism and Mathematics: A Prelude to Discussion*, in: A. Graeser (Hg.), Mathematics and Metaphysics in Aristotle: Akten des 10. Symposium Aristotelicum, Bern, 213-240

1990: *The Theaetetus of Plato*, Indianapolis

Burkert, W., 1962: *Weisheit und Wissenschaft. Studien zu Pythagoras, Philolaos und Platon*, Nürnberg

Canto-Sperber, M., 1987: *L'intrigue philosophique. Essai sur l'Euthydème de Platon*, Paris

Carr, D., 1988: *The Cardinal Virtues and Plato's Moral Psychology*, in: Philosophical Quarterly 38, 186-200

Chance, T.H., 1992: *Plato's Euthydemus. Analysis of what is and is not philosophy*, Berkeley

Clay, D., 2000: *Platonic Questions: Dialogues with the Silent Philosopher*, University Park

Chen, L.C.H., 1987: *Education in General (Rep. 518c4-519b5)*, Hermes 115, 66-72

Cherniss, H., 1954: *The Sources of Evil According to Plato*, in: Proceedings of the American Philosophical Society 98/1 (Nachdruck in ders.: Selected Papers, Leiden 1977, 253-260)

Clay, D., 2000: *Platonic Questions: Dialogues with the Silent Philosopher*, University Park

Coby, P.: *Socrates and the Sophistic Enlightenment: A Community on Plato's Protagoras*, Lewiston

Code, A. D., 1993: *Vlastos on a Metaphysical Paradox*, in: T. Irwin/M. C. Nussbaum (Hgg.), Virtue, Love & Form. Essays in Memory of Gregory Vlastos, Edmonton 1993 (= Apeiron 26), 85-98

Cooper, N., 1986: *Between Knowledge and Ignorance*, in: Phronesis 31, 34-54

Cornarius, J. 1548: *De conviviorum veterum Graecorum, et hoc tempore Germanorum Ritibus, moribus ac sermonibus: item de amoris praestantia, et de Platonis ac Xenophontis dissensione, libellus*, Basel

Cornford, F.M., 1950: *The Doctrine of Eros in Plato's* Symposion, in: ders.: The Unwritten Philosophy and other Essays, Cambridge, 119-131

1952: *Plato's Cosmology. The Timaeus of Plato Translated with a Running Commentary*, London³

1965: *Mathematics and Dialectic in the Republic VI – VII* (1932), in: R. E. Allen (Hg.), Studies in Plato's Metaphysics, London/New York, 61-95

Cross, R.C./Woozley, A.D, 1962: *Plato's Republic: A Philosophical Commentary*, London

Cushman, R.E., 1959: *Therapeia. Plato's Conception of Philosophy*, Chapel Hill

Dalfen, J., 1994: *Philologia und Vertrauen (Über Platons eigenartigen Dialog Phaidon)*, in: Grazer Beiträge 20, 35-57

Delhey, N., 1994: ΠΕΡΙΑΓΩΓΗ, Hermes 122, 44-54

Detel, W., 1973: *Zur Argumentationsstruktur im ersten Hauptteil von Platons Aretedialogen*, in: Archiv für Geschichte der Philosophie 55, 1-29

1993: *Aristoteles. Analytica Posteriora* (Erster Halbband), Berlin 1993

1998: *Macht, Moral, Wissen. Foucault und die klassische Antike*, Frankfurt a.M.

Devereux, D. T., 1994: *Separation and Immanence in Plato's Theory of Forms*, in: Oxford Studies in Ancient Philosophy 12, 63-90

Dillon, J.M., 1993: *Commentary*, in: Alcinous, The Handbook of Platonism, transl. with an intro. and comm. by J. Dillon, Oxford, 49-211
  2000: *Plotinus, Speusippus and the Platonic "Parmenides"*, in: Kairos 15, 61-74
  2003: *The Heirs of Plato: A Study of the Old Academy (347-274 B. C.)*, Oxford

Dieterle, R., 1966: *Platons Laches und Charmides*, Diss. Freiburg i.Br.

Dirlmeier, F: *Die Oikeiosislehre Theophrasts* (= Philologus, Suppl. 30, 1), Leipzig 1937
  1962: *Aristoteles. Eudemische Ethik*, Berlin

Dodds, E.R., 1959: *Plato, Gorgias. A revised Text with Introduction and Commentary*, Oxford

Dorion, L.A.: *Euthydème et Dionysodore sont-ils des Mégariques?*, in: T.M. Robinson/L. Brisson (Hg.), Plato: Euthydemus, Lysis, Charmides. Proceedings of the Vth Symposium Platonicum, St. Augustin, 35-50

Dover, K.J., 1974a: *Greek Popular Morality: In the Time of Plato and* Aristotle, Berkeley
  1974b: *Greek popular morality in the time of Plato and Aristotle*, Oxford
  1983: *Homosexualität in der griechischen Antike*, München

Düring, I., 1996: *Aristoteles. Darstellung und Interpretation seines Denkens*, Heidelberg

Düsing, K, 1976: *Das Problem der Subjektivität in Hegels Logik. Systematische und entwicklungsgeschichtliche Untersuchungen zum Prinzip des Idealismus und zur Dialektik*, Bonn
  1983: *Hegel und die Geschichte der Philosophie. Ontologie und Dialektik in Antike und Neuzeit*, Darmstadt

Effe, B., 1985: *Sokrates in Venedig. Thomas Mann und die "platonische Liebe"*, in: Antike und Abendland 31, 153-166

Engelen, E.-M., 2001: *Zum Begriff der Liebe in Platons Symposion, oder: Warum ist Diotima eine Frau?*, in: Bochumer Philosophisches Jahrbuch für Antike und Mittelalter 6, 1-20

Erbse, H., 1976: *Platons Urteil über Isokrates*, in: F. Seck (Hg.), Isokrates, Darmstadt, 329-359

Erler, M., 1987: *Der Sinn der Aporien in den Dialogen Platons*, Berlin
  2001: *Vom Werden zum Sein. Über den Umgang mit Gehörtem in Platons Dialogen*, in: E. Jain/S. Grätzel (Hg.), Sein und Werden im Lichte Platons. Festschrift für Karl Albert, München, 123-142
  2002: *Hilfe der Götter und Erkenntnis des Selbst. Sokrates als Göttergeschenk bei Platon und den Platonikern*, in: Th. Kobusch/M. Erler (Hg.), Metaphysik und Religion, München-Leipzig, 387-414
  2002b: *Epicurus as deus mortalis. Homoiosis theoi and Epicurean self*, in: D. Frede/ A. Laks (Hg.), Traditions of Theology. Studies in Hellenistic Theology, its Background and Aftermath, Leiden/Boston/Köln, 159-182
  2003: *To Hear the Right Thing and to Miss the Point*, in: A.N. Michilini (Hg.): Plato as Author. The Rhetorik of Philosophy, Leiden/Boston, 153-174

Eucken, C., 1983: *Isokrates. Seine Position in Auseinandersetzung mit den zeitgenössischen Philosophen*, Berlin/New York

Ferber, R., 1985: *Platons Idee des Guten*, St. Augustin
1989: *Platos Idee des Guten*, Sankt Augustin²

Ferrari, G.R.F., 1987: *Listening to the cicadas. A study of Plato's Phaedrus*, Cambridge
1992: *Platonic love*, in: R. Kraut, (Hg.), The Cambridge companion to Plato, Cambridge, 248-276

Fine, G., 1978: *Knowledge and Belief in Republic V*, in: Archiv für Geschichte der Philosophie 60, 121-139
1990: *Knowledge and Belief in Republic V-II*, in: S. Everson (Hg.), Epistemology, Cambridge, 85-115.

Flasch, K., 1973: *Die Metaphysik des Einen bei Nikolaus von Kues*, Leiden
1998: *Nikolaus von Kues. Geschichte einer Entwicklung*, Frankfurt a. M.
2001: *Nicolaus Cusanus*, München

Foucault, M., 1989: *Der Gebrauch der Lüste. Sexualität und Wahrheit Bd. 2*, Frankfurt a.M.

Fragstein, A., von, 1994: *Studien zur Ethik des Aristoteles*, Amsterdam

Frede, D., 1996: The *Philosophical Economy of Plato's Psychology: Rationality and Common Concepts in the Timaeus*, in: M. Frede/G. Striker (Hg.), Rationality in Greek Thought, Oxford, 29-58
1997: *Platon, Philebos, Übersetzung und Kommentar*. Göttingen

Frede, M., 1988: *Being and Becoming in Plato*, in: J. Annas/R. H. Grimm (Hg.), Oxford Studies in Ancient Philosophy, Supplementary Volume 1988, Oxford, 37-52.
1991: *Introduction*, in: *Plato. Protagoras*, Übers. Stanly Lombardo und Karen Bell, Indianapolis, vii-xxxiv

Friedländer, P., 1928: *Mythos*, in: ders.: *Platon*, Bd. 1, Berlin/Leipzig
1964: *Platon*, Bd. II, Berlin³
1964b: *Plato*, New York

Fritz, K., v., 1932: *Platon, Theaetet und die antike Mathematik*, in: Philologus 87, 136-178

Gadamer, H.-G., 1961: *Hegel und die antike Dialektik*, in: Hegel-Studien 1, 173-199 (= ders. Gesammelte Werke Bd 3: Neuere Philosophie I: Hegel. Husserl. Heidegger Tübingen 1987], 3-28)

Gaiser, K., 1963: *Platons Ungeschriebene Lehre. Studien zur systematischen und geschichtlichen Begründung der Wissenschaften in der platonischen Schule*, Stuttgart
1968: *Quellenkritische Probleme der indirekten Platonüberlieferung*, in: H.-G. Gadamer/W. Schadewald (Hg.), Idee und Zahl. Studien zur platonischen Philosophie, Heidelberg, 31-84
1986: *Platons Zusammenschau der mathematischen Wissenschaften*, in: Antike und Abendland 32, 89-124

Gallop, D., 1961: *Justice and Holiness in Protagoras 330-331*, in: Phronesis 6, 86-93

1971: *Dreaming and Waking in: Plato*, in: J.P.Anton/G. L. Kustas (Hg.), Essays in Ancient Philosophy, Albany, 187-201

2001: *Emotions in the Phaedo*, in: A. Havlícek/F. Karfik (Hg.): Plato's Phaedo, Proceedings of the second Symposium Platonicum Pragense, Prag, 275-286

Garin, E., 1955: *Ricerche sulle traduzioni di Platone nella prima metà del sec. XV*, in: Medioevo e Rinascimento. Studi in onore di B. Nardi, Bd. I, Florenz

Gauthier, R.A./Jolif, J.Y., 1970: Aristote : L'éthique à Nicomaque, Bd. II, Louvain/Paris

Geach, P.T., 1966: *Plato's Euthyphro. An Analysis and Commentary*, in: The Monist 50, 369-382

Geel, J., 1825 : *Rez. von Platonis Symposium*, ad optimorum librorum fidem edidit, atque interiectis D. Wyttenbachii animadversionibus, adnotatione instruxit P. A. Reynders, Groningen 1825, in: Bibliotheca critica nova, ed. J. Bake, J. Geel, H. A. Hamaker, P. Hofman Peerlkamp, vol. 2, Lugduni Batavorum, 264-274

Gerson, L. P., 1990: *God and Greek Philosophy. Studies in the Early History of Natural Theology*, London/New York

2003: *Knowing persons. A study in Plato*, Oxford

2003b: *Akrasia and the divided soul in Plato's Laws*, in: S. Scolnicov/L. Brisson (Hg.), Plato's laws: From Theory into Practise. Proceedings of the VI Symposium Platonicum, , St. Augustin, 149-154

Gill, C., 1990: *Platonic love and individuality*, in: A. Loizou/H.Lesser (Hg.), Polis and politics. Essays in Greek moral and political philosophy, Aldershot, 69-86

Görgemanns, H., 1960: *Beiträge zur Interpretation von Platons Nomoi*, München

2001: *Sokratischer Eros in Platons Symposion und die Krisis der attischen Knabenliebe*, in: H. Kessler (Hg.), Sokrates. Nachfolge und Eigenwege (Sokrates-Studien 5), Kusterdingen, 135-166

Goodey, C.F., 1992: *Mental Disabilities and Human Values in Plato's Late Dialogues*, in: Archiv für Geschichte der Philosophie 74, 26-42

Gomperz, H., 1985: *Sophistik und Rhetorik*, Aalen 1985

Gooch, P.W., 1992: *Has Plato changed Socrates' heart in the Phaedrus?*, in: L. Rossetti (Hg.): Understanding the Phaedrus. Proceedings of the II Symposium Platonicum, Sankt Augustin, 309-312

Gonzalez, F. J., 1996: *Propositions or Objects? A Critique of Gail Fine on Knowledge and Belief in Republic V*, in: Phronesis 41, 245-275

1998: *Dialectic and Dialogue. Plato's Practice of Philosophical Inquiry*, Evanston

Gosling, J.C.B., 1960: Ta polla Kala etc., in: Phronesis 5, 116-128

1968: *Doxa und Dynamis in Plato's Republic*, in: Phronesis 13, 119-130

1977: *Reply to White*, in: Canadian Journal of Philosophy 7, 307-314

Graeser, A., 1969: *Probleme der platonischen Seelenteilungslehre*, München

1983: *Die Philosophie der Antike, Bd. 2: Sophistik und Sokratik, Plato und Aristoteles* (Geschichte der Philosophie, Bd. 2, hg. von W. Röd), München

1991: *Platons Auffassung von Wissen und Meinung in Politeia V*, in Philosophisches Jahrbuch 98, 365-388

1992: *Interpretationen. Hauptwerke der Antike*, Stuttgart

Gregory, A., 2000: *Plato's Philosophy of Science*. London

Grote, G., 1865: *Plato and the other companions of Socrates*. Bd. I, London

Grube, G.M.A., 1933: *The Structural Unity of the Protagoras*, in: Classical Quarterly 27, 203-4

Guthrie, W.K.C., 1969: *A History of Greek Philosophy*, vol. III 1: *The Fifth-Century Enlightenment*, Cambridge

1971: *A history of Greek philosophy*, vol. III 2: *Socrates*, Cambridge

1975: *History of Greek Philosophy*, vol. IV: *Plato. The Man and his Dialogues. Earlier Period*, Cambridge

Hackforth, R., 1972: *Plato's Phaedrus*, Cambridge

Hägler, R.-P., 1983: *Platons ,Parmenides'. Probleme der Interpretation*, Berlin/New York

Hagen, H. M., 1966: *Ethopoiia. Zur Geschichte eines rhetorischen Begriffs*, Erlangen

Halfwassen, J., 1992: *Der Aufstieg zum Einen. Untersuchungen zu Platon und Plotin*, Stuttgart

1993: *Speusipp und die metaphysische Deutung von Platons "Parmenides"*, in: L. Hagemann/R. Glei (Hg.), EN KAI ΠΛΗΘΟΣ – Einheit und Vielheit. Festschrift für Karl Bormann, Würzburg, 339-373

1994: *Rez. von Peter Stemmer, Platons Dialektik. Die frühen und mittleren Dialoge (1992)*, in: Archiv für Geschichte der Philosophie 76, 220-225

1997: *Monismus und Dualismus in Platons Prinzipienlehre*, in: Bochumer Philosophisches Jahrbuch für Antike und Mittelalter 2, 1-21 (= Th. A. Szlezák, [Hg.], Platonisches Philosophieren. Zehn Vorträge zu Ehren von Hans Joachim Krämer, Hildesheim 2001, 67-85)

1999: *Hegel und der spätantike Neuplatonismus. Untersuchungen zur Metaphysik des Einen und des Nous in Hegels spekulativer und geschichtlicher Deutung*, Bonn

2002: *Metaphysik und Transzendenz*, in: Jahrbuch für Religionsphilosophie 1, 13-27

2004: *Plotin und der Neuplatonismus*, München 2004

Halperin, D.M., 1985: *Platonic eros and what men call love*, in: Ancient Philosophy 5, 161-204

1990: *Why is Diotima a woman? Platonic eros and the figuration of gender*, in: ders./J. Winkler/F.I. Zeitlin (Hg.), Before sexuality. The construction of erotic experience in the ancient Greek world, Princeton, 257-308

Hamlyn, D. W., 1961: *Eikasia in Plato's Republic*, in: Phronesis 6, 110-126

Hankins, J., 1991: *Plato in the Italian Renaissance*, 2.Bd. Leiden/New York/Kopenhagen/Köln[2]

Happ, H., 1971: *Hyle. Studien zum Aristotelischen Materiebegriff*, Berlin

00

Hare, R. M., 1965: *Plato and the Mathematicians*, in: R. Bambrough (Hg.), New Essays on Plato and Aristotle, London/New York, 21-38

Hardy, J., 2001: *Platons Theorie des Wissens im „Theaitet"* (Hypomnemata 128), Göttingen

2003: *Der Dialektiker und die Richtigkeit der Bezeichnungen in Platons Kratylos*, in: Philologus 147.2, 205-225

2004: *The second best sailing of reason. Plato on practical rationality and the knowledge of Forms*, in: L. Bargeliotes (Hg.), Rationality in Greek thought, Athen 2004

Harris, J.P.: *The Wool and the Magnet: Plato's Symposium 175c7-e7 and Ion 533d1-535a1* (unveröffentlicht)

Hart, R./Tejera, V. (Hg.), 1997: *Plato's Dialogues: The Dialogical Approach*, Lewiston (N.Y)

Hartmann, N., 1909: *Platos Logik des Seins*, Gießen

Hawtrey, R.S.W., 1981: *Commentary on Plato's Euthydemus*, Philadelphia

Hecht, J., 1999: *Plato's Symposium. Eros and the Human Predicament*, New York

Hegel, G.W.F., 1986: *Vorlesungen über die Geschichte der Philosophie I.* (Auf der Grundlage der Freundesvereinsausgabe hg. von E. Moldenhauer und K. M. Michel, Werke in zwanzig Bänden, Bd 18), Frankfurt a. M.

Heidel, W.A., 1900: *On Plato's Euthyphro*, in: TAPA 31, 163-181

Heitsch, E., 1993: *Platon. Phaidros*, Göttingen

2000: *Der Anonymos im Euthydem*, in: Hermes 128, 392-405

2001: *Was Autor und Dialogpersonen von ihren Argumenten halten*, in: A. Havlícek/F. Karfík (Hg.), Plato's Phaedo, Proceedings of the second Symposium Platonicum Pragense, Prag, 78-95

2002: *Platon. Apologie des Sokrates* (Werke, Bd. I, 2). Übersetzung und Kommentar von Ernst Heitsch, Göttingen

Heldmann, G., 2000: *Märchen und Mythos in der Antike? Versuch einer Standortbestimmung*, München/Leipzig

Herter, H., 1974: Das unschuldige Kind, in: ders.: Kleine Schriften, München, 598-619

Hildebrandt, K., 1959: *Logos und Mythos*, Berlin[2]

Hintikka, J., 1967: *Time, Truth, and Knowledge in Ancient Greek Philosophy*, in: American Philosophical Quarterly 4, 1-14

Hirzel, R., 1895: *Der Dialog. Ein literarhistorischer Versuch*, Bd. I, Leipzig

Hitchcock, D., 1985: *The Good in Plato's Republic*, in: Apeiron 19, 65-92

Hoffmann, M., 1996: *Die Entstehung von Ordnung*, Stuttgart

Hölscher, U., 1976: *Der Sinn von Sein in der älteren griechischen Philosophie*, Heidelberg

Horn, C., 1997: *Platons episteme-doxa-Unterscheidung und die Ideentheorie*, in: O. Höffe (Hg.), Platon, Politeia, Berlin, 291-312

Hösle, V., 1984: *Wahrheit und Geschichte. Studien zur Struktur der Philosophiegeschichte unter paradigmatischer Analyse der Entwicklung von Parmenides bis Platon*, Stuttgart-Bad Cannstatt

Hossenfelder, M., 1995: *Die Philosophie der Antike 3. Stoa, Epikureismus und Skepsis*, München[2]

Hüffmeier, A., 2000: *Warum heißt Platons Euthydemos Euthydemos?*, in: T.M. Robinson/L.Brisson (Hg.), Plato: Euthydemus, Lysis, Charmides. Proceedings of the Vth Symposium Platonicum, St. Augustin, 27-34

Irwin, T., 1977: *Plato's Moral Theory*, Oxford
1995: *Plato's Ethics*, New York/Oxford 1995

Jackson, R., 1990: *Socrates' Iolaos: Myth and Eristic in Plato's Euthydemus*, in: Classical Quarterly 84, 378-395

Joó,M., 1997: *Die Liebe zum Ähnlichen (Platonischer Eros und Feminismus)*, in: Gymnasium 104, 131-155

Kahn, C.H., 1973: *The verb „be" in Ancient Greek*, Dordrecht
1981: *Some Philosophical Use of „to be' in Plato*, in: Phronesis 26, 105-134
1981b: *Did Plato write Socratic Dialogues?*, in: Classical Quarterly 31, 305-320
1992: *Vlastos's Socrates*, in: Phronesis 37, 233-258
1996: *Plato and the Socratic Dialogue: The Philosophical Uses of Literary Form*, Cambridge
2000: *Some Puzzles in the Euthydemus*, in: T.M. Robinson/L. Brisson (Hg.): Plato: Euthydemus, Lysis, Charmides. Proceedings of the Vth Symposium Platonicum, St. Augustin, 88-97

Kato, S., 2000: *The Crito-Socrates Scenes in the Euthydemus: A point of view for a Reading the Dialogue*, in: T.M. Robinson/L. Brisson (Hg.): Plato: Euthydemus, Lysis, Charmides. Proceedings of the Vth Symposium Platonicum, St. Augustin, 123-132

Ketchum, R., 1980: *Plato on Real Being*, in American Philosophical Quarterly 15, 213-220

Keulen, H., 1971: *Untersuchungen zu Platons Euthydem*, Wiesbaden

Keyt, D., 1969: *Plato's Paradox that the Immutable is Unknowable*, in: Philosophical Quarterly 19, 1-14
1971: *The Mad Craftsman of the* Timaeus, in: Philosophical Review 80, 230-235

Kobusch, T., 1978: *Sprechen und Moral. Überlegungen zum platonischen 'Gorgias'*, Philosophisches Jahrbuch 85, 87-108
1996: *Wie man leben soll: Gorgias*, in: ders./B. Mojsisch (Hg.), Platon – Seine Dialoge in der Sicht neuer Forschungen, Darmstadt
1997: *Die dialogische Philosophie Platons (nach Schlegel, Schleiermacher und Solger)*, in: Th. Kobusch/B. Mojsisch (Hg.), Platon in der abendländischen Geistesgeschichte. Neue Forschungen zum Platonismus, Darmstadt, 210-225

Krämer, H.-J., 1959: *Arete bei Platon und Aristoteles. Zum Wesen und zur Geschichte der Platonischen Ontologie*, Heidelberg
1964a: *Der Ursprung der Geistmetaphysik. Untersuchungen zur Geschichte des Platonismus zwischen Platon und Plotin*, Amsterdam
1964b: *Die platonische Akademie und das Problem einer systematischen Interpration Platons*, in: Kant-Studien 55, 69-101
1964c: *Retraktationen zum Problem des esoterischen Platon*, in: Museum Helveticum 21, 137-167
1966: *Über den Zusammenhang von Prinuzipienlehre und Dialektik bei Platon. Zur Definition des Dialektikers Politeia 534 B-C*, in: Philologus 110, 35-70
1969: *EΠEKEINA TΗΣ OΥΣIAΣ. Zu Platon, Politeia 509 B*, in: Archiv für Geschichte der Philosophie 51, 1-30
1982/1990: *Platone e i fondamenti della metafisica*, Milano (=engl. Ausgabe: Plato and the Foundations of Metaphysics, New York 1990)
1990: *Zur aktuellen Diskussion um den Philosophiebegriff Platons*, in: Perspektiven der Philosophie 16, 85-107
1996: *Die Idee der Einheit in Platons "Timaios"*, in: Perspektiven der Philosophie 22, 287-304
1997: *Die Idee des Guten. Sonnen- und Liniengleichnis*, in: O. Höffe (Hg.), Platon: Politeia, Berlin, 179-203
Krohs, U., 1998: *Platons Dialektik vor dem Hintergrund des Parmenides*, in: Zeitschrift für philosophische Forschung 52, 237-256
Kube, J., 1969: *Techne und Arete. Sophistisches und Platonisches Tugendwissen*. Berlin
Kutschera, F., von, 2002: *Platons Philosophie*, Bd. I, Paderborn
Kosman, L.A., 1976: *Platonic love*, in: W.H. Werkmeister (Hg.), Facets of Plato's philosophy, Assen, 53-69
Lagerborg, R., 1926: *Die platonische Liebe*, Leipzig
Lotze, D., 1991: *Zur Funktion des Redenschreibens in der Polis-Demokratie*, in: Philologus 135 (1991), 116-123
Luban, D., 1978: *The Form of the Good in the Republic*, in: Journal of Value Inquiry 12, 161-168
Lucas, J., 1990: *Plato's philosophy of sex*, in: E.M. Craik (Hg.), Owls to Athens. Essays on classical subjects presented to Sir Kenneth Dover, Oxford, 223- 231
Ludlum, I., 1991: *Hippias Major: An Interpretation*, Stuttgart
Ludwig, W., 1963: *Plato's love epigrams*, in: Greek Roman Byzant. Stud. 4, 53-82
MacIntyre, A., 1990: *The Form of the Good, Tradition and Enquiry*, in: R. Gaita (Hg.), Value and Understanding. Essays for Peter Winch, London/New York, 242-262
Mackenzie, M. M., 1981: *Plato on Punishment*, Berkeley/Los Angeles/London
Malcolm, J., 1985: *Vlastos on Pauline Predication*, in: Phronesis 30, 79-91
1991: *Plato on the Self-Predication of Forms. Early and Middle Dialogues*, Oxford

Marcos de Pinotti, G.E., 2000: *Las falacias en torno a la Falsidad. Una lectura de Eutidemo 283e-286b a la luz de la solución del Sofista*, in: T.M.Robinson/L. Brisson (Hg.), Plato: Euthydemus, Lysis, Charmides. Proceedings of the Vth Symposium Platonicum, St. Augustin, 144-153

Markus, R. A., 1971: *The Dialectic of Eros in Plato's Symposium*, in: Plato: A Collection of Critical Essays. II: Ethics, Politics, and Philosophy of Art and Religion, ed. by G. Vlastos, Notre Dame/Ind., 132-143

Mariß, R., 2002: *Alkidamas: Über diejenigen, die schriftliche Reden schreiben, oder über die Sophisten. Eine Sophistenrede aus dem 4. Jahrhundert v. Chr.*, eingeleitet und kommentiert, Münster

Martens, E., 1981: *Platon, Theaitet*, Stuttgart

Martin, J., 1971: *Antike Rhetorik, Technik und Methode, in: Handbuch der Altertumswissenschaft*, 2. Abteilung 3. Teil, München

McKim, R., 1988: *Shame and Truth in Plato's Gorgias*, in: Ch.L. Griswold (Hg.), Platonic Readings, Platonic Writing, New York/London, 34-48

McPherran, M.L., 1985: *Socratic Piety in the Euthyphro*, in: Journal of the History of Philosophy 23, 283-309
    1991: *Socratic Reason and Socratic Revelation*, in: Journal of the History of Philosophy 29, 345-373

Merlan, P., 1953: *From Platonism to Neoplatonism*, Den Haag

Metry, A., 2002: *Speusippos: Zahl – Erkenntnis – Sein*, Bern/Stuttgart/Wien

Mesch, W., 2000: *Der sophistische Umgang mit der Zeit in Platons Euthydemos*, in: T.M. Robinson/L. Brisson (Hg.), Plato: Euthydemus, Lysis, Charmides. Proceedings of the Vth Symposium Platonicum, St. Augustin, 51-58

Meyer, M.F., 1994: *Philosophie als Meßkunst. Platons epistemologische Handlungstheorie*, Münster/New York
    1999: *Die Bedeutungsgenese der Begriffe „Mythos" und „Logos" in der griechischen Antike*, in: Archiv für Begriffsgeschichte 41, 35-63
    2003: *Platon und das Sokratische Pragma*, erscheint in: Bochumer Philosophisches Jahrbuch für Antike und Mittelalter 8, 28-51

Michelini, A.N., 2000: *Socrates plays the buffoon: Cautionary Protreptic in the Euthydemus*, in: American Journal of Philology 121, 509-536

Miller, M., Jr., 1986: *Plato's Parmenides: The Conversion of the Soul*, Princeton N.J.

Mohr, R., 1984: *Forms in Plato's Euthydemus*, in: Hermes 112, 296-300

Moravscik, J.M.E., 1971: *Reason and Eros in the „Ascent" Passage of the Symposium*, in: Essays in Ancient Greek Philosophy, ed. by J. Anton with G. Kustas, Albany/N. Y. 1971, 285-302

Morgan, M.L., 1990: *Platonic Piety*, Yale

Morrison, J.S., 1964: Four *Notes on Plato's Symposium*, in: Classical Quarterly 14, 42-55

Morrow, G. R., 1968: *Plato's Theory of the Primary Bodies in the Timaeus and the Later Doctrine of Forms*, in: Archiv für Geschichte der Philosophie 50, 12-28

Müller, C.W., 1991: *Platon und der „Panegyrikos" des Isokrates. Überlegungen zum platonischen Menexenos*, in: Philologus 135, 140 – 156

Müller, G., 1960/²1968: *Studien zu den platonischen Nomoi*, München
  1986: *Platonische Freiwilligkeit im Dialoge Hippias Elatton*, in: ders.: Platonische Studien (hg. von A. Graeser/D. Maue), Heidelberg, 7-33

Mueller, I., 1986: *On Some Academic Theories of Mathematical Objects*, in: Journal of Hellenic Studies 106, 111-120
  1992: *Mathematical Method and Philosophical Truth*, in: R. Kraut (Hg.), The Cambridge Companion to Plato, Cambridge, 170-199

Narcy, M., 1984: *Le philosophe et son double. Un commentaire de l'Euthydème de Platon*, Paris

Natorp, P., 1961: *Platos Ideenlehre*, Leipzig ²1921 (= Nachdruck Darmstadt 1961)
  1994: Platos Ideenlehre. Eine Einführung in den Idealismus, Leipzig ²1921, Nachdr. Hamburg 1994

Neahmas, A., 1975: *Plato on the Imperfection of the Sensible World*, in: American Philosophical Quarterly 12, 105-117

Neumann, H., 1965: *Diotima's concept of love*, in: American Journal of Philology 86, 33-59

Nicholson, G., 1999: *Plato's Phaedrus. The philosophy of love*, West Lafayette

Nicolai, W., 1998: *Zur platonischen Eroskonzeption*, in Grazer Beiträge 22, 81-100

Niehues-Pröbsting, H., 1987: *Überredung zur Einsicht. Der Zusammenhang von Philosophie und Rhetorik bei Platon und in der Phänomenologie*, Frankfurt am Main

Notomi, N. (1999): *The Unity of Plato's Sophist*, Cambridge 1999

Nussbaum, M.C., 1986: *The fragility of goodness. Luck and ethics in Greek tragedy and philosophy*, Cambridge
  1986b: *Therapeutic arguments: Epicurus and Aristotle*, in: M. Schofield/G. Striker (Hg.), The Norms of Nature, Cambridge 1986, 31-74
  2002: *Eros and ethical norms*, in: dies./J. Sihvola. (Hg.), The sleep of reason. Erotic experience and sexual ethics in ancient Greece and Rome, Chicago, 55-94

O'Brien, M.J. 1967: *The Socratic Paradoxes and Greek Mind*, Chapel Hill

Owen, G. E. L., 1968: *Dialectic and Eristic in the Treatment of the Forms*, in: G. E. L. Owen (Hg.), Aristotle on Dialectic. The Topics. Proceedings of the Third Symposium Aristotelicum, Oxford, 103-125

Page, C., 1991: *The Truth about Lies in Plato's Republic*, in: Ancient Philosophy 11, 1-33

Parry, R. D., 1979: *The Unique World of the Timaeus*, in: Journal of History of Philosophy 17, 1-10
  2001: *Paradigms, Characteristics, and Forms in Plato's Middle Dialogues*, in: Apeiron 34, 1-35

Patterson, R., 1985: *Image and Reality in Plato's Metaphysics*, Indianapolis

Patzer, H., 1982: *Die griechische Knabenliebe*, Wiesbaden

Patzig, G., 1996: *Platons Ideenlehre, kritisch betrachtet*, in: ders.: Gesammelte Schriften III, Göttingen, 9-31

Pender, E., 1992: *Spiritual Pregnancy in Plato's Symposium*, in: Classical Quarterly 42, 22-86

2000: *Images of Persons Unseen. Plato' Metaphors for the Gods and the Soul*, St. Augustin

Penner, T., 1973: *The Unity of Virtue*, in: Philosophical Review 82, 35-68

Pleger, W. H., 1991: *Die Vorsokratiker*, Stuttgart

Pfleiderer, E., 1896: *Socrates und Plato*, Tübingen (=Nachdruck Aalen 1978)

Press, G. A., 1993, *Principles of Dramatic and Non-Dramatic Plato Interpretaion*, in: ders. (Hg.), Plato's Dialogues: New Studies and Interpretations, Lanham. Md, 107-127

Price, A.W., 1989: *Love and friendship in Plato and Aristotle*, Oxford

Penner, T., 1987: *The Ascent from Nominalism*, Dodrecht

Prantl, C., 1855: *Geschichte der Logik im Abendlande*, Bd.I, Leipzig (=Nachdruck Graz 1955)

Price, A.W., 2002: *Plato, Zeno, and the object of love*, in: M.C. Nussbaum/J. Sihvola (Hg.), The sleep of reason. Erotic experience and sexual ethics in ancient Greece and Rome, Chicago, 170-199

Rabinowitz, M.W.G., 1958: *Platonic Piety. An Essay Toward the Solution of an Enigma*, in: Phronesis 3, 108-120

Race, W.H., 1978/79: *Shame in Plato's Gorgias*, Classical Journal 74, 1978/79, 197-202

Rapp, C., 2002: *Aristoteles Rhetorik, Bd. 1*, Berlin

Rappe, S., 2002: *Father of the dogs? Tracking the Cynics in Plato's Euthydemus*, in: Classical Philology 95, 282-304

Raven, J. E., 1953: *Sun, Divided Line, and Cave*, in: Classical Quarterly 47, 22-32

Reale, G., 1993: *Zu einer neuen Interpretation Platons. Eine Auslegung der Metaphysik der großen Dialoge im Lichte der „ungeschriebenen Lehren"*, Paderborn

Reale, G., 1997: *Eros dèmone mediatore. Il gioco delle maschere nel Simposio di Platone*, Mailand

Rehn, R., 1982: *Der logos der Seele. Wesen, Aufgabe und Bedeutung der Sprache in der platonischen Philosophie*, Hamburg

1996: *Der entzauberte Eros: Symposion*, in: T. Kobusch/B. Mojsisch (Hg.), Platon. Seine Dialoge in der Sicht neuer Forschungen, Darmstadt, 81-95

Reeve, C. D. C., 1988: *Philosopher-Kings. The Argument of Plato's Republic*, Princeton

Reynen, H., 1976: *Der vermittelte Bericht im Platonischen Symposion*, in: Gymnasium 74, 405-422

Rhodes, J.M., 2003: *Eros, Wisdom, and Silence: Plato's Erotic Dialogues*, Columbia/Missouri

Ries, K., 1959: *Isokrates und Platon im Ringen um die Philosophie*, München 1959

Robin, L., 1908: *La théorie platonicienne des idees et des nombres d' après Aristote*, Paris (=Nachdr. Hildesheim 1998)

1962: *Notice*, in: Platon, Œuvres complètes, texte établi et trad. par L. Robin, tom. IV/2: Le Banquet, Paris[7], VII-CXXI

Robinson, R., 1953: *Plato's Earlier Dialectic*, Oxford[2]

Rosen, S., 1987, *Plato's Symposium*, New Haven[2]

Ross, W. D., 1924: *Aristotle's Metaphysics*, Bd. I, Oxford

Rowe, Ch., 1998: *Introduction*, in: *Plato. Symposium*, ed. with an introduction, translation and commentary by C. J. Rowe, Warminster

Rutherford, R.B., 1995: *The Art of Plato. Ten Essays in Platonic Interpretation*, London

Ryle, G., 1966: *Plato's Progress*, Cambridge

Santas, G., 1973: *Hintikka on Knowledge and Its Objects in Plato*, in: J. M. E. Moravcsik (Hg.), Patterns in Plato's Thought, Dordrecht/Boston, 31-51

1983: *The Form of the Good in Plato's* Republic, in: J. P. Anton/A. Preus (Hg.), Essays in Ancient Greek Philosophy, Vol. 2, Albany, 232-263

1985: *Two Theories of Good in Plato's* Republic, in: Archiv für Geschichte der Philosophie 67, 223-245

2001: *Goodness and Justice. Plato, Aristotle, and the Moderns*, Oxford

2002: *Plato's Idea of the Good*, in: G. Reale/S. Scolnicov (Hg.), New Images of Plato. Dialogues on the Idea of the Good, Sankt Augustin, 359-378

Saunders, T.J., 1968: *The Socratic Paradoxes in Plato's Laws*, in: Hermes 96, 421-434

1973a: *Penology and Eschatology in Plato's Timaeus and Laws*, in: Classical Quarterly 23, 232-244

1973b: *Plato on Killing in Anger. A Reply to Professor Woozley*, in: Philosophical Quarterly 23, 350-356

Savan, D., 1964: *Self-Predicataion in Protagoras 330-331*, in: Phronesis 9, 133-34

Sayre, K., 1995: *Plato's Literary Garden. How to Read a Platonic Dialogue*, Notre Dame

Schiappa, E., 1990: *Did Plato Coin Rhetorike?*, in: American Journal of Philology 111, 457-470

Schleiermacher, F., 1807: *Anmerkungen zum Gastmahl*, Berlin

Schleiermacher, F.E.D., 1973: *Schleiermacher's Introduction to the Dialogues of Plato*, Übers. William Dobson, New York

Schmitt, A., 2003: *Die Moderne und Platon*, Stuttgart

Schöpsdau, K., 1984: *Zum Strafrechtsexkurs in Platons Nomoi*, in: Rheinisches Museum 127, 14-130

1994: *Platon. Nomoi (Gesetze) Buch I-III*. Übersetzung und Kommentar von K. Schöpsdau, Göttingen

2001: *Die Regelung des Sexualverhaltens (VIII 835 C 1-842 A 10) als ein Exempel platonischer Nomothetik*, in: F.L. Lisi (Hg.), Plato's Laws and its historical significance (Selected papers of the I international congress on ancient thought, Salamanca 1998), Sankt Augustin, 179-192

Schofield, M., 1996: *Likeness and Likenesses in the* Parmenides, in: C. Gill/M. M. McCabe (Hg.), Form and Argument in Late Plato, Oxford, 49-77

Scholtz, G., 1985: *Schleiermacher und die Platonische Ideenlehre*, in: K.-V. Selge (Hg.), Internationaler Schleiermacher-Kongreß Berlin 1984, Bd. 1, Berlin/New York 1985, 849-871

Schubert, A., 1995: *Platon: „Der Staat". Ein einführender Kommentar*, Paderborn u.a.

Scobie, A., 1979: *Storytellers, storytelling, and the novel in Graeco-Roman Antiquity*, Rheinisches Museum 122, 229-259

Scott, 1989: *The Epistemological Function of Platonic Myth*, in: Philosophy and Rhetoric 22, 260-280

Sedley, D.N., 1993: *Chrysippus on psychophysical causality*, in: J. Brunschwig/M. C. Nussbaum (Hg.), Passions and Perceptions, Cambridge, 313-331
1997: *Becoming like God in the Timaeus and Aristotle*, in: T. Calvo - L. Brisson (Hg.), Interpreting the Timaeus-Critias, Sankt Augustin, 327-33
1998: *Platonic Causes*, in: Phronesis 43, 114-132
1999: *The Ideal of Godlikeness*, in G. Fine (Hg.), Plato 2. Ethic, Politics, Religion, and the Soul, Oxford, 309-328

Sheffield, F.C.C., 2001: *Psychic Pregnancy and Platonic Epistemology*, in: Oxford Studies in Ancient Philosophy 20, 1-33

Schelley, P. B., 2002: *The Banquet*, in: *The Symposium of Plato. The Shelley Translation*, ed. and intr. by D. K. O'Connor, South Bend, 1-74

Scobie, A., 1979: *Storytellers, storytelling, and the novel in Graeco-Roman Antiquity*, in: Rheinisches Museum 122, 229-259

Sharafat, S., 1998: *Elemente von Platons Anthropologie in den Nomoi*, Frankfurt a.M

Shorey, P., 1903: *The Unity of Plato's Thought*, Chicago
1930: *Plato. The Republic Vol. I-II*, Cambridge (Mass.)/London
1933: *What Plato said*, Chicago/London 1933

Sier, K., 1997: *Die Rede der Diotima. Untersuchungen zum platonischen Symposion*, Stuttgart/Leipzig

Silverman, A., 1990: *Plato on Perception and ,Commons'*, in: Classical Quarterly 40, 148-175

Skard, O., 1945: *Zu Platons Apologie (23B)*, in: Symbolae Osloenses. 24, 151-153

Smith, N. D., *Editor's Afterword: Platonic Scholars And Other Wishful Thinkers*, in: Oxford Studies in Ancient Philosophy (Suppl.-Vol. 1992), 245-259
2000: *Plato on Knowledge as a Power*, in: Journal of the History of Philosophy 38, 145-168

Sprague, R.K., 1962: *Plato's Use of fallacy. A Study of the Euthydemus and some other dialogues*, London/New York
1967: *Parmenides' Sail and Dionysodoros' Ox*, in: Phronesis 12, 91-98
2000: *The Euthydemus Revisited*, in: T.M Robinson/L. Brisson (Hg.), *Plato: Euthydemus, Lysis, Charmides. Proceedings of the Vth Symposium Platonicum*, St. Augustin, 3-19

Sprute, J., 1962: *Der Begriff der Doxa in der Platonischen Philosophie*, Göttingen.

Steiner, P.M., 1996: Zur *Kontroverse um Schleiermachers Platon,* in: Schleiermacher, F.E.D.: Über die Philosophie Platons. Geschichte der Philosophie. Vorlesungen über Sokrates und Platon (zwischen 1819 und 1823). Die Einleitungen zur Übersetzung des Platon (1804-1825), hg. und eingel. von P. M. Steiner mit Beiträgen von A. Arndt, J. Jantzen, Hamburg, XXIII-XLIV

Stemmer, P., 1985: *Das Kinderrätsel vom Eunuchen und der Fledermaus. Platon über Wissen und Meinung in Politeia V,* in: Philosophisches Jahrbuch 92, 79-97
1988: *Der Grundriß der platonischen Ethik,* in: Zeitschrift für philosophische Forschung 42, 529-569
1992: *Platons Dialektik, Die frühen und mittleren Dialoge,* Berlin

Stokes, M., 1986: *Plato's Socratic Conversations: Drama and Dialectic in Three Dialogues,* Baltimore

Strauss, L., 1997-7: *An Untitled Lecture in Plato's Euthyphro* (edited by D.Bolotin, Chr.Bruell, Th.L.Pangle), in: Interpretation 24, 3-23
1970: *On the Euthydemus,* in: Interpretation 1, 1-20
2001: *On Plato's Symposium,* ed. and with a Foreword by S. Benardete, Chicago/London

Susemihl 1855: *Die genetische Entwicklung des Platonischen Systems, Bd. I,* Leipzig 1855

Strycker, E., de, 1994: *Plato's Apology of Socrates'* (hg. von S.R. Slings), Leiden

Summerell, O.-F., 2002: *Der „Trieb des Gefieders". Zu einem Motiv in Platons Theorie des Schönen und seiner Deutung bei Plotin, Ficino und Schelling,* in: Th. Kobusch/B. Mojsisch/O. F. Summerell (Hg.), Selbst – Singularität – Subjektivität. Vom Neuplatonismus zum Deutschen Idealismus, Amsterdam/Philadelphia, 1-22

Summerell, O.-F. (Hg.), 2003: *Platonismus im Idealismus. Ideenlehre und Subjektivität zwischen Rezeption und Umdeutung,* Amsterdam

Sydenham, F. 1767: *The Dialogues of Plato,* London

Szaif, J., 1998: *Platons Begriff der Wahrheit,* Freiburg/München[2]
2000: *Platon über Wahrheit und Kohärenz,* in: Archiv für Geschichte der Philosophie 82, 119-148
2001: *Sprache, Bedeutung, Wahrheit. Überlegungen zu Platon und seinem Dialog* Kratylos, in: Allgemeine Zeitschrift für Philosophie 26, 45-60

Szlezák, T.A., 1980: *Sokrates' Spott über Geheimhaltung. Zum Bild des Philosophos in Platons Euthydem,* in: Antike und Abendland 26, 75-89
1985: *Platon und die Schriftlichkeit der Philosophie. Interpretationen zu den frühen und mittleren Dialogen,* Berlin
1993: *Platon lesen,* Stuttgart-Bad Cannstatt
1997: *Schleiermachers „Einleitung" zur Platon-Übersetzung von 1804. Ein Vergleich mit Tiedemann und Tennemann,* in: Antike und Abendland. Beiträge zum Verständnis der Griechen und Römer und ihres Nachlebens 43, 46-62
1997b: *Das Höhlengleichnis (Buch VII 514a-521b und 539d-541b),* in: O. Höffe (Hg.), Platon. Politeia. Berlin, 205-228

1999: *Reading Plato*, Übers. G. Zanker, London

2003: *Die Idee des Guten in Platons Politeia*, Sankt Augustin

Taylor, C. C. W., 1967: *Plato and the Mathematicians. An Examination of Professor Hare's View*, in: Philosophical Quarterly 17, 193-203

1979: *Plato. Protagoras*, Oxford

1982: *The End of the Euthyphro*, in: Phronesis 27, 109-118

Teloh, H., 1981: *The Development of Plato's Metaphysics*, University Park/London

Tiedemann, D., 1786: *Convivium*, in: Dialogorum Platonis argumenta exposita et illustrata, Zweibrücken, 353-368

Treu, K., 1991: *Rede als Kommunikation: Der attische Redner und sein Publikum*, in: Philologus 135, 124-130

Tugendhat, E., 1977: *Die Seinsfrage und ihre sprachliche Grundlegung*, in: Philosophische Rundschau 24,161-176

Usher, M.D., 2002: *Satyr play in Plato's Symposium*, in American Journal of Philology 123, 205-228

Versényi, L., 1982: *Holiness and Justice. An Interpretation of Plato's Euthyphro*, Washington D.C.

Vlastos, G., 1973: *The individual as object of love in Plato*, in: ders.: Platonic studies, Princeton, 3-37

1974: *A Note on 'Pauline Predications' in Plato*, in: Phronesis 19, 95-1011979: *Introduction*, in: Protagoras. Plato, ed. Gregory Vlastos, Indianopolis, vii-lvi

1981: *Degrees of Realtiy*, in: ders.: Platonic Studies, Princeton², 58-75

1981b: *The Individual as Object of Love in Plato's Dialogues*, in: ders., Platonic Studies, Princeton², 1-34

1985: *Socrates' Disavowal of Knowledge*, in: Philosophical Quarterly 35, 1-31

1991: *Ironist and Moral Philosopher*, Cambridge

1992: *Socratic Irony*, in: H. H. Benson (Hg.), Essays on the Philosophy of Socrates, New York, 66-85

Vogel, C., de, 1970: *Philosophia, Bd I*, Assen

1988: *Rethinking Plato and Platonism*, Leiden

Walzer, R., 1929: *Magna Moralia und aristotelische Ethik*, Berlin (Weidmann) 1929

Weiss, R., 1986: *Euthyphro's Failure*, in: Journal of the History of Philosophy 24, 437-452

1994: *Virtue without Knowledge. Socrates' Conception of Holiness in Plato's Euthyphro*, in: Ancient Philosophy 14, 263-282

White, D.A., 1993: *Rhetoric and reality in Plato's Phaedrus*, Albany

White, F.C., 1979: *J. Gosling on ta polla Kala*, in: Phronesis 23, 127-135

1989: *Love and Beauty in Plato's Symposium*, in: Journal of Hellenic Studies 109, 149-157

1990: *Love and the individual in Plato's Phaedrus*, in: Classical Quarterly 40, 396-406

White, N., 1974: *Plato on Knowledge and Reality*, Indianapolis

1992: *Plato's Metaphysical Epistemology*, in: R. Kraut (Hg.), The Cambridge
Companion to Plato, Cambridge, 277-310

Wieland, W., 1982: *Platon und die Formen des Wissens*, Göttingen

Wilamowitz-Moellendorff, U., von, 1919: *Platon*, Bd. I, Berlin
1959 (=1919)
1962: Platon, Bd. II, Berlin³ 1962

Wilms, H., 1995: *Techne und Paideia bei Xenophon und Isokrates*, Stuttgart/Leipzig

Williger, C.F., 1946: *Il Pai Di Cebes nel Faißdvn di Platone*, Giornale di Metafisica 2,
103-113
1947: *Ancora Sul "Fanciullino" Di Cebete*, Giornale di Metafisica 2, 262-264

Wilpert, P., 1940: *Die Wahrhaftigkeit in der aristotelischen Ethik*, in: Philosophisches Jahrbuch 53 (1940), 324-338,
1949: *Zwei aristotelische Frühschriften über die Ideenlehre*, Regensburg

Wippern, J. (Hg.), 1972: *Das Problem der ungeschriebenen Lehre Platons*, Darmstadt

Woozley, A.D. 1972: *Plato on Killing in Anger*, in: Philosophical Quarterly 22, 303-317

Young, C.H., 1988: *A Delicacy in Plato's Phaedo*, in: Classical Quarterly 38, 250-251

Zajonz, S., 2002: *Isokrates Enkomion auf Helena. Ein Kommentar*, Göttingen

Zehnpfennig, B., 2000: *Plato, Symposion*, übersetzt und herausgegeben von ders.,
Hamburg

Zeitler, W. M., 1983: *Entscheidungsfreiheit bei Platon*, München (Zetemata 78)

Namenregister

Ackeren, M., v. 7, 56, 181
Ackrill, J.L. 150, 158
Adam, J. 195,197
Agathon 69-73, 77-86, 225-6
Aischines 20,210
Alexander 267-9, 273
Alkibiades 53, 60, 71-3, 85, 90, 140, 143, 145, 217, 227
Allen, R.E. 11-2
Anderson, D.E. 77-139
Annas, J. 92-3, 104-5, 113, 132-3, 195, 246
Antiphon 223
Antisthenes 28
Apelt, O. 190
Apollodoros 69-72, 83
Apollon 19-20
Apuleius von Madaura 69
Areios Didymos 185
Aristodemos 69-72
Aristoteles 23, 32, 42, 113, 116, 120, 127, 129, 165, 168, 183-4, 191, 216, 221, 223, 230-1, 266-7, 269, 272-5
Arnim, H., v. 14
Aspasia 223-5
Ast, F. 75-6
Aulus Gellius 87

Barker, A. 197
Baumgarten, H.-U. 182
Beierwaltes, W. 262
Bernadete, S. 70
Blössner, N. 58, 61
Blondell, R. 56
Blundell, M.W. 59

Bobonich, Ch. 67, 173
Bonitz, H. 11, 25
Borsche, T. 246
Braga, G.C. 64
Brickhouse, T. 20
Brisson, L. 160
Bröcker, W. 70, 98, 109
Bruni, L. 73
Bruno, G. 262
Bubner, R. 89
Burger, R. 40
Burkert, W. 273
Burnet, J. 11, 14, 18
Burnyeat, M. 113, 120, 147, 250

Chance, T.H. 22-3, 30, 34-8
Charmides 45, 66, 143
Chen, L. 57
Cicero 86, 105
Coby, P. 44
Code, A.D. 115
Cooper, N. 92
Cornarius, J. 74-6
Cornford, F.M. 131-3, 163, 188, 195,
Cross, R.C. 64
Cushman, R.E. 97

Dalfen, J. 61, 63
Demosthenes 20
Delhey, N. 57
Detel, W. 142, 230, 253, 257, 260
Devereux, D.T. 124
Dieterle, R. 143
Dillon, J.M. 81, 134, 272
Dion 144-5

Dionysiodoros 163
Dionysios 73, 86
Diophanes 87
Diotima 69-71, 78, 81-7, 139-40, 227, 241, 244-5, 247-8
Dirlmeier, F. 191
Dodds, E.R. 61, 218
Dorion, L.A. 31
Dover, K.J. 12, 77, 139, 142, 146, 144
Düsing, K. 264

Effe, B. 146
Engelen, E.-M. 140
Erler, M. 11, 19, 57-9, 67, 81
Eryximachos 70-1, 79-82
Euthydemos 70-1, 79, 80-2
Euthyphron 11-17

Ferber, R. 93, 113
Ferrari, G. 70, 84, 136-7, 139
Fichte, J.G. 262, 277
Ficino 64, 73-6, 262
Fine, G. 93, 99-100
Fischer, J.F. 75-6
Flasch, K. 262
Foucault, M. 90-144
Frede, D. 109, 147, 151-2, 165, 238
Frede, M. 44, 112
Friedländer, P. 11, 17, 56, 207
Fritz, K.,v. 130-1

Gadamer, H.-G. 264
Gaiser, K. 131-3, 264, 273-6
Gallop, D. 53, 61, 96
Garin, E. 73
Geach, P.T. 11
Geel, J. 75-7
Gerson, L.P. 58, 67, 11, 116, 121
Gill, C. 139-40
Gooch, P.W. 139
Gonzalez, F.J. 111, 122, 127, 134
Görgemanns, H. 142, 173-4

Gorgias 216, 225
Gosling, J. 99-100
Graeser, A. 57, 92-3, 97-99, 139, 246
Gregory, A. 92-3, 97, 99, 100, 106, 135, 139, 246
Grube, G. 147
Guthrie, W. 77, 93, 143

Hackforth, R. 138
Hägler, R.-P. 127
Halfwassen, J. 262-6, 270-7
Halperin, D.M. 139-40
Hankins, J. 73
Happ, H. 263, 275
Hardy, J. 238, 241, 250, 254
Hare, R.M. 115, 118, 130
Harris, J.P. 78
Hart, R. 39
Hartmann, N. 78
Hawtrey, R. 22, 28, 37
Hecht, J. 78-9, 82
Hegel, G. 262-44, 275, 277
Heidel, W.A. 19
Heitsch, E. 19-21, 38, 63, 135, 145, 228-30
Heldmann, G. 65
Herter, H. 64
Hesiod 79
Hildebrandt, K. 22
Hintikka, J. 31
Hippias 45-7, 50, 216, 230
Hippokrates 41-2, 45
Hirzel, R. 22
Hitchcock, D. 113-4, 120, 122, 124, 134
Hoffmann, M. 157
Hölscher, U. 99
Horn, Ch. 57, 93, 100, 106, 246
Hösle, V. 275
Hossenfelder, M. 79
Hüffmeier, A. 30

Iamblich 128

Irwin, T. 185
Isokrates 20, 38, 211-6, 221-31

Jackson, R. 37-8
Joó, M. 140

Kahn, C. 11, 22, 40, 44, 59, 99, 123
Kallias 45, 224
Kallikles 44, 59-60, 67, 220, 232
Kalvisios Tauros Attikos 87
Kant, I. 90, 203
Kato, S. 22
Kebes 62-4, 207
Ketchum, R. 93
Keulen, H. 22-8, 36
Keyt, D. 116-7
Kleinias 22-5, 30-3, 37-8, 171-3, 192
Kleuker, J.F. 74-5
Kobusch, T. 7, 60, 89, 220-1
Kosman, L.A. 140
Krämer, H. 28, 34, 164, 263-6, 270, 275
Kriton 22, 33, 35, 38, 61-2
Krohs, U. 164
Ktesippos 27, 37
Kutschera, F., v. 11-2
Kydias 143

Lagerborg, R. 145
Lucas, J. 142, 145
Ludlum, I. 41
Lysias 211
Lysimachos 228-9

MacIntyre, A. 221
Mackenzie, M.M. 177-8
Malcolm, J. 112, 116, 129
Marcos de Pinotti, G.E. 22
Markus, R.A. 71
McKim, R. 60
McPherran, M.L. 11, 19
Melesias 251
Menexenos 222-5

Merlan, P. 263
Mesch, W. 31
Metry, A. 128
Michelini, A.N. 56
Miller, M., Jr. 40
Mohr, R. 37
Moravscik, J. 84
Morgan, M.L. 11
Morrow, G.R. 132
Müller, G. 97, 132, 176, 221
Mueller, I. 113, 131

Narcy, M. 37
Natorp, P. 22, 88, 69
Neumann, H. 139-40
Nicholson, G. 136
Nicolai, W. 142
Niethammer, F.I. 74-5
Nikias 40, 251, 256-261
Nikolaus von Kues 262
Notomi, N. 147, 164
Numenios 86-7
Nussbaum, M.C. 65, 90, 139, 142, 146

O'Brien, M.J. 168
Owen, G. 116
Page, C. 203
Parry, R.D. 127, 133
Parmenides 273
Patterson, R. 131
Patzer, H. 139
Patzig, G. 93, 238
Pausanias 139
Pender, E. 67, 83
Penia 81-2, 87
Penner, T. 100, 122
Perikles 219, 221, 223
Pfleiderer, E. 20
Phaidros 70, 224
Philo Judaeus 87
Plotin 262-3, 269, 271-2, 276,
Plutarch 88

Polos 59-60, 87, 217, 220, 230, 260
Poros 81-2, 87
Porphyrios 87, 134
Prantl, C. 31, 37
Press, G.A. 39
Price, A.W. 139-40
Prodikos 45-7, 50, 216, 222, 230
Prometheus 86
Protagoras 163, 212, 224
Protarchos 151

Quintilian 211, 216

Rabinowitz, M. 11, 14, 18
Race, W.H. 60
Rapp, Ch. 36, 212, 220, 230
Rappe, S. 36
Raven, J.E. 131
Reale, G. 71, 77, 219, 263, 265
Rehn, R. 7, 70, 139
Reynders, P.A. 75-6
Reynen, H. 70, 77
Rhodes, J.M. 86
Ries, K. 38
Robin, L. 77
Robinson, R. 130, 147
Rosen, S. 77
Ross, W.D. 165
Rowe, Ch. 245
Rutherford, R.B. 78
Ryle, G. 164

Santas, G. 111, 114-23, 129
Savan, D. 53
Sayre, K. 53, 111, 121, 127, 130-1
Schelley, P.B. 76
Schelling, F.W. 262, 277
Schlegel, F. 89
Schleiermacher, F. 14, 39, 55, 60, 62, 64, 74-5, 88-9
Schlosser, J.G. 73
Schofield, M. 133

Schöpsdau, K. 67, 141, 171, 175, 180
Schubert, A. 93
Schmitt, A. 269
Scholtz, G. 89
Scobie, A. 65
Scott, R. S. 207
Sedley, D. 57, 66, 118
Sharafat, S. 173
Sheffield, F. 78
Shorey, P. 34, 37, 96
Sier, K. 78, 81-4
Silverman, A. 156
Simmias 62-4
Simonides 49, 54
Skard, O. 20
Smith, N.D. 127, 203
Sophokles 20
Speusipp 128, 273, 276
Sprague, R.K. 22-3, 37
Sprute, J. 246
Stallbaum, G. 76-7
Steiner, P.M. 89
Stemmer, P. 93, 96, 100, 111, 114-5, 119, 126, 147, 236-7, 240-1, 246, 250, 261
Stobaios 185
Stokes, M. 39, 43
Stolberg, L. 73-5
Strauss, L. 11, 22, 71, 77
Strycker, E. 19, 21
Summerell, O.-F. 83, 262
Susemihl, F. 11
Szaif, J. 193-4, 199
Szlezák, T A. 22, 24, 37, 44, 57, 89, 263, 265

Taylor, C. 11, 19, 39, 43, 48, 53, 130
Teloh, H. 129
Thomas von Aquin 185
Thukydides 20
Timaeus Sophista Grammaticus 88
Tugendhat, E. 99

Usher, M.D. 140

Versényi, L. 11
Vlastos, G. 11-2, 19, 22, 39, 116, 118, 127, 140, 132-3, 142, 261
Vogel. C. 263

Walzer, R. 191
Weiss, R. 11-14
White, D.A. 10
White, F.C. 84, 140
White, N.P. 93, 122
Wieland, W. 93, 97, 216, 237, 239

Wilamowitz, U., v. 12, 22, 139, 142, 144-6
Willinger, C.F. 64
Wilpert, P. 191, 195, 263, 265
Wippern, J. 263
Wolf, F.A. 74-6
Woozley, A.D. 99

Xenokrates 276
Xenophon 20, 225, 232

Zajonz, S. 224
Zehnpfennig, B. 70, 77, 225

Sachregister

Abbild 101, 106-9, 149, 194-6
Ähnlichkeit 97, 115, 133, 147, 151, 155-9, 164, 271
Anordnung (διάθεσις) 228, 230-1
Absolutes 158, 262-8, 270-7
Affekte 58, 62-8, 161, 223
Akrasie 168, 188
Anmut (εὔχαρις) 189-90, 197, 200
Aufmunterung 62-3
Aufteilen (διαιρεῖν) 148, 163, 149
Ausschweifung (ὕβρις) 130, 141

Begehren 82, 89-90, 135, 137, 187
Begriff 17, 24-7, 34, 47, 58, 64, 67, 84, 89, 95-6, 100, 109, 130, 147-8, 153-60, 165-6, 171-3, 75, 183-4, 190, 191-6, 199, 208, 210-2, 215-8, 221, 231, 237, 257, 261, 264-8, 270, 272, 275-7
- formaler Begriff 148, 155-9, 161
- Gemeinbegriffe (κοινά) 147-8, 155-6
Besonnenheit (σωφροσύνη) 156
Bewusstseinszustände 96

Charakter 39, 41, 44, 54-5, 172, 178, 183, 185-190, 196-7, 292, 211, 231-4

Deduktion 131-2
Definition 12-4, 79, 84, 102, 114-7, 121, 126-7 149, 152, 155, 162, 186, 188, 191-2, 215-9, 238-9, 242-4, 248, 251-9, 238-9, 242-4, 248, 250-9
Denken (διάνοια) 29, 30-1, 37-8, 41, 56, 64, 80, 93, 105, 133, 137-8, 156-8, 161, 189, 194, 197.9, 200, 202-3, 209, 227, 231, 240, 247, 267

Dialektik 19, 23, 26, 30-6, 50-1, 55, 83-4, 109, 126-7, 130, 132, 147-9, 150, 154-7, 162-6, 215, 225, 230-40, 243-4, 250, 252, 260-1, 264-5, 270
Dialog 22, 24-5, 28-30, 38-41, 50-1, 55-56, 69-70, 79, 85, 89, 93, 114, 146, 152, 171, 206, 212-5, 217-8, 220-5, 227-8, 230-2, 236, 259, 263-5
Dienst, Hilfe (θεραπεία) 11-20
Drama 39-55, 92, 198, 229

Eine, das (ἕν) 134, 147, 150-2, 156, 164-5, 169, 262-77
Einheit 22, 25-6, 29, 33-6, 46, 49-54, 82-3, 100, 113, 120, 150-61, 164-8, 262-76
Einteilungsmethode, (διαίρεσις) 148
Elenchos (ἔλεγχος) 30, 236, 243, 255, 259
Emotionen 59, 65, 145, 178
Entlarvung 66
Epistemologie 93, 108, 238
Erfahrung 98, 143, 145-6, 163, 181, 187-8, 217, 258
Erfindung (εὕρεσις) 64, 210, 215-7, 228, 235
Erkennbarkeit 99, 118, 126-30, 125, 134, 265-6, 272
Erkenntnis (νοῦς, ἐπιστήμη) 30, 32-7,41, 44, 47, 50-1, 54-6, 77-8, 80-3, 86, 89-90, 101, 104, 108-9, 117, 142, 154, 161-2, 184-199, 201-3, 227, 249, 256, 260, 264-6, 272
Ernst 24, 30, 32, 36
Erklärung (Explanation) 67, 70, 72, 75-7, 96, 111-3, 119, 121, 129-33, 149, 158,

160-3, 174, 217, 232, 239, 248-9, 257
Eros, Erotik (siehe auch Liebe) 69-71, 78-83, 87, 135, 139-46, 150, 185, 196, 201, 225-9, 244
Erzeugung 15, 17, 44, 113, 128, 131-4, 235
Erziehung 36, 44, 172, 184, 197-8, 205-6, 212, 215, 251
Ethos 191, 198
Eudaimonie 35, 61, 104
Eutychie 25

Falschheit 28-9, 170, 178, 181, 193, 195-6
Freiheit 232-3
Frömmigkeit (ὁσιότης) 11-19, 49, 53, 97
Funktionalität 120, 143
Furcht(-losigkeit) 61-5, 175-6, 189, 256

Gattung (γένος) 33, 147-8, 150, 157-8, 165, 221, 234
Gebrauch 25-37, 67, 115, 172, 219, 220, 225, 230, 246, 260, 264
Gemeinschaft 33-4, 43-55, 83, 95, 97-9, 103, 108, 137, 157-8, 189
Gerecht-Ungerecht 12, 17, 25, 34, 37, 42-9, 52-3, 75, 80, 88, 92, 94-6, 100-5, 109, 111, 114, 118-21, 124-5, 153, 170-2, 175, 177, 182, 187, 189-90, 196, 215, 219-20, 225, 237-9, 241, 245-9, 270
Glück, Glückseligkeit (εὐδαιμονία) 18, 23-7, 32, 35, 61, 98-102, 104-9, 79, 181, 212-3, 261
Grenze 30, 32-7, 124, 141, 144, 164-5, 177-8, 232-3, 237, 264, 274
Güter 25-6-, 29, 36-7, 165, 181, 188, 218, 225
Gott/Götter 11-20, 23, 42-3, 57, 67, 70, 79-81, 83, 86, 100-1, 136, 144, 151, 160-2, 180, 189, 204, 216, 226, 230, 240, 244, 250
Gute, das 17, 35, 50-52, 106, 109, 134,

149-54, 183, 187,-8, 192, 205, 239, 262-6
„gutes Pferd" (θυμοειδὲς) 103-9, 154, 135, 137

Handlung/Handeln 11, 15-6, 19, 31, 24-9, 40-1, 45, 51-2, 55-6, 68, 94-5, 98-9, 101-2, 104, 126, 140, 154, 168-78, 181-2, 187, 203-4, 213, 220, 239, 241-3, 251-8
Hen(-ologie) 271
Hilfe (βοηθεῖν) 57, 85, 95, 98, 109
Hochgesinntheit (μεγαλοπρέπεια) 189, 193
Höhlengleichnis 57, 85, 95, 98, 109
Hypothese (ὑπόθεσις) 128, 130, 132, 264

Idee/From (εἶδος, ἰδέα) 35-7, 57, 78, 88-89, 92-100, 111-136, 148-59, 161, 186-189, 192, 195, 197, 200-2, 236-60, 265-74
Identifizierbarkeit 127
Identität 22, 28-29, 31, 54, 86, 128, 139-40, 158-9, 164, 179, 267, 270-1,
Irrtum 155, 169-70, 175, 187, 194-6

Kausalität 113, 115, 118, 128-9
„Kind im Menschen" 64-67
Kooperation 38, 42-3, 46, 55
Kunst (τέχνη) 22-3, 26, 32-5, 40-8, 58, 71, 78-80, 83, 89, 149, 152, 162, 197, 211-20, 226, 233-5, 250, 264

Lebensform 136, 220, 231-6
„Lenker" (λογιστικὸν) 137, 143
Lernfähigkeit (εὐμαθής) 189
Liebe 59-60, 67, 69-70, 78-91, 102, 105, 135-46, 183-97, 226-9, 235
Liniengleichnis 126, 131-2, 265
Literarische Lesart 39
Logik 26-31, 61
Logographie 211, 227, 229

Logos 22-4, 27-38, 59-63, 67, 144, 213-4, 218, 227

Lust (ἡδονή) 136-145, 153-4, 164-5, 172-180, 188, 200, 220, 266

Maieutik 260

Mathematik 112-3, 128-33, 160-1, 165-7, 187, 201

Maß 25, 32, 34, 35, 39, 43, 101-7, 119, 151,-153, 164-6, 187, 189, 190-7, 200-2, 214, 226, 239, 242, 249, 260, 269

Meinung (δόξα) 30-2, 41, 47, 50, 60, 67, 87, 92-109, 118, 129, 149, 162-3, 174, 179, 195, 203, 212-3, 215-6, 236-51, 258-61, 266

Messkunst (μετρητική τέχνη) 23, 213, 216

Methode 23, 39-40, 51, 54, 148-52, 164-7, 172, 236, 240

Misstrauen (gegenüber dem Logos) 60-3

Negative Theologie 264-5, 273, 279

Neuplatonismus 127

Nicht-Sein 100-1, 108, 158, 164

Nutzen 13, 25, 32-37, 104, 110, 117, 135, 203

Ontologie 35, 46, 57, 93-4, 97, 101, 104, 107-9, 159, 164-5, 187, 192-4, 264, 272, 275

Ordnung 25, 88, 104, 119-24, 129, 131-4, 160-6, 180, 188-2, 196, 199-202, 205, 211, 228, 230-33

Päderastie 79, 87, 135-45

Palinode 135-43, 207

Paradigma 59, 95, 113, 129, 132-3, 147-8, 151-5, 159, 161, 165-6, 266

Partizipation 93-7, 100, 105-8, 111, 124-6, 230

Philosophenkönigssatz 105

Polis 42-56, 111-30, 134, 192, 204-6

Pragma 22, 28, 215

Praxis (πρᾶξις) 27-8, 34, 51, 83, 94, 102-3, 135, 138-9, 141, 144, 154, 168, 170-1, 181, 187, 196, 210, 218, 232-4

Prädikation 36-7, 93, 95, 100, 112, 117-129, 134, 199, 259

Prinzip 25, 30-1, 51-3, 80, 88-9, 113, 122, 128, 132-3, 134, 144, 149, 161, 169-82, 199-201, 207, 227, 241, 264-78

Psyche 63, 66, 78, 80, 84, 86, 89, 159, 169, 173-80, 199, 204-9, 212, 257

Rechenschaft 48-9, 237-8, 261

Rede (λόγος) 42-4, 48, 53, 70, 71-3

Reden (λόγοι)
- epideiktische 42, 221-225
- gerichtliche 215, 221, 234
- Grabreden 291-2
- Lobreden 70-1, 79-80, 139-40, 221-8
- öffentliche 217
- politische 220, 225
- volksführende 234
- unterhaltende 234

Reinigung 62, 229

Reflexivität 47-8

Relation 33, 11-2, 122-3, 128, 131, 238, 133

Rhetorik 42-53, 210-235

Scham 37, 43, 52, 59-60, 137, 226, 229

Scheinwissen 24, 36

„Schlechtes Pferd" (ἐπιθυμητικόν) 136-7, 143

Seele 26, 30, 33-8, 54, 57-8, 60-7, 83-5, 96-9, 103, 112-6, 119-30, 137-8, 143, 147, 156, 159-66, 172-201, 207-215, 220-2, 207, 209, 230, 241-2, 251, 254

Seelenführung 230

Sein 17, 22, 25, 28, 31-2, 36-8, 93, 97-

101, 109-112, 118-134, 148-68, 203, 216, 264-70, 275-8
Selbigkeit (ταὐτόν) 149-50, 158-64, 168
Sensibilia 111, 115-8, 122, 133
Sonnengleichnis 126-8, 131, 269-70, 280
Sophisten/Sophisterei 23-36, 70, 138, 216
Sorge 12-3, 23, 190, 194, 208, 214
Spiel (παίζειν) 24-5, 30-2, 76, 226, 233
Sprache 20, 30, 37

Tapferkeit 25, 54, 61, 80, 155, 191-2, 239, 243-5, 248, 251-62
Techne (siehe auch Kunst) 232
Teil (μέρος) 12, 17, 24, 33-4, 47-9, 64-7, 152, 163, 175-6, 180-1, 193, 202-4, 252, 257-8, 264
Teilhabe 95, 109, 115, 119, 122, 125, 127, 153, 161, 168
Todefurcht 61, 209
Transzendenz 268, 270, 274-280
Tugend (ἀρετή) 23-8, 31, 38-42, 44-5, 50-1, 77, 83-7, 93, 99, 102-3, 114-5 122, 125, 142-3, 155-6, 165, 170, 183, 185-7, 190-200, 204, 214-5, 217-8, 220, 223, 238, 255, 257-8

Übergang 29-30, 38, 250
Überzeugung 43-51, 59, 164, 170, 207, 214, 216-8, 221, 238, 272
Übung (siehe auch Erfahrung) 60, 82-4, 185, 222, 233
Umwendung (Periagoge) 57
Unähnlichkeit 149, 158, 160-1, 166, 275
Unbedingte, das (ἀνυπόθετον) 130-2, 269, 272, 275, 278
Unbegrenztheit (ἄπειρον) 153-4, 166-7
Ungeschriebene Lehre 166, 267-8, 270
Unglauben 62
Unsterblichkeit der Seele 32, 61-3, 85, 89, 119, 142, 209, 243
Unterreden 86, 217, 219-20
Unveränderlichkeit 243, 259

Unwissenheit 24, 26, 30, 56, 83, 97, 175-9, 181, 198, 205
- Doppelte Unwissenheit 97
Urbild 103, 149, 189, 198
Urgrund/Ursprung (ἀρχή) 266, 269-70, 274-7, 280-1

Veranlagung 185-6
Verflechtung der Ideen (συμπλοκὴ εἰδῶν) 160
Vermögen (δύναμις) 23, 34, 36, 81, 90, 93-6, 100, 120, 157, 159, 175-6, 180-3, 186-7, 191, 196, 200-1, 209
Verschiedenheit (ἕτερον) 128, 149-50, 155-9, 161-8, 273-5
Vertrauen 33, 61-3, 146, 205
Vielheit 22, 25, 97, 100-1, 105-9, 149, 152-8, 160-1, 166-8, 229, 267-8, 270-80
Vorkenntnisse 232-3

Wahnsinn (μανία) 139-40, 148, 179, 231
Wahrheit, Wahres 19, 25, 28-9, 45, 48, 56-7, 90, 93-5, 99, 123, 131, 147, 164, 172, 185-220, 228-9, 249, 252-3, 268, 270, 273, 280
Wahrnehmung 163-5, 256, 157-8, 163-5
Wahrhaftigkeit (ἀλήθεια) 48, 163, 187, 190, 193, 196-9, 204-7
Weisheit 23-7, 32, 48-9, 54-6, 69, 72-80, 90-1, 155, 188, 190-3, 214
Wesen 15, 22-3, 32, 38, 81, 86-7, 103, 150, 242, 241-2, 267, 269, 270-1, 274
Widerspruch 24, 27-31, 46, 54, 60, 78, 141, 157, 191, 173, 273
Wiedererinnerung (ἀνάμνησις) 82-4, 89, 138
Widerlegung 28-31, 51, 75, 87, 150-1, 236, 241-6, 251-7, 260-3
Wirklichkeit 32-3, 38, 57, 96-8, 106-9, 153, 168, 195-7, 204, 269, 272-3, 280
Wollfaden-Gleichnis 78-9, 81, 86

Zahlen 113, 128, 131-4, 140, 149, 162, 163, 167-8

Zeitpunkt 123, 180, 214, 259-60

Zusammensehen (συνορᾶν) 151

Die Autoren und Autorinnen

Marcel van Ackeren, geb. 1971, Promotion 2001, Studium der Politikwissenschaft (Dipl. 1996), Soziologie, Pädagogik und Philosophie in Duisburg, Bochum und Glasgow, 1996-7 Forschungsaufenthalt in Oxford, seit 2003 Lehrbeauftragter für Politische Theorie an Universität zu Köln und wissenschaftlicher Mitarbeiter am Lehrstuhl für Antike und Praktische Philosophie an der Universität Bonn, z. Zt. Redakteur des *Archiv für Geschichte der Philosophie.* Veröffentlichungen u.a.: *Das Wissen vom Guten. Bedeutung und Kontinuität des Tugendwissens in den Dialogen Platons* (2003); Aufsätze zur antiken und politischen Philosophie.

Dirk Cürsgen, geb. 1970, Studium der Philosophie und Germanistik in Heidelberg und Bochum, Promotion 2000, seit 2001 Wiss. Assistent am Lehrstuhl für Philosophisch-Theologische Grenzfragen der Ruhr-Universität Bochum. Veröffentlichungen: *Die Rationalität des Mythischen. Der philosophische Mythos und seine Exegese im* Neuplatonismus (2002); zahlreiche Aufsätze zur antiken Philosophie, bes. Neuplatonismus und seiner Wirkungsgeschichte.

Bernd Effe, geb. 1942, Promotion 1968, Habilitation 1975, seit 1977 Dozent dann Professor in Konstanz, seit 1984 Professor für Klassische Philologie (insbesondere Gräzistik) an der Ruhr-Universität Bochum. Veröffentlichungen u.a.: *Studien zur Kosmologie und Theologie der Aristotelischen Schrift ‚Über die Philosophie*☐ (München 1970); *Dichtung und Lehre. Untersuchungen zur Typologie des antiken Lehrgedichts* (1977); *Das antike Theater. Aspekte seiner Geschichte, Rezeption und Aktualität* (1998); Herausgeber: *Die griechische Literatur in Text und Darstellung. Bd. 4: Hellenismus (*1985*); Theokrit und die griechische Bukolik* 1986); *Die antike Bukolik* (zs. mit G. Binder); *Genie und Wahnsinn. Konzepte psychischer ‚Normalität*☐ *und ‚Abnormitä*☐' *im Altertum* (zs. mit R. F. Glei 2000); *Gottmenschen. Konzepte existentieller Grenzüberschreitung im Altertum* (zs. mit G. Binder u. R. F. Glei 2003); zahlreiche Aufsätze zur antiken Philosophie und Philologie.

Michael Erler, geb. 1953, Studium der Klassischen Philologie und Philosophie in Köln und London (University College), Promotion 1977 (Köln), Habili-

Die Autoren und Autorinnen

tation 1985 (Konstanz), 1987/8 Junior Fellow Center for Hellenic Studies, Washington D.C., 1990 Fellow Institute for Advanced Study, Edinburgh, 1989 Professor (C 3) für Klassische Philologie (Schwerpunkt Latein) Erlangen, seit 1992 o. Professor für Klassische Philologie (Schwerpunkt Griechisch) Würzburg, seit August 2001 Präsident der International Plato Society. Veröffentlichungen u. a.: *Proklos Diadochos. Über die Existenz des Bösen* (1978); *Der Sinn der Aporien in den Dialogen Platons. Übungsstücke zur Anleitung im philosophischen Denken* (1987) ital.: *Il senso delle aporie nei dialoghi di Platone. Esercizi di avviamento al pensiero filosofico* (Traduzione di C. Mazzarelli. Introduzione di G. Reale) (1991); *Epikur: Die Schule Epikurs-Lukrez,* (1994); *Zur Rezeption der hellenistischen Philosophie in der Antike* (hg. zs. mit H. Flashar und Th. Fuhrer 1994); *Epikureismus in der späten Republik und der Kaiserzeit* (hg. 2000); *Philosophen der Antike,* Bd. 1 und 2 (hg. zs. mit A. Graeser 2000); *Metaphysik und Religion. Zur Signatur des spätantiken Denkens* (hg. zs. mit Th. Kobusch 2002); zahlreiche Aufsätze zur antiken Philosophie und Philologie

Dorothea Frede, geb. 1941, Promotion 1968, 1969 Forschungsstipendium der DFG, 1972-78 Lehrbeauftragte an verschiedenen amerikanischen Universitäten, 1978-84 Assistant Professor Rutgers University, 1984-5 Junior Fellow am Center for Hellenic Studies, 1985-91 Associate Professor am Swarthmore College, seit 1991 Professorin für Philosophie in Hamburg, Veröffentlichungen u.a.: *Aristoteles und die Seeschlacht : das Problem der Contingentia Futura in De interpretatione* (1970*), Platon : Philebos / Übersetzung und Kommentar* (1997); *Heideggers Tragödie : Bemerkungen zur Bedeutung seiner Philosophie* (1999); *Platons "Phaidon" : der Traum von der Unsterblichkeit der Seele* (1999); *Bruno Snell und die Gründung der Joachim-Jungius-Gesellschaft der Wissenschaften* (2001); *Ernst Cassirers Werk und Wirkung : Kultur und Philosophie* (hg. zs. mit R.Schmücker); *Traditions of theology: studies in Hellenistic theology, its background and aftermath* (hg. zs. mit A. Laks 2002); *Forschungsfreiheit und ihre ethischen Grenzen* (hg. zs. mit K. Pawlik 2002); zahlreiche Aufsätze vor allem zur antike Philosophie.

Jens Halfwassen, geb. 1958, Promotion 1989, Habilitation 1995, seit 1997 Professor für Philosophie in München, seit 1999 Professor für Philosophie an der Universität Heidelberg. Veröffentlichungen u.a.: *Der Aufstieg zum Einen. Untersuchungen zu Platon und Plotin* (1992), *Geist und Selbstbewusstsein. Studien zu Plotin und Numenios* (1994), *Hegel und der spätantike Neuplatonismus. Untersuchungen zur Metaphysik des Einen und des Nous in Hegels spekulativer und geschichtlicher Deutung* (1999); zahlreiche Aufsätze zur antiken, mittelalterlichen und idealistischen Philosophie.

Edward C. Halper, geb. 1951, seit 1992 Professor für Philosophie an der University of Georgia (derzeit als General Sandy Beaver Professor of Philosophy),

Veröffentlichungen u.a.: *One and Many in Aristotle's Metaphysics: The Central Books* (1989), *Form and Reason: Essays in Metaphysics* (1993); zahlreiche Aufsätze vor allem zu Aristoteles, aber auch zu Platon, Spinoza, Nietzsche und Hegel.

Jörg Hardy, geb. 1966, Promotion 1998, Studium an der WW-U Münster. Forschungsaufenthalte in Oxford und London, 1998-1999 wiss. Mitarbeiter an der WW-U Münster und Lehrbeauftragter an der Ruhr-Universität Bochum, seit 1999 Hochschulassistent an der Freien Universität Berlin, zwischenzeitlich Visiting Associate Professor an der Chaminade University of Honolulu. Veröffentlichungen u.a.: *Platons Theorie des Wissens im „Theaitet"* (2001); div. Aufsätze zur antiken und praktischen Philosophie.

Ernst Heitsch, geb. 1928, seit 1967 Professor für Klassische Philologie an der Universität Regensburg. Mitglied der Akademie der Wissenschaften und der Literatur zu Mainz und der Akademie der Wissenschaft zu Göttingen. Veröffentlichungen u.a.: *Die griechischen Dichterfragmente der römischen Kaiserzeit* [2]I (1963), II (1964), *Parmenides* ([3]1995); *Xenophanes* (1983); Wege zu Platon (1992); *Platon Phaidros* ([2]1997); *Geschichte und Situation bei Thukydides* (1996); Platon Apologie des Sokrates (2002); *Gesammelte Schriften I: Zum früh-griechischen Epos* (2001), *II: Zur griechischen Philosophie* (2002), III (2003).

Christoph Horn, geb. 1964, Promotion 1993, Habilitation 1999, 2000-1 Professor für Philosophie in Gießen, seit 2001 Professor für Antike und Praktische Philosophie in Bonn, Veröffentlichungen u.a.: *Plotin über Sein, Zahl und Einheit. Eine Studie zu den systematischen Grundlagen der Enneaden* (1995), , *Augustinus* (1995); *Antike Lebenskunst* (1998); *Philosophie der Gerechtigkeit. Texte von der Antike bis zur Gegenwart* (hg. zs. mit N. Scarano); *Wörterbuch der antiken Philosophie* (hg. zs. mit C. Rapp); *Einführung in die Politische Philosophie* (2003); *Grundlegende Güter. Untersuchungen zu einer handlungsteleologischen Ethik* (2004); Mitherausgeber: *Archiv für Geschichte der Philosophie, Philosophisches Jahrbuch der Görresgesellschaft*

Martin F. Meyer, geb. 1962, Promotion 1994, Studium der Rechtswissenschaft, Philosophie, Soziologie und Publizistik in Münster; seit 1997 Akademischer Rat an der Universität Koblenz-Landau mit den Schwerpunkten Antike Philosophie, Ethik und Anthropologie, Veröffentlichungen: *Philosophie als Meßkunst. Platons epistemologische Handlungstheorie* (1994); zahlreiche Aufsätze v.a. zur antiken Philosophie.

Die Autoren und Autorinnen

Benedikt Strobel, geb. 1979, M. A. 2003, Studium der Gräzistik und Philosophie in München, Berlin und Heidelberg, derzeit Doktorand an der Universität Bern.

Orrin F. Summerell, geb. 1960; Promotion 1994; 1994-1996 Wissenschaftliche Hilfskraft, 1996-2001 Wissenschaftlicher Mitarbeiter, seit 2001 Lehrbeauftragter an der Ruhr-Universität Bochum; seit 2003 Publikationsleiter am UNESCO-Institut für Pädagogik, Hamburg; Veröffentlichungen u. a.: *The Philosophical-Theological Significance of the Concept of Ontotheology in Martin Heidegger's Critique of G. W. F. Hegel* (1994); *The Otherness of God* (hg. 1998); *Die Philosophie in ihren Disziplinen. Eine Einführung* (hg. zs. mit B. Mojsisch 2002); *Selbst – Singularität – Subjektivität. Vom Neuplatonismus zum Deutschen Idealismus* (hg. zs. mit B. Mojsisch, Th. Kobusch 2002); *Platonismus im Idealismus. Die platonische Tradition in der klassischen deutschen Philosophie* (hg. zs. mit B. Mojsisch 2003), *Christian August Brandis: A Study of the Lost Books of Aristotle On the Ideas and On the Good or On Philosophy* (hg. 2004); Aufsätze zur antiken sowie zur modernen deutschen Philosophie.

Jan Szaif, Privatdozent, Dr. phil., M.A., geb. 1960, Studium der Philosophie und Gräzistik, Promotion 1993 (FU Berlin), Habilitation 2001 (Bonn), längere Studien- und Forschungsaufenthalte an den Universitäten Cambridge (1990/91), Oxford (1997/98) und Harvard (2002), Gast- und Vertretungsprofessuren, Habilitationsschrift über das *Gut des Menschen: Problematik und Entwicklung der Glücksethik bei Aristoteles und in der Tradition des Peripatos* (2001); Buchveröffentlichungen: *Platons Begriff der Wahrheit* (3. Aufl, 1998); *Der Sinn von „sein". Grundlinien einer Rekonstruktion des philosophischen Begriffs des Seienden* (2003); *Was ist das für den Menschen Gute? / What is good for a human being?*, (hg. zs. mit M. Lutz-Bachmann, 2004).